世界经济概论（第三版）

World Economics

崔日明 李丹 张欣 主编

图书在版编目(CIP)数据

世界经济概论/崔日明,李丹,张欣主编.—3版.—北京:北京大学出版社,2020.10
21世纪经济与管理规划教材·国际经济与贸易系列
ISBN 978-7-301-31650-4

Ⅰ.①世⋯ Ⅱ.①崔⋯ ②李⋯ ③张⋯ Ⅲ.①世界经济—高等学校—教材 Ⅳ.①F112

中国版本图书馆CIP数据核字(2020)第182664号

书　　　名	世界经济概论(第三版) SHIJIE JINGJI GAILUN(DI-SAN BAN)
著作责任者	崔日明　李　丹　张　欣　主编
责任编辑	李　娟
标准书号	ISBN 978-7-301-31650-4
出版发行	北京大学出版社
地　　　址	北京市海淀区成府路205号　100871
网　　　址	http://www.pup.cn
微信公众号	北京大学经管书苑(pupembook)
电子信箱	em@pup.cn　　QQ:552063295
电　　　话	邮购部 010-62752015　发行部 010-62750672　编辑部 010-62752926
印　刷　者	北京溢漾印刷有限公司
经　销　者	新华书店
	787毫米×1092毫米　16开本　19印张　459千字 2009年5月第1版　2013年3月第2版 2020年10月第3版　2020年10月第1次印刷
定　　　价	45.00元

未经许可,不得以任何方式复制或抄袭本书之部分或全部内容。
版权所有,侵权必究
举报电话: 010-62752024　电子信箱: fd@pup.pku.edu.cn
图书如有印装质量问题,请与出版部联系,电话: 010-62756370

丛书出版前言

作为一家综合性的大学出版社,北京大学出版社始终坚持为教学科研服务,为人才培养服务。呈现在您面前的这套"21世纪经济与管理规划教材"是由我国经济与管理领域颇具影响力和潜力的专家学者编写而成,力求结合中国实际,反映当前学科发展的前沿水平。

"21世纪经济与管理规划教材"面向各高等院校经济与管理专业的本科生,不仅涵盖了经济与管理类传统课程的教材,还包括根据学科发展不断开发的新兴课程教材;在注重系统性和综合性的同时,注重与研究生教育接轨、与国际接轨,培养学生的综合素质,帮助学生打下扎实的专业基础和掌握最新的学科前沿知识,以满足高等院校培养精英人才的需要。

针对目前国内本科层次教材质量参差不齐、国外教材适用性不强的问题,本系列教材在保持相对一致的风格和体例的基础上,力求吸收国内外同类教材的优点,增加支持先进教学手段和多元化教学方法的内容,如增加课堂讨论素材以适应启发式教学,增加本土化案例及相关知识链接,在增强教材可读性的同时给学生进一步学习提供指引。

为帮助教师取得更好的教学效果,本系列教材以精品课程建设标准严格要求编写,努力配备丰富、多元的教辅材料,如电子课件、习题答案、案例分析要点等。

为了使本系列教材具有持续的生命力,我们将积极与作者沟通,争取每三年左右对教材进行一次修订。无论您是教师还是学生,您在使用本系列教材的过程中,如果发现任何问题或者有任何意见或建议,欢迎及时与我们联系(发送邮件至 em@ pup.cn)。我们会将您的宝贵意见或建议及时反馈给作者,以便修订再版时进一步完善教材内容,更好地满足教师教学和学生学习的需要。

最后,感谢所有参与编写和为我们出谋划策提供帮助的专家学者,以及广大使用本系列教材的师生,希望本系列教材能够为我国高等院校经管专业教育贡献绵薄之力。

北京大学出版社
经济与管理图书事业部

21世纪经济与管理规划教材
国际经济与贸易系列

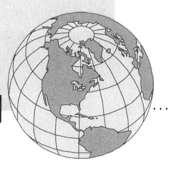

第三版前言

"世界经济概论"是高等院校经济学和国际经济与贸易专业的一门核心课程,涉及众多领域,内容广泛,体系庞杂。世界经济是各国经济相互联系和相互依存而构成的世界范围的经济整体。它是在国际分工和世界市场的基础上,把世界范围内的各国经济通过商品流通、劳务交换、资本流动、外汇交易、国际经济一体化等多种形式和渠道以及生产、生活和其他经济方面有机地联系在一起。在经济全球化日益扩大的今天,世界上任何国家的生产和生活都要或多或少地依赖于其他国家的生产,依赖于国际分工和国际交换,正是这种错综复杂的经济联系构成了世界经济的整体。

近年来,国际经济形势发生巨变,经济全球化日趋加强,知识经济日渐繁荣,全球价值链经营崛起,外资引进质量提升,海外投资和经营迅猛增长,贸易保护主义抬头,汇率利率改革,自由贸易区和自由贸易港建设扩大,贸易新业态不断涌现,各行业追求高质量发展,商务环境日益复杂。在这种背景下,亟须对《世界经济概论》教材的结构、内容、观点和数据进行更新,以更真实地反映世界经济发展状况。

经过团队近一年的辛勤工作,《世界经济概论》(第三版)终于问世了。特别值得一提的是,第三版最大限度地吸收了各领域专家和广大读者的合理化建议,对第二版进行了细致、全面的修订。《世界经济概论》(第三版)以现代经济学理论为基础,以全球经济为研究对象,主要分析了世界经济发展的现状、运行机制、规律以及发展趋势,具有理论性、前瞻性、应用性和多学科交叉的特点,框架结构合理,内容体系完善。

全书共包括十一章内容,与第二版相比,在第一章"世界经济概述"中增添了"世界经济的主题与要素构成"以及"科技革命、技术创新与世界经济"两节内容,完整地概述了世界经济的"前世今生"和总体脉络。第二章变更为"世界经济的周期与波动",帮助读者对世界经济的动态发展和趋势演变形成合理的预判。经济全球化和区域经济一体化是世界经济领域的两大突出现象,因此,第三版对二者依然分别采用一章进行了完整介绍。不同的是,在第三章"经济全球化"中,增添了对经济全球化的测量,还重点介绍了"经济全球化与全球经济失衡"这一热点问题。在第四章"区域经济一体化"中补充了"区域经济一体化理论"等内容。当今世界,贸易保护主义有所抬头、自由贸易与保护贸易争论加剧、中美贸易关系日益紧张,因此,在第五章"国际贸易与国际贸易体制"中补充了"自由贸易与保护贸易之争"相关内容,以帮助读者对国际贸易形势进行更好的解读。国际贸易、国际投资和国际资本流动是世界经济的重要运行机制,因此,在第六章"国际货币体系与金融全球化"中增添了"国际金融危机与国际金融监管"内容,在第七章"国际直接投资与跨国公司"中增添了"国际直接投资传导机制"内容,使读者能够更加深入地了解世界经济的运行。此外,在第八章"经济全球化中的世界各国经济"中,作者用更清晰的脉络和更精练的语言梳理了发达国家的经济体制模式、发展中国家的经济发展理论与战略以及转型国家的经济改革与经济发展。改革开放以来,中国经济取得了长足的发展。在世界经济格局不断调整的进程中,中国加快转变经济发展方式,不断提升对外开放水平,从而使经济实现稳定、健康和可持续发展。作为发展中国家的代表,中国在世界经济领域的地位越来越重,对世界经济发展的影响力也越来越大,因此,对中国经济的发展进行更全面、更客观的认识显得尤为必要。在第九章"中国经济改革及与世界经济融合"中,作者增添了"'一带一路'与中国经济展望"这一节,着重介绍了"一带一路"倡议的实施对于中国重塑对外经贸合作的格局、构建以中国为核心的区域价值链分工体系、加快国内产业结构转型升级、促进区域经济协调发展等的重大战略意义,使本书内容更具现实性。在第十章"世界经济可持续发展"中,作者对全球面临的人口、资源、能源和环境危机进行总结,以探索世界经济可持续发展的途径。最后,学好"世界经济概论"课程,把握世界经济总体趋势,离不开对经济热点问题的深入探讨,离不开理论与实际的完美结合。作者在第三版中增添了第十一章"当代世界经济热点问题",探讨了欧盟与欧元区前景展望、"逆全球化"及对世界经济的影响、"一带一路"倡议与亚太区域经济合作以及北极区域合作机制与"冰上丝绸之路"等非常值得深入思考的热点话题,帮助读者正确把握世界经济实际。

整体来讲,本书的主要特色和创新为:

第一,符合教育部《普通高等学校本科专业类教学质量国家标准》的基本要求。自2018年1月《普通高等学校本科专业类教学质量国家标准》(以下简称"国标")发布以来,国标成为各专业建设和发展的基本要求和宏观标准。本书大纲的制定和内容的编写注重对国标中经济与贸易类人才培养要求的达成,既突出学生国际视野和国际经贸活动专门技能的培养,又重视学生战略思维和扎实理论功底的构筑。

第二,体现了"新文科"对卓越拔尖经管人才培养的内涵建设。"新文科"建设要求文科的教育教学理念、内容、手段、方法和学生考查标准等都进行革新以提高文科教育质量。

而这其中的关键是推动能够体现"新文科"内涵和符合"新文科"要求的教材建设。本书在编写中注重体现"新文科"对教学理念和教学内容的创新,如增加大量的案例和导读内容,以强化教学中理论和实践的结合;每一章节都有专门的个案设计、讨论和思考题,以激发学生深入探究的欲望和提高发现、分析、解决问题的能力;内容设计体现了当今世界经济发展的热点问题,以拓宽学生的知识面。

第三,注重教材的可读性和指导性。本书除了对正常授课内容的严谨设计,还更新了全部的引导案例和相关案例,从而为理论内容提供了实践支撑,增强了教材的可读性。同时,作者在查阅大量文献、资料的基础上对相关数据进行了更新,并提供了更切合教材内容的参考文献,以指导读者进一步学习和探究。

本书第三版由辽宁大学崔日明、李丹教授,大连民族大学张欣副教授任主编,崔日明教授负责框架体系和结构设计,并统纂全稿。具体分工如下:第一章由李丹和董琴编写,第二章由张欣和邹康乾编写,第三章由崔日明和孙伟编写,第四章由张婷玉和郭贞贞编写,第五章由崔日明和陈星彤编写,第六章由姜爱英和武杰编写,第七章由王磊和赵鲁南编写,第八章由李丹编写,第九章由张欣编写,第十章由包艳和王花编写,第十一章由陈晨和李丹(沈阳工业大学)编写。

本书在修订过程中参考并借鉴了众多国内外专家学者的研究成果,在此对为世界经济学科发展作出贡献的所有同行深表谢意。同时,尽管在修订过程中我们作了巨大的努力,但由于作者的视野及水平有限,第三版中仍不可避免地存在不足乃至错误之处,恳请同行和读者予以批评指正。

崔日明
2020 年 4 月

目 录

第一章 世界经济概述 ………………………………………… 1
  第一节 世界经济的主题与要素构成 …………………… 2
  第二节 世界经济的形成与发展 ………………………… 5
  第三节 科技革命、技术创新与世界经济 ……………… 11
  第四节 世界经济格局变化及新动态 …………………… 19

第二章 世界经济的周期与波动 ……………………………… 32
  第一节 经济周期及其类型 ……………………………… 33
  第二节 经济危机的国际传播渠道 ……………………… 35
  第三节 世界经济危机的发展趋势与规避 ……………… 38

第三章 经济全球化 …………………………………………… 45
  第一节 经济全球化的定义与测量指标 ………………… 48
  第二节 经济全球化及其对世界经济的影响 …………… 52
  第三节 经济全球化与全球经济失衡 …………………… 58

第四章 区域经济一体化 ……………………………………… 64
  第一节 区域经济一体化理论 …………………………… 65
  第二节 区域经济一体化的动因 ………………………… 74
  第三节 主要的区域经济一体化组织 …………………… 77
  第四节 区域经济一体化对世界经济的影响 …………… 91

第五章 国际贸易与国际贸易体制 …………………………… 95
  第一节 国际贸易的发展与政策演变 …………………… 97
  第二节 国际贸易体制 …………………………………… 108
  第三节 自由贸易与保护贸易之争 ……………………… 120

第六章　国际货币体系与金融全球化 …… 128
- 第一节　国际货币体系的演进 …… 130
- 第二节　国际货币体系存在的问题与改革方向 …… 133
- 第三节　金融全球化的利益与风险 …… 137
- 第四节　国际金融危机与国际金融监管 …… 141

第七章　国际直接投资与跨国公司 …… 149
- 第一节　国际直接投资概述 …… 151
- 第二节　国际直接投资传导机制 …… 158
- 第三节　跨国公司的形成与发展 …… 172
- 第四节　跨国公司的作用与影响 …… 178

第八章　经济全球化中的世界各国经济 …… 184
- 第一节　国家的分类 …… 185
- 第二节　发达国家的经济体制模式 …… 187
- 第三节　发展中国家的经济发展理论与战略 …… 195
- 第四节　转型国家的经济改革与经济发展 …… 202

第九章　中国经济改革及与世界经济融合 …… 214
- 第一节　中国的经济成就与发展战略 …… 216
- 第二节　世界经济变化中的中国经济 …… 224
- 第三节　"一带一路"与中国经济展望 …… 231

第十章　世界经济可持续发展 …… 240
- 第一节　世界人口与人力资源 …… 242
- 第二节　世界土地与农业资源 …… 247
- 第三节　世界能源资源 …… 252
- 第四节　环境问题与经济发展 …… 258
- 第五节　世界经济可持续发展的途径 …… 262

第十一章　当代世界经济热点问题 …… 269
- 第一节　欧盟与欧元区前景展望 …… 271
- 第二节　"逆全球化"及对世界经济的影响 …… 274
- 第三节　"一带一路"倡议与亚太区域经济合作 …… 279
- 第四节　北极区域合作机制与"冰上丝绸之路" …… 288

第一章

世界经济概述

【教学目的和要求】

通过本章的学习,学生应:
1. 了解世界经济的含义、主题、形成与发展,掌握世界经济三要素。
2. 了解第三次科技革命和世界经济,掌握技术创新对世界经济发展的影响。
3. 了解世界经济格局"多极化",掌握新时期世界经济格局及影响其发展的主要力量。

【教学重点与难点】

1. 世界经济的三要素。
2. 技术创新对世界经济发展的影响。
3. 新时期世界经济格局及影响其发展的主要力量。

引导案例

iPhone 手机的全球化生产

美国苹果公司作为世界上最大的消费电子产品制造商之一,其生产的 iPhone 系列手机是全球最成功的手机产品之一。iPhone 系列手机采用的是全球化生产模式,以保证苹果公司利益的最大化。可以说,一部苹果手机的生产就是经济全球化的生动缩影。根据苹果公司公布的 2017 年供应商目录可知,2017 年苹果公司 iPhone 手机的供应商共有 183 家,分布在世界 14 个国家或地区。其核心供应商主要来自美国、日本和中国台湾地区,三方供应商数量占 iPhone 手机供应商总数量的七成左右。其中,美国供应商主要提供芯片、内存和集成电路等核心组件;日本供应商提供光学元件和显示面板,如相机模块;中国台湾地区供应商主要从事印刷电路板及中央处理器的生产等。

iPhone 手机的其他配件以及主要组装工作大部分在中国大陆完成。中国大陆是 iPhone 手机最重要的封装地和组装地,在中国大陆的封装和组装工厂分别占其总数的 54% 和 71%。根据 2018 年 5 月戈德曼高盛公司发布的一份苹果 iPhone 手机报告,在 iPhone 手机的全球供应链中,中国大陆的生产成本占 25%—35%。且该报告估计,如果将 iPhone 手机在中国大陆的生产和组装都搬到美国,iPhone 手机的生产成本将增加 37%。

由此可见,iPhone 手机的生产离不开世界各经济体的相互配合,世界主要经济体已被深深地卷入 iPhone 手机的供应链中。可以说,苹果公司 iPhone 手机的供应链是全球性的。

资料来源:根据高盛报告整理而成。

第一节 世界经济的主题与要素构成

一、世界经济的含义

世界经济是社会生产力发展到一定历史阶段的产物,是世界各国和各地区的经济相互联系、相互依存而构成的世界范围的经济整体。它是在国际分工和世界市场的基础上,把世界范围内的各国经济通过商品流通、劳务交换、资本流动、技术转让、国际经济一体化等多种形式和渠道,把各国的生产、生活和其他经济方面有机地联系在一起。在现代社会,任何国家和地区的生产和生活都离不开世界经济,都或多或少依赖于国际分工和国际交换,正是这种错综复杂的经济联系,构成了世界经济整体。因此,世界各国、各地区的国民经济是世界经济的基础,但世界经济又不是各国和各地区经济的简单加总,而是通过国际分工、国际贸易、金融往来、技术和劳动力流动等经济活动形成的一个既相互依赖又充满矛盾与斗争的有机整体。世界各国、各地区的国民经济影响世界经济的发展,反过来,世界经济的发展又对各国和各地区经济产生巨大影响。

二、世界经济的主题

当代世界经济研究的主题包括世界经济全球化发展、经济全球化背景下的国家与区域经济、连接各国经济的纽带以及经济全球化时代各国所面临的共同问题与挑战。

（一）世界经济全球化发展

世界经济全球化是当代世界经济的重要特征之一，也是第二次世界大战后世界经济发展的重要趋势，特别是20世纪90年代以来，世界经济全球化的进程大大加快。经济全球化，有利于资源和生产要素在全球的合理配置，有利于资本和产品在全球流动，有利于科技在全球扩张，有利于促进不发达地区经济发展，是人类发展进步的表现，是世界经济发展的必然结果。以经济全球化为背景，世界经济领域发生了巨大变化。适应新时代发展的新的经济理论、经济实践活动以及经济现象相继出现，因此有必要从理论和实践角度论述这些变化。事实上，世界经济全球化发展是联系本书各部分的一条主线。

（二）经济全球化背景下的国家与区域经济

自20世纪50年代末以来，一些地理相近的国家或地区通过加强经济合作，为谋求风险成本和机会成本的最小化和利益的最大化，形成了一体化程度较高的区域经济合作组织或国家集团。区域经济之所以迅猛发展，部分得益于经济全球化。区域经济一体化是世界经济发展的必然结果，伴随着经济全球化的推进而不断发展升级。同时，全球化和区域化又存在着矛盾，且已经成为世界经济发展中的重要问题。世界经济全球化发展一直处于不平衡状态，发达国家之间的经济活动联系紧密；发展中国家和地区在国际经济合作方面普遍落后于发达国家和地区。经济全球化地区上的不平衡无法使所有国家共同参与全球经济一体化。

（三）连接各国经济的纽带

世界经济的形成并非各国国民经济的简单加总，而是一个历史性和系统性的发展过程。研究推动世界经济形成的各种要素，有助于我们理解世界经济的概念以及经济全球化的发展进程。这些要素包括国际分工、世界市场、国际化的交换工具以及生产要素的国际流动。

（四）经济全球化时代各国所面临的共同问题与挑战

在世界经济发展的进程中，世界各国均面临着各种各样共同影响其健康发展的问题，包括环境、贫穷、贸易保护主义、政治、人口、资源、金融安全、能源安全、恐怖主义、网络安全等问题。"世界经济"课程的一个重要目标就是认识对世界经济发展形成挑战的问题，并找出解决这些问题的最有效的办法。

三、世界经济的三要素

世界经济是以人类为主体，以地球资源和环境为背景，以世界市场为枢纽，以生产、贸易、分配和消费为基本内容，以经济发展为基本动力和基本目标的经济范畴。因此，人类、自然资源和生态环境是世界经济的三个基本要素。

（一）人类

人类是世界经济发展的决定因素。人类之所以能在世界经济中占据支配地位，是因为人类所具有的双重特性。一方面，人是一种生产要素。人类作为一种基本生产要素，通过运用一定的生产技能作用于自然资源,使生产成为可能。另一方面,人又是消费者。人类不断地消费各种产品,并要求生产更多的产品,随着时间的推移又不断产生新的消费需求。需求的不断变化推动生产的发展、创新的发展,进而推动世界经济的不断发展。可以说,人类是世界经济持续发展的动力,人口增长的快慢也影响着世界经济的增长。如果世界人口一直负增长,人类发展就不可持续;如果人口一直高速增长,超过地球资源及环境的承载力,那么经济发展同样不可持续。世界经济的发展在于人口、自然资源和生态环境的长期平衡。

（二）自然资源

自然资源是生产所需的基本原料,是世界经济得以发展的物质基础。它分为可再生资源和不可再生资源,包括土地、水、森林、石油、各种矿物和能源等。资源的多寡在一定程度上决定了一国经济的发展状况。对于人类来说,自然资源是一种先天资源,在世界经济发展早期,通常一个国家的资源越丰富,该国家的经济发展水平越高。

自然资源对于经济发展来说是不可或缺的,但随着世界经济的发展,其重要性却在不断下降,这主要是由于其他资源(例如资本、管理、技术以及信息)已经成为多数国家经济发展最重要的生产要素。那些自然资源匮乏,但资本、管理、技术以及信息资源丰富的国家(例如日本、新加坡、挪威和瑞士)仍然可以实现经济的腾飞,便是最好的例证。

（三）生态环境

生态环境是世界经济发展的外部条件。生态环境对世界经济发展有着巨大的贡献,不仅为经济活动提供所需投入,而且为人类生存提供必需的资源。但世界经济发展在不断消耗自然资源的同时,也大大破坏了环境的再生能力,进而威胁到世界经济的可持续发展。世界银行的研究表明,人类的经济活动给环境带来了很大的负面影响,随着工业化在世界范围内的扩张,环境指数不断恶化。世界经济发展应对生态环境承担更多的责任与义务,在世界经济发展的同时,应加强对生态环境的保护。

相关案例　　　　　　　　中国环保行业发展趋势

党的十八大以来,我国对环保的重视程度不断提高,环境治理投资也稳定增长,但与发达国家相比,我国环境治理投资占GDP(国内生产总值)的比例仍处于较低水平。十九大报告中提出的我国主要矛盾的变化表明,我国已由过去的盼温饱、求生存转为盼环保、求生态,环保得到高度关注。另外,报告提出,2020年前要坚决打好污染防治的攻坚战,结合2035年生态环境根本好转的目标,我们判断未来十年我国环保行业将持续景气。

2000—2016年,我国环境治理投资总额从2000年的1 014.90亿元增至2016年的9 219.80亿元,复合增速达14.79%。2016年,我国环境治理投资占GDP的比例为1.24%。根据国际经验,当治理环境污染的投资占GDP的比例达1%—1.5%时,可控制环境恶化的趋势;当该比例达到2%—3%时,环境质量可有所改善。发达国家在20世纪70年代环境治理投资占GDP的比例已达2%。《全国城市生态保护与建设规划(2015—2020

年)》提出,到2020年,我国环境治理投资占GDP的比例将不低于3.5%,环境治理投资仍有很大的提升空间。

资料来源:《2018—2024年中国环保产业竞争态势及发展前景预测报告》。

第二节　世界经济的形成与发展

世界经济是一个历史范畴,它是在资本主义机器大工业以及由此引起的国际分工和世界市场的基础上形成的,是人类社会发展到一定历史阶段的产物。

在原始社会后期,出现了社会分工和部落之间的商品交换。到了奴隶社会和封建社会,又出现了国家间的商品交换。但是,因为那时生产力水平低下,自然经济占统治地位,社会分工不够发达,所以商品交换的范围和内容极其有限,国内贸易和国际贸易都不发达,几乎没有社会生产的固定分工。这时还不存在真正的国际分工和世界市场,世界经济也就没有形成。到14—15世纪,围绕地中海进行的东西方贸易发展起来,但参与并依赖于经常性国际商品流通的仅仅是个别的商业城市以及在封建时代的中介贸易中成长起来的为数不多的城市共和国。其商品交换的数量微不足道,种类只限于那些具有资源优势或生产成本差别很大的少数商品,贸易的地理范围也是极其有限的。即使是地域市场也不稳定,更不存在联结各国经济的世界经济。

到15世纪末16世纪初,世界经济开始形成。世界经济的形成大体经历了三个历史阶段:萌芽期、形成期和发展期。

一、世界经济的萌芽

世界经济的萌芽发生在15世纪末16世纪初到18世纪中后期这个时间段。15世纪末16世纪初的"地理大发现"为世界市场的形成准备好了地理上的条件。

随着新航路和新大陆相继被发现,国际贸易中心由地中海转向大西洋,国际贸易领域扩大到世界各地,国际贸易的商品种类也随之增加。美洲的金银、非洲的奴隶、亚洲的香料、欧洲的工业品纷纷卷入国际商品流转中来,世界市场由此产生了。

国际贸易在地域上的扩大和商品种类的增加,引起了西欧商业的革命性变化,促进了以分工为特征的工场手工业的发展。从16世纪开始,西欧的封建专制国家大力推行重商主义政策,积极鼓励发展航海业和对外贸易,促进了为出口而生产的国际分工。与此同时,西欧商业强国纷纷在亚洲、非洲、拉丁美洲地区争夺殖民地和市场,建立起以国际分工为特征的早期的资本主义专业化生产,把原来只具有地域色彩的国际分工逐渐扩展到世界各地。

但是,这时的国际分工还不是真正意义上的国际分工,仅是宗主国与殖民地之间强制性的特殊分工。这一时期的国际贸易对各国的再生产过程也并不起决定性的作用,各国间的经济联系是局部和松散的。因此,这一时期出现的国际分工和世界市场只是一种早期的原始形式。这种早期的国际分工和世界市场的出现,标志着世界经济的萌芽。

二、世界经济的形成

世界经济的形成具体来说又可以细分为初步形成和最终形成两个时期。①

(一) 世界经济的初步形成(18世纪60年代—19世纪70年代)

第一次科技革命促成了世界经济的初步形成。第一次科技革命用蒸汽机代替人力、畜力和水力等自然力,用机器代替手工操作,完成了工场手工业向机器大工业的过渡,使社会生产力出现质的飞跃。这时的商品经济高度发展,进而促进了国际分工和世界市场的发展,为世界市场的初步形成准备了必要的条件。这一时期世界经济的形成,是在机器大工业的基础上以国际分工体系的建立和世界市场的开拓为主要标志的。

1. 国际分工体系的建立

机器的广泛采用使工业内部的分工得到进一步发展,分离出许多独立的工业部门。由于生产规模的扩大,生产所需的原料已经不能实现本国供给,产品也非本国的市场可以容纳。社会分工迅速向国际领域扩展,世界市场成为资本主义再生产过程必不可少的条件。于是,机器大工业把越来越多的国家吸引到国际分工体系中来。一方面,质优价廉的机器工业产品摧毁了国外传统的手工业生产,打开了商品的销售市场;另一方面,外国消费者为购买工业品而不得不出卖自己生产的原料和初级产品,从而使这些国家变为工业国的原料供应地。欧美先进国家逐渐把亚洲、非洲、拉丁美洲国家的经济改造成依赖于国际分工的单一经济。"一种和机器生产中心相适应的新的国际分工产生了,它使地球的一部分成为主要从事农业的生产地区,另一部分成为主要从事工业的生产地区。"②到19世纪中期,欧美发达国家与亚洲、非洲、拉丁美洲国家落后地区间既对立又相互依存的垂直性国际分工体系基本形成。

2. 世界市场的开拓

国际分工体系的建立,标志着世界市场进入一个崭新的历史发展阶段。新的世界市场形成于19世纪60年代。世界市场的产生和发展是资本主义生产方式发展的结果,它随着地理大发现而产生,并随着工业社会的出现而形成。

机器大工业对开拓世界市场具有极大的促进作用。机器大工业的物质基础雄厚,生产能力巨大,它本身就是一种世界性的生产。首先,机器大工业使世界市场的范围不断扩大。激烈的竞争促使它不间断地扩大生产,从而把市场从国内扩大到国外。机器大工业不仅需要不断扩大海外销售市场,也需要日益扩大原料供应的来源。机器大工业用商品生产征服一切产品生产,用廉价商品摧毁落后国家的手工产品,从而使这些国家变成工业国的原料产地。广大亚、非、拉国家沦为西方国家商品销售市场和原料产地的过程,也就是这些国家日益卷入世界市场的过程。其次,机器大工业使世界市场的内容不断丰富。随着机器大工业对世界市场的开拓,进入世界市场的商品数量和种类也大幅增加,从过去仅限于欧洲手工产品和热带农产品交换的世界市场,演变为种类繁多的大宗商品交换的世界市场。世界市场供求关系的任何变动都会对世界各国的经济生活产生不同程度的影

---

① 张曙霄、吴丹编著:《世界经济概论》,经济科学出版社2005年版,第15—20页。
② 《马克思恩格斯全集》(第23卷),人民出版社1972年版,第494—495页。

响。这一时期的世界市场已经成为资本主义再生产必不可少的条件,这也是它区别于早期世界市场的本质特征之一。19世纪的历史证明,每一次新的工业高潮都与海外市场的开辟即世界市场的扩大相联系。19世纪40—60年代,世界贸易的增长速度超过世界工业的增长速度,就是机器大工业促使世界市场不断扩大的有力证明。

19世纪60—70年代,随着资本主义国际分工体系的建立和世界市场的发展,世界经济体系初步形成。之所以说是初步形成,是因为一方面,世界上还有相当多的国家和地区处在闭关自守甚至与世隔绝的状态,世界经济覆盖的人口仅占全球人口的10%;另一方面,世界经济联系的纽带主要是国际贸易,生产和资本的国际流动还很有限。

(二)世界经济的最终形成(19世纪70年代—20世纪初)

从19世纪70年代开始的第二次科技革命促成了世界经济的最终形成。第二次科技革命是以电的发明和使用为主要标志的、以内燃机和电动机为核心的、以重化工业为经济发展中心的科技革命。第二次科技革命不仅为自由竞争资本主义过渡到垄断资本主义奠定了物质基础,也为世界经济的最终形成提供了强大的动力。

1. 第二次科技革命对社会生产力产生了巨大的推动,进而促进了国际分工的升华和世界市场的扩大

第二次科技革命对社会生产力产生了巨大的推动作用。世界工业产量在1850—1870年的20年间增长了1倍,在1870—1900年的30年间增长了2.2倍,在20世纪初的13年里又增长了66%。

(1)生产力的发展促进了垄断资本和金融寡头的产生,使国际分工日益深化。垄断使大垄断组织迅速聚敛巨额资本,当大量资本在国内找不到有利可图的投资场所,形成过剩资本后,资本输出便迅速增长起来。工业国的资本纷纷跨出国界,在世界范围内寻找最佳的投资场所。资本输出开始成为这一时期主要的经济特征之一。资本输出深化了国际分工,形成了以资本为媒介的国际分工,从而实现了世界范围的生产社会化和国际化,进一步加强了各国经济之间的联系。

(2)生产力的发展扩大了世界市场的内涵。资本输出同样使世界市场不仅包括国际商品市场,而且还包括国际资本市场。由于世界市场上两大国际流通领域(商品流通和资本流通)交织,世界市场的机制更加完善了。

(3)生产力的发展使发达国家加快了对世界市场的瓜分。由于资本主义的生产能力和生产规模越来越大,生产和消费之间的矛盾尖锐起来,各发达国家加快了对世界市场的瓜分。20世纪初,世界市场被瓜分完毕,实际市场已经囊括全球。

2. 交通运输和通信业变革将世界连成一个整体

第二次科技革命使交通运输和通信业产生了真正意义上的革命,火车、轮船、电报得以普及和发展。世界船舶总吨位在1870—1910年间增加了1倍多,其中汽船吨位所占比例从16%增至76%。铁路建设则更为迅速,1870—1913年,世界铁路线长度增长了4倍。1870年,94%以上的铁路分布在欧、美两洲。20世纪初,铁路开始大规模向落后国家普及,同时南美大陆、南亚次大陆以及远东地区形成建设铁路的高潮。铁路联系港口从沿海延伸到内陆腹地,而海运借助轮船又把世界各地的铁路系统联结成一个跨洲的庞大的国际交通运输网。与此同时,电报的使用已经遍及全球,电话开始在欧美国家应用,1901年无

线电波飞跃大西洋并迅速普及。通信革命使世界市场形成了迅捷的信息网络。总之,交通和通信的革命使越来越多不同经济发展水平的国家融入世界经济体系。

3. 第二次科技革命引起的产业结构的变化带来了国际分工的深化

第二次科技革命产生了一系列新产品、新部门,带动了重工业部门的发展。工业产量首次超过农业,一些资本主义国家从农业国转变为工业国,经济不发达国家也开始发展自己的民族工业。发达工业国与初级产品生产国之间形成了垂直分工的国际分工体系,发达国家之间也形成了以不同部门为主的国际分工体系。国际分工进一步深化。

综上所述,科技革命及其引起的生产力发展,不断推动国际分工的深化和世界市场的扩大,世界经济于20世纪初最终形成。

三、世界经济的发展

第二次世界大战以后,世界经济的发展进入了一个新阶段,产生了许多新的发展特点:经济发展的全球化,跨国公司在世界经济发展中的地位越来越重要,经济发展的不平衡加剧,从而加剧了资本主义的基本矛盾。尤其是进入21世纪以来,世界经济在和平与发展的国际大背景下取得了稳定的发展。

(一)经济全球化的趋势不可阻挡

经济全球化是20世纪末开始的世界经济发展中的一个显著特点。这一特点不仅广泛影响经济以外的全球各个领域,而且深刻影响各国特别是发展中国家的经济发展,成为发展中国家必须高度重视的外部环境的基本要素。

经济全球化主要有三个方面,即贸易自由化、金融国际化和生产一体化。关税不断降低乃至在部分产业中完全消除,非关税措施禁用,商品贸易自由化原则普遍向服务贸易延伸,整个贸易自由化呈现加速趋势。国际资本流动数量迅速增长,障碍日益消除,工具不断创新,跨国金融机构力量日益增强,各国金融市场的开放不断扩大,各国资本市场的相关性日益提高,相互传递日益加快,使国际金融动向成为整个世界经济运行中最为敏感、最为关键的因素。跨国公司日益壮大,巨型企业的跨国兼并层出不穷,中小型企业的跨国投资迅速增长,国际直接投资的障碍日益减少,生产的国际分工不断深化,所有这些变化使跨国经营成为当代企业的主要经营方式,世界生产在企业跨国经营的推动下日益一体化。①

经济全球化发展的根本动力是世界范围生产力和生产关系的加速进步。国际分工的深化和资源的全球化配置反过来又创造了更高的生产力,也创造了新的国际经济融合形式。全球范围的科技革命是世界生产力跨越的动力,而以信息革命为核心、以一大批高新技术产业为标志的新一轮科技进步既为经济全球化提供了技术手段,又为其加速推进提出了强烈要求。

20世纪90年代以来,两方面的因素进一步推动了经济全球化发展:一是原计划经济国家广泛实行了市场化改革,从经济体制上消除了与以市场经济为本质特点的世界经济的差距;二是更多的发展中国家实施了开放型的发展战略,从发展政策上减少了国家对涉

---

① 伍贻康:《经济全球化冲击的性质与特点》,《世界经济研究》2001年第6期,第8—10页。

外经济活动的干预。这两方面的变化使世界经济在空间概念上大大拓展。

(二)世界经济发展呈现多极化趋势

当今世界经济的多极化特点也经历了一个形成和发展的过程。

1. 战后初期的世界经济格局

战后初期的世界经济格局是两种经济体系并存的世界经济。第二次世界大战以前，世界经济格局表现为一个社会主义国家与四分五裂的资本主义经济体系的并存。第二次世界大战之后，结束了这种旧的格局，形成了资本主义经济体系与社会主义经济体系并存的世界经济。

2. 20世纪60年代的世界经济格局

世界经济格局由两大经济体系演变为三个世界，即经济高度发达的国家、中等发达的国家和发展中国家，这是打破不同社会经济制度，按照不同社会经济发展程度的标准划分的。

3. 20世纪70年代的世界经济格局

世界经济中各种力量剧烈变动，国际经济贸易关系发展较快，第三世界处于有利地位。

4. 20世纪80年代以来的世界经济格局

世界经济格局出现空前的大动荡大改组，各国经济力量对比发生了根本性变化，世界经济向多极化方向发展。

(1)东欧剧变，苏联解体，世界经济格局发生根本性变化，战后形成的两极格局结束，世界经济格局向多极化发展。在这种变动的格局中，社会主义经济力量大大削弱，处于不利地位，而发达资本主义国家重新处于有利地位，主导着世界经济的变化发展。不过，这种优势地位不再是以美国为中心的单一中心统治体制，而是以美国、日本、欧洲为主的多极统治体制。

(2)在多极化最终形成的过程中，世界经济集团化趋势不断加强。已建立的主要有以法国、德国为中心的欧洲共同体和以美国为中心的北美自由贸易区，并不断发展和加强。经济集团化趋势加强的根本原因在于当代资本主义经济发展的内部矛盾，一方面，生产和资本国际化程度提高到一个新的阶段，世界各国特别是发达资本主义国家的经济，以跨国公司为纽带通过各种生产要素的交流已紧密联系在一起，各国经济真正成为世界经济整体的一部分，在此基础上各主要资本主义国家有必要和可能就共同的经济问题进行协商和协调并联合行动；另一方面，经济集团化的出现又是资本主义发展不平衡、资本主义大国之间竞争加剧的结果，在多极化的局面下为了加强各自的力量和压倒对手，必然要组成集团。

(三)跨国公司在世界经济中的地位日益重要

跨国公司对世界经济产生了很大影响。按母国划分，跨国公司绝大多数来自发达国家，但其经营活动有相当部分在发展中国家开展。这样，通过经济活动，跨国公司将不同国家联系在一起，成为南北关系的桥梁。第二次世界大战以前，跨国公司主要扮演为帝国主义国家推行殖民政策的角色，它们在非洲、拉丁美洲国家的掠夺性经营造成了当地经济结构的畸形发展。因此，20世纪50—60年代，发展中国家对跨国公司的活动采取了全面限制甚至排斥的政策,一些沿袭殖民统治时期经营模式的跨国公司成为南北关系中的紧张因素。70年代以后,发展中国家开始重视跨国公司作用的发挥。进入80年代,绝大多数发展中国家都以积极的态度和有序的政策吸引跨国公司的投资。对于发达资本主义国家而言,跨国公司通过对外直接投资赚取了巨额利润,扩大了资本积累的规模,改善了国际收支状况,开拓和确保了国外原料市场和销售市场。更为重要的是,跨国公司加深了发达国家之间的相互依存和融合,大大增强了它们之间的协调能力,对发达国家的经济发展起到了推动作用。

对于发展中国家而言,跨国公司的直接投资能够弥补资金的不足,能够作为金融中介为东道国筹措资金,跨国公司的技术转让活动不仅使发展中国家直接获得先进技术和设备,而且还有助于它们的技术普及,提高发展中国家的劳动生产率、产品附加值和产品技术含量,对发展中国家的经济增长产生积极的影响。跨国公司设在发展中国家的子公司的出口在世界贸易中越来越重要,下属的贸易公司为发展中国家的出口提供服务、开拓市场,一些发展中国家也通过分包方式出口比较先进的产品或零部件,有效地扩大了出口。发展中国家的产业升级换代,通过跨国公司向国外转移产业,发展中国家特别是新兴工业化国家有利于建立更先进、更多样化的产业结构。因此,客观上讲,跨国公司对发展中国家的经济发展起到了一定的推动作用。

(四)世界经济发展不平衡不断加剧

当代世界是由不同社会制度、不同发展联合体、不同发展水平的多个国家和地区组成的有机整体。世界经济发展是很不平衡的。这种不平衡既包括发达资本主义国家发展不平衡和发展中国家发展不平衡,也包括社会主义国家发展不平衡和各类国家之间的发展不平衡。世界经济发展不平衡,是指世界各国经济力量增长的不平衡和各国经济实力发展的不平衡,这种不平衡是和各国国力增长不平衡相联系的,必须和政治、军事、社会、科技等因素相联系。

资本主义国家经济发展不平衡规律存在于资本主义发展的整个历史过程中。但是由于资本主义各个时期的具体经济、政治条件及国际环境等各不相同,因而这个规律的具体表现形式及其对社会经济的影响也不尽相同。资本主义国家间的经济发展不平衡,主要是指它们在经济发展速度上的差异和由此引起的各国经济实力地位的变化。第二次世界大战以后,资本主义发展不平衡规律的作用表现出新的特点,具有更大的跳跃性,主要表现为美国经济地位由胜到衰和日本与欧洲国家的地位迅速上升,随着这种经济力量对比的变化,在资本主义世界经济中形成了美国、日本、欧洲三大经济中心。

(五)科技革命对世界经济发展的推动作用日益增强

科技革命对社会生产力的发展产生巨大影响,引起人类社会和世界经济的深刻变化。第二次世界大战后,在世界范围内发生了第三次科技革命,它是迄今为止规模最大、影响最深远的科技革命。

第三次科技革命发生于20世纪40年代末和50年代初,是从美国开始的。这次科技革命的主要标志是原子能、电子计算机和空间技术的发明与利用。这次科技革命对社会生产力的增长和整个人类社会的发展产生了深刻的影响,使世界经济进入一个新阶段。①

(1) 科技革命推动了资本主义经济的大发展。这种对社会经济发展的推动作用主要表现在:科技革命提高了劳动生产率;改善了社会扩大再生产的条件,扩大了积累,增强了扩大再生产所必需的物质资料,并且扩大了销售市场。

(2) 科技革命推动了资本主义经济结构的变革。首先是使物质生产部门结构发生了重大变化,工业部门特别是重工业的比例上升,农业部门劳动力的数量在全部劳动力中所占比例大大下降,非物质生产部门的劳动力比例迅速上升,这种变化主要反映了生产力的自身发展规律,并不因社会制度不同而有所改变。

(3) 科技革命加深了资本主义的矛盾。一方面,科技革命在推动社会生产力迅速发展的同时,也使生产社会化程度不断提高,客观上要求在全社会范围内,甚至在全世界范围内对社会再生产过程、各种国际经济关系进行宏观协调,而科学技术的进步、各种先进生产工具的生产和运用又为这种客观要求提供了物质条件。另一方面,科技革命又加强了资本的积累与集中,使生产资料和社会财富越来越集中到少数垄断资本手中,加剧了生产社会性和生产资料私人占有之间的矛盾。

第三节 科技革命、技术创新与世界经济

一、第三次科技革命与世界经济

(一) 科学革命与技术革命的概念

科学是人类对客观世界的认识,是通过探索总结出来的客观事实和规律。技术是人类改造客观世界的方法和手段,是为某一目的特别是经济利益而进行操作的各种工具和规则体系。科技革命包括科学革命和技术革命。科学革命是人们认识客观世界的质的飞跃,是科学基础理论的重大突破和对自然界客观规律的重要发现;技术革命是人类改造客观世界的质的飞跃,是改造自然界的手段和方法的重大发明与突破。科学和技术总是随着人类社会的进步而不断地发展变化着的。

科学革命和技术革命都是人类实践活动的结果,两者关系非常紧密。认识世界是改造世界的重要前提条件,而在改造世界的同时又会进一步认识世界。在近代社会,人类在自然科学领域有了细胞学说、能量守恒定律、生物进化论等重大发现,在认识客观世界方面有了质的飞跃。同时,人类在改造客观世界方面也实现了质的飞跃,包括发明并应用了蒸汽机、电动机和内燃机等。但是,科学革命和技术革命在近代以前是分离和脱节的。直到第二次世界大战以后,科学革命和技术革命才越来越紧密地联系在一起,主要表现为科学革命和技术革命的相互促进,即科学指导下的技术革命,技术革命基础上的科学发展,成为真正意义上的科技革命。

(二) 第三次科技革命的内容

1. 科学革命

第二次世界大战以后,物理学、化学和生物学等学科领域的进步是最为显著的,并带

---

① 李景治、林甦主编:《"当代世界经济与政治"疑难解析》,中国人民大学出版社2002年版,第37—38页。

动了自然科学基础理论的飞跃。物理学的发展主要表现为基本粒子物理学即高能物理学的发展。从20世纪初的阿尔伯特·爱因斯坦（Albert Einstein）相对论和马克斯·普朗克（Max Planck）量子论的提出，到20年代、30年代的欧内斯特·拉瑟福德（Ernest Rutherford）原子模型和詹姆斯·查德威克（James Chadwick）发现中子，人们已经基本确定了原子结构：原子由原子核和电子组成，原子核由质子和中子组成。物理学在微观领域的进一步发展形成了粒子物理学，又称高能物理学，主要是探索物质的基本组成结构和它们之间相互作用的规律。50年代以后，科技的进步使人们制造出了高能加速器。通过高能加速器，人们又发现了大批新粒子。截至2018年，人们已经发现400多种粒子，其中大部分是通过人工放射得到的基本粒子，而且每种粒子都拥有其反粒子。科学家根据作用力的特点，把这些基本粒子分为强子、轻子和传播子三大类。高能物理学的产生和发展，不仅将物理学推进到了更高水平，而且为原子能、电子和激光技术尤其是信息技术的发展开辟了广阔的空间。在量子论和相对论的指导下，化学也有了重大发展。首先是元素周期律得到了全面的证明和解释，然后又产生了许多化学分支和新的理论，如有机合成化学、物质结构化学、量子化学、高分子化学等。其中，高分子化学的飞跃发展，为新材料技术奠定了坚实的基础，人类已经进入分子设计和人工合成材料的新时代。在物理学和化学取得重大进展的带动下，生物学也实现了重大突破——从细胞生物学发展到了分子生物学。1944年，奥斯瓦尔德·埃弗里（Oswald Avery）等人证明了遗传性的物质是脱氧核糖核酸（DNA）；1953年，詹姆斯·沃森（James Watson）和弗朗西斯·克里克（Francis Crick）提出了DNA双螺旋分子结构；1961年，弗朗索瓦·雅各布（François Jacob）和雅克·莫诺（Jacques Monod）提出，DNA的"分子开关"支配着基因保持活跃或不活跃的状态，从此出现了分子生物学这一崭新的学科。随着分子生物学的发展，人们对基因的结构、功能及其运动规律的认识日益深刻，进而到20世纪70年代初形成了遗传工程学，即用人工方法创造新的生命类型的科学。分子生物学揭开了生物生命的基本规律，为创造新的物种提供了理论保障，也为生物技术特别是基因工程技术的发展打开了大门。科学革命的这些重大突破和成果也有力地推动了技术革命。

2. 技术革命

20世纪不仅是科学革命的世纪，也是技术革命的世纪。特别是20世纪后半叶，有很多技术上的飞跃改变了人类的生产和生活方式。技术革命主要表现在以下六个方面：

（1）信息技术。信息技术是指应用信息科学的原理与方法，研究信息的采集、传递和处理的技术。信息技术是电子技术的一个分支，是技术革命的先导，主要包括传感技术、通信技术和计算机技术。由于电子计算机的发明和应用，特别是集成电路的快速发展，信息技术飞跃前进，已经成为第二次世界大战后对人类影响最大的技术。信息技术以微电子技术为基础，以激光技术和光纤通信技术为纽带，以大规模和超大规模集成电路为核心，以智能化软件为支撑，以微细加工等技术制作先进的电子零部件，并通过数字网络传递信息，以及采用多媒体技术实现电子资源共享。自20世纪50年代电子计算机在美国投入商用以来，经过电子管、晶体管、集成电路、大规模及超大规模集成电路等多代更新。许多国家正在研制开发新一代人工智能计算机，并向神经网络计算机和光子计算机方向发展。现在普通计算机的体积仅是最初的几万分之一，但效率却提高了几百万倍。再加上高级操作系统软件和国际互联网的开发应用与广泛普及,以计算机软硬件为核心的自动化和数字化技术在国民经济的很多领域加以应用。信息技术已经推动人类从工业社会走向信息社会。

(2) 新材料技术。新材料技术是指通过化学或物理的方法,以人工合成制造的新型材料替代天然材料的技术。新材料技术是技术革命的基础,是高新技术各领域的重要突破口。新材料主要包括新型金属材料、无机材料和高分子材料三大类。新型金属材料在原有金属材料的基础上出现了各种高质量合金钢,包括各类性能优良的不锈钢,以及密度小、强度高、耐高温、抗腐蚀的钛金属,为各种工业生产以及国防和宇航工业的发展提供了理想的材料。新型无机材料主要包括各种特殊性能的陶瓷、水泥和玻璃材料,特别是一些晶体材料和超导材料,已广泛应用于与信息技术和新能源技术有关的许多领域。高分子材料在第二次世界大战后材料产业发展中具有举足轻重的地位,主要包括合成橡胶、塑料、合成纤维、胶粘剂和涂料等,在国民经济和人民生活的各个角落已达到随处可见的程度。合成橡胶无论性能还是产量都超过天然橡胶好几倍。塑料发展得更快,除一些新型热固型塑料,热塑性材料也有了更大的发展。合成纤维也称化学纤维,是纺织原料上的重大革新,现已广泛生产和应用的合成纤维有涤纶、腈纶、锦纶、丙纶、维尼纶、氯纶、乙纶七大化纤。具有强度高、耐辐射、高绝缘的某些特种纤维被广泛用于通信、火箭、宇航等领域。以上三大类材料可通过一些特殊手段把几种不同性能的材料按一定方式结合在一起,制作出品种更多、性能更加优越的复合材料,例如玻璃钢、铝塑薄膜等。复合材料是材料产业发展的新增长点,是高新技术产业发展的重要基础。

(3) 新能源技术。新能源是相对于传统的常规能源而言正在开发和扩大应用的能源,主要是太阳能、核能、生物能、风能、海洋能和地热能等可再生能源。新能源技术是技术革命的支柱。太阳能是人类最理想的能源。第二次世界大战后,特别是20世纪70—80年代以来,太阳能的开发和利用发展得非常快。许多国家开发和生产了一系列民用太阳能产品,其产品使用每年都在成倍地增长。在新能源中,目前开发利用最好的是核能。核能的发现和实际利用始于美国的"曼哈顿工程"计划。核能的利用在第二次世界大战后主要有两个方向:一是用于军事,制造原子弹、氢弹、核潜艇、核舰艇等,并成为美国和苏联军备竞赛的主要内容;二是和平利用核能,主要是开发建设核电站。1954年6月27日,苏联建成了世界上第一座原子能发电站。美国第一座核电站建于1957年。核能作为清洁能源,是潜力最大的新能源。随着核电技术水平的不断进步,核发电的成本会迅速下降,发电量会迅速提高,应用范围会迅速扩展。

(4) 生物技术。生物技术是以分子生物学、细胞生物学等理论为指导,采用现代技术进行生物品种变革和促进生物转化及生长的综合技术。目前发展比较好的生物技术有基因工程、细胞工程、生物反应工程和发酵工程等。

基因工程,也称遗传工程。按照生物进化论的观点,生物品种的发展变化是通过生命体随自然界的发展变化而繁衍和进化来实现的,这个过程是非常缓慢的。遗传工程是指在分子水平上以改变生物有机体性状特征为目标的遗传信息操作。通过人工转移重组部分基因对生物进行改良,不仅可以增加生物新种类,还可以创造出有利于人类的生物新品种,并且培育新品种的速度要比自然界缓慢进化快几亿倍。例如抗病小麦、转基因大豆和用大肠杆菌合成人工胰岛素等。克隆技术也属于遗传工程范畴。

细胞工程,也称细胞融合技术,是在细胞水平上进行杂交的技术,主要是把遗传性质不同的细胞人为地结为一体,所得到的新细胞兼有原来物种的优良性状。

生物反应工程,也称酶工程,是以酶做生物催化剂进行生物化学反应,使一种物质迅速转化为另一种物质。这种生物制造过程可大幅缩短合成路线,减少反应步骤,提高转化效率,而且在设备条件上没有化学工程那样苛刻的要求和非常大的投资,但制造的速度将提高数万倍甚至更高,并且有些化学工程实现不了的反应在生物反应工程中也能够实现。酶化工是化工生产的有力补充。

发酵工程,是指利用微生物的发酵功能来生成一些有用产品的生产技术。人们通过菌种筛选和培育,经过对生理代谢过程以及新的发酵工艺和控制程序的研究与改进,用发酵的办法制造新产品。发酵工程和生物反应工程被认为是生物化工的主要方面,是化工生产的重要方向。

生物技术的开发和应用已经对生物的进化工程产生深刻影响,并将成为21世纪高科技发展的热点之一。生物技术正以令人目不暇接的速度和不可思议的方式改变着这个世界。目前,生物技术已经在基因诊断、复制、治疗和预防方面有了比较大的进展,并可通过重组DNA的表达产物制造基因工程药物。在农业领域,生物技术开始占据重要位置,可以说已经到了无孔不入的地步。生物技术在能源工业方面也大显身手,开发了大量的生物质能,既可产生大量能源,又能减少环境污染。正如诺贝尔奖获得者罗伯特·柯尔(Robert Curl)所指出的:20世纪是物理和化学的世纪,但21世纪显然将是生物学的世纪。

(5)空间技术。空间技术是以各种高新技术为基础,开发和利用空间为人类生产和生活服务的新技术。空间技术一般包括运载火箭、空间通信、遥测遥感、空间运输和卫星定位等技术。按照国际航空航天联合会的决议,距离地球表面100公里以内空间的飞行为航空,距离地球表面100公里以外空间的飞行为航天。从飞机上天到现在,航空技术已经有了飞速的发展。由于外层空间广阔无边,拥有用之不竭的资源,开发和利用这些空间资源以及具有高真空、太阳能、无菌和失重特点的外层空间环境,会为人类带来巨大的科学和实用利益。因此,开发空间技术特别是载人航天技术是很多国家发展高新技术的重点。开发空间技术关键在于火箭技术的进步。1926年,罗伯特·高达德(Robert Goddard)首次成功地进行了火箭发射实验,为液体火箭的发展作出了巨大贡献。1942年,德国研制的V-2液体燃料火箭是第一枚可控制的现代火箭,并很快应用于战场。1957年10月4日,苏联成功发射第一颗人造卫星,美国在1958年1月31日发射人造卫星。之后各种先进的运载火箭相继研制成功,美国于1969年用高110米、总重2 700吨的"土星"号运载火箭把"阿波罗"号载人飞船送上了月球。2003年,中国将"神舟五号"载人飞船送入太空并成功回收,杨利伟成为中国航天第一人;2005年,中国第一艘执行"多人多天"任务的载人飞船"神舟六号"又成功发射;2007年10月24日,中国成功发射第一颗月球探测器"嫦娥一号";2008年9月25日,"神舟七号"载人飞船从中国酒泉卫星发射中心发射升空,并实现了航天员太空行走,中国航天员第一次把中国人的足迹印在飞船舱外的茫茫太空之中。这些都充分说明中国在载人航天技术方面已经取得重大突破,标志着中国综合国力的增强。

(6) 海洋工程技术。海洋工程技术是各种海洋开发技术的总称,包括海底能源与资源开发、海洋空间利用、海洋环境保护、水产资源开发等方面。海洋总面积有 3.16 亿平方公里,占地球表面的 71%,拥有非常丰富的资源。海洋拥有大量的稀有金属和非金属元素,海底蕴藏着巨大的石油储量,潮汐能提供取之不竭的新能源,鱼虾等海洋动植物为人类提供了丰富的食物来源。第二次世界大战后,许多科学家和工程师一直致力于海洋的开发和利用,而且有了很大的进步,特别是在海底油气资源勘探和开发以及海水养殖等方面成效显著。但从总体上来说,目前海洋技术的发展还不够,有很多领域没有涉足。今后随着陆地资源的逐渐减少,海洋工程技术的发展将越来越重要,势必影响到高新技术产业发展的未来。

(三)第三次科技革命的主要特点[①]

从人类发展的历史看,第三次科技革命比前两次科技革命对人类社会的影响要深刻和广泛得多,具体有以下几个突出的特点:

1. 科技革命对生产、生活产生了重大影响

相对于前两次科技革命,第三次科技革命涉及的领域更加广泛。从科技革命本身来看,第三次科技革命几乎在二十多个国家同时兴起,基本涉及所有学科和技术领域;而前两次科技革命仅在英、美等少数发达国家产生并被其垄断和享用,只在个别自然科学领域,主要是物理学及其相关技术领域产生突破。从科技革命的影响来看,相对于前两次科技革命,第三次科技革命影响的部门从工业扩展到工业、农业、服务业等所有领域;影响的生产要素从劳动工具扩展到劳动对象和劳动者;影响的空间从陆地扩展到海、陆、空;从影响人类的生产方式扩展到生活方式;从促进经济增长到促进经济可持续发展。

2. 科技对经济的促进作用明显增强

前两次科学革命和技术革命彼此分离,没有达到相互促进的效果。比如,第一次技术革命中蒸汽机的发明和应用是因生产需求的刺激而产生的,并不是由于热力学理论的指导,热力学理论的产生比蒸汽机的出现晚了几十年。第二次技术革命中发电机、发动机和变压器的发明与使用,则晚于电磁理论几十年。而第三次科技革命则表现出科技融合促进经济发展的特点,即科学指导技术革命和技术革命推动科学发展,再由科技的进步带动经济的全面进步,三者密不可分、相互促进。例如,核物理基础理论指导了核能技术的开发和核电站的建立,但是,如果没有高能加速器技术作为保障,原子核的内部奥秘就不可能探索清楚,基本粒子物理学也就不可能取得重大突破。而如果核电站的有效运转没有取得明显的市场效应和军事作用,一个国家的政府或企业就不可能对核物理与核技术投入大量的人力、物力和财力。同时,各类科学技术间的相互促进和综合也是空前的。比如,信息技术提高了各个领域的自动化水平;新材料技术为工业生产及其设备的进步提供了先进的原料和基础;空间技术和海洋技术为发展新材料提供了强有力的支撑。各个学科和技术领域相互交叉、相互联系,涌现出许多新的边缘学科和技术门类,产生了许多新兴产业。

由于科学、技术与生产的紧密融合,科技转化为生产的周期明显缩短,速度明显加快。

---

① 张曙霄、吴丹编著:《世界经济概论》,经济科学出版社 2005 年版,第 30—32 页。

19世纪末20世纪初，一项新技术从发明到应用于生产平均需要30年，而从技术应用到产品投放市场平均需要7年。也就是说，技术变成成型的产品平均需要37年的时间。20世纪20—40年代，技术引入生产平均需要16年，生产的产品进入市场平均需要4年，总共下降到20年的时间。如今的世界，科技和生产几乎同步发展，有些发明变成产品仅用几年时间，而且这一周期仍在缩短。其中信息技术产品表现得最为突出。例如，电脑及其零部件的更新速度是惊人的。两年前的主打产品在现在的市场上基本看不到，甚至原厂家已经不再生产。

随着社会的不断进步，科技作为第一生产力的作用日益凸显，科技对经济增长的促进作用越来越大。20世纪初，一些国家科技进步对经济增长的贡献率为5%—20%，目前科技进步对经济增长的贡献率已经达到60%—80%。

3. 科学技术的发展得到各国政府的大力支持

前两次科技革命多是由生产需求引发的，积极参与科学研究和技术创新的个人及企业并非由政府参与组织。而现代科技进步的难度和风险非常大，往往需要大量的资金和人力投入，甚至需要多个国家的国际科技合作，这是个人和企业很难承担的。现代科技需要政府从国家利益出发，协调组织本国和其他国家间的科学研究与技术创新活动。事实证明，在第三次科技革命中，许多具有划时代意义的科学发现和技术发明均是在政府的积极组织和大力投入下取得的。美国早在20世纪50年代就建立了国家科学基金会，专门负责制定科研政策，资助和监督科研计划的实施。1993年，美国政府成立了国家科学技术委员会，在总统的领导下制定国家的发展战略、科技政策和研发目标，统一组织美国的科技活动，推动科技合作。欧洲共同体在20世纪80年代提出了"尤里卡"计划，全面加强欧洲国家在信息技术、生物技术和新材料技术领域的科技攻关。紧接着欧洲公布实施了全世界最大的国际科技合作计划——"欧盟框架计划"，鼓励欧洲国家之间以及欧洲国家与其他国家之间在科技研发的各个领域进行合作。这些计划和巨额资金的支持显著增强了欧洲的科技实力，促进了欧洲经济的发展。各国政府在支持研发的同时，也重视并鼓励培养科技人才和科技管理人才。国家之间的竞争往往最终表现为人才的竞争，因此，各国政府非常重视发展教育，投入大量的资金用于普及教育和提高教育质量，还采取各种措施吸引人才，并广泛开展各类人才培训，进一步提高人才的科技水平和研发能力。通过各国政府的积极参与和有效组织，第三次科技革命在世界范围内对人类社会的全面进步发挥了巨大的推动作用。

知识链接

三次科技革命

第一次科技革命以18世纪末蒸汽机的发明和应用为主要标志，以机器大工业代替工场手工业，使人类进入机器时代，也称作蒸汽革命。第一次科技革命发生于英国，之后发展到法、美、德、意等国；发明者多数为劳动者，发明成果多为生产实践的总结。第一次科技革命提高了生产力；巩固了资产阶级的统治地位；促进了美、俄、德、意的革命与改革，使资本主义世界体系初步形成；同时，在工业社会中日益分裂出两大对立阶级，即工业资产阶级和工业无产阶级,工人运动兴起;此外,第一次科技革命开启了城市化的进程;使先进的生产技术和方式传播到各地,冲击着旧制度、旧思想;形成了东方从属于西方的格局。

第二次科技革命是在19世纪末到20世纪初发生的,以发电机和电动机的发明和应用为主要标志,使人类从"蒸汽时代"进入"电气时代",也称作电力革命。第二次科技革命几乎同时发生在几个先进的资本主义国家,是自然科学同工业生产的紧密结合,在此过程中,科学技术发挥了重要作用。第二次科技革命使生产和资本高度集中产生垄断,主要资本主义国家相继进入帝国主义阶段;而且,各国发展不平衡引起重新瓜分世界的斗争,最终引发了第一次世界大战;帝国主义列强尤其是后起者,更富于侵略性,列强侵略进入以瓜分世界和输出资本为主,20世纪初,资本主义世界体系形成。

第三次科技革命发生于20世纪中期,以原子能、电子计算机和空间技术的发展为主要标志。人类面临的第三次科技革命,使世界发生前所未有的深刻变革。它以信息科学、生命科学、材料科学等为前沿,以计算机技术、生物工程技术、激光技术、空间技术、新能源技术和新材料技术的应用为特征,把人类社会推进到信息时代。所以,第三次科技革命也称作信息革命。第三次科技革命的规模、深度和影响,远超过前两次科技革命,科学研究的成果应用于生产的过程越来越短。第三次科技革命在推动社会生产力的发展的同时促进了社会经济结构和社会生活结构的变化,推动了国际经济格局的调整;科学技术水平的差距,进一步扩大了世界范围的贫富差距。

(四) 第三次科技革命引起的生产力及产业结构变化

第三次科技革命对世界经济发展的影响主要表现在以下三个方面:

1. 生产力的巨大发展

第三次科技革命对发达资本主义国家和全世界的生产力发展起到十分巨大的推动作用,体现为极大地提高了劳动生产率、扩大了资本积累、改善了扩大再生产所必需的物质条件、保证了劳动力的供应以及扩大了商品市场。由科技革命引起的新兴工业部门的出现,使得消费品种类不断增加,性能不断改进,从而不断刺激人们的消费需求,使国内市场不断扩大。

2. 生产力各要素的变革

第三次科技革命对生产力各要素带来的变革包括三个方面:一是生产者日益智力化。科技革命、科学技术的新发展,特别是电子计算机的广泛使用,使得看管、操纵、控制等劳动在越来越大的程度上变成了自动控制系统的职能,体力劳动获得了更大程度的解放,生产者的智力因素的地位和作用日益提高,而体力因素的地位和作用明显下降,呈现生产者智力化的发展趋势。二是劳动工具日趋自动化。机器增加了自动控制系统,从而使机器生产实现了由手工操纵向自动化的转变,机械化生产转为自动化生产。三是劳动对象日趋人工化。在新材料革命中,大量人工合成材料涌现出来,并日趋在劳动对象中占据主导地位。

3. 产业结构的重大变化

第三次科技革命对产业结构带来的变化更为明显:首先,体现为农业现代化,包括农业机械化、化学化、良种化和工业化；其次，体现为工业结构的变化，为技术和知识密集型产业的发展开辟了道路；再次，体现为三次产业比例关系的变化，发达资本主义国家产业结构的重心开始从第二产业转向第三产业；最后，体现为产业结构的"软化"发展趋势，即产业结构的高技术化、服务化、融合化和国际化。

二、技术创新与世界经济

（一）技术创新与产品创新

技术创新，指生产技术的创新，包括开发新技术，或者将已有的技术进行应用创新。科学是技术之源，技术是产业之源，技术创新是建立在科学道理的发现基础之上，而产业创新则主要建立在技术创新的基础之上。

技术创新和产品创新既有密切联系，又有所区别。技术创新可能带来产品创新，产品创新可能需要技术创新。一般来说，运用同样的技术可以生产不同的产品，生产同样的产品可以采用不同的技术。产品创新侧重于商业和设计行为，具有成果的特征，因而具有更外在的表现；技术创新具有过程的特征，往往表现得更加内在。产品创新可能包含技术创新的成分，还可能包含商业创新和设计创新的成分。一方面，技术创新可能并不带来产品的改变，而仅仅带来成本的降低、效率的提高，例如改善生产工艺、优化作业过程从而减少资源消费、能源消耗、人工耗费或者提高作业速度。另一方面，新技术的诞生往往可以带来全新的产品，技术研发往往对应于产品或者着眼于产品创新；而新产品的构想，往往需要新的技术才能实现。

（二）决定技术创新的因素

根据技术创新理论的代表人物莫尔顿·卡曼(Morton Kamien)和南赛·施瓦茨(Nancy Schwartz)的研究，决定技术创新的因素有三个：竞争程度、企业规模、垄断力量。

1. 竞争程度

竞争是一种优胜劣汰的机制，技术创新可以给企业带来降低成本、提高产品质量和经济效益的好处，帮助企业在竞争中占据优势地位。因此，每个企业只有不断进行技术创新，才能在竞争中击败对手，保存和发展自己，获得更大的超额利润。

2. 企业规模

企业规模的大小影响技术创新的能力，技术创新需要一定的人力、物力和财力并承担一定的风险，企业规模越大，技术创新的能力越强。另外，企业规模的大小影响技术创新所开辟的市场前景的大小，企业规模越大，其技术创新所开辟的市场也就越大。

3. 垄断力量

垄断力量影响技术创新的持久性。垄断程度越高，垄断企业对市场的控制力就越强，其他企业难以进入该行业，也就无法模仿垄断企业的技术创新，垄断厂商技术创新得到的超额利润就越持久。他们认为，"中等程度的竞争"即垄断竞争下的市场结构最有利于技术创新。在这种市场结构中，技术创新又可分为两类：一类是垄断前景推动的技术创新，指企业由于预计能获得垄断利润而采取的技术创新；另一类是竞争前景推动的技术创新，指企业由于担心自己目前的产品可能在竞争对手模仿或创新的条件下丧失利润而采取的技术创新。

技术创新主要以企业活动为基础,企业的创新活动需要有一定的动力和机制。在市场经济条件下,作为自主经营、自负盈亏的经济主体,企业要生存和发展,就必须争取市场,否则就会在竞争中被淘汰。企业要扩大市场,就必须在成本、产品质量、价格上占有优势,这就迫使企业必须进行技术创新。企业在市场竞争中求生存和发展,是促进企业进行技术创新的必要条件。技术创新也需要有良好的宏观环境。企业进行技术创新的主要动力是获取高额利润,只有对经济前景有乐观的预期,企业才愿意进行技术创新,这就要求宏观经济稳定增长。政府的主要经济职能就是稳定经济,减少经济波动。完善的社会保障制度是企业进行技术创新的后盾,否则,一些企业难以承受技术创新的风险。国家还应从财政、信贷、公共投资等方面保证技术创新的资金供应。

（三）技术创新与世界经济

基于所有技术发明的新技术系统是世界经济全球化发展的一个重要因素。它包括太阳能、机器人、微电子、生物技术、数字通信,以及通过计算机实现重组的核心经济体。它还延伸到全球的金融和工业系统,并且发展出更加灵活的投资与贸易方式。在这方面尤其突出的是新技术和改进的技术在交通和通信领域的运用——通过集装箱实现的海运、铁路和公路系统的融合;宽体货物喷气式飞机的引入;传真机、光纤网络、通信卫星、电子邮件和信息检索系统的应用等。最后,这些通信技术还拓展了地理区域,加快了政治、社会、文化等许多方面变化的节奏。

第四节 世界经济格局变化及新动态

所谓世界经济格局,实际上就是世界各国或国家集团相互作用而形成的世界经济内在结构的外在表现,是指一定历史时期活跃于世界经济领域并充当主角的国家以及世界经济组织之间相互关系的一种结构和状态,其核心内容是大国或国家集团之间的经济力量对比关系和支配别国经济乃至世界经济的权力配置情况。充当世界经济格局主角应当具备三个条件:一是强大的经济力、科技力、资源力;二是强大的竞争力;三是适应世界经济发展的能力。世界经济格局是世界力量对比变化的结果,而世界经济格局一旦形成,必将影响世界经济主角以及整个世界经济的发展,世界经济格局也会随着世界力量对比的变化而发生变化。世界经济格局的变动一般表现在两个方面:其一,各国经济力量对比关系的变化引起世界经济权力分配的改变;其二,人类经济活动空间分布的变化。人们通常用"极"(Pole)来说明世界力量中心及其在世界经济格局中的地位和突出作用,能够作为"极"的国家必须是实力极、增长极、引力极和辐射极。自18世纪工业革命以来,世界经济格局经历了从单极到多极的不断演化,且伴随世界经济的新发展,世界经济格局仍处于不断发展变化中。

一、工业革命后的单极世界经济格局

（一）工业革命后英国的世界制造中心

进入18世纪以后,由于国内市场的不断扩大,工场手工业的生产已经不能满足日益增多的市场需求,客观上要求对生产技术进行改革,从手工劳动走向机器生产。这一过渡

就是工业革命,或称产业革命。英国工业革命的条件在18世纪已经成熟,于是英国先于其他国家发生了这场革命。

英国的工业革命首先发生于当时新兴的棉纺织业,因为这个行业的产品销路好、投资少,资本家乐于投资。这一时期重要的机器发明有1733年的"飞梭"织布机、1764年的珍妮纺纱机(织工哈格里沃斯发明,以他女儿的名字命名)、1769年的水力机、1782年的蒸汽机、1785年的新式织布机。这些发明使纺织工业的各个环节都用上了机器,于是工场手工业终于被以机器为主体的棉纺织工厂取代。

蒸汽机的普遍采用不仅推动了毛、麻、丝纺织工业向机器工业过渡,而且引起了冶金工业和采煤业的技术革新。运输原料和产品的需求,又推动了运输业的发展。18世纪60年代到19世纪30年代,依靠挖掘运河,建成了全国水路运输网;1825年建成了第一条铁路,1840年完成了英国内部主要铁路干线。19世纪30年代末,以机器为主体的工厂制度已在主要工业部门中建立起来,工业革命基本完成。工业革命既是技术的革命,又是生产关系的革命,它使社会彻底分裂为资产阶级和工人阶级这两个对立的阶级。

工业革命完成以后,英国成为当时工业生产和世界贸易的第一大国。1820年,英国工业生产占世界工业生产总额的50%,商品出口总额占世界出口总额的18%,英国半数以上的工业品销往国外,成为名副其实的"世界工厂"。然而,保护贸易政策成为英国对外贸易发展的障碍,英国扩大出口受到阻碍,并造成国内原料和粮食价格上涨。经过工业资产阶级与土地贵族、金融贵族、大垄断商人的斗争,从19世纪20年代起,英国逐步降低进口关税和出口限制,到50年代消除了最后的保护关税残余,成为实行自由贸易政策的国家。1846年和1849年,英国又先后废除了谷物法和航海条例。英国从19世纪初到70年代的几十年间,在世界工业、贸易、海运和金融方面都处于垄断地位。英国既是世界各国工业制成品的主要供应者,又是世界各国出口原料的最大购买者,成为世界制造业的中心,又被称为"世界工厂"。至此,形成了以英国为中心的单极的世界经济格局。英国单极的世界经济格局集中表现在以下几个方面:①英国是世界工厂;②英国是世界上最大的殖民帝国;③英国在国际贸易中占据独家垄断地位;④英国是最早的资本输出国和国际金融中心。

"世界工厂"的经济地位和自由贸易对外政策,促进了这一时期世界经济的发展,也使英国走上了大规模对外经济扩张和殖民侵略的道路。70年代后,由于美国、德国工业的迅猛发展和激烈竞争,英国的"世界工厂"地位逐渐丧失。

(二)第二次世界大战后美国的世界经济中心

第二次世界大战是人类历史上的一次浩劫,它不仅给人类造成了5 000多万人的生命损失和4万多亿美元的物质财富损失,也使世界经济的发展遭到了严重破坏,以前所未有的力量冲击了欧洲的世界中心地位,原有的世界经济体系发生了深刻变化。第二次世界大战中世界上主要的资本主义国家都遭受了惨重的损失,唯独美国不仅没有受到战争的破坏,反而在战争中经济急剧膨胀。1937年,美、英、德、法、意、日六个发达资本主义国家的工业生产占世界的比例分别为41.4%、12.5%、9%、6%、3%、4.8%,到1948年,美国上升到56.4%,其他国家分别下降为11.7%、4.3%、4.1%、2.1%、1.5%。此外,战后初期,美国的工业生产达到世界工业生产总额的55%,拥有世界贸易总额的33%、世界黄金储备的

75%。凭借如此雄厚的经济实力,美国一跃成为世界经济霸主和世界经济中心。

为了实现称霸世界经济的目标,美国政府采取了一系列措施,主要是①:

1. 建立以美元为中心的国际货币体系

1944年7月,由英美发起,在美国新罕布什尔州的布雷顿森林召开了有44个国家参加的国际货币金融会议。美国迫使与会国接受了其提出的方案,签订了《联合国货币金融会议的最后决议书》以及《国际货币基金协定》和《国际复兴开发银行协定》两个附件。这三个文件总称为《布雷顿森林协定》,以此为中心建立起了以美元为中心的国际货币体系,即布雷顿森林体系。按布雷顿森林会议的有关协议,美元与黄金保持固定比例,其他货币均与美元挂钩,保持固定比价。这使美元不但与黄金身价相等,而且成为最重要的国际结算工具和储备手段。美元的地位使美国对世界经济的运行具有极其重要的影响。为保证国际货币体系的正常运行,1945年年底,国际货币基金组织(IMF)和国际复兴开发银行(即世界银行)两大机构在华盛顿成立了。这两个机构均按出资比例确定各成员的投票权大小,美国由此获得在国际金融决策中的支配性地位。

2. 缔结《关税与贸易总协定》(GATT)

美国为了实现经济扩张,积极提倡和推动国际贸易自由化。战后初期,美国经济实力空前强大,国内有大量商品需要输出,但在贸易方面美国面临的最大问题是其他国家的关税及其他贸易壁垒。1947年10月29日,在美国的倡议和联合国经社理事会的推动下,美、英、中、法等23个国家和地区在日内瓦签署了GATT,在此基础上形成了一个国际多边贸易体系。该协定提出了市场经济原则、对等互利原则、非歧视原则、贸易壁垒递减原则、公平贸易原则和贸易政策统一并具有透明度等原则,旨在推动世界的贸易自由化,促使成员减少贸易壁垒,开放市场。战后一段时间内,美国的产品在世界市场上具有无可竞争的优势,一个开放的市场对美国最为有利。虽然GATT不是一个正式的国际经济组织,从形式上看只是一个有关关税和贸易准则的国际性多边协定,但自其成立以来,实际上一直起着国际经济组织的作用。GATT作为布雷顿森林体系的补充,为美国商品流向全球,为其在经济领域谋求霸权起了巨大的作用,客观上也为资本主义世界创造了一个自由贸易的环境,促成了各国关税的降低和市场的开放,对战后世界经济的增长起了明显的促进作用。

3. 实施"马歇尔计划"

战后初期,美国的全球战略需要一个稳定的强有力的西欧作为盟友,而西欧经济极度困难,政治难以稳定。对此,1947年6月,美国国务卿马歇尔提出了《欧洲复兴方案》,又称"马歇尔计划"。该计划的主要内容是:美国拨款援助西欧各国恢复经济,但受援国必须购买一定数量的美国商品,拆除关税壁垒,取消或放松外汇管制;接受美国对使用美元的监督,把本国和殖民地出产的战略物资提供给美国;设立由美国支配的"对等基金";保障美国私人投资和开发的权利;削减同社会主义国家的贸易,实施美国所要求的财政政策;把进步力量排挤出政府等。1948—1952年,美国通过"马歇尔计划",向西欧17个国家提供了总额为131.5亿美元的援助,这不仅使美国的大量资本和商品打入西欧市场,还由此实

---

① 李秉强主编:《世界经济概论》,大连理工大学出版社2007年版,第9—11页。

现了对西欧国家政治和经济的控制。此外,美国还在世界范围内进行了大量针对性的经济援助,在扶持一些国家和地区的同时,组织起对社会主义国家的经济、技术封锁,遏制社会主义国家的发展,使这些国家经济发展面临严峻的外部环境。"马歇尔计划"的实施,使美国在经济和政治上控制了西欧,确保了美国在西欧的战略利益,同时对西欧经济的复兴也起了重要作用。

4. 对亚、非、拉不发达国家实施"第四点计划"

为了控制亚、非、拉广大不发达国家,推行美国的全球战略,1949年1月20日,美国总统杜鲁门在其第二届就职演说中提出了援助和开发落后地区的"技术援助落后地区计划",即"第四点计划"。该计划的实质是在给亚、非、拉不发达国家以技术援助和投资的幌子下进行经济政治渗透,加强对外经济扩张,控制不发达国家中的受援国,扩展美国的势力范围,抑制共产主义。从经济目的看,杜鲁门提出"发展这些国家将使我国工厂的生意永远兴隆""我们与其他国家的贸易随着各国工业和经济的发展而发展""我们应奖励对需要开发的地区的投资"等。杜鲁门还提出,"开发"落后地区和国家的主要手段是有计划地实行技术输出。为了推行"第四点计划",1950—1953年,美国共向35个国家和地区派出了2 445名技术人员,拨款共计3.1亿美元。美国还迫使"第四点计划"受援国签订双边军事协定,或参加区域性的军事集团,接纳美国军事使团,提供军事基地。"第四点计划"同"马歇尔计划"一样,都是以经济援助为手段,推行美国的侵略和扩张政策。

5. 遏制社会主义国家经济和技术发展

第二次世界大战使苏联和东欧国家损失惨重。战后初期,苏联急需恢复经济,重建家园,但为了防止美国干预和破坏经济主权,坚持独立自主和计划经济,苏联没有参加IMF和GATT,拒绝接受"马歇尔计划",因此招致以美国为首的西方国家的制裁。1947年,美国宣布对社会主义国家实行战略物资禁运。1949年11月12日,在美国的提议下,成立了旨在对社会主义国家进行封锁的巴黎统筹委员会。参加国最初为美国、英国、法国、联邦德国、加拿大、比利时、丹麦、意大利、卢森堡、荷兰、挪威、葡萄牙十二国。日本于1952年加入,希腊和土耳其于1953年加入。巴黎统筹委员会对社会主义国家禁运的物资分为尖端技术产品、军用武器装备、稀有物资三大类共几百种。1951年,美国国会又通过了《巴特尔法案》,明令巴黎统筹委员会成员若向"共产主义国家"出口禁运物资,则均被取消受美国军事、经济和财政援助的资格,从而使西方其他国家受挟于美国,导致东西方经济关系的断绝。

总之,战后初期美国依靠迅速发展的经济、科技力量,通过一系列战略安排及其对外政策,成为资本主义世界经济的霸主,也成为世界经济的中心。

二、世界经济的多极化发展

当代世界经济格局在世界经济政治发展不平衡规律和各国经济实力消长的作用下,其分化、改组的局面仍在继续演进。旧的世界经济格局已经瓦解,新的世界经济格局尚未最终形成,整个世界在新旧格局转换过程中加速走向多极化。

（一）关于"多极化"的几种主要观点[①]

1. 以综合国力论"极"

所谓"极",即力量中心,它可以是一个综合国力的概念,包括一国经济、政治、外交、军事、国土面积、自然资源、人口、科技力量和文化素质等在世界上占有一定的比例,具有较强的实力或影响力等。

就综合国力论"极",在学术界上有:

（1）"五极论"。包括美国、日本、欧盟、俄罗斯、中国五极论和美国、日本、德国、俄罗斯、中国五极论等。这两种观点的分歧在于前一种观点将欧盟作为一个整体,而后一种则仅将德国看作力量中心。持后一种观点的学者认为应该以大国,而不应以地区作为多极化中的极。因此,欧盟与其他国家不协调,应以欧盟中力量最大的德国作为一个极。但持前一种观点的学者认为任何一个欧洲大国,即使是经济、金融实力最强的德国,一旦脱离一体化,就不可能形成世界力量,充其量只是地区强国,所以应该是欧盟而不是德国成为世界新格局的五种力量之一。但对于五极力量中心,也有不少学者提出不同的看法,认为多极化并不仅限于五极,从冷战后的变化来看,还有更多的极,如在五极中没有反映发展中国家近年来出现的情况。亚洲、拉丁美洲一些资源丰富、国土辽阔、人口众多的大国一旦经济起飞也将在国际事务和地区事务中发挥举足轻重的作用。

（2）"地区中心多极论"。有的学者认为,多极不能完全从国家的角度来理解,必须从各大地区正在发生的经济与安全关系的地区组合中来理解"极"的意义,这就将对某一地区政治经济有相当影响力的大国看作该地区的"极"或世界的"极"。按照这样的划分,印度、巴西、印度尼西亚、南非、埃及、阿根廷、墨西哥等地区性大国也被看作多极格局的组成部分。

2. 从世界经济的角度论"极"

我们也可以从经济的角度来讨论"极"。世界经济中只有一种经济力量主体占据着决定地位的时候,世界经济格局可以称为单极格局;存在两种相互制约的经济力量主体的时候,世界经济格局可以称为两极格局;有三种或三种以上经济力量主体相互制衡,并且占据主导地位的时候,世界经济格局可以称为多极格局。

（二）20世纪70年代世界经济多极化发展[②]

从20世纪50年代中期到70年代中期,世界经济在恢复的基础上进入快速发展的阶段,但各国经济发展不平衡,主要国家的经济实力对比在70年代后期出现了明显的改变,使战后初期的世界经济格局发生了变化。

1. 西方世界三大经济中心

（1）日本经济的崛起。第二次世界大战结束后,日本在美国的扶持下,经过民主改革,1955年完成了经济的恢复和重建。50年代中期,日本经济开始起飞,一直到70年代中期,日本保持了长达20年的经济高速增长。60年代,日本经济年增长率曾达到11.3%,创造了战后的"经济奇迹"。70年代初,日本经济平均增长9.7%,工业生产迅速位居世界前

[①] 曹宏苓编著:《当代世界经济概论》,上海外语教育出版社2000年版,第284—285页。
[②] 卢望平编著:《世界经济概论》,北京理工大学出版社2006年版,第20—23页。

列,诸如船舶、钢铁、水泥、化纤、电子计算机、汽车等工业产品在世界市场上占有绝对优势,并且不断更新技术,使其产品由低技术产品向高技术产品转化,产品畅销全世界,一跃成为工业、贸易和金融大国,在西方世界的经济排名由第七位跃升至第二位。

(2) 西欧的发展和经济联合。战后初期,西欧在美国的援助下,经济恢复得很快,到1949年,工业产量就已经恢复到战前水平。从20世纪50年代到70年代初的20多年间,西欧年均国民生产总值增长5.5%,人均国民生产总值增长4.4%,工业生产以7.1%的速度连年递增。同期美国为3.6%,从总体上看,西欧的经济增长速度快于美国。到70年代,西欧已缩小了与美国经济的差距。西欧还通过建立欧洲经济共同体,推进国家间的经济联合,逐渐摆脱了战后初期依赖美国的境地,增强了在世界经济中的地位。70年代,已发展到9个成员国的欧共体,不仅国民生产总值接近美国,在出口贸易方面还高出美国一倍多,其整体经济实力已与美国相当。1975年,欧共体的工业总产值、出口贸易在资本主义世界中的比例分别达到33%和47%。1979年,在美元地位发生动摇、布雷顿森林体系解体的基础上,西欧主要国家建立起了欧洲货币体系,西欧在经济上的独立性明显增强,工业生产总值、外汇储备、外贸出口均占世界第一位,远远超过美国。

(3) 美国经济地位的下降。战后初期,美国的经济实力是世界第一。20世纪70年代,美国的经济地位出现了明显下滑的趋势,在战后世界经济发展中,经济增长率低于大多数西方国家。1975年,美国工业总产值、出口贸易、黄金外汇储备在世界上所占的比例分别降到39%、13%、27%。从1971年开始,美国的外贸连续出现大额逆差。同一时期,美国因军费开支猛增又使政府的财政赤字急剧上升。"双赤字"严重影响了美元的地位,导致"美元危机",1971年和1973年美国政府先后宣布美元贬值并最终与黄金脱钩。西方各国货币随即放弃与美元的固定汇率,战后建立起来的布雷顿森林体系由此瓦解。布雷顿森林体系是战后美国经济霸权的重要标志,它的瓦解表明了美国经济霸权地位的动摇。

2. 苏联经济大国地位及其变化

战后初期,苏联在遭受西方国家经济封锁和禁运的情况下,依靠自己的力量迅速完成了国民经济的恢复重建。1959—1965年,苏联工业总产值年均增长9.1%。苏联的工业总产值1955年仅为美国的35%,到1964年已达美国的65%。进入20世纪60年代,苏联对经济体制和经济政策进行了一定程度的改革。特别是勃列日涅夫执政后,苏联政府在继续优先发展重工业的同时,注意加强农业、消费品工业的发展和不断提高人民生活水平;对管理体制和计划工作进行了一定程度的调整;较多地强调效率和质量,提倡科技进步,主张集约化发展经济。因而,在1965—1980年的三个"五年计划"期间,苏联国民收入年均增长5.9%,工业总产值年均增长6.8%,农业总产值年均增长2.4%,其总体发展速度仍然高于发达资本主义国家和发展中国家。这时的苏联不但拥有门类齐全的工业体系,还在航天、核技术等领域处于世界领先地位。因此,苏联经济在世界经济中的比重大幅提高,工业产值一度占到世界工业产值的25%,其钢铁、石油、水泥和化肥等20多种主要工业产品的产量超过美国并位居世界第一。20世纪70年代的苏联不但成为欧洲第一工业强国,还成为仅次于美国的世界第二经济大国,对东欧等社会主义国家的经济有着相当大的影响力。

然而,在20世纪70年代,苏联的经济增长速度明显放慢。虽然这一时期苏联的经济增长仍高于西方国家,但经济结构的差距却在迅速拉大。在西方国家加紧利用战后新科技推动经济发展和经济结构升级之时,苏联仍以粗放式发展维持经济增长,在缺乏新的经济增长动力的情况下,苏联的生产效率和增长速度都日益下滑。

3. 发展中国家经济的发展和新兴工业化国家和地区的出现

第二次世界大战后,一大批赢得了政治独立的发展中国家,在经济上取得了长足的发展,在世界经济中的比例逐渐增大。据世界银行统计,1965—1980 年,发展中国家 GDP 实际增长率为 6%,不仅高于其历史上的任何时期,而且高于发达国家同时期 4.7% 的增长率。发展中国家的出口总额从 1970 年的 565 亿美元增加到 1980 年的 5 671 亿美元,在世界出口贸易中的比例也从 1970 年的 17.9% 上升到 1980 年的 28.1%。而最为突出的是拉美和亚洲成长起来的一批新兴工业化国家和地区,其中主要有拉美的巴西、墨西哥、阿根廷、智利和被称为"亚洲四小龙"的韩国、新加坡、中国台湾地区和中国香港地区等。这些国家和地区尽管在地理、资源条件上都有很大的差别,但它们利用战后科技革命和世界经济大发展的有利时机,大力引进境外的资金和技术,实现了经济的较快发展。不仅人均国民生产总值大大提高,经济规模迅速扩大,同时由于制造业的迅速发展,这些国家和地区在产业结构上日益接近发达国家。虽然与美、欧、日等经济大国相比仍存在较大差距,但这些新兴工业化国家和地区已经成为经济多极化的一支力量。

4. 世界经济三种类型之间的联系与斗争

战后世界政治经济体系演变为三类国家体系并存的统一体,即社会主义国家、发达资本主义国家和发展中的民族主义国家。这三类国家体系内部及三类国家体系之间既相互联系又相互斗争,形成了世界政治经济体系错综复杂的局面,也构成了当前世界经济的基本格局:资本主义经济占优势的两种社会制度的并存,三类国家之间相互开放、相互依赖、相互依存的局面不断加深,表现出一种明显的全球化趋向,美国、西欧和日本虽然仍是主宰世界经济的三大资本主义经济中心,但发展中国家已经成为一支不可忽视的重要力量。世界经济中各类力量的对比,使世界经济格局呈现多极化的态势。

(三) 20 世纪 80 年代的世界经济格局

20 世纪 80 年代,世界经济格局出现空前的大动荡、大改组,各国经济力量对比发生了根本变化,世界经济向多极化方向发展。

1. 东欧剧变、苏联解体,世界经济格局发生根本变化

随着苏联解体、东欧剧变,世界经济格局向多极化发展。在这种变动的格局中,社会主义经济力量大大削弱,处于不利地位,而发达资本主义国家重新处于有利地位,主导着世界经济的变化发展。不过,这种优势地位不再是以美国为中心的单一中心统治体制,而是以美国、日本、西欧为主的多极统治体制。

2. 在多极化最终形成的过程中,世界经济集团化趋势不断加强

已建立的主要有以法、德为中心的欧共体和以美国为中心的北美自由贸易区,并正在不断发展和加强。经济集团化趋势加强的根本原因在于当代资本主义经济发展的内部矛盾,一方面是生产和资本国际化程度提高到一个新的阶段,世界各国特别是发达资本主义国家的经济,以跨国公司为纽带通过各种生产要素的交流已空前紧密地联系在一起,各国经济真正成了世界经济整体的一部分,在此基础上各主要资本主义国家有必要和可能就

共同的经济问题进行协商和协调并联合行动;另一方面,经济集团化的出现又是资本主义发展不平衡、资本主义大国之间竞争加剧的结果,在多极化的局面下为了加强各自的力量和压倒对手,必然要组成集团。

3. 多极化发展

苏联解体,而美国由于国力逐渐削弱也不能单独主宰世界,日本和德国迅速崛起,要与美国分庭抗礼。整个世界经济格局便朝着多极化方向发展。西方世界的主角是美、日、德。其中,美国虽然国力已削弱,但其经济和军事实力仍是最强大的,日本和德国虽然经济实力大为增强,但在短期内不能取代美国的超级大国地位。

三、新时期的世界经济格局

新时期的世界经济格局主要指20世纪90年代以后的世界经济格局。其基本特点是美国保持其领先地位;欧盟在国际经济事务中的作用呈现上升趋势;日本、东亚经济合作加强;多极化的世界经济格局正在形成过程中。

(一)美国将长期保持世界经济重要一极的地位

第二次世界大战结束以后,美国两度在世界经济格局中一极独大。在走向多极化的世界经济格局中,美国世界经济霸主地位遭到来自内外两方面的挑战。但在未来的几十年内,美国仍将长期保持世界经济重要一极的地位。

1. 美国为什么长期成为一极

美国是超级经济强国,第二次世界大战后,美国GDP占世界GDP的比例曾经超过50%。目前美国GDP占世界GDP的比例虽然与其最强大的时期相比有大幅下降,但始终保持在20%—30%的水平。根据IMF的数据,2017年世界各国GDP排名最高的仍为美国,其GDP达195 558.74亿美元;中国位居第二,GDP为131 735.85亿美元;日本第三,GDP为43 421.6亿美元。美国作为世界经济中最重要的一极是由多方面因素共同决定的。

(1)领先的科技水平。借助第二次科技革命的推动,美国经济迅速发展,取代英国成为世界经济霸主。此后,美国长期保持了世界科技强国的地位,在信息和通信技术领域领先世界,且非常注重产品研究,每年在研发方面的支出约为300亿美元,占全球研发总额的40%。专利数量是衡量科学成就与质量的重要指标,美国获得的国际专利(PCT)数量一直遥遥领先于其他国家。多年来,美国获得的国际专利数量维持在全球国际专利申请量的1/3以上。美国保持科技优势的秘诀是从全世界吸引和争夺人才。

(2)优越的产业结构。凭借科技领先优势,美国在战后进行了几轮产业结构调整,使美国的产业结构发生了巨大变化。特别是20世纪90年代以来,美国的高新技术产业和金融服务业发展迅猛。服务业在美国GDP中所占的比例约为75%,从业人员的比例从63%上升到80%左右。在美国多年贸易逆差的情况下,服务贸易仍保持顺差。2017年,美国服务贸易进出口总额为13 189.85亿美元,全球排名第一。其中,服务贸易出口为7 808.75亿美元,服务贸易进口为5 381.10亿美元,服务贸易顺差为2 427.65亿美元。

(3)在两次世界大战中受益。两次世界大战中多数参战国受到重创,只有美国借助战争,地位得到提升。第一次世界大战使美国从战前的资本输入国变为资本输出国,由债务国变成债权国,掌握了世界黄金储存量的1/2,控制了国际金融市场,世界金融中心也由英国移到美国。第一次世界大战后,美国与欧洲主要资本主义国家力量对比发生根本改变。第二次世界大战使美国工业产值占资本主义世界工业产值的比例从36%上升到54.8%,美国确立了世界经济霸主地位。

(4)在经济全球化中获得巨大利益。当今对世界经济全局影响最大的三个世界经济组织是世界贸易组织(WTO)、国际货币基金组织(IMF)、世界银行。其中,国际货币基金组织和世界银行是1945年根据布雷顿森林协议建立的,并且根据布雷顿森林协议建立了以美元为中心的国际货币体系。虽然1973年布雷顿森林体系崩溃,美国的地位相对下降,但仍在这些组织中保持核心地位。2004年全球贸易68%以美元结算,2017年这一比例仍高达62%以上。

2. 美国世界经济霸主地位受到一定挑战

美国世界经济霸主地位遭遇内外部挑战。内部挑战是美国经济实力相对下降:首先,表现在美国GDP占世界GDP比例的下降。20世纪50—70年代,美国GDP占世界GDP的比例达到50%;2007年,美国GDP占世界GDP的比例已经下降到25.8%;2017年,这一比例进一步下滑至23.9%。其次,经济进入衰退的可能性增加。2008年全球经济危机严重打击了美国经济,美国经济复苏乏力。外部挑战主要是影响世界经济格局的力量(国家)或力量中心(国家集团)的多元化。欧盟经济一体化进程加快,东亚经济合作加强,部分发展中国家经济崛起,都在抵消美国为维持单极化格局付出的努力。

3. 美国为维持其霸主地位所做的努力

首先,美国政府出台刺激国内经济的一系列政策法规。2005年,美国颁布了《本土投资法》,吸引跨国公司资本大量回流美国;2008年,布什政府推出"经济增长的一揽子计划";2009年,奥巴马政府推出"经济刺激计划";2018年,特朗普政府推出"美国优先"以及"制造业回流"政策,鼓励美国境外企业回归本土,以刺激国内传统产业换发新的生命力,维持其世界霸主的地位。

其次,美国通过对外经济全球战略维持其世界经济霸主地位。在国际经济交往中,美国继续依靠其高科技优势,通过"超级301条款"和"特别301条款",单方面向对方国提出经济制裁或以制裁相威胁,努力消除美国产品进入各国市场的障碍,迫使贸易伙伴为美国具有竞争力的商品和劳务的输出开放市场。美国加紧利用经济全球化趋势,通过争夺国际多边合作游戏规则的制定权和修改权,以图主导国际经济秩序,建立它在经济、贸易、投资、科技、金融等领域的全球主导地位。

在世界经济多极化日趋发展、国际经济竞争日益加剧、国际政治形势走向缓和的背景下,美国的世界经济霸主地位被动摇。但凭借其政治、经济、科技、军事方面的优势,美国仍然会长期成为世界经济格局中重要的一极。

(二)欧盟在国际经济事务中的作用呈现上升趋势

欧盟始于1952年的欧洲煤钢共同体,1965年改造为欧洲共同体(简称欧共体),1993年演化为欧洲联盟(简称欧盟)。经过6次扩大,2007年年初,欧盟成员国扩大到27个。欧盟是世界上经济最发达的地区之一,经济一体化的逐步深化又促进了该地区经济的进一步繁荣。经过70多年的发展,欧盟已先后建立了关税同盟,实行共同外贸、农业和渔业政策,统一了内部大市场,基本实现了商品、人员、资本和服务的自由流通,建立了经济与货币联盟。1979年3月，欧共体首脑会议决定建立欧洲货币体系。1988年6月，欧共体首脑会议提出建设经济货币联盟、发行统一货币。1993年11月"马约"正式生效后，经济与货币联盟建设快速发展。1994年1月1日，欧洲货币局正式成立。1995年12月，马德里首脑会议决定于1999年1月1日正式启动单一货币，并将统一货币定名为欧元（EURO）。截至2019年，欧元区有19个成员国，欧元是区内唯一法定货币。

欧洲是世界产业革命的摇篮，也是近代许多重大科学技术发明的发源地。从1984年欧共体第一个研究与发展总体规划的制定到1985年"尤里卡"计划的诞生，欧洲在高技术领域内的国际竞争力不断加强。2002年3月，在欧盟巴塞罗那高峰会议上，欧盟各成员国元首与政府首脑一致通过了一项令世界普遍关注的重要决议，即到2010年欧盟的研发总投入要从占其GDP的1.94%提高到3%，其中2/3来自企业界。2003年4月，欧盟委员会正式出台了关于使研发经费占其GDP 3%的行动计划。2006年2月，欧盟委员会宣布了即将筹建欧洲技术研究院的决定。2006年9月，欧盟科研投入分配预算获得了25个成员国的一致批准，根据该项预算案，欧盟25国将对2007—2013年间的欧盟第七个"研究与技术发展框架计划"投入545亿欧元。

欧盟在世界经济中的地位举足轻重。欧盟是目前世界上规模最大、一体化程度最高、经济发展程度最高的区域经济政治联合体。根据世界银行统计数据，2017年欧盟28国（包括英国）GDP总量为17.278万亿美元，占全球GDP的21.40%。

欧盟是世界货物贸易第一大出口方和第二大进口方，服务贸易第一大供应方；是全球最不发达国家最大出口市场和最大援助者，多边贸易体系的倡导者和主要领导力量。欧元对美元汇率的持续走高，提升了欧元在国际金融市场上的地位。目前世界上已有40多个国家与欧元建立了货币联系。按照IMF发布的信息，在世界各国外汇储备中，欧元所占份额已由1999年的17.90%上升到2019年9月的20.07%，而同期美元所占份额由71.00%降至61.78%。

（三）东亚经济合作具有重要的经济战略意义

20世纪80年代中期以来，东亚地区不仅是世界上对外贸易增长最快的地区，也是区域内贸易发展最迅猛的地区。但全区在1997—1998年惨遭金融危机蹂躏，使东亚地区各经济体遭受了巨大损失，韩国、泰国、马来西亚、印度尼西亚等国经济损失近6 000亿美元。目前，大部分东亚国家或地区的经济形势相对稳定，总体上看，已经走出危机困境。尤其是作为该地区大国的中国经济保持稳定增长，市场潜力巨大，给亚洲经济增添了亮点。东亚仍不失为一个充满发展潜力的地区。

地处东亚的日本目前是全球第三经济大国，在发达国家中仅次于美国，而在2010年以前日本曾保持了42年之久的第二经济大国地位。但20世纪90年代以来，日本经济陷入长期低迷，与美国及欧盟的经济实力相比差距明显。目前，普遍的看法是，日本只有通过与亚洲国家的经济合作，才能构成世界经济的第三极。2006年日本经济产业省提出的《全球化经济战略》指出，日本要推动东亚经济联合的发展，即推动东亚自由贸易区和东亚共同体的建立。2007年日本经济产业省在向内阁会议提交的《通商白皮书》中强调，日本应尽快同东亚各国进行谈判，以加快构筑经济一体化的东亚经济圈的步伐。

东亚经济合作的正式进程始于1997年。迄今，东亚经济合作已经建立起一个行动框架,除了一年一度的领导人会议,还有部长会议,如财长会议、外交部长会议、经济部长会议等。东亚合作形式包括:第一,"10+3",即东盟与中、日、韩的对话与合作;第二,"10",即东盟自身的发展与合作;第三,"10+1",即东盟分别与中、日、韩之间的对话与合作;第四,"3",即中、日、韩之间的对话与合作。

东亚经济合作进展顺利。中国和东盟已签署《全面经济合作框架协议》,2010年建成中国—东盟自由贸易区;2015年,中韩自贸协定正式签订,中韩双边贸易进入新时期;2018年,中日韩自贸协定第14轮谈判在北京成功举行,并取得一定进展。

东亚区域经济合作的形成具有重要的经济战略意义。只有建立一个有序的东亚区域经济组织,加速整个世界政治经济格局的演变,才能真正形成"世界第三极"。

相关案例　　　　　　　中日韩自由贸易区谈判

中日韩自由贸易区设想是2002年在中、日、韩三国领导人峰会上提出的。设想中,中日韩自由贸易区是一个由超过15亿人口的大市场构成的三国自由贸易区。自由贸易区内关税和其他贸易限制将被取消,商品等物资流动更加顺畅,区域内厂商往往可以降低生产成本、获得更大市场和收益,消费者则可获得价格更低的商品,中、日、韩三国的整体经济福利都会有所增加。2012年11月20日,在柬埔寨金边召开的东亚领导人系列会议期间,中、日、韩三国经贸部长举行会晤,宣布启动中日韩自由贸易区谈判。

中、日、韩作为东亚地区的三个大国,GDP总量已达到15万亿美元,占全球GDP的20%,占东亚GDP的90%,已超过欧盟,但三国之间的贸易量只占三国对外贸易总量的不足20%。建立中日韩自由贸易区将逐步实现货物、人员和资本的自由往来,促进各国产业调整和经济发展。

中、日、韩均为亚洲重要经济体,其经济总量约占亚洲的七成。在过去10年间,中、日两国贸易和中、韩两国贸易的结构逐渐趋同。在中、日两国贸易方面,中国对日本的机械设备和电子产品的出口比例明显增加,其中很大比例是加工贸易方式,大部分为日本在华企业产品出口,属于产业内和公司内贸易。而韩国从中国进口的商品也逐步从初级产品转变为工业半成品或制成品,产业内贸易日益普遍。

中、日、韩产业优势的不同带来自由贸易区成立的基础。相对发达的日本和韩国在资本和技术密集型产业上竞争优势明显,而中国的竞争优势仍主要集中在资源或劳动密集型产品上。随着国际形势的变化,以及中、日、韩经济结构的调整,这种条件是否能够延续,自由贸易区的建立对中、日、韩的不利因素有哪些,如何通过制度设立将成本降至最低,都需要深入思考。

中日韩自由贸易区谈判历经波折,截至2019年年底共进行了16轮谈判。2020年伊始,新冠疫情在全球范围内肆虐。疫情发生以来,三国保持了密切协作,形成了防控的合力。中、日、韩三国率先控制住了疫情,为东亚地区经济恢复提供了重要动力。新冠疫情的爆发深刻地表明多边合作的重要性,对中、日、韩三国来说,加快推进自由贸易区建设正当其时。

资料来源:根据中日韩自由贸易区谈判公开资料整理。

(四)影响新时期世界经济格局的其他力量

近年来,部分发展中国家经济发展势头强劲,引起国际社会关注。西方一些著名的投资机构提出了"金砖五国""金钻十一国""展望五国"等投资概念,并且预言,在未来50年内"金砖国家"会全面超越西方六大强国。根据世界银行的统计数据,2018年"金砖五国"GDP总额为20万亿—23万亿美元,约占全球GDP的23.58%,外汇储备总额估计为4.46万亿美元。发展中国家的崛起无疑将加快世界经济多极化进程。无论是"金砖五国""金钻十一国"还是"展望五国",都只是投资概念,并不是一个经济一体化组织和国家集团,不可能成为世界经济格局中的一极。但是,这些概念的提出反映了发展中国家的崛起,以及世界对发展中国家崛起的关注。

以中国为代表的发展中国家的崛起必将影响和改变世界经济格局,中国的稳定发展优化了世界经济格局。发展中国家的崛起对世界经济格局的影响表现在:第一,崛起的发展中国家,尤其是"金砖五国"属于幅员辽阔、经济规模庞大、经济体系完整和门类齐全的国家,且分布于亚、欧、美三大洲,影响遍及全球,加快了世界经济多极化进程;第二,发展中国家经济实力持续增强,在世界经济格局中的地位和影响不断上升,有助于促进国际经济秩序合理化;第三,随着经济实力及综合国力的增强,发展中国家进一步提高在国际政治事务中的影响力,推动国际政治格局多极化。

本章提要

1. 国际分工是指世界上各国之间的劳动分工,它是社会分工发展到一定阶段,国民经济内部分工超越国家界限发展的结果。国际分工是国际贸易和世界市场的基础。

2. 世界经济是社会生产力发展到一定历史阶段的产物,是世界政治的基础,是世界各国生存和发展的外部环境,也是各国制定内外战略和策略方针的主要依据之一。

3. 20世纪70年代后世界经济向多极化方向发展,西欧、日本、美国成为资本主义世界的三大经济中心,新兴工业化国家和地区的经济得到较快发展。90年代后,世界经济格局进入新时期,美国继续保持其领先地位,欧盟在国际经济事务中的作用呈上升趋势,东亚国家间的经济合作加强,多极化的世界经济格局正在形成。

本章思考题

1. 当代世界经济的主题是什么?
2. 影响世界经济的三个基本要素是什么?
3. 世界经济的形成与发展过程如何?
4. 科技革命对世界经济发展的影响是什么?
5. 技术创新对世界经济发展的影响是什么?
6. 什么是世界经济格局?
7. 当今世界经济格局呈现怎样的新特点?

参考文献

[1] 殷功利.世界经济概论[M].合肥:中国科学技术大学出版社,2016.

[2] 白远.当代世界经济[M].北京:中国人民大学出版社,2010.

[3] 张曙霄,吴丹.世界经济概论[M].3版.北京:经济科学出版社,2013.

[4] 冼国明,陈继勇.当代世界经济格局下的中美经贸关系[M].北京:中国经济出版社,2007.

[5] 浦东美国经济研究中心,武汉大学美国加拿大经济研究所.后危机时期的全球经济格局与中美经贸关系[M].上海:上海社会科学院出版社,2011.

[6] 〔美〕科勒.20世纪的世界——1900年以来的国际关系与世界格局[M].王宝泉,译.北京:群言出版社,2010.

[7] 李秉强.世界经济概论[M].大连:大连理工大学出版社,2007.

[8] 何传启.第六次科技革命的战略机遇[M].2版.北京:科学出版社,2012.

[9] 姜春明,佟家栋.世界经济概论[M].6版.天津:天津人民出版社,2014.

[10] 徐松.世界经济概论[M].北京:机械工业出版社,2007.

第二章

世界经济的周期与波动

【教学目的和要求】

通过本章的学习,学生应:

1. 了解经济周期的类型以及各类型划分的依据;掌握经济危机的传播渠道及作用机理。

2. 了解经济危机的发展趋势,并进一步得出对预防的思考;了解破解经济危机困局的措施,思考发达国家和发展中国家在今后经济危机的发展和规避中扮演何种角色。

【教学重点与难点】

1. 经济危机周期的类型。
2. 经济危机的传播途径及其影响经济周期传导的机理。
3. 经济危机的发展趋势及应对措施。

> **引导案例**
>
> **世界经济周期波动的趋势**
>
> 被喻为"百年一遇的金融海啸"的 2008 年经济危机,是美国自经历第二次世界大战以来持续时间最长的经济衰退,但全球金融危机的严重程度远不及"大萧条"。根据美国国家经济研究局的数据,19 世纪中叶以来,美国至少有七次衰退的持续时间远远超过此次全球金融危机。根据 Gordon 和 Krenn 的测算,在"大萧条"最严重时期,美国产出缺口一度达到最低的 -61.7%(1932 年第三季度)。根据 IMF 的估算,自全球金融危机以来美国产出缺口在 2009 年达到最低,为 -4.649%。不过,毕竟全球金融危机冲击导致各国潜在产出水平出现了永久性损失,各国经济不得不告别长达二十多年之久的"大缓和"时代并进入"大衰退"时代。与危机后经济将迅速反弹并强劲复苏的预期不同,主要发达经济体的复苏进程十分缓慢并且存在着很多不确定性,政策效果远远逊于预期。
>
> 资料来源:李宏瑾,《全球金融危机十年:经验、教训与启示》,《金融评论》2018 年第 5 期,第 36—45 页。

第一节 经济周期及其类型

经济周期是指经济活动沿着经济发展的总体趋势所经历的有规律的扩张和收缩,是国民总产出、总收入和总就业的波动,是国民收入或总体经济活动扩张与收缩的交替或周期性波动变化。古典经济周期的定义是以实际 GNP 或总产量绝对量的变化为基础,认为经济周期就是 GNP 上升和下降交替的过程。而现代经济周期的定义建立在经济增长率变化的基础之上,认为经济周期是经济增长率上升和下降的交替过程。因此根据这一定义,现代经济周期认为,衰退不一定就是 GNP 的绝对量下降,即使绝对量没有下降,但实际增速放缓,也能称其正面临衰退。

经济周期阶段定义按照阶段数量划分可分为两阶段法和四阶段法。两阶段法认为,每一个经济周期都可以分为上升和下降两个阶段。上升阶段也称繁荣阶段,最高点称为峰顶。然而,峰顶也是经济由盛转衰的转折点,此后经济就进入下降阶段,即衰退阶段。衰退严重则经济进入萧条期,衰退的最低点称为谷底。当然,谷底也是经济由衰转盛的一个转折点,此后经济进入上升阶段。经济从一个峰顶到另一个峰顶,或者从一个谷底到另一个谷底,就是一次完整的经济周期。而更被现代经济学理论接受的四阶段法认为,经济波动的周期可分为四个阶段:衰退、谷底、扩张和峰顶(见图 2-1)。衰退(或称危机)阶段是指在经济高涨达到峰顶时需求、生产、就业突然发生下滑,它既是上一个周期的终点,也是下一个周期的起点。在谷底(或称萧条)阶段,供给和需求都处于较低的水平,特别是经济前景比较迷茫,使得社会需求不足,资产缩水,失业率处于较高水平。在萧条期经过一定时间后,接着进入"扩张"(或称"复苏")阶段,表现为市场情况开始好转,投资者逐渐有了信心,投资逐步扩大,需求回升,失业率降低。当生产达到一定水平时,扩张阶段即告结束而进入"峰顶"(或称"繁荣")阶段。在峰顶阶段,因为投资需求和消费需求不断扩张,而且超过了产出的增长,所以产品价格会迅速上涨到较高水平,并且这一阶段就业率较高。当达到经济繁荣的鼎盛时期时,企业产能的增速开始下降,进一步扩大产能面临约束,而且通货膨胀的威胁也开始显现。在这一阶段后,经济突然转向下滑,进入衰退期,即表示另一个周期开始。一个经济周期就是循着衰退—谷底—扩张—峰顶这四个阶段逐步前进的,一次衰退开始到下一次衰退启动之间的时期(即图中从 A 点至 B 点),被称为一个经济周期。

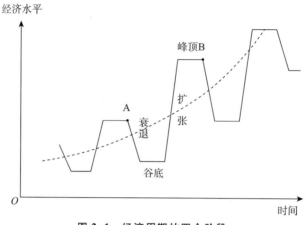

图 2-1　经济周期的四个阶段

从经历时间长短来划分,经济周期可以划分为短周期(或短波)、中周期(或中波)和长周期(或长波)。具体而言,各大学者对于经济周期的研究赋予了经济周期新的分类方式。

一、朱格拉周期:中周期

法国经济学家克里门特·朱格拉(Clèment Juglar)在其 1862 年出版的《法国、英国及美国的商业危机及其周期》一书中,提出资本主义经济存在 9—10 年的周期波动。该周期被称为朱格拉周期(Juglar Cycles)或中周期(Intermediate Cycles),是以国民收入、失业率,以及大多数经济部门的生产、利润和价格的波动为标志加以划分的。

二、基钦周期:短周期

基钦周期由美国经济学家约瑟夫·基钦(Joseph Kitchin)于 1923 年提出,他根据对物价、生产和就业的统计资料的分析,认为经济周期有大小两种:资本主义的经济周期只有 3—5 年,大周期约包括 2 个或 3 个小周期,小周期平均长度约 40 个月。基钦根据美国和英国 1890—1922 年的利率、物价、生产和就业等统计资料,从厂商生产过多时就会形成存货从而减少生产的现象出发,把这种 2—4 年的短期调整称为存货周期,发现在 40 个月中出现了有规则的上下波动这种短周期。

三、康德拉季耶夫周期:长周期

1925 年苏联经济学家尼古拉·康德拉季耶夫①(Nikolai Kongdratieff)通过对英、法、美

---

①　康德拉季耶夫曾任克伦斯基临时政府的粮食部副部长。十月革命后,任教于苏联季米亚捷夫农业大学,担任该校行情研究所所长。他的长周期理论集中体现在其《经济生活中的长期波动》一文中。

等资本主义国家18世纪末到20世纪初100多年的批发价格水平、利率、工资、对外贸易等36个系列统计项目的加工分析,提出一种为期50—60年的经济周期,也称为康德拉季耶夫周期(Kongdratieff Cycles)。该周期理论认为,从18世纪末期以后经历了三个长周期。第一个长周期从1785年到1848年,上升部分为29年,下降部分为35年,共64年;第二个长周期从1849年到1895年,上升部分为24年,下降部分为23年,共47年;第三个长周期从1896年起,上升部分为24年,1920年以后进入下降期。康德拉季耶夫认为,生产技术的变革、战争和革命、新市场的开发、金矿的发现、黄金产量和储量的增加等因素都不是导致长周期变化的根本原因。例如,新市场的扩大一般不会引起长时期的经济高涨,相反,经济高涨会使扩大新市场成为可能和必要。技术的新发现一般出现在长周期的下降阶段,这些新发现只会在下一个大的上升阶段开始时被大规模地应用。由于长周期的上升阶段在扩大经济实力方面引起高度紧张的局势,因此,它又是挑起战争和革命的主要因素。康德拉季耶夫认为,长周期产生的根源是资本主义经济实质固有的那些东西,尤其与资本积累密切相关。

四、库兹涅茨周期:另一种长周期

库兹涅茨周期又称库兹涅茨循环,是不同于康德拉季耶夫周期的另一种长周期理论,因由美国经济学家、1971年诺贝尔经济学奖得主西蒙·库兹涅茨(Simon Kuznets)提出而得名。库兹涅茨通过对19世纪到第二次世界大战以前的美国经济发展的研究,发现许多生产部门尤其是基础工业部门的经济增长率,有15—22年呈现有规则的波动,其原因是人口(特别是移民)的波动。

五、熊彼特周期:一种综合

1939年,美籍奥地利人约瑟夫·熊彼特(Joseph Schumpeter)综合前人的论点,首次提出在资本主义的历史发展过程中,同时存在着长、中、短"三种周期"的理论。熊彼特沿袭了康德拉季耶夫的说法,把近百年来资本主义的经济发展过程进一步分为三个长周期,而且用"创新理论"作为基础,以各个时期的主要技术发明及其应用,以及生产技术的突出发展,作为各个长周期的标志。中周期即为尤格拉周期。短周期为基钦周期。熊彼特还宣称,上述几种周期并存而且相互交织的情况,正好进一步证明了他的"创新理论"的正确性。在他看来,一个长周期大约包括六个中周期,而一个中周期大约包含三个短周期。同时,熊彼特还认为实现期较长的大创新是长周期的基础;影响较小、实现期较短的中等创新是中周期的基础;影响更小、实现期更短的小创新是短周期的基础。各种周期之间又存在着相互干扰。20世纪30年代经济危机之所以特别严重,正是这三种周期的最低点同时出现的结果。

第二节 经济危机的国际传播渠道

经济危机是经济发展过程中周期爆发的生产相对过剩的危机,也是经济周期中的决定性阶段。经济危机是指一个或多个经济体或者整个世界经济在很长一段时间内出现经济增长下滑甚至负增长的经济衰退,其形成往往伴随商品大量过剩、生产大幅下降、企业倒闭、失业剧增、银行破产等严重的经济现象,极大地冲击世界经济的健康发展。有鉴于此,对于经济危机的国际传播渠道以及其对世界经济的影响问题的研究一直是学术界的热点。当今世界各经济体正逐步打造成一个整体市场,特别是20世纪80年代以后,随着全球化热潮的掀起,国与国之间的经济往来越发密切,因而一国经济形势的变化会很快地影响到他国的经济活动,尤其是在专业化分工越来越细化的当今市场,某一环节上的变动都会影响产业链上下游。因此,某主要国家(或地区)爆发周期性经济危机,很快就会传播演化为一次世界性经济危机。目前,其传播渠道主要有三种:国际贸易、国际金融和跨国公司。

一、国际贸易渠道

在世界各国经济的发展相互高度依赖的今天,一个重要表现就是每个经济体或组织都扮演着两种角色:首先,欧、美、日等发达国家既是整个世界市场技术、高新技术产品的提供者,也是发展中国家劳动密集型产品可供销售的主要市场;其次,发展中国家既是劳动密集型产品的供应者,也是发达国家高新技术产品的需求者。这种分工格局使得仅仅通过国际贸易就能使某一经济体的行为影响另一经济体。以韩国为例,韩国是典型的出口导向型国家,其产品出口至美国的比例仅次于出口至中国的比例。2008年发生次贷危机时美国经济收缩、进口下滑,导致韩国出口也随之下降。而韩国出口下降带来的经济基本面的变化,又使得韩国向其贸易伙伴的进口下降,经济危机随之传递到下一个国家,循环往复,全世界的国家都不能幸免于此。①

经济危机在通过国际贸易渠道传递时,各个国家所起的作用和所受的影响会受到自身某些条件的制约。一是一国的进出口贸易总值占GDP的比例。通常来讲,如果占比较大,则受到国际贸易渠道传递的经济危机的影响就较大,反之亦然;二是一国进出口贸易总值占世界进出口贸易总值的比例。如果占比较大,那么该国发生经济危机通过国际贸易渠道对别国经济活动的影响就较大。通过国际贸易渠道传递经济危机,输出国依靠增加输出可以在一定时间内缓解经济危机的压力;而对输入国的影响则分两种情况:当输入国的经济处于高涨阶段早期时,进口的增加可满足正在扩大的国内生产和消费的需要;当输入国的经济已接近危机或正处于危机时,国外大量商品的涌入就会加速危机的到来或加深危机的程度。

二、国际金融渠道

自2008年金融危机以来,国际金融渠道对经济危机传导的研究引起了学者的关注。Rose and Spiegel(2012)认为贸易渠道不是2008年金融危机传导的主要传播渠道,Glick and Rose(1999)认为国际贸易渠道已经不能很好地解释2008年的经济危机。在经济全球化的背景下,资本在国家间流动频繁,其流通的畅通程度、方向、数额以及结构直接决定着

---

① 刘瑶、王伟:《金融危机国际传导渠道的再检验——基于韩国制造业企业的数据分析》,《国际贸易问题》2017年第11期,第138—149页。

一个国家经济发展的繁荣或萧条。由此,国家间的经济往来也通过金融渠道连接,各主要国家经济的波动通过国际金融活动就会迅速传递至别的国家,而这一渠道主要是利用汇率变动和利率变化来实现的。当市场决定汇率时,汇率的上升或下降可以传递经济危机因素。当一国处于经济危机时,若汇率下浮,则用他国通货表示的出口商品价格下降,就有利于扩大出口,从而有可能缓和国内生产的下降或加快复苏的到来;相反,汇率上升,就使以他国通货表示的出口商品价格上升,就会导致出口量减少,使得本该用于出口的商品滞留在国内,即出现生产过剩的情况。在一定情况下,就可能会引发经济危机。利率变化会使货币资本(特别是短期资金)为追求获得短期效益最大化或降低风险而更快速地进入或退出一个国家,从而加剧一国经济活动的收缩或扩张,这是追求高收益的资本本性所致,而国际短期资本总是有由低利率国家向高利率国家流动的倾向。在实际经济中,汇率和利率往往同时对金融危机传导起作用。例如,在1980—1982年美国连续两次经济危机期间,为了解决高通货膨胀问题,美国提高了利率,由于当时美国正处于危机之中,美元汇率不是下浮反而是大幅上升。其结果是,美国本应减少进口以减缓本国生产的下降,而其他国家却利用美元汇率上升的有利条件,向美国市场大量输出商品,使得美国同类企业的生产经营陷入困境,从而加剧了美国市场的恶化程度。但是,美国提高利率,导致外国资金大量流入美国,从而使得美国资本变得廉价,又为美国经济复苏创造一定的条件。例如,由于美国在1980年和1981年提高了利率,因此在美国购买证券和直接投资变得更为有利,导致外国资金大量流入美国。1984年外国在美国的投资总额比1979年增加了一倍多。国外资金大量流向美国,大量廉价的资金有利于美国经济在1983年的复苏及其后几年的增长。总之,一国利用汇率变动和利率变化对经济危机传导的影响力取决于该国货币在国际市场上的地位和国际储备货币的数量等条件。而一国经济因外国利率变化和对外汇率变动所受的冲击大小,要看其吸收外国资金数量和投放到外国资金数量的差额,是债务国还是债权国,还要看一定时期内国内总资本形成中外国资金占比及其投资形式等条件而定。

除利率和汇率,国家间的大举借债也可能衍生金融危机。2009年爆发的希腊债务危机就是由于希腊政府无法偿还其占GDP高达12%的财政赤字,随后全球三大信用评级机构相继调低希腊主权信用评级,引发希腊股市大跌和国际市场避险情绪大幅升温,同时政府融资成本大幅上升,债务危机的序幕就此拉开。2010年,希腊债务危机进一步发酵,向葡萄牙、意大利、爱尔兰、西班牙蔓延,而这些国家最主要的债权国和欧元区话语权最有分量的欧洲双雄——德国和法国也受到牵连。至此,希腊债务危机扩散至整个欧洲,引爆了欧洲债务危机。

三、跨国公司渠道

当今世界,跨国公司是国际经济往来的主要载体,以跨国公司为核心的产业链分工深深影响着全球化进程。跨国公司以其强大的实力,牢牢地控制着整个世界生产与经营活动的核心技术、知名商品品牌以及主要商品的销售渠道,从而使得跨国公司的生产与经营活动在当今世界经济发展中具有举足轻重的作用。追求利益最大化的跨国公司是通过改变公司内部贸易走向来获得资源最优化配置与取得最大利益的。根据美国经济分析局

（BEA）的数据，2014年美国商品出口中有27%通过公司内贸易出口，商品进口中有35%通过公司内贸易进口。其中，美国与某些国家的公司内贸易比例更高，美国通过公司内贸易出口到日本的比例在65%，而进口几乎全通过公司内贸易的方式。公司内贸易的统计口径为美国母公司与其国外子公司之间的进出口和国外母公司与在美子公司之间的进出口。

跨国公司传播渠道大致为：当母国处于经济危机时，它通过大量增加对国外子公司的出口（包括技术转让）、转移生产区域配置，从而把母国的生产过剩转移到国外；相反，国外子公司增加或减少向母公司的出口规模，也可将外国的经济危机因素传递至母国。此外，跨国公司可利用分布在各地子公司的信息系统，在低利率国家的金融市场上筹措资金，通过内部划拨转给高利率地区的子公司使用。这种活动必然会迅速地将某国高利率的影响扩散到其他国家，从而使经济危机期间出现的各国利率变化迅速地相互传递，并给有关国家的经济以相当大的影响。

跨国公司不仅是经济危机的传播载体，同时也是经济危机最主要的承受者。2008年经济危机中由于克莱斯勒公司落后的节能减排技术无法满足东道国的环保条例，意大利的菲亚特汽车公司几乎只需提供世界级的技术就能拥有克莱斯勒汽车品牌。相比之下，美国三大汽车制造商的其他两家——通用和福特，通过多年深耕东道国市场积累的实力以及出售旗下子公司获得资金，在危机结束后不久就从破产保护中走出。2018年的中兴事件也使得当时我国整个电子通信乃至科技行业为之震惊，仅仅是美国政府的一封禁令——禁止向中兴公司提供核心技术和核心产品，就使得中兴公司无法正常运营，整个产业链都受到波及。中国政府意识到问题的严重性，在与美国政府周旋之余，强调掌握核心技术的重要性，大力推动技术自主化，这场危机才没能继续发酵。

第三节　世界经济危机的发展趋势与规避

经济周期中繁荣与萧条是不可分割的整体，过度的繁荣会冲昏理性人的头脑，过热的经济行为使经济发展越来越脱离正常的轨道，市场的供求失衡被打破，潜在的矛盾被激发出来，随之而来的便是长期的萧条。因此，危机产生的原因是市场经济在某种程度上缺乏理性，如果放任市场经济过分自由，危机就不可避免，而对利益过度追求的本性使得每隔数年就要爆发的经济危机成为经济发展中不可避免的鸿沟。当今世界，经济全球化程度不断加深，各经济体联系更加紧密，经济危机的影响度和破坏力也将不断加深，经济危机背后蕴含的矛盾将更加复杂，世界经济危机将呈现周期性、复杂化的趋势。

一、世界经济危机的发展趋势①

（一）世界经济危机的周期性爆发不可避免

根据萨米尔·阿明（Samir Amin）的长浪潮理论，在金融危机过去之后，资本主义经济会有一个较长时期的快速发展，这个时期会持续25年左右，但受经济周期的影响，经历一

---

① 黄茂兴、叶琪：《世界性经济危机的历史考察与趋势展望》，《马克思主义研究》2010年第5期，第24—35页。

段高速发展之后,资本主义经济又将陷入新一轮的危机浪潮中。随着国际竞争的日益激烈以及经济体不稳定因素的增加,世界经济发展中充斥的矛盾会越来越多,经济发展周期有不断缩短的趋势,这也就意味着经济危机爆发将更加频繁。

根据苏联经济学家康德拉季耶夫的长周期理论:在资本主义经济运动中,不仅存在7—11年发生一次的周期性经济危机,而且存在长达50—60年的长周期,每一个长周期又分为两个时期,上升期持续20—30年,之后会出现一个下降期,大约也是30年。康德拉季耶夫考察了从1785到20世纪20年代的数据,认为资本主义经历了两个半周期(见表2-1)。如果以50年为一个周期进行推算,第四次长周期的谷底和峰顶与世界经济发展的趋势基本上是一致的,第五次长周期的谷底是1990—1996年,这正是资本主义国家经历20世纪整个80年代长达数年的经济危机而处于经济低迷时期。世界经济发展虽与理论预测并不完全一致,但代表了一定的趋势,按每个长周期50年推算,接下来资本主义经济发展的峰顶期将在2014—2020年,而第六次长周期的谷底将出现在2040年左右。

表2-1 康德拉季耶夫长周期波动(1929年)

第一次长周期		第二次长周期		第三次长周期		第四次长周期 (推测)		第五次长周期 (推测)	
谷底	峰顶	谷底	峰顶	谷底	峰顶	谷底	峰顶	谷底	峰顶
1790	1810	1844	1870	1890	1914	1940	1964	1990	2014
|	|	|	|	|	|	|	|	|	|
1817		1851	1875	1896	1920	1946	1970	1996	2020

资料来源:王新奎,《战后资本主义经济危机和周期》,《亚太经济》1986年第4期,第60—67页。

长浪潮理论和长周期理论对世界经济发展趋势的预测基本上是一致的,经历了此次金融危机后,世界经济将进入一个较快发展的时期,一直会持续到大约2035—2040年才可能会出现新一轮的世界性经济危机浪潮。随着新技术的不断开发和推广,以及新能源的不断开发和利用,实体经济发展的后劲是充足的,但是虚拟经济的无规则性却难以把握,这将对世界经济的不稳定产生越来越大的影响。

(二)世界经济危机爆发的诱因将更加多元化和复杂化

在资本主义经济体系下工业生产一直占据主导地位,而经济危机的出现通常是企业无止境地追求产量,最终导致生产领域产品供过于求的事实。随着资本主义国家完成工业化成为发达国家,经济发展的重心从第二产业转移到第三产业,物质产品过剩转向资本和产品的双重过剩,触发经济危机的因素开始多元化和复杂化,金融投机、信贷危机、国际资本过剩等成为世界经济危机新的引线,虚拟经济无形性以及不可度量性的特征使得由金融领域引发的危机更难以被察觉,并且危机一旦爆发,在"金融加速器"的作用下对虚拟经济和实体经济的破坏力更甚。[1]

当前,世界经济正在走向"萧条"后的复苏,各国为了应对危机缔结了合作协议,国际

---

[1] 邢天才、孙进、汪川:《从金融危机到经济危机——基于"金融加速器"理论的视角》,《国际金融研究》2011年第11期,第21—29页。

深入合作愈发频繁,但是一旦危机过去,各国又会为争夺国际市场份额而展开竞争,国际关系又将回到大国强权主导的时代。但与过去不同的是,随着发展中国家的崛起,发展中国家对于国际话语权以及与自身经济实力相匹配的市场份额的追求,会使得发达国家之间、发达国家与发展中国家之间甚至是发展中国家与发展中国家之间的矛盾更加突出,国际关系更加错综复杂,从而不断增加世界经济陷入危机的风险。

理性经济人对于利润的追求是无止境的,而过分追求利润会使得理性经济人在信息不对称的条件下盲目投资,其结果必然是资本过剩。当资本累积至过剩时,为了消化这些过剩资本,市场会寻求新的投资渠道,于是一个又一个高风险的投资工具不断涌现。随着时间和事件的发酵,这些工具逐渐成为世界经济危机的爆发点,尤其是危机发生在那些缺乏完善的金融监管体系或监管体系存在严重滞后性的国家。特别是当盲目投资遇上诞生不久、还在被市场检验的新兴产业时,缺乏足够的认知和对未来发展前景不确定性的非完全评估,以及对资本收益率的错误估算等都有可能导致新一轮的经济危机。因此,如果不对产业发展进行有效的监管,那么市场狂热的非理性将使任何一个产业成为经济危机的导火线。

(三)世界经济危机同时扮演着国际关系的"调节器"

世界经济危机的爆发虽然是经济领域内生产关系的调整,但也越来越带有政治色彩,成为国际关系调节和新的政治经济秩序建立的机会。2008年的经济危机说明,以美元为主的国际货币体系有其不合理性。美国次贷危机通过美元向全世界各个国家扩散,经济危机波及全球,没有国家幸免。在这场大危机中,美国通过美元将不利影响转移到国外,在短时间内走向复苏,而有些国家却深陷泥沼。人们逐渐意识到这种体系的不合理性,危机过后,美国凭借美元的强权地位将会有所削弱,美元之外的货币(如欧元、日元、人民币等)开始寻求作为国际货币的更高地位,以巩固本国或本地区的国际金融地位,最小化美元波动所带来的影响。随着新兴经济体实力的不断提升,老牌发达国家的日渐式微,两者追逐与守旧的角色必然会维持很长一段时间。随着发达国家引起的经济危机周期性地爆发,新兴国家有合理的理由向发达国家寻求更多的话语权。发达国家无法独立应对世界经济危机,开始向新兴国家寻求合作,但发达国家又不愿意放弃当下利益,发达国家与新兴国家之间的关系在经济危机中不断演化。

经济与政治是紧密联系在一起的两大"元素",要想在国际上有较高的政治地位就必须以强大的经济实力为后盾,未来世界经济的发展将呈现多元化的格局,国与国之间的竞争将会越来越激烈。各国为了争取本国利益都积极改善国际地位,政治因素在经济中的影响会越来越大,当国与国之间的利益难以达成一致时,政治上的要求可能会成为世界经济危机的导火线。经过经济危机的破坏性调整,对虚假繁荣进行过滤之后,各国经济才能恢复到正常的轨道,加上为共同克服经济危机,各国之间的相互合作会使危机过后的国际关系趋于稳定和平和。不合理的国际政治经济秩序经过危机后果的验证后也会进行调整,最终建立起一个符合多数国家利益的新的国际政治经济秩序。未来世界经济发展越来越快,国际关系日益复杂,国与国之间的政治关系变动也越来越频繁,而每隔若干年爆发一次的经济危机将迎来国家关系的调节机会,特别是发达国家之间权力和利益的一次重新分配。

（四）世界经济危机将成为催生新一轮科技革命的"助推器"

国际理论学者的研究表明，技术革命与经济危机之间存在某种联系。熊彼特曾对历史上三次产业革命进行分析，明确指出技术创新是资本主义长期波动的主要起因，正是技术革命带动了经济的起飞。德国经济学家格哈特·门施（Gerhard Mensch）利用现代统计方法，通过对112项重要的技术创新进行考察发现，技术创新的周期与经济繁荣周期逆相关，因而认为经济萧条是激励创新高潮的重要推动力，技术创新又将是经济发展新高潮的基础。克里斯托夫·弗里曼（Christophe Freeman）则认为，在经过几十年科学技术准备后的长周期上升阶段，绝大部分的技术创新会导致大规模的新的投资和就业，解决问题的重点应放在支持高技术研究开发和新兴产业发展方面。历史经验也表明，全球经济危机往往催生重大科技创新突破和科技革命。1857年世界经济危机即引发了以电气革命为标志的第二次科技革命；1929—1933年危机引发了以电子、航空航天和核能等为标志的第三次科技革命；互联网信息技术革命帮助美国走出了20世纪80年代的危机，继而实施的"信息高速公路"计划实现了克林顿政府时期持续八年的经济增长。2008年全球金融危机令世界经济笼罩在一片阴霾之中，但在科技领域却出现了突破性进展，如干细胞研究的突破、新能源技术的推进、硅替代材料的发现等。

当原有的技术体系不能顺应新的经济发展时，客观上要求有一股突破性的动力来破解技术瓶颈，而经济危机的破坏性为新技术的诞生和发展提供了契机。因此，经济危机可能是因为技术的发展遇到瓶颈，而技术的革新也可能是走出危机的重要途径。未来经济发展越来越依靠技术的推动，因此技术仍然是经济发展的重要因素，这必然会导致经济危机与科技革命之间的关系越来越紧密。世界科技革命方兴未艾，把握经济危机的机会，积极推动技术体系的革命将会是未来解决世界经济危机的重要途径。

（五）发展中国家和不发达国家将被卷入世界经济危机体系中

自20世纪80年代以来，经济全球化的步伐大步迈进，跨国界经济交流越发频繁，对于推动全球贸易以及国际分工起到至关重要的作用。但与此同时，经济全球化也是一把双刃剑，在推进国际经济合作的同时，那些科学技术发展落后和经济实力薄弱的国家将面临更大的风险和挑战。过去，经济危机主要在发达国家中间传递；而现在，世界经济危机也逐渐向发展中国家和不发达国家蔓延，甚至部分危机开始始于这些不发达国家。例如，拉美债务危机、亚洲金融危机的爆发部分原因并不是拉美国家、亚洲国家自身经济发展出现问题，而是发达国家将国内经济不稳定因素外移，以及凭借国家实力的不对等对弱势国家的冲击。归根结底，发展中国家和不发达国家成为发达国家转嫁危机的被动接受者，在所谓的投资、贸易、贷款等"外衣"下，发展中国家和不发达国家其实是在为世界经济危机买单。

随着经济水平日益强大，发达国家将致力于寻求与自身经济相符的国际地位，且会想方设法地压制发展中国家，两者之间的矛盾将不断加深，并企图通过转移危机的方式来阻止发展中国家的发展势头。发达国家是世界经济的"领头羊"，掌握着大部分的资源和先进的科学技术，通过贸易、金融等途径向发展中国家转移资源、技术的同时，也将风险转移到这些国家。如果发展中国家不接受这些潜在风险，会在发达国家领导的国际体系下被其抛弃，因此广大的不发达国家不得不受到发达国家的控制。因此，世界经济越是一体化,越多的发展中国家和不发达国家将被卷入世界经济危机体系之中。在未来的世界经济发展中,危机爆发的地点将可能更多地出现在发展中国家和不发达国家,并且其损失会越来越大,而发达国家也会借助世界经济危机进一步加强对发展中国家和不发达国家的控制。

二、破解经济危机困局的措施

(一)促进世界经济结构的调整

金融危机的深化一定程度上反映了全球的储蓄与消费关系。美国多年以来始终保持较高的贸易赤字和财政赤字,居民的消费多是通过大量借贷,这种低储蓄、高消费的发展模式毫无疑问是不可持续的。与此相反,以新兴经济体为代表的高储蓄国家或地区,外汇储备和外贸依存度通常较高,更容易受到汇率波动和资本投机带来的冲击。这种全球消费储蓄的模式在很大程度上受到各国经济实力、文化传统、人口结构的影响,并且在短时间内难以改变。从目前来看,发达国家与发展中国家可以从发挥各自优势、调整贸易结构入手:发达国家增加技术、服务和高端产品的出口,减少经常项目赤字,增加对发展中国家的投资,促进其工业化和城市化的发展;发展中国家着重于改善民生,扩大内需,减少对出口的依赖,同时逐步改善投资环境,吸纳发达国家的资本和技术转移,努力通过双向互动、互补、互赢来逐步调整消费储蓄结构不平衡的状况。

(二)继续推进经济一体化

经济一体化对于经济危机的影响具有两面性:一方面,发达国家利用其政治、经济、科技影响力,通过投资、贸易、产业分工等工具将经济危机转嫁给发展中国家;另一方面,在经济全球化的大浪潮下,持续推进经济一体化有助于将发达国家与发展中国家利益更紧密地联系在一起,当发达国家希望将风险转移至发展中国家或通过危机遏制新兴经济体的发展时,发达国家必须更多地考虑发展中国家产生危机时对自身的影响,经济一体化程度越高,发达国家越需考虑其影响。在这一前提下,发达国家必然会主动向发展中国家抛出橄榄枝,建立共同应对危机的体制,合作出台应对经济危机的措施。相反,如果危机来临时,主要市场采取贸易投资保护主义,加剧贸易和投资摩擦,那么全球经济将陷入更深的泥潭。典型的就是2008年美国次贷危机以来,全球反倾销总数同比增长了40%。因此,各经济体对市场的监管应当坚持开放、透明、非歧视的原则,并接受各方面的监督,对外资的审查应当避免受政治因素的影响,尽可能减少对企业并购等市场行为的干预,要维护正常的市场秩序,严格限制能源、资源类商品的垄断经营。发达国家应当进一步改善发展中国家发展的外部环境,恪守对发展中国家的援助和减灾承诺,避免因金融危机而陷入更深的困境。

(三)推进经济的绿色复苏

当今世界新能源、可再生能源、节能环保技术取得了很大进步,应对气候变化的关键技术也取得新的突破。发达国家应加大这方面的投入,使这些技术尽快地市场化,形成新的产业增长点。发展中国家大多以高能耗、粗排放的经济发展模式为主,通常为了发展经济而牺牲环境。如果强行要求发展中国家在环保技术和标准上与发达国家接轨,很可能会破坏发展中国家既有的发展模式。若没有发展中国家的绿色复苏,世界经济的绿色复苏也不可能实现。自然,国际社会应当在共享先进的绿色技术方面建立一种相应的合作机制,促进发达国家向发展中国家提供资金、技术和能力的支持。重点是将发达国家的技术与发展中国家的工业化、城市化进程相结合,这可能是走出危机影响的根本途径。当今世界,发达国家技术资源比较多,新兴经济体也拥有一定的资金规模,发展中国家的工业化、城市化能创造大量的需求,包括对基础设施的投资需求、制造业的产品需求。所以,只有发达国家与发展中国家紧密结合起来,推进全球化、区域化的进程,才能产生大量的需求,既帮助发展中国家加快发展,又拉动发达国家的需求。因此,促进资本、技术、人力等要素在全球的自由流动至关重要。

本章提要

1. 经济周期是指经济活动沿着经济发展的总体趋势所经历的有规律的扩张和收缩,可分为四个阶段:衰退、谷底、扩张和峰顶。经济周期可以根据经历的时长划分为短周期、中周期和长周期,也可以根据学者对经济波动的研究分为朱格拉周期、基钦周期、康德拉季耶夫周期、库兹涅茨周期以及熊彼特周期。

2. 经济危机是经济发展过程中周期爆发的生产相对过剩的危机,也是经济周期中的决定性阶段。经济危机的国际传播渠道主要包括国际贸易渠道、国际金融渠道以及跨国公司渠道。

3. 经济周期理论认为,繁荣与萧条是不可分割的整体,因此经济危机的周期性爆发是不可避免的,并且爆发的诱因也将更加多元化和复杂化;随着全球经济一体化程度的不断加速,经济危机不再为发达国家所"特有",发展中国家和不发达国家将日益被卷入世界经济危机体系中;随着新兴经济体的崛起,新老势力之间充斥着利益的分歧,此时经济危机将扮演国际关系的"调节器";国际理论学者的研究表明,技术革命与经济危机存在某种联系,因此世界经济危机将成为催生新一轮科技革命的"助推器"。

4. 尽管经济危机的爆发不可避免,但合力应对危机能够使其影响最小化。应对经济危机的周期性爆发,首先要促进世界经济结构调整,其次要继续推进全球经济一体化的进程,最后在经济危机爆发后,要推进绿色复苏,摈弃过去消耗过度资源、破坏环境的既有发展模式。

本章思考题

1. 经济危机周期有哪几种?根据周期时间长短,哪些属于短周期,哪些属于中周期,哪些属于长周期?
2. 经济危机的传播渠道有哪些?这些渠道如何影响经济周期传导?
3. 发达国家和发展中国家在经济危机的发展和规避中各扮演何种角色?

参考文献

[1] 李宏瑾.全球金融危机十年:经验、教训与启示[J].金融评论,2018,10(05):36—45+123—124.

[2] 韩双林,马秀岩.证券投资大辞典[M].哈尔滨:黑龙江人民出版社,1993.

[3] ROSE A K, SPIEGEL M. Cross-country causes and consequences of the 2008 crisis: early warning[J]. Japan and the World Economy, 2012(1): 1-16.

[4] GLICK R, ROSE A. Contagion and trade: why are currency crises regional?[J]. Journal of International Money and Finance, 1999(18): 603-617.

[5] 黄茂兴,叶琪.世界性经济危机的历史考察与趋势展望[J].马克思主义研究,2010(5):24—35.

[6] 刘瑶,王伟.金融危机国际传导渠道的再检验——基于韩国制造业企业的数据分析[J].国际贸易问题,2017(11):138—149.

[7] 邢天才,孙进,汪川.从金融危机到经济危机——基于"金融加速器"理论的视角[J].国际金融研究,2011(11):21—29.

[8] 白暴力,梁泳梅.当前世界金融—经济危机的原因与后果——资本主义经济基本矛盾的总爆发[J].经济学动态,2008(12):49—55.

[9] 崔友平.经济周期理论及其现实意义[J].当代经济研究,2003(01):29—34.

[10] 张作云.国际金融和经济危机与国际关系的调整[J].河北经贸大学学报,2014,35(02):13—23.

[11] 裴小革.经济危机相关理论的历史透视——基于马克思主义政治经济学视角的分析[J].经济学动态,2016(03):102—117.

[12] 胡乐明.科学理解和阐释资本主义经济危机[J].马克思主义研究,2016(02):43—55+158—159.

第三章

经济全球化

【教学目的和要求】

通过本章的学习,学生应:
1. 了解经济全球化的表现及其测量方法。
2. 熟练掌握促进经济全球化发展的动力因素,及其给世界各国与地区带来的利弊影响。
3. 深刻理解经济全球化背景下,以中美贸易失衡为代表的全球经济失衡与上一轮经济全球化模式之间的关系。

【教学重点与难点】

1. 经济全球化给世界带来的利弊影响,尤其是对生态环境和劳动力市场的影响。
2. 经济全球化与全球经济失衡之间的关系。

引导案例

全球产业链搬得走么？

有观点认为，鉴于全球贸易保护主义兴起、个别国家以关税制造摩擦，一些全球跨国公司供应链可能从中国迁出，规避摩擦。对于中国经济来说，这不仅意味着短期内出口订单受影响，而且外商直接投资带来的知识外溢效应也可能随之减弱，生产率可能承压。

但笔者认为，这种观点首先低估了贸易保护主义对各个经济体影响的共振，也低估了中国供应链优势的韧性。全球产业链当前的分工复杂程度远甚21世纪初，供应链调整势必耗时长、难度大、成本高，任何一个经济体很难在贸易保护阴云下独善其身。与此同时，中国还可以加快扩大开放和结构性改革，进一步夯实对国际产业链的吸引力。

为此，摩根士丹利的全球经济、策略和行业团队进行了案例分析、问卷调查（囊括133位行业专家，涵盖75家跨国公司）以及国别比较研究。从宏观层面，利用一张刻画了跨国及上下游相互关联性的全球投入产出表评估关税对经济增长的影响。据测算，由于产业链的相互关联、嵌入，贸易保护主义可能对全球经济增长造成0.1—0.4个百分点的拖累。

从中微观层面，加征关税引起的成本上升将给部分行业带来较大扰动，特别是美国零售业和全球资本品市场，因为中国不仅在中低端消费品方面保持竞争力，在中高端机械设备方面也是全球的基石。

以零售纺织品为例，虽然过去十年劳动力成本、土地成本的提升使得不少中低端品牌生产线转移到了东南亚，但是中国出口的附加值大幅提高，导致美国市场上的衣服饰品仍有三分之一以上在中国生产，与十年前39%的市场份额相比，仅轻微下滑了5个百分点。这表明中国凭借巨大的劳动力规模优势，企业很难在短期内作出大规模调整，把订单放到东南亚等其他地区来避免关税。测算表明，2019年美国零售商的利润率可能会由于关税而下滑1.6个百分点，因为零售商很难提高售价将关税成本传导给消费者（历史上美国的衣服价格极少上涨），且2019年美联储加息步伐放缓后美元很可能贬值，对美国进口企业更是雪上加霜。

在全球的资本品（特别是工业设备、电子元器件）市场，表面上中国制造的工业制成品只占全球份额的10%，但是很多的元器件、零部件却主要来自中国。比方说，中国制造了全球一半的印刷线路板，这是电脑、打印机、洗衣机、医疗器械等设备的关键元器件。很多欧美跨国公司在近期的三季度季报中，已经发出该元器件短缺预警，因为很难找到其他国家替代中国的产能。

上述分析表明，由于供应链在短期缺乏弹性，贸易摩擦对跨国公司的影响不可小视。根据摩根士丹利的估算，美国标普500上市公司2019年的净利润可能下降1.5%。那么，从长期来讲，产业链布局是否会从中国大规模撤离？笔者认为可能性不大。

21世纪以来，中国充足的劳动力供给、发达的基础设施和庞大的国内消费市场促使跨国公司产业链在中国聚集。当前中国在全球制造业出口的份额大概为18%，相当于除掉中国和日本的整个亚洲的加总。因此，即使这些产业链要搬往别的经济体，可以选择的余地也不多。具体来看：

首先，即使面临人口老龄化，中国的高技术劳动力人口依然增长较快：过去五年国内大学毕业生近 3 400 万人,相当于菲律宾、马来西亚和越南的大学生数量的总和。假设供应链想搬到周边经济体,无疑将面临高技术劳动力相对短缺的情况。而且,即使中国劳动力成本近年来显著上涨,但是仍不足每小时 4 美元,比富裕的发达国家(如日本、韩国)更具竞争力。

其次,中国的工业链条更完整。尤其是广东珠三角一带,往往在方圆 10 公里内可以完成研发、设计、生产、商业化的全部流程。搬到其他国家意味着从零开始,这也是很大的障碍。

再次,中国不仅有高质量劳动力,研发能力也日益提升。通过对跨国公司的分析研究,我们发现一些欧美企业选择在中国布局主要是看重中国的研发能力,如生产电子元器件和电力设备相关的 ABB、通用电子、西门子、霍尼威尔等。2017 年,中国已经超越日本成为国际专利申请数量第二的国家。

最后,中国本地消费市场巨大。因此,诸多像 ABB 这样的企业将大部分产能布局在中国,同时又将大部分产品销售到中国市场。我们预计到 2030 年,中国的私人消费市场的规模大概会上升到每年 12 万亿美元。产能撤离后,产品再运回中国市场也会增加物流成本。

但是,供应链的短期刚性以及上述诸多优势并不意味着中国可以高枕无忧。考虑到贸易保护主义的长期化、扩大化,很多企业经过权衡仍可能选择搬迁。我们的问卷调查也显示,68%的企业正筹划或考虑在其他区域选取建设下一个生产线。鉴于拥有高技术水平的跨国公司的外商直接投资对中国生产率改善所起的重要作用,产业链若大规模搬迁可能影响中国跨越中等收入陷阱、迈向高收入经济体。

从这个角度,笔者认为中国有必要进一步采取以下四项措施,来夯实对于全球产业链和高技术外资的吸引力:

第一,加大开放力度,按照已宣布的路线图,在诸多服务业和高端制造业放宽市场准入和股权比例要求。

第二,加大知识产权保护力度,特别是完善专利法和相关司法体系,显著提高侵权的惩罚力度。中国的民营企业如今逐步积累了可观的知识产权和专利,加大保护力度也符合中国自身产业升级的需要。

第三,减税降费。中国生产环节的税收仍有削减空间,例如制造业的最高档增值税税率为 16%。此外,中国企业承担的法定社保缴费比例约为工资的 30%,存在下调空间。降低企业社保缴费比例,可以加大国有企业股权转移给社保基金作为补充。我们的研究结果表明,如果增加国有企业的分红比率到 30%左右,就可以完全覆盖将来人口老龄化后社保基金面临的潜在缺口。

第四,落实国有企业的竞争中性原则和产业政策的所有制中性原则。在政府采购、金融政策、产业政策和税率监管方面,对国有企业、外资企业、民营企业一视同仁。如此,对内可支持民营企业,提振民营企业家信心;对外可彰显开放、市场化的方向,为全球经济治理体系作出贡献,引领 WTO 下一阶段更高层次改革的方向。

资料来源:邢自强,《全球产业链搬得走么?》,http://epaper.21jingji.com/html/2018-12/12/content_98204.htm,访问日期:2020 年 5 月 12 日。

第一节　经济全球化的定义与测量指标

一、经济全球化的定义及其动因

(一) 经济全球化的定义

关于经济全球化的概念,至今也没有一个公认的定义,许多学者从生产关系等角度对经济全球化作出过解释。有的学者认为,经济全球化这一概念最早是由美国经济学家西奥多·莱维特(Theodore Levitt)在 1985 年提出的;也有的学者认为,最早提出这一概念的是经济合作与发展组织(Organization for Economic Co-operation and Development,OECD)的前首席经济学家西尔维亚·奥斯特里(Sylvia Ostry),他在 1990 年指出,经济全球化主要是指生产要素在全球范围内广泛流动,实现资源最佳配置的过程。1996 年,联合国贸发会议对经济全球化所下的定义是,经济全球化是世界各国在经济上跨国界联系和相互依存日益加强的过程,运输、通信和信息技术的迅速进步有力地促进了这一过程。而 OECD 的定义是,在产品及服务贸易、资本流动和技术转移与扩散的基础上,不同国家市场和生产之间的依赖程度不断加深的动态过程。IMF 则认为,跨国商品、服务贸易及国际资本流动规模和形式的增加,以及技术广泛迅速的传播使世界各国经济的相互依赖性增强,经济全球化是现代经济的一个动态过程,是社会经济发展到一定阶段的产物。

不论经济全球化的定义如何,它作为世界经济不可逆转的一种趋势,已为众多学者所普遍接受,世界上几乎每一个国家都不可避免地被卷入经济全球化的浪潮之中。但是,经济全球化既是机遇,也是挑战,任何国家都必须正确处理所面临的国际经济问题,抓住机遇,迎接挑战,只有这样才能在经济全球化的过程中获得最大利益。

(二) 经济全球化的动因

经济全球化是一个漫长的历史过程,它的产生是多种因素共同作用的结果,这些因素包括经济层面的,也有政治层面的。总的来说,经济因素是经济全球化的根源。

1. 科技进步和生产力的发展为经济全球化奠定了物质基础

18 世纪 60 年代,以蒸汽机的发明与使用为标志的第一次科技革命首先在英国爆发,在这次科技革命过程中出现了棉纺织业、金属冶炼业及其制造业和交通运输业,实现了从工场手工业到机器大生产的重大飞跃;进入 19 世纪后,资本主义经济迅速发展,自然科学取得重大进步,1870 年,由于各种新技术、新发明的不断涌现,第二次科技革命爆发,产生了电力工业、钢铁工业、化学工业、汽车制造业及造船工业,人类社会进入了电气时代;20 世纪 40—50 年代,原子能、计算机、航天技术、生物工程等领域取得重大突破,以原子能、电子计算机和空间技术的广泛应用为主要标志的第三次科技革命在美国爆发并迅速向其他国家扩散,这次科技革命涉及信息技术、能源技术、新材料技术、海洋开发技术等诸多领域,人类从此进入信息化社会。

由于科学技术,特别是信息技术,具有极强的向其他国家扩散的性质,各国的联系日益紧密。另外,现代的交通运输及通信设备的广泛使用,缩短了国家间的时空距离,大大降低了商品和资本流动的成本,有力地促进了经济全球化。纵观历史上的几次科技革命我们不难发现,每一次革命都极大地促进了生产力的发展,而生产力的发展使得各国生产规模不断扩大,客观上要求扩大市场和加深国际分工,这些因素都积极促成了经济全球化。

2. 跨国公司成为经济全球化的重要载体

研究成果表明,跨国公司的形成与发展已经有一百多年的历史。在这一漫长的历史进程中,跨国公司为推动全球经济的发展作出了重要贡献,特别是在经济全球化的过程中,跨国公司也扮演着重要角色,成为经济全球化的重要载体。

20世纪80年代中期以来,世界经济持续增长,国际市场竞争更加激烈,新贸易保护主义有所抬头,同时对外直接投资利润丰厚,种种因素导致全球跨国公司对外直接投资持续迅速增长。与此同时,西方国家的汇率、利率和股市频繁大幅波动,间接投资风险加大,在一定程度上助推了国际资本向直接投资方面转移。另外,随着跨国公司海外扩张遇到越来越多的挑战,越来越多的跨国公司开始采取开放性的跨国联合经营战略。不同跨国公司之间的资金、技术、生产设备、销售、分配渠道、融资能力等相互渗透,形成了一种国际经营联合体。这一联合体不同于一般的合资企业,联合体中的各家企业都采用同一目标,即共同开发、共同生产、共享市场,跨国公司的全球化经营战略发展到一个新的阶段。

跨国公司的资本、技术、管理等越来越呈现出国际化的特点,在世界范围内形成了全球性的生产、交换、分配和消费,特别是跨国公司全球化经营战略的实施,使跨国公司自身活跃在社会再生产的各个环节,有力地推动了经济全球化的进程。

3. 市场经济体制的全球扩展是经济全球化的体制条件

20世纪70年代末80年代初,世界各国经济纷纷开始进行大调整。首先,西方发达国家掀起了市场化改革浪潮,各国纷纷取消或放松了政府管制,推动了贸易自由化、投资自由化以及金融自由化,进一步减少了政府对经济生活的调节和干预;其次,东欧剧变和苏联解体,打破了在冷战时期由于两种不同的社会制度和经济体系形成的两个独立运行的平行市场;最后,中国等社会主义国家以市场为取向的经济改革的扩展与深化以及这些国家从内向型经济发展战略向外向型经济发展战略的转变,形成了新的发展局面,促进了经济全球化的形成与发展。

4. 世界政治格局的变化是经济全球化的重要政治动因[①]

冷战结束后,两极格局瓦解,原本的国际格局失衡。以美国为首的西方发达国家极力想要占据苏联遗留下来的势力真空,而发展中国家改革开放形成的广阔新兴市场更是成为西方发达国家争夺的焦点。西方发达国家在失去共同的政治对手后,它们之间在冷战时期掩盖着的经济利益上的矛盾凸显出来,它们将更多的精力投入相互竞争,争先恐后地争夺世界市场,重点是进军亚洲、非洲、拉丁美洲的新兴市场。美欧之间及美日之间的贸易战、投资战、金融战此起彼伏,西方发达国家之间的经济热战代替了过去美苏之间的政治冷战。西方发达国家在冷战后抢占世界市场的热战,客观上推动了经济全球化的

---

① 张鸿钧、姜照华:《经济全球化的动因、实质及影响》,《大连理工大学学报》(社会科学版)2000年第4期,第6—13页。

进程。另外,美国为实现其全球战略目标,极力主导和推动经济全球化,也是经济全球化的动因之一。

二、经济全球化的表现

(一) 贸易全球化

贸易全球化是指随着科学技术的发展和各国对外开放程度的提高,流通领域中国际交换的范围、规模、程度得到增强。第二次世界大战后,GATT主持了八轮多边贸易谈判,促进了贸易自由化程度的提高,其中乌拉圭回合谈判在贸易全球化中起到了至关重要的作用,达成了从关税措施到非关税壁垒、从货物贸易到服务贸易、从国际贸易到国际投资的贸易自由化协议。科技的不断进步(体现为运输工具日趋便利,贸易手段逐渐先进,信息网络进一步完善,新兴贸易方式兴起)和各国开放程度的逐步提升,使得全球贸易的范围和规模急剧扩大,超过历史上的任何时期,同时世界贸易的增长速度也超过了世界生产的增长速度。在贸易规模不断扩大的同时,贸易结构也发生了重大变化。首先,贸易主体多元化发展。贸易主体不局限于国家之间,一体化区域之间、一体化区域内部和跨国公司内部的贸易成为国际贸易的重要组成部分。其次,无形贸易增长迅速。在有形贸易如火如荼发展的过程中,无形贸易的增长更加引人注目,且无形贸易的增长幅度超过了有形贸易的增长幅度。信息、技术、服务等产品的贸易在国际贸易中占据不可替代的位置。最后,贸易流向多样化。尽管在国际市场中仍然以发达国家之间的贸易为主,但发达国家同发展中国家之间的贸易规模以及发展中国家之间的贸易规模也在不断增大。

(二) 金融全球化

金融全球化是指世界各国、各地区在金融业务、金融政策等方面相互交往和协调、相互渗透和扩张、相互竞争和制约,进而使全球金融形成一个联系密切、不可分割的整体。随着世界经济的全球化发展,金融领域的跨国活动也在迅猛发展。金融全球化不仅是世界经济发展最为关键的一个环节,而且也是最为敏感的一个环节。

20世纪70年代中期以来,金融自由化浪潮席卷全球,成为西方发达国家金融创新的主流。金融自由化大大推动了金融领域的创新活动,涌现了大量新的金融工具、金融市场和金融机构。许多新兴市场经济国家也纷纷效仿,随着发展中国家逐渐开放本国的金融市场以及电子化和网络化技术的应用,90年代形成了国内金融市场和国际金融市场相贯通,以国际金融中心为依托,通过信息网络和金融网络运行的全球统一的、不受时空限制的、无国界的金融大市场。金融全球化促使资金在全世界范围内重新配置,在使欧美等国金融中心得以蓬勃发展的同时,也使发展中国家特别是新兴市场经济国家获得了大量经济发展所需的资金。世界经济的发展离不开金融全球化的推动。

(三) 信息全球化

信息在国民经济生活中已成为比物质和能源更重要的战略性资源,信息产业在社会产业结构中成为主导产业,信息网络系统正在成为经济活动最重要的基础设施。

信息全球化是全球化的一个重要方面,它是与全球化的进程相伴而生并随着传播手段(主要是大众传播手段)的成熟不断发展的。20世纪90年代以来,信息全球化成为显著的时代特征。信息全球化已不再是一个停留在纸面上的名词或概念,它不仅改变着人们的工作、交流、消费和娱乐方式,而且为人类社会经济的发展提供了新的途径和范式,它已全面进入我们的生活,在各个方面产生着重要影响,并将成为一个明显的发展趋势。

互联网既是全球化或信息全球化的必然结果,又是将这一过程不断推向前进的强大动因。它以地空合一的信息高速通道作为传输渠道,以渐趋普及的多媒体电脑作为收发工具,是一种高效率、大容量、极具开放性的传播媒体。例如,新闻信息一旦进入网络,就将无视国界的存在,任何人都可以自由收看或调阅,行政控制或干预的可能性将越来越小。

(四)投资全球化

投资全球化主要表现为对外直接投资的迅猛增加。第二次世界大战后,发达国家的对外直接投资规模巨大,增长迅速。在投资自由化趋势的驱使下,对外直接投资快速增加,1970—1985年,对外直接投资年均增长率为15%;1985—1990年,该比率上升为28%;20世纪90年代,这一比率达到30%。同时,对外直接投资的主体在20世纪80年代前后也发生了很大变化,80年代前,进行对外直接投资和吸收对外直接投资的主体是发达国家;80年代后,发展中国家无论是在吸收对外直接投资还是进行对外投资活动中的比重都有所上升。从区域发展来看,东亚地区是继北美和西欧进行对外直接投资和吸收对外直接投资的又一个热点区域。随着投资活动在全球范围内的不断扩展,国际投资的规范安排也开始提上日程,保护投资和促进投资的双边投资条约大幅增加。乌拉圭回合谈判首次把投资问题纳入多边贸易体系,并达成了《与贸易有关的投资措施协议》。

(五)人力资源全球化

随着经济全球化的不断加深,人力资源在国家和地区间移动的自由度大幅提高,国家和地区对人力资源的流动也日益重视。与此同时,人力资源受经济的影响日益加深。各国的人力资源流动很大一部分都在为全球化服务。近年来,发展中国家的劳务输出量不断加大。特别值得一提的是,发展中国家输出的多为高科技人才和技术工人,这对本来就人才短缺的发展中国家来说是很不利的。

在国际人力资源的流动中,人力资源循环成为一种新的模式。近年来,欧洲、美洲和亚洲等地区的区域内部人力资源流动成为当前人力资源跨国流动的一个新趋势,越来越多的学者开始使用"人才循环"这一概念来代替"人才流失"的概念。亚太地区近年来保持了较快的发展速度,对人才的需求量不断扩大。这一方面使得越来越多的人才回流;另一方面也对发展中国家的人才具有较强的吸引力,甚至也引起了发达国家人才的浓厚兴趣,这些人才也多是以临时工作为主。因此,亚太地区内部以及亚太地区与其他地区之间的人才循环现象越来越明显。

三、经济全球化的测量指标

通过观测国际贸易、金融、投资、信息流动以及劳动力市场的状况来了解经济全球化,是本节上一段论述的主要内容。经济全球化测量正是基于这样的框架,通过合理量化国际贸易、金融、投资、信息流动以及劳动力市场,构建一个统一的经济全球化指标体系来直观地衡量经济全球化的程度。科学、合理的经济全球化指标体系有助于我们认识当前经济全球化的发展状况,有助于我们认识世界经济联系加强的历史进程。

经济全球化指标构建的背后体现了对经济全球化实质的理解和把握,在经济全球化的测量方法上,当前学者构建的指标体系一般包括三个方面:交易量指标、实际限制指标以及国际价格差异指标。通过衡量贸易、金融、投资、信息流动和劳动力市场在交易量、实际限制以及国际价格差异上的程度,可以得到关于经济全球化的量化指标。

(一) 交易量指标

交易量指标又称总量指标,衡量了国际贸易、金融、投资等的实际流动规模。交易量的规模可以最直观地反映国际经济活动的强弱。一般而言,交易规模的增长反映了世界市场范围深度的扩张,反映了世界范围内经济活动强度的增强,反映了一国参与国际经济活动程度的增加,这些也从侧面反映了经济全球化的进程。其构成主要包括三个方面:基于贸易的指标、基于资本的指标和基于人口流动的指标。基于贸易的指标一般通过计算一国进出口总额占本国 GDP 的比例来衡量;基于资本的指标可以通过衡量本国对外直接投资占本国 GDP 的比例来衡量;基于人口流动的指标可以衡量国际移民数量或者劳务输出数量。

(二) 实际限制指标

实际限制指标又称阻力指标,衡量了影响国际市场交易的限制性因素。限制性因素的降低有利于商品和要素在国家间的自由流动,因此限制性因素的降低有利于促进国际交易规模的扩大和价格的趋同,可以促进经济全球化进程。在国际贸易中,限制性因素包括商品运输成本、关税以及非关税壁垒;在国际金融和资本流动中,限制性因素包括交易成本和资本管制;在劳动力市场中,限制性因素包括移民管制等。

(三) 国际价格差异指标

国际价格差异指标衡量国与国之间商品和要素市场价格的差异程度。从理论上来说,随着国际经济活动限制性因素的降低、国际经济活动规模的扩展、世界市场的扩大,价格的差异会引起交易活动,交易的强度和深度的增加会引发国家间价格差异程度的降低,在同一市场国际价格将会趋同。因此从理论上来说,可以通过衡量国际价格差异程度来衡量经济全球化的水平,经济全球化水平的提高意味着国际价格趋同。支持价格趋同的理论包括一价定律、购买力平价、利率平价等理论。当前,除了极少数商品(如黄金),绝大多数商品和要素的价格在国家间都存在着巨大的差异。

经济全球化指标体系的构建有助于我们加深对经济全球化发展程度的量化认识。指标体系的构成要素选取并不是绝对不变的,要素指标的选取实际上依赖于如何定义经济全球化,对经济全球化的理解的变化也就意味着经济全球化指标体系的变化。

第二节 经济全球化及其对世界经济的影响

经济全球化的出现及发展对于世界经济的整体发展来说是一把双刃剑,它在给全球经济带来发展机遇的同时,也给全球经济带来了巨大的挑战。

一、经济全球化的积极影响

（一）经济全球化对发达国家的积极影响

1. 扩大贸易规模

经济全球化的快速发展促进了世界多边贸易体制的形成，发达国家不仅是国际贸易规则的制定者，而且也成为国际贸易的垄断者。经济全球化使国际贸易迅猛增长，其增长速度已大大超过世界各国GDP的增长速度。在国际贸易的强劲发展势头中，美、欧等发达国家或地区成为最大的受益方。根据WTO 2019年发布的《全球贸易数据与展望》报告，2018年世界商品出口总额为19.475万亿美元，世界商品进口总额约为19.867万亿美元，贸易总额约为39.342万亿美元，与2005年相比增长了一倍多，中国、美国、德国、日本为前四大贸易国。

2. 加速经济扩张

经济全球化为发达国家提供了更加广阔的经济活动空间，使它们凭借各自的优势和经济实力，积极活跃在世界经济舞台上，不断扩大经济势力范围，在全球获得更大的销售、投资和劳动力市场，谋取更大的经济利益。发达国家的跨国公司作为经济对外扩张的载体，对外投资规模不断扩大，已成为全球经济的核心。全球化极大地促进了跨国公司在全球的扩张。根据联合国的统计，截至2016年，全球跨国公司已增加到8.2万家，控制了大约全球GDP的25%、国际商品贸易的65%以上、全球技术贸易的60%—70%、国际投资额的90%[①]。

3. 促进产业升级

经济全球化带来的世界范围内的空前竞争，促使发达国家经济向科技和资本密集型产业升级，在高新技术方面不断创新，研究开发和生产出技术和知识含量高的新产品，并及时推向市场，提高产品的国际竞争力。

20世纪八九十年代以来，全球经济结构进入以信息技术为核心的高新技术产业为特征的结构调整期，出现了欧、美、日等发达国家和地区着重发展知识密集型产业，并将重化工业、劳动密集型和一般技术密集型产业大量转向发展中国家和地区的现象。以现代信息技术、生物技术为核心的新一轮科技革命，正在对世界产业结构产生着比以往任何时候都更加深刻、系统、全面和综合的影响，使世界产业结构的调整出现大变革。美国新一轮结构调整的目标是适应网络时代知识经济和服务经济的结构变化，以信息技术、航空航天技术、国防和生化技术工业作为支柱产业，提高金融和资讯等产业领域的竞争力，在全球化进程中占领更大的国际市场。欧盟的调整重点则是通过市场和货币一体化的进程来推动体制、就业、技术和产业结构的市场化调整。日本也是将增强竞争力作为结构调整的主要目标，重点加强对大型跨国公司治理结构的调整以及开放和重组长期受保护的银行业、不动产、建筑和零售业等，提高其国际化程度。

这些发达国家通过经济全球化可以充分利用世界市场资源，在其经济结构调整和转型阶段，通过大量进口有形物质产品（如能源、原材料、消费品）来节约本国资源，并利用节

---

① 杭言勇主编：《世界经济导论》，浙江大学出版社2016年版，第85—86页。

约出来的本国资源优先发展高新技术产业,获得所谓的"资源转换效益或利益"。

4. 推动人才引进

经济全球化为高技能劳动力的跨国流动创造了条件,而人力资源已经成为当前最重要的资源和各国争夺的焦点。发达国家为了提高国际竞争力、实现经济可持续发展,迫切需要吸引站在世界科技前沿和产业高端的高层次人才。凭借其优越的生活条件、先进的大学和研究机构、高技术企业集群等优势,发达国家吸引了大量国外人才,为发达国家的经济作出了重要贡献。OECD 在一份报告中指出,美国的移民政策是其保持经济高速增长的原因之一,在信息和通信部门,来自国外的高科技人才的作用尤其突出。据统计,世界科技人员中有 1/4 集中在美国。

劳动力的流入对于人口快速老龄化的发达国家来说也是有利的,因为它直接增加了这些国家的劳动力,间接降低了它们的老年人口比重。没有劳动力的流入,当老年人口比重达到 0.4 时,投资在 GDP 中的份额将降到零或几乎为零,而劳动力流入使老年人口比重降到 0.25—0.3 时,投资在 GDP 中的份额将增加到 0.1—0.15,从而缓解了发达国家因人口老龄化而陷入经济停滞。

相关案例　　　　　　　　**特朗普拟终结"出生公民权"**

2018 年 10 月 30 日,美国总统特朗普突然抛出"重磅政策",拟计划签署行政命令终结"出生公民权",即取消非美国公民和非法移民在美国境内生下的孩子可获得美国公民身份的权利。

所谓出生公民权,是在 1868 年作为第 14 修正案写入美国《宪法》的。其具体表述是"所有在美国出生或者入籍并接受其司法管辖的人,都是美国和他们所居住州的公民",如今这句话被笼统理解成"只要在美国出生的人,就是美国公民"。

特朗普要终结出生公民权,意味着他必须修改美国《宪法》,但过去 200 多年逾 11 000 条《宪法》修正案提出,只有 27 条最终"成功"进入美国《宪法》。尽管《宪法》修改难度较大,但特朗普此举势必激起美国社会对收紧移民政策展开大讨论。在美国民粹主义抬头的今天,不排除出生公民权条款被取消的可能性。

在特朗普拟终结出生公民权后,数位熟悉美国法律的律师认为,《宪法》及其修正案在美国具有最高法律权威,总统行政命令也要受《宪法》及其修正案的约束,因此特朗普仅仅依靠行政命令,几乎不大可能成功取消出生公民权。若特朗普要成功修改《宪法》取消出生公民权,他必须得到参众两院逾三分之二议员的支持,或得到逾四分之三州政府的同意。在当前特朗普一系列政策备受两院质疑的情况下,修改《宪法》的难度可想而知。

不过,特朗普还可以寻找《宪法》第 14 修正案条款表述方面的"漏洞",变相取消出生公民权。具体而言,若美国最高法院认为美国《宪法》第 14 修正案所指的"接受其司法管辖的人",特指拥有美国公民权或永久居民权的人,那么就能否决未登记在册(未获得美国国籍或永久居住权)父母所生子女在美国出生时自动获得公民身份的权利。

"通俗而言,就是美国最高法院认为出生公民权条款不适用非法移民或外国人(合法进入美国)在美国出生的子女,因为他们不归美国管辖。"律师告诉记者。不过,要改变这种见解,难度同样不小。长期以来,美国社会对"接受其司法管辖的人"的理解,就是"除了外交官外,身在美国的人"。

在当前民粹主义抬头的美国,不排除越来越多美国民众会认可特朗普的上述做法,赞成取消出生公民权。究其原因,不少西方国家曾因为限制移民涌入,都采取措施对出生公民权作出从严监管。比如,1981年英国为了阻止大量移民涌入,取消了无条件的出生公民权条款,改为"只有在英国出生且父母至少一方为英国公民者,方能得到英国公民权"。

资料来源:陈植,《特朗普拟终结"出生公民权" 高净值人群赴美陷迷茫》,http://epaper.21jingji.com/html/2018-11/01/content_95545.htm,访问日期:2020年5月12日。

(二)经济全球化对发展中国家的积极影响

发展中国家利用经济开放程度的提高,使贸易投资自由化,获得过去难以得到的先进技术、管理经验、资本、市场、资源和其他有利条件,实现经济赶超梦想。特别是经济全球化带来的国际分工大发展、产业大转移、资本大流动和技术大外溢,对于发展中国家弥补国内资本、技术等生产要素缺口,实现产业升级、技术进步、制度创新和整个经济起飞都是非常有利的。因此,经济全球化为发展中国家提供了前所未有的发展机遇,一些发展中国家也因此在不同程度上成为经济全球化的受益者。

1. 经济全球化有利于发展中国家利用外资

近几年大部分发达国家经济增长缓慢甚至停滞,以致世界范围内需求严重不足,生产利润空间减少。跨国公司在进行战略调整时,通过发挥自身在全球驾驭生产营销的能力、寻求低成本的生产区位,来应对市场的挑战。与发达国家经济增长缓慢形成对比的是,一些发展中国家经济发展较快,成为全球经济的亮点,其中中国、印度以及一些转型国家如波兰等表现较为突出。这些国家高素质、低价格的劳动力,稳定高速的经济增长,不断扩大的市场规模以及优惠的引进外资政策为吸引外资创造了良好的条件。在流入发展中国家的国际资本构成中,国际私人资本占85%。中国是利用外资最多的发展中国家,利用外资总额仅次于美国。2003年,中国实际利用外资达535亿美元,首次超过美国成为吸收外资最多的国家;2018年,中国实际使用外资1 383亿美元,稳居发展中国家首位。① 发展中国家大量流入的外资有助于发展中国家引进发达国家的先进技术和管理经验,有助于缓解发展中国家面临的资金匮乏的约束,有助于带动发展中国家的经济发展,扩大就业,提高居民收入水平,增加税收。

2. 经济全球化有利于发展中国家通过外贸拉动经济增长

20世纪"亚洲四小龙"的出口导向战略利用对外贸易拉动了经济增长,完成了工业化,成为推动现代化的成功典范。尽管发达国家是国际贸易的最大受益者,但一些发展中国家尤其是亚洲的发展中国家也受益于国际贸易,其贸易额约占世界贸易总额的20%。中国自改革开放以来,对外贸易以年均15%的速度飞速增长。改革开放初期,中国的对外贸易总额不足40亿美元;2005年,中国对外贸易总额达到14 221亿美元,成为继美国、德

---

① 数据来自2019年国务院《政府工作报告》。

国之后的第三大贸易大国;2018年,中国对外贸易总额高达4.62万亿美元,以人民币计超过30万亿元①,中国已经连续多年为世界第一贸易大国;此外,中国的外贸依存度②由1980年的15%发展到2002年的51%,2004年更是高达70%以上,之后有所回落,2011年外贸依存度为50.1%,在扩大内需、依靠内需拉动经济增长的政策调整以后,2017年外贸依存度降为33.6%。作为国民经济的重要组成部分,对外贸易仍然是促进中国国民经济增长的重要动力之一。

3. 经济全球化促进了发展中国家跨国公司的发展

经济全球化为发展中国家的企业提供了参与国际竞争的机会,为发展中国家培育和发展自己的跨国公司提供了条件。目前发达国家的跨国公司仍然占据绝对优势,在"世界500强"中,美国、日本、法国、德国、英国等9个主要发达国家占据的份额超过了80%,与此同时,发展中国家的进步也很明显,2012年中国共有79家企业上榜,俄罗斯有6家企业,巴西有8家企业,墨西哥有3家企业,印度有8家企业;根据2018年榜单,排名前十的公司为沃尔玛、国家电网、中石化、中石油、壳牌公司、丰田汽车、大众汽车、英国石油公司、埃克森美孚、伯克希尔·哈撒韦。

中国跨国公司的发展尤为迅速,入榜达120家,接近冠军美国的126家。诸如中国华为、京东方这样的跨国公司已经在高科技领域占有一席之地,在国际市场竞争中对发达国家的跨国公司构成了挑战。当然,从总体上说,发展中国家跨国公司由于起步较晚,目前发展水平较低,普遍投资规模较小,生产规模不大,且产品多属于技术含量低的劳动密集型产品。从发展趋势上看,由于经济全球化为发展中国家提供了在更广泛的领域内积极参与国际竞争的机会,发展中国家跨国公司也将积极地活跃在世界经济舞台上。

4. 经济全球化为发展中国家学习和借鉴先进技术提供了条件

经济全球化促进了技术进步,加强了国际技术交流与合作。发达国家在将其产品和资本源源不断地输入发展中国家的同时,也将其先进的技术和管理经验输入发展中国家,这为发展中国家学习和借鉴发达国家的技术和管理经验提供了有利条件。尽管一些发达国家出于自身利益的考虑或者政治原因,对一些发展中国家实行较为严格的技术控制,但这并不能阻碍国际技术交流与合作。改革开放以来,中国通过广泛开展国际技术交流与合作以及自主研发,正在逐渐缩短同先进国家之间的技术差距。韩国科学技术部公布的资料显示,如果将技术最先进的美国的技术水平设为100,韩国的99项核心技术的水平则为65.1,与之具有5.8年的差距;而中国为52.5,与韩国的技术差距仅为2.1年,与美国的核心技术差距为8—10年。

二、经济全球化的消极影响

(一) 经济全球化对发达国家的消极影响

1. 增大金融风险

随着资本市场全球化的真正到来,在世界经济活动中,金融资产流动的规模之大、种

---

① 数据来自2019年国务院《政府工作报告》。
② 外贸依存度衡量一国的经济依赖于对外贸易的程度,其计算公式是一国进出口贸易总额与其GDP之比。

类之多,让之前任何历史时期都相形见绌。巨额资本在全球的自由流动,在抑制各国通货膨胀率、压低全球利率水平的同时,也为房地产与股票市场从繁荣到衰退的周期性波动创造了条件,制造了一个又一个先繁荣后衰退的泡沫,为发达国家的经济稳定埋下了隐患。另外,全球资本市场的力量日益加强,影响力甚至已经超过中央银行。近年来,美联储和欧洲中央银行都发现,它们作出的调高短期利率的决定对长期利率影响甚微,而长期利率会影响绝大多数借贷行为,最终作用于经济活动。但由于发达国家的金融体系相对成熟和完善,又是国际规则的制定者,因此所受到的冲击远小于发展中国家,所获得的利益却远大于发展中国家。

2. 减缓工资增长

在经济全球化背景下,越来越多的劳动力成本较高的发达国家,通过将生产流程转移到劳动力成本较低的发展中国家实现了效益增长。为了提高企业的效益,很多跨国集团通过雇用国外工资水平较低的工人来取代本土工资水平较高的雇员。这个现象也是许多发达国家工人的实际工资在一段时期内没有任何显著增长的一个原因。

虽然经济全球化对发达国家的某些劳动密集型产业和就业产生了不利影响,但这种影响绝非像一些西方学者所讲的那样严重。美国经济学家对美国相关部门的调查表明,来自发展中国家的进口可能仅使制造业对非熟练工人的需求量下降6%。世界银行也认为,工业国劳动力市场的困难只有10%—30%是由与发展中国家的贸易所造成的。即使考虑商品异常的劳动力密集性,国际贸易对工业国劳动者的直接影响也十分有限。进入21世纪以来,全球化已超越原先所谓的可交易商品的范围,深入到迥然不同的商业领域,包括信息流、金融资本和服务业。目前,发达国家担心服务业外包将导致更多工作机会流向国外,发达国家服务业已感受到世界经济竞争加剧和开放程度加深所带来的沉重压力。

3. 扩大贫富差距

经济全球化使发达国家不同产业的收益不同,分配也不均。中小企业、传统产业受到的冲击更多,大型跨国公司则可在全球范围内优化组合配置资源,抗风险和竞争能力较强,由此扩大了一国不同地区发展的不平衡。比如,美国"朝阳产业"集中的西部地区发展较快,传统产业和农业集中的东部地区则相形见绌。这种多层次的不平衡相互重叠交织,直接影响了不同利益集团对全球化的态度,加剧了发达国家社会内部的分化和不同阶层之间的利益冲突。这种冲突在欧美等发达国家和地区酝酿发展,近年来已经成为一股不可忽视的反全球化力量。

(二) 经济全球化对发展中国家的消极影响

1. 经济全球化对发展中国家的金融市场造成冲击

全球迅速发展的生产体系和不断增长的跨国公司资本在为发展中国家经济注入活力的同时,也冲击着发展中国家的市场。全球化的国际金融市场上流动着发达国家的大量资金,如使用和防范不当,会冲击发展中国家的金融市场,甚至导致金融和银行危机。1994—1995年的墨西哥金融危机、1997年的东南亚金融危机,都是在有关发展中国家积极参与经济全球化、开放金融市场的情况下发生的。

2. 经济全球化造成发展中国家环境污染,生态平衡遭到破坏

在经济全球化的过程中,发达国家进行了大量的产业转移,将越来越多的劳动和资源

密集型产业以及污染环境的企业转移至发展中国家。发展中国家在劳动和资源密集型产业得到很大发展的同时,任由发达国家企业排污以及为发达国家提供的各种超国民待遇导致其自然环境受到污染,生态平衡遭到破坏,资源浪费严重。以碳排放为例,近年来的研究发现,在当前全球发达国家消费、发展中国家生产的模式中,发展中国家相当大部分的碳排放都是由发达国家消费引致产生的。① 除此之外,发展中国家实施的"以市场换技术"的策略多半没有取得预想效果,发展中国家大多以发达国家占领本国市场、引进发达国家落后的技术或设备为结果,而真正需要的先进技术却未能引进。

3. 经济全球化使发展中国家经济主权受到冲击

第一,经济全球化的发展要求各国都要在一定程度上让渡和共享经济主权。但实际上,对于不同性质的国家来说,这种让渡和共享却是不对称的。由于发展阶段和经济实力的差距,发展中国家对于资金、技术、管理经验的需求更加迫切,这就为发达国家把一些不合理的要求强加给发展中国家提供了条件,使发展中国家更多地让渡了自己的经济主权。

第二,经济全球化使得世界范围内的市场力量加强,同时,发达国家凭借自身在资本、技术等方面的优势,通过独资、合资等方式实施大规模跨国经营,控制发展中国家企业,甚至控制那些关系到国计民生的重要产业。这在很大程度上冲击了发展中国家的部分国内产业,甚至威胁到发展中国家的国内市场安全,使发展中国家的经济主权相对减弱,严重威胁着发展中国家的经济安全。

第三,专门性国际经济组织也对发展中国家的经济主权形成约束。比如,中国在加入WTO时,不仅要作出服从WTO规划的承诺,而且要对部分发达国家作出更大程度的让步。也就是说,在加入一些专门性的国际经济组织时,发展中国家不仅要牺牲部分经济利益,还要受到国际经济组织和发达国家对发展中国家经济主权的制约。

第三节 经济全球化与全球经济失衡

一、经济全球化与全球经济失衡

美国商务部 2017 年公布的数据显示,2016 年美中贸易逆差②为 3 470 亿美元,约占美国整体贸易逆差的 47%。贸易逆差是指一国出口额小于进口额的情形。在中美贸易中,中国是贸易的顺差方,而美国则是贸易的逆差方。中美之间在国际贸易收支账户上的不平衡是当前全球经济失衡的一个缩影。

所谓全球经济失衡(global imbalance)③,根据 IMF 前总裁罗德里戈·拉托(Rodrigo Rato)在题为"纠正全球经济失衡——避免相互指责"的演讲中的说法,是指一国拥有大量贸易逆差,而与该国贸易逆差相对应的贸易顺差集中在其他一些国家的现象。拉托指出当前全球经济失衡的主要表现是,美国经常账户赤字庞大、债务增长迅速,而日本、中国和

---

① 彭水军、张文城、孙传旺:《中国生产侧和消费侧碳排放量测算及影响因素研究》,《经济研究》2015 年第 1 期,第 168—182 页。

② 贸易逆差也称"入超"或贸易赤字,与此相对的概念是贸易顺差或贸易盈余。

③ 对于全球经济失衡的理解是多角度的,有些研究从全球生产消费不平衡、全球投资储蓄不平衡等角度理解全球经济不平衡。本处采用全球贸易不平衡理解全球经济失衡。

亚洲其他主要新兴市场国家对美国持有大量贸易顺差。

一般来讲,一国在短期内容易出现贸易顺差或者贸易逆差,但是从长期考虑,一国的国际贸易账户不可能长期维持不均衡的状态。但是当前的经济局面背离了这种理想的状态。美国在历史上长期处于贸易逆差状态,并且这种局面丝毫没有改变。而日本、德国以及中国等新兴市场国家则长期处于贸易顺差状态。全球经济失衡不仅给经济理论带来了挑战,而且在当下也是一个棘手的国际经济问题。从某种意义上来讲,2008年金融危机就是全球经济失衡问题的一次集中爆发。近年来,围绕着美国贸易逆差问题,中美多次爆发贸易争端。

二、全球经济失衡的表现

当前全球经济失衡有两个典型的特征:

第一,美国是全球最大的货物贸易逆差国。当前美国的货物贸易逆差最早可以追溯到1971年,从那时起美国的贸易进口就一直大于贸易出口。进入21世纪以来,美国的货物贸易逆差规模持续扩大。2017年,美国的货物贸易逆差为8 694.7亿美元。2018年,美国的货物贸易逆差达到9 461.3亿美元,创自2008年以来的新高(见表3-1)。美国的货物贸易逆差实际上反映了美国国内消费长期大于储蓄的事实,而消费大于储蓄受到美国国内长期以来经济政策的支持。美国在全球扮演了一个总消费者的角色。

表3-1 美国和中国货物贸易差额情况 单位:亿美元

年份	美国货物贸易差额	中国货物贸易差额	年份	美国货物贸易差额	中国货物贸易差额
1994	-1 766.9	54.0	2007	-8 545.8	2 618.3
1995	-1 878.6	166.9	2008	-8 649.4	2 981.3
1996	-1 948.4	122.2	2009	-5 451.8	1 956.9
1997	-2 104.9	404.2	2010	-6 901.6	1 831.0
1998	-2 639.2	434.7	2011	-7 819.4	1 551.0
1999	-3 664.4	292.3	2012	-7 897.5	2 311.0
2000	-4 361.0	241.5	2013	-7 490.0	2 597.3
2001	-4 118.2	225.5	2014	-7 911.0	3 824.6
2002	-5 070.3	304.3	2015	-8 115.8	5 945.0
2003	-5 781.0	254.7	2016	-7 962.6	5 101.0
2004	-7 104.6	320.9	2017	-8 694.7	4 250.0
2005	-8 338.1	1 020.0	2018	-9 461.3	3 517.0
2006	-8 819.7	1 774.8			

资料来源:《中国统计年鉴》(1995—2016)及国家统计局网站;联合国商品贸易统计数据库,https://comtrade.un.org/data/。

第二,日本、中国等国家以及石油出口国是贸易顺差的主要对象国。20世纪90年代以前,日本是主要的贸易顺差国;90年代以后,中国成为贸易顺差国,并且货物贸易顺差额持续增长。除此之外,石油输出国通过石油出口也成为贸易顺差国,并积累了巨额的外汇储备。根据OECD数据库统计数据，2016年世界上贸易顺差最大的国家为德国，达到2 950亿美元；中国贸易顺差为2 580亿美元，位居世界第二；日本排名第三，贸易顺差总额为1 740亿美元；韩国贸易顺差为1 000亿美元，位居第四。2017年贸易顺差最大国仍然为德国，为2 870亿美元，日本贸易顺差为2 030亿美元，排名第二。可以看出，贸易顺差主要集中在德国以及东亚以出口导向型经济为主的国家。

三、经济全球化与全球经济失衡

（一）经济全球化与全球经济失衡的原因

第二次世界大战以后，以美国为首的发达国家为了战后全球经济贸易的恢复和发展建立了《关税与贸易总协定》和国际货币体系，这些体系为战后经济全球化奠定了制度基础。贸易规则的确立开启了战后国际贸易自由化的进程。国际货币体系的确立为国际经济活动提供了稳定的货币兑换机制。正是在这些有利的因素下，经济全球化在技术进步的推动下飞速发展。当前的全球经济失衡也诞生于这样的经济发展环境和制度环境。

一方面，国际贸易失衡反映了上一波经济全球化、世界经济发展模式的一些问题。以美、欧、日为首的发达国家和地区依据自身的比较优势，向处于生产要素成本低的发展中国家尤其是中国大规模转移劳动密集型产业。中国等发展中国家在大规模接受发达国家外商投资和产业转移的同时沦为世界工厂。处于产业价值链高端的美国是世界市场中总的消费者，不断积累巨额的贸易赤字。而以中国为首的发展中国家则扮演世界总的储蓄者这一角色，积累巨额外汇储备，绝大部分用于购买美国国债。①

另一方面，国际货币体系安排为世界经济失衡埋下了种子。当前的国际货币体系基本上来源于战后的布雷顿森林体系。在布雷顿森林体系中，美元与黄金挂钩，各国货币与美元挂钩，在美国经济实力的支撑下，美元由此获得了世界货币的地位。虽然自20世纪70年代以来，布雷顿森林体系已经瓦解，但是美国作为世界最发达国家的地位没有变化，美元仍然拥有国际贸易结算的地位。美元在国际货币体系中的地位，意味着任何国家要想参与国际贸易首先必须拥有美元外汇储备，除此之外，为了稳定本国货币汇率的稳定、维护国家经济稳定，一国通常需要额外持有大量外汇储备。这些因素叠加造成了对美元的需求，而这意味着各国必须保持出口大于进口，贸易顺差才可以带来额外的外汇储备。因此这必然造成美国贸易逆差现象的出现。

（二）全球经济失衡与中美贸易

中美双方在全球经济失衡的发生和解决过程中扮演重要角色。中国是贸易顺差方，美国是贸易逆差方，并且中国在美国的贸易逆差构成中占据重要地位。

改革开放之初，从国际背景来讲，出口导向型经济模式已经被东亚经济体证明是一个非常有效的发展模式，而加工贸易方式集中体现了出口导向型经济模式的精髓。在战后稳定的国际环境下，国际产业转移和国际直接投资成为国际经济活动的主流。在此环境下，中国积极抓住国际分工的历史性机遇，利用自身劳动力数量丰裕和成本低廉的优势，

---

① 宋玉华、叶绮娜：《后危机时代世界经济再平衡及其挑战》，《经济理论与经济管理》2010年第5期，第73—80页。

迅速成为全球劳动密集型产业转移的目的地，成为世界工厂。加工贸易的开展使得许多国家对美国的出口转移为中国对美国的出口。而中国在全球价值链中处于低端位置，在价值链中占有的份额很小，附加值低。因此，从总值角度计算的中国对美国的出口中含有大量来自外国的中间品，可以说从统计角度来看，当前的贸易统计夸大了中国对美国的出口。

正是在这样的背景下，中国成为美国贸易逆差的最大来源国，因此，不难理解美国作为世界上最大的贸易逆差国对中美贸易失衡的关注。特朗普政府多次表达出中美贸易不公平的观点，企图通过多种措施缩减当前中美贸易中美国的贸易逆差，中美贸易摩擦加剧。

从国际上来讲，金融危机以后，发达国家开始主动调整上一轮经济全球化下的负债式经济增长模式，要求再平衡国际储蓄与消费的国际不平衡。就中国而言，当前，我国加工贸易的发展陷入困境。经过多年的发展，我国的人口红利逐渐消退，劳动力成本呈上升趋势，除此之外，粗放式发展带来的环境压力达到生态承受极限，从而导致加工贸易依靠传统的劳动力优势已经不存在。因此，无论是中国还是美国，都有着解决当前贸易不平衡问题的迫切要求。中美之间的贸易不平衡是全球经济不平衡的缩影，中美贸易摩擦的解决也考验中美两国领导人解决全球经济失衡的智慧。

相关案例　　贸易摩擦背后的中美贸易失衡

造成中美双边贸易失衡的原因是非常复杂的，既有美国储蓄率过低、财政赤字过大、国际货币发钞国地位（特里芬难题）等决定美国贸易逆差的基本面原因，也有香港转口、双边海关统计计价差异和全球价值链导致中国对美国的出口包含国际转移价值等夸大双边贸易失衡的原因，更重要的是两国比较优势、产业结构、国际分工和国际竞争力等方面的决定性影响。解决双边贸易失衡，首先要找准导致失衡的主要原因，对症下药，方能取得实效。

美国认为导致双边贸易失衡的主要原因，一是中国政府的"不合理、不公平"政策导致中国企业取得的国际竞争优势，二是中国对本国市场的保护。实际上，2017年中国货物贸易顺差总计为2.87万亿元人民币，占GDP的比例为3.47%，经常项目差额占GDP的比例为2.4%。这说明中国的进出口是比较均衡的，中国的贸易政策与体制并没有过度追求顺差。

美国基于上述判断，对中国采取了一系列贸易投资保护措施：一是希望削弱中国对美国出口的竞争力，减少中国对美国的出口；二是希望借此迫使中国开放市场，扩大美国对中国的出口；三是希望加强对美国知识产权的保护，维护美国企业的技术领先优势。

美国对中国采取贸易保护措施不会给美国"带回工作机会"。中美贸易总体上互补性远高于竞争性，中国对美国的出口产品中相当高比例是劳动密集型产品，对美国出口的所谓"高技术产品"大多也只是在中国完成劳动密集的增值环节，包含大量的国际转移价值。从两国制造业出口部门的劳动生产率分析，2016年美国对中国货物贸易出口增加值的劳动生产率为15.8万美元/人，中国对美国货物贸易出口增加值的劳动生产率仅为1.71万美元/人(根据中国全球价值链课题组《2010—2016年中美贸易增加值核算报告》有关增加值率及就业测算结果计算)。如果中国对美国的出口下降,腾出来的市场空间并不会由美国国内企业占据,更可能被其他发展中国家替代,因此并不会给美国带来劳动密集型的新增就业机会。

美国单边主义的贸易投资保护措施必然会引起中国的反制。尽管中国政府一再表示不愿意与美爆发贸易摩擦,但是当利益遭到不公正待遇时,中国必须坚决反击。一旦中美两个最大的贸易体爆发贸易摩擦,不仅双方的企业、消费者利益会受到损害,全球经济贸易也会被殃及。美国单边主义的做法对多边贸易体系将形成严重挑战,产生深远的恶劣影响。因此,贸易摩擦没有赢家,也不能解决双边贸易失衡问题。

资料来源:《贸易摩擦解决不了中美贸易失衡问题》,《经济日报》2018年3月30日。

本章提要

1. 经济全球化在不断发展的几十年中逐渐形成了其自身的一些表现形式,如贸易全球化、金融全球化和人力资源全球化。经济全球化测量正是基于这样的框架,通过合理量化国际贸易、金融、投资、信息流动以及劳动力市场,构建一个统一的经济全球化指标体系来直观地衡量经济全球化的程度。

2. 经济全球化有助于发达国家扩大贸易规模,加速经济扩张、产业升级、人才引进;经济全球化也有利于发展中国家利用外资、外贸拉动以及技术溢出效应发展经济,促进其跨国公司的发展。

3. 经济全球化也蕴含许多风险,增加了发达国家和发展中国家的金融风险,扩大了发达国家的贫富差距,减缓了发达国家的工资增长,污染了发展中国家的环境,破坏了发展中国家的生态平衡,冲击了发展中国家的经济主权。

4. 全球经济失衡是指这样一种现象:一国拥有大量贸易逆差,而与该国贸易逆差相对应的贸易顺差则集中在其他一些国家。当前全球经济失衡的主要表现是,美国是主要的贸易逆差方,经常账户赤字庞大、债务增长迅速,而日本、中国和亚洲其他主要新兴市场国家对美国持有大量贸易顺差。

5. 一方面,国际贸易失衡反映了上一波经济全球化、世界经济发展模式的一些问题。另一方面,国际货币体系安排为世界经济失衡埋下了种子。中美双方在全球经济失衡的发生和解决过程中扮演重要角色。

本章思考题

1. 试述经济全球化的内涵。
2. 经济全球化的动因有哪些?
3. 如何测量经济全球化?

4. 经济全球化对发达国家产生的影响有哪些?
5. 经济全球化对发展中国家产生的影响有哪些?
6. 全球经济失衡的内涵与根源是什么?

 参考文献

[1] 〔德〕弗兰克.白银资本——重视经济全球化中的东方[M].刘北成,译.北京:中央编译出版社,2008.

[2] 周寂沫.世界三大货币:经济全球化中的货币战略[M].北京:中国经济出版社,2010.

[3] 费利群.经济全球化与我国经济发展战略选择问题研究[M].济南:山东人民出版社,2009.

[4] 韩小威.经济全球化背景下中国产业政策有效性问题研究[M].北京:中国经济出版社,2008.

[5] 杨逢珉,张永安.经济全球化背景下的南北关系[M].上海:上海人民出版社,2011.

[6] 刘淼,等.经济全球化与国际经济[M].广州:暨南大学出版社,2010.

[7] 沈红芳.经济全球化与经济安全:东亚的经验与教训[M].北京:中国经济出版社,2008.

[8] 〔美〕罗伯特·夏皮罗.下一轮全球趋势[M].刘纯毅,译.北京:中信出版社,2009.

[9] 〔美〕史蒂芬·罗奇.未来的亚洲:新全球化时代的机遇与挑战[M].束宇,等,译.北京:中信出版社,2009.

[10] 王中保.经济全球化与我国利益关系的变动[M].上海:复旦大学出版社,2007.

第四章

区域经济一体化

【教学目的和要求】

通过本章的学习,学生应:
1. 掌握区域经济一体化的内涵和类型。
2. 了解区域经济一体化的相关理论。
3. 熟悉区域经济一体化的动因。

【教学重点与难点】

1. 区域经济一体化的动因。
2. 区域经济一体化对世界经济的影响。

引导案例

中国第一个自由贸易区及升级版：中国—东盟自由贸易区

中国—东盟自由贸易区是我国对外商谈的第一个也是最大的自由贸易区。2002年双方签署《全面经济合作框架协议》启动自由贸易区建设，之后陆续签署货物、服务、投资等协议，至2010年全面建成。2015年双方签署的升级《议定书》是我国完成的第一个自由贸易区升级协议，是对原有中国—东盟自由贸易区系列协定的丰富、完善、补充和提升，体现了双方深化和拓展经贸合作的共同愿望。2019年8月22日，所有东盟国家均完成了国内核准程序，10月22日，升级《议定书》对所有协定成员全面生效。

中国—东盟自由贸易区有力地推动了双边经贸关系的长期、稳定、快速发展，成为发展中国家间互利互惠、合作共赢的良好范例。2002年，当中国—东盟自由贸易区刚刚启动时，双边贸易额为548亿美元；到2018年，双边贸易额已高达5 878.7亿美元，16年间增长了近10倍。双向投资从2003年的33.7亿美元增长到2018年的159.2亿美元，增长近4倍。目前，中国是东盟最大的贸易伙伴，东盟是中国第二大贸易伙伴，双方累计双向投资达到2 233亿美元。同时，自由贸易区的建设和实施为区域内人民带来了"看得见、摸得着"的好处和便利。以农产品为例，自由贸易区的优惠政策使东盟国家的山竹、榴梿等热带水果走进了中国老百姓的生活，也让中国的温带水果在东盟各国超市全面铺开。

升级《议定书》的全面生效，将进一步释放自由贸易区实施的红利，让自贸协定的优惠政策真正惠及自由贸易区所有协定成员国的企业和人民，也必将有力地推动双方经贸合作再上新台阶，为双方经济发展提供新的助力，为实现《中国—东盟战略伙伴关系2030年愿景》作出积极贡献。

资料来源：商务部国际司，《中国—东盟自由贸易区升级〈议定书〉全面生效》。

第一节 区域经济一体化理论

一、区域经济一体化的内涵和类型

（一）区域经济一体化的内涵

1. 经济一体化

经济一体化的定义最早是由首届诺贝尔经济学奖获得者、荷兰计量经济学家简·丁伯根（Jan Tinbergen）于1952年在其著作《论经济政策理论》(*On the Theory of Economic Policy*)中提出的。丁伯根认为："经济一体化就是将有关阻碍经济最有效运行的人为因素加以消除，通过相互协调与统一，创造最适宜的国际经济结构。"1954年，丁伯根在其著作《国际经济一体化》(*International Economic Integration*)中更加详尽和系统地解释了世界经济一体化的现象，并将经济一体化区分为消极经济一体化（negative economic integration）和积极经济一体化（positive economic integration）。[①] 其中，消极经济一体化是指消除贸易壁垒（to

---

[①] J. Tinbergen, *International Economic Integration*, Elsevier, Amsterdam, 1954.

remove trade barriers)的各种努力；积极经济一体化可以导致"协调集中的政策制定的新制度(new institutions for coordinated and centralized policy-making)"[1]。

美国经济学家贝拉·巴拉萨(Bela Balassa)在《经济一体化理论》(*The Theory of Economic Integration*)中从行为或手段的角度对经济一体化进行了描述，把经济一体化定义为"既是一个过程，又是一种状态。就过程而言，它包括旨在消除各国经济单位之间差别待遇的种种举措；就状态而言，则表现为各国间各种形式的差别待遇的消失"[2]。

2. 区域经济一体化

区域经济一体化是指地理区域上比较接近的两个或两个以上的国家之间所实行的各种形式的经济联合或组成的区域性经济组织。一般情况下，区域经济一体化需要建立超国家的决策和管理机构，制定共同的政策措施，实施共同的行为准则，规定较为具体的共同目标。它要求参加一体化的国家让渡部分国家主权，由一体化组织共同行使这一部分主权，实行经济的国际干预和调节。

区域经济一体化既可以描述为一种状态，又可以描述为一种过程。作为一种状态，它使此前彼此相互独立的各国经济通过一体化而最终达到相互间的融合；作为一种过程，它是指国家之间经济边界(商品、服务以及生产要素流动的界限)的逐渐消失。

(二) 区域经济一体化的类型

区域经济一体化根据不同的标准，可以划分为不同的类型。

1. 按照一体化程度进行划分

根据商品、生产要素自由流动程度的差别以及各成员国政策协调程度的不同进行的分类，按照自由化程度由低到高分为优惠贸易安排、自由贸易区、关税同盟、共同市场、经济同盟和完全经济一体化等形式，具体如表 4-1 所示。

(1) 优惠贸易安排(preferential trade arrangement, PTA)，是指成员国之间通过协定或其他形式，对全部或部分商品规定特定的关税优惠，也可能包含小部分商品完全免税的情况。它是经济一体化中最低级和最松散的一种形式。其典型代表是东盟优惠贸易协定(1995)。

(2) 自由贸易区(free trade area, FTA)，是一种区域内的自由贸易，是指各成员国之间相互取消关税及进口数量限制，使商品在区域内完全自由流动，但各成员国仍保持各自的关税结构，按照各自的标准对非成员国征收关税。自由贸易区是比较松散的经济一体化形式，自由贸易区用关税措施突出了成员国与非成员国之间的差别待遇，是当今世界区域经济一体化过程中最常见的组织形式，如中国—新加坡自由贸易区、北美自由贸易区等。

(3) 关税同盟(customs union, CU)，是指各成员国之间不仅取消关税和其他壁垒，实现内部的自由贸易，还取消了对外贸易政策的差别，建立起对非成员国的共同关税壁垒。关税同盟的一体化程度高于自由贸易区，除自由贸易区的基本内容，成员国对同盟外的国家建立共同的、统一的关税税率。其典型代表是早期的欧洲经济共同体。

---

[1] Peter A. Cornelisse, Herman K. Van Dijk, J. Tinbergen(1903—1994), Econometric Institute Report EI 2006—2009, p. 6.

[2] B. Balassa, *The Theory of Economic Integration*, London: Allen and Unwin, 1961, p. 10.

（4）共同市场（common market，CM），是指不仅在成员国内完全废除关税与数量限制并建立对成员国的共同关税壁垒，还取消了对生产要素流动的各种限制，允许劳动力、资本等生产要素在成员国之间自由流动，甚至企业主可以享有投资开厂办企业的自由。其典型代表是欧洲共同体。

（5）经济同盟（economic union，EU），是指成员国之间不但商品与生产要素可以完全自由流动，建立对外统一关税，而且制定并执行某些共同经济政策和社会政策，逐步消除各国在政策方面的差异，使一体化程度从商品交换扩展到生产、分配乃至整个国家经济，形成一个庞大的经济实体。其典型代表是欧洲联盟。

（6）完全经济一体化（complete economic integration，CEI），是区域经济一体化的最高级形式，包括经济同盟的全部特点，同时各成员国还统一所有重大的经济政策，如财政政策、货币政策、福利政策、农业政策，以及有关贸易及生产要素流动的政策，并由其他相应的机构（如统一的中央银行）执行共同的对外经济政策。目前还没有此类区域经济一体化组织，欧盟在为此目标而努力。

表 4-1 区域经济一体化的主要类型

	降低区域内产品关税	削减关税和进口数量限制	统一对外关税	生产要素自由流动	经济和社会政策进一步协调	经济和社会政策全面统一
优惠贸易安排	√					
自由贸易区	√	√				
关税同盟	√	√	√			
共同市场	√	√	√	√		
经济同盟	√	√	√	√	√	
完全经济一体化	√	√	√	√	√	√

2. 按照一体化范围进行划分

按照一体化范围可以分为部门一体化和全盘一体化。

（1）部门一体化，是指区域内各成员国的一种或几种产业（或商品）的一体化，如 1952 年建立的欧洲煤钢共同体与 1958 年建立的欧洲原子能共同体。

（2）全盘一体化，是指区域内各成员国的所有经济部门加以一体化，如欧洲经济共同体（欧盟）。

3. 按照参加国的经济发展水平划分

按照参加国的经济发展水平可以分为水平一体化和垂直一体化。

（1）水平一体化，又叫横向一体化，是指由经济发展水平相同或接近的国家组成的经济一体化。从区域经济一体化发展的现实情况来看，现存的一体化大多属于水平一体化，如欧洲经济共同体（欧盟）、中美洲共同市场等。

（2）垂直一体化，又叫纵向一体化，是指由经济发展水平不同的国家所组成的一体化，如北美自由贸易区（由经济发展水平不同的发达国家美国和加拿大，以及发展中国家墨西哥组成),垂直一体化使建立自由贸易区的国家之间在经济上具有更大的互补性。

二、区域经济一体化理论

本章将从经济和政治两个视角对区域经济一体化的相关理论进行梳理,在经济视角下,本章将主要介绍区域经济一体化的贸易效应理论、投资效应理论和经济增长效应理论;在政治视角下,本章将主要介绍新地区主义视角下的非传统收益理论和轮轴—辐条学说。

(一)国际经济视角下的区域经济一体化相关理论

1. 贸易效应理论

经济学家们最早是从贸易创造和贸易转移的角度来分析自由贸易区带来的贸易效应的,美国经济学家雅各布·瓦伊纳(Jacob Viner)率先提出了关税同盟理论,由此拉开了区域经济一体化理论的序幕,此后理论界基本上是以关税同盟理论为蓝本,对区域经济一体化所带来的经济效应进行研究。在此主要介绍关税同盟理论与自由贸易区理论。

(1)关税同盟理论。西方传统理论认为贸易自由化可以实现稀缺资源的有效配置,从而增加全世界的福利水平。建立关税同盟和自由贸易区将有助于减少贸易伙伴国之间的贸易壁垒,实现自由贸易,这就意味着世界福利的净增加,因此他们认为建立关税同盟或自由贸易区能够提高福利水平。美国著名经济学家瓦伊纳对此发表了不同意见。1950年,瓦伊纳首次提出贸易创造与贸易转移的概念,认为区域经济一体化安排能否增加成员国的福利水平是不确定的。贸易创造能够帮助成员国节约经济成本,提高资源配置效率,改善成员国的福利效应,而贸易转移将增加成员国经济成本,降低资源配置效率,从而减少成员国的福利水平,因此,区域经济一体化能否提高成员国福利水平取决于二者的综合效应。瓦伊纳将关税同盟理论从定性分析发展到定量分析,标志着区域经济一体化理论的形成。该理论认为完全形态的关税同盟应具备三个基本条件:第一,成员国之间取消关税壁垒限制;第二,成员国联合起来对区域外非成员国设置统一的关税;第三,税收收入应该由成员国协商分配。因此,关税同盟一方面对内取消了区域内贸易壁垒,实现了成员国之间的贸易自由,另一方面对外设置了贸易壁垒,实行贸易保护,在这种双重作用下,关税同盟将对区域内成员国带来贸易创造与贸易转移效应。①

贸易创造效应是指由于关税同盟之间取消了贸易壁垒,成员国之间的商品能够自由流动,因此同盟中成本较低的商品生产将代替国内成本较高的商品生产,即消费者对国内高成本商品的购买转移到对成员国成本较低的同类商品的购买,原来由本国生产的产品转为从伙伴国进口,从而创造了新的贸易,并且由于资源得到了更加合理的配置,因此成员国之间的福利水平提高了。该效应主要表现为消费效应和生产效应。消费效应(consumption effects)是指消费者由以前购买国内价格较高的商品转为购买成员国价格较低的商品,从而提高了消费者的福利水平;生产效应(production effects)则是指贸易壁垒取消之后,国内减少成本较高的商品生产,而从成本较低的成员国进口,这样本国资源由原来效率低的部门转移到效率高的部门,提高了资源利用效率和生产效率,从而提高了生产者的

---

① J. Viner, *The Customs Union Issue*, New York: Carnegie Endowment for International Peace Press, 1950.

福利水平。

贸易转移效应是指由于关税同盟对外实行统一的关税,这样对区域外成员就设置了进入壁垒,从而导致一部分商品进口由以前生产成本较低的非成员国转为从区域内生产成本较高的成员国进口,即因为同盟国设置了关税壁垒,导致成员国以前与区域外非成员国进行贸易转移为与区域内成员国进行贸易。从生产效应来看,商品进口由以前低成本的非成员国转向成本较高的区域内成员国,这使得进口商成本增加,生产者剩余减少,造成资源浪费;从消费效应来说,消费者由以前对非成员国低成本的产品消费转向对区域内成员国高成本的产品消费,从而导致消费者剩余的减少。因此,由于关税同盟对外实行贸易保护所导致的贸易转移效应,将导致资源浪费和世界福利水平的下降。

所以,综合以上两种效应,瓦伊纳认为贸易创造和贸易转移的综合效应决定了建立关税同盟能否增加世界福利水平,只有当贸易创造效应大于贸易转移效应时,才意味着资源利用效率的提升和世界福利的增长,否则,将导致资源的浪费与世界福利的减少。

(2)自由贸易区理论。自由贸易区理论是以关税同盟理论为基础建立的,但又不同于关税同盟理论。二者的区别主要体现在两个方面:一是自由贸易区成员国在对内取消关税壁垒的基础上,仍保留各自对外设置关税税率的自主权,而不是像关税同盟那样设置统一的关税水平;二是自由贸易区采用原产地规则,只有符合原产地规则的产品才能享受区内的优惠待遇。因此,自由贸易区的经济福利效应与关税同盟存在相似之处,同样会带来贸易创造与贸易转移效应,但是在实际运作中又存在明显的差异。

1984年,英国经济学家彼得·罗布森(Peter Robson)在其撰写的《国际一体化经济学》中分别建立了一国和两国模型,将关税同盟理论应用于自由贸易区,提出了专门的自由贸易区理论,并对自由贸易区的经济福利效应进行分析。

2. 投资效应理论

对自由贸易区投资效应的研究源于20世纪六七十年代学者们关于欧洲经济一体化对跨国公司和直接投资的影响。1966年,美国经济学家查尔斯·金德尔伯格(Charles Kindleberger)运用关税同盟理论贸易创造效应、贸易转移效应的分析框架,对第二次世界大战后区域经济一体化的发展情况,以及在区域经济一体化浪潮中出现的跨国公司进行考察研究,首次提出了投资创造(investment creation)和投资转移(investment diversion)的概念,从而将自由贸易区经济效应的研究范围拓展到投资领域。

金德尔伯格通过对发达国家跨国公司的研究,认为区域经济一体化组织建立之后,会带来贸易流向的变化,进而导致国际直接投资的流量和流向发生改变,具体表现为投资创造效应与投资转移效应。

根据关税同盟理论,区域经济一体化组织建立之后,会产生贸易转移效应,而投资创造便是对贸易转移效应所作出的竞争性反应。区域经济一体化组织建立以后,一方面,由于贸易转移效应,一国将产品由区域外非成员国进口转向从区域内成员国进口,这样就会减少非成员国出口市场份额。为了减少贸易转移效应带来的损失,非成员国将通过投资的方式规避区域经济一体化组织设置的贸易壁垒,维护其原来以出口方式占领的市场份额,从而导致投资的增加,即为投资创造效应。另一方面,市场规模进一步扩大,市场需求也随之增加,区域内外各国为了占领更多的市场份额、追求规模经济效应,将增加对区域内的直接投资,这也表现为投资创造效应。

投资转移效应是由贸易创造引起的,贸易创造意味着市场范围的扩大,生产要素能够更加自由地流动。这将激励跨国公司利用大市场统一的机会和自身优势,进行生产重组,由此引起区域内资源的重新配置与区域内直接投资布局的重新调整,以及区域外非成员国直接投资的增加,这表现为投资转移效应。

具体而言,根据区域内、区域外的资本流动情况,投资创造效应与投资转移效应可细分为以下几个方面:

(1) 区域外对区域内的投资创造,具体表现为两个方面:第一,区域外非成员国为了规避区域经济一体化设置的贸易壁垒,维持在该区域原有的市场份额,采取直接投资的方式代替出口,降低因贸易转移效应而带来的市场损失。第二,区域域经济一体化组织的建立意味着市场容量的扩大,具有潜在的规模经济效应,区域外跨国公司为了进入这个巨大的消费市场,也将加速在该区域内进行投资,建立生产基地,从而导致区域外对区域内投资流量的增加。

(2) 区域内对区域内的投资创造。区域经济一体化组织建立之后,阻碍各成员国之间投资的限制性壁垒得以消除,资本、劳动力、技术等生产要素能够自由流动,从而为各成员国相互之间增加投资提供了便利,带来了投资创造效应。

(3) 区域外对区域内的投资转移,这是从世界范围内来考察的。如果世界其他国家增加对区域经济一体化组织的外国直接投资,那么就意味着该国在世界范围内对其他国家投资的减少,从而产生世界范围内的投资转移效应。

(4) 区域内对区域内的投资转移,即直接投资在区域内国家之间的重新调整。区域经济一体化组织的建立能够提高市场层次,扩大市场规模,各成员国的区位优势格局也将随之发生改变。在这种形势下,区域内的投资格局将发生改变,直接投资将由区位优势较小的成员国流向区位优势较大的成员国,产生投资转移效应。

总的来说,以上是区域经济一体化所产生的四种投资效应,除此之外,区域经济一体化还能通过以下因素带来投资效应:第一,从自由贸易协定条款来看,投资自由化和便利化的条款将有利于增加外国直接投资,因为国民待遇和最惠国待遇等条款为外商提供了良好的投资环境,提高了该区域对外商的吸引力。第二,区域经济一体化所带来的规模经济、技术外溢、促进竞争等动态效应也将影响成员国的市场结构和竞争力,使该区域更具投资潜力,吸引跨国公司在更有效率的市场投资建厂,从而带来外国直接投资流量的增加。

3. 经济增长效应理论

按照经济增长理论,长期经济增长的路径主要表现在两个方面:一是劳动力、资本、土地等生产要素投入对经济增长的拉动;二是技术进步、制度变革等引起的生产要素的提高。

就区域经济一体化组织而言,区域经济一体化主要通过三个方面促进成员国的经济增长:①区域经济一体化组织建成,将有利于促进物质资本的积累,从而对经济增长产生刺激、带动作用;②区域经济一体化组织能产生技术外溢效应,便于各成员国引进、模仿、吸收区域内其他国家的先进技术,从而有利于提高本国技术水平,提高要素使用效率,进而促进经济增长;③区域经济一体化程度的提高以及达成的相关条款有助于改善一国的宏观经济政策质量和投资环境,从制度层面对经济增长产生正向作用。

以上是我们对区域经济一体化相关经济效应理论的回顾与梳理,通过这些传统的区域经济一体化理论,我们对区域经济一体化所带来的贸易、投资、经济增长等经济效应有了更加深入的了解。随着区域经济一体化的不断深入发展,我们发现区域经济一体化并不单单是一种经济行为,区域经济一体化的达成往往需要考量政治、外交、安全等众多因素,而这种现象是不能单纯依靠经济学解释的,因此,我们还需要从国际政治视角综合探究区域经济一体化理论。

(二) 国际政治视角下的区域经济一体化相关理论

传统的区域经济一体化理论主要着重分析自由贸易区对其成员国乃至世界经济的影响,而国际政治视角下的区域经济一体化理论则侧重于解释区域经济一体化的非经济因素,因此进一步了解这些理论有助于理解区域经济一体化产生的动因和发展趋势。

1. 非传统收益理论

随着大量自由贸易区的不断涌现,很多传统的自由贸易区理论已经无法解释其缔结的原因,特别是一些小国在不能获得贸易、投资等传统收益的情况下为何会选择加入自由贸易区。比如芬兰、奥地利和瑞典,在加入欧盟之前由于欧洲经济区的推动作用已经和欧盟开展了有效的自由贸易,而加入欧盟之后反而要对欧盟的预算付出显著的净支付。[①] 除了这些传统的贸易壁垒减让领域,小国对大国的让步还体现在小国的国内政策、政治经济体制以及法律规范等与大国的趋同,这是传统自由贸易区理论无法解释的。

基于对这类问题的思考,学者们重新根据变化趋势,审视自由贸易区,将自由贸易区的收益研究由传统的经济收益领域扩展到非经济收益领域,提出了非传统收益理论。

非传统收益理论认为缔结自由贸易协定可以通过政策的连贯性、发信号、提供保险、讨价还价能力、协调一致机制等方面为缔约方带来非传统收益。

(1) 政策的连贯性。在面临经济受到冲击、经济衰退的情况下,政府常常会出于稳定经济的需要,或者为了满足国内利益集团的诉求,希望改变国内政策的连贯性。但是如果没有改革的环境,或者不存在外部条件的压力和约束,则政府往往很难进行国内改革或者自由化政策调整,从而一定程度上会降低政府的可信度。自由贸易区为政府提供了改变政策的外部约束,因为自由贸易协定明确规定了国内需要进行的改革,以及如果没有遵照条款执行将受到的惩罚,这就为政府进行国内政策改革提供了一个承诺机制保障,弱化了来自国内特殊利益集团的政治压力。除此之外,还有一种情况,如果现任政府不存在时间上不连贯的问题,那么它也可以利用自由贸易协定对未来的政府产生约束,使未来政府的政治能够遵循它的政策方向,保证政策不发生逆转。

针对这一点,也有人会质疑,为什么不借助 WTO 多边贸易体制框架来形成对政府的这种约束力呢?这主要还是源于 WTO 自身的特点。WTO 包含的成员多,类型广,且存在较大的差距性,在 WTO 体制内执行将面临约束力小、执行过程慢、缺乏针对性等特点,而

[①] 白当伟、陈漓高:《区域贸易协定的非传统收益:理论、评述及其在东亚的应用》,《世界经济研究》2003 年第 6 期,第 65—69 页。

在自由贸易区框架内,两国签署的自由贸易区往往更具有针对性,更能满足成员国的利益诉求。

(2) 发信号。这是自由贸易区的另一个非传统收益。它的作用不是约束本国政府,而是向国外发出信号,使外界能够了解本国的政策变化和发展动向。这个信号可能是有关经济发展状况的信号,也可能是本国在贸易方面的立场信号(即坚持自由贸易还是倾向于保护贸易),还可能是关于政府之间关系的信号(是处于友好关系,还是关系比较紧张,抑或是关系急剧恶化)。这个作用可以使有意愿签署自由贸易协定的国家了解伙伴国的经济政策取向,从而对是否签署自由贸易协定进行预期和判断。

(3) 提供保险。这是指自由贸易区能够为成员国提供防范未来或遇到一些事情时的保险,即通过自由贸易协定的签订不仅可以取得更有利的条款,而且可以防止贸易伙伴国实行贸易保护,避免自己遭受世界贸易战的影响等。从这个层面,就能够解释为什么一些规模小的国家,在自由贸易区相关条款处于弱势的情况下,愿意与大国签署自由贸易协定。

比如在美国、加拿大进行自由贸易区谈判时,加拿大的政策目标是希望通过美加自由贸易协定的签订,消除美国针对加拿大出口商品所实施的保障措施,以及消除针对加拿大的反倾销税和反补贴税,而美国则希望通过投资和能源条款保护美国的利益,避免加拿大实行有害于美国的能源和外资审查制度,防止加拿大政策倒退。在现实中这种政策确实发挥了功效,2002年美国对钢铁进口征收附加税,但是由于加拿大和墨西哥与美国之间有北美自由贸易协定的保障,因而两国得以豁免。①

(4) 讨价还价能力。讨价还价能力是指一国在国际上与第三方谈判能力的强弱,如果自由贸易协定能够减少交易成本,那么与单个国家相比,这些国家结合起来就能够形成更大的讨价还价能力,这也会诱使一些国家联合起来达成自由贸易,以提高其在国际上的谈判能力,增加谈判砝码,单个国家也能享受更多的利益。美洲一些自由贸易区就是基于这个原因达成的,比如南方共同市场、安第斯共同体,这些美洲地区小规模的国家通过缔结自由贸易协定,形成较大的利益集团,在国际谈判中能够形成共同的声音,从而增强讨价还价的能力,在谈判中争取更多的利益。

(5) 协调一致机制。由于来自自由化的收益比较分散,而且存在着不确定性,或许需要很长时间才能看到自由化带来的福利,这就给协调一致增加了难度。比如 WTO 有 159 个成员,这些国家或地区申请加入 WTO,在一定程度上就代表它们对贸易自由化的支持,但由于国家或地区间利益存在分歧,尤其是一些相对落后的国家或地区对发达国家或地区支持的自由化政策难以适用,这就给协调一致带来挑战,不能形成一股有效的政治力量。而在自由贸易区框架内,成员国可以更容易地觉察到从自由贸易协定中获得的收益,从而能更容易达成协调一致的效果。

2. 轮轴—辐条学说

随着区域经济一体化进程的加快,很多国家加紧自由贸易区的建设进程,与其他国家

---

① 郑玲丽:《区域贸易协定及其新近发展的多维解析》,《世界贸易组织动态与研究》2007 年第 3 期,第 31—42 页。

签署自由贸易协定,各种不同的自由贸易区成员国相互交叉重叠,逐渐形成自己的自由贸易区网络结构。Ashizawa and Kuniko(2003)针对这种现象进行了相关研究,并认为当一个国家与多个国家达成自由贸易区时,该国在这个自由贸易区网络结构中就像"轮轴",而与之签署自由贸易协定的其他国家由于彼此之间没有缔结自由贸易协定,因此相对于"轮轴"国来说,它们在这个自由贸易区网络中像"辐条"。例如,美国已经与美洲、中东、亚洲的一些国家签署了自由贸易协定,但是这些国家相互之间并不存在自由贸易协定,那么美国就处于"轮轴"国地位,而其他国家就是美国的"辐条"国。轮轴—辐条学说主要有以下观点:

(1)"轮轴"国比"辐条"国享受更多的特殊优惠。在"轮轴—辐条"体系中,与"辐条"国相比,"轮轴"国至少能在贸易和投资两个方面享受更多的优惠待遇。在贸易方面,"轮轴"国的商品可以利用自由贸易协定进入所有"辐条"国的市场,而"辐条"国由于受到自由贸易协定原产地规则的限制,没有相互进入的自由,这就会产生一部分的贸易转移效应。在投资方面,由于"轮轴"国优惠待遇条款更全面,开放程度更高,因而对外资具有更强的吸引力,"辐条"国的资本也会受此吸引而流入"轮轴"国。除此之外,"轮轴"国在规则制定方面也拥有主动权,因为"轮轴"国可以凭借自己在贸易、投资等方面的特殊优惠,利用"辐条"国之间的竞争,使"辐条"国对其妥协。比如在与某一个"辐条"国谈判中,"轮轴"国可以对这个国家施加压力,要求其接受与其他"辐条"国类似的条款。所以,在轮轴—辐条体系中,"轮轴"国与"辐条"国通过自由贸易协定获得的收益是不对等的[①],"轮轴"国所得收益要远远大于"辐条"国。

(2)小国也有可能成为"轮轴"国。一般来说,在国际合作中,小国讨价还价能力弱,处于劣势地位,只有给大国作出很多让步,才能达成自由贸易协定,很难成为"轮轴"国,但是也存在这样一种情况:在小国与大国的谈判中,小国因具有特殊战略意义而成为大国之间争夺的对象,多个大国会竞相与之签署自由贸易协定,此时,从定义上来看,小国就成为大国之间的"轮轴"国。比如,墨西哥与美国、欧盟、日本都签署了自由贸易协定,但是美国、欧盟、日本之间尚未达成自由贸易协定,墨西哥就是这个自由贸易区网络中的"轮轴"国。

因此,处于弱势地位的国家,当各国纷纷与之建成自由贸易区时,其谈判能力也会日益增强,能够在国际谈判中获得更大的优势,一旦成为"轮轴"国,它就拥有更广阔的市场,能够获得更大的收益,在区域经济一体化进程中争取更有利的外部环境。从这个层面来说,发展中国家可以借鉴墨西哥等国家的成功经验,利用轮轴—辐条学说探索最有利的区域经济一体化路径,突破发达国家主导的自由贸易区网络。

(3)轮轴—辐条体系具有自我强化的功能。轮轴—辐条体系的自我强化功能主要体现在两个方面:

第一,由于轮轴—辐条体系中"轮轴"国能够获得更大的收益,鉴于这种利益不对称性,各国为了争取"轮轴"国的地位,会争相签署自由贸易协定,从而使得自由贸易区的数量和规模不断壮大。此外,"辐条"国为了改变自己在轮轴—辐条体系中的弱势地位,也会

---

① 孙玉红:《全球 FTA 网络化发展研究》,东北财经大学博士学位论文,2007年。

争取发展其他国家成为自己的"辐条"国,从而建立以自己为"轮轴"的新体系。在"轮轴"国利益的驱动下,就带来一个良性循环,使得轮轴—辐条体系能够自我强化。

第二,"轮轴"国的市场容量是有限的,面向所有"辐条"国开放,会导致"辐条"国在"轮轴"国市场形成竞争局面。每加入一个新的"辐条"国就意味着原有"辐条"国市场份额的减少,先加入的"辐条"国的收益大于后加入的"辐条"国。因此,轮轴—辐条体系外的国家在"轮轴"国市场处于更加不利的地位,为了能够抢占先机,它们会急于加入该体系充当新的"辐条",这样就使得轮轴—辐条体系得到自我强化。

但是,新"辐条"国的加入会导致利益重新分配。随着"辐条"国数量的不断增加,轮轴—辐条体系利益分配的不均衡性将加剧。

综合以上观点,与传统的贸易创造、贸易转移引起的利益分配相比,轮轴—辐条体系的利益分配呈现更加复杂、不均衡的状态。"轮轴"国在市场、吸引外资、主导规则等诸多方面能够获得特殊优惠,而"辐条"国以及轮轴—辐条体系外的国家为了减少福利损失所采取的行动会使得轮轴—辐条体系不断扩大,这就为各国竞相建立自由贸易区提供了新的理论解释。

第二节 区域经济一体化的动因

一、区域经济一体化与经济全球化的关系

世界经济一体化或经济全球化是指在整个世界形成统一的经济规则,民族国家的经济主权将完全让渡给全球性经济组织;而区域经济一体化是指部分国家的经济合作组织或一体化组织,从动态上说,它是世界经济走向一体化的过渡形式和步骤。

对于经济全球化与区域经济一体化的关系,主要有两种观点:障碍说与阶段说[①]。

(一) 障碍说

障碍说主要认为区域经济一体化是经济全球化的"绊脚石",是经济全球化发展的障碍,而非推动力量。这种观点认为,从本质上来看,区域化是区域主义的表现,全球化是多边主义的表现;区域化同意或默认"歧视原则",全球化则遵循"非歧视原则";区域化和全球化的过程与结果都是相冲突的。"区域化的核心在于强化区域利益,提高区域内各国的全面合作与协调,通过建立区域性对外经贸合作的壁垒,增强与区域外国家或其他组织的谈判与对抗能力。因此,不管是从区域化的动机和内部协调机制分析,还是从区域化对全球化的影响程度分析,区域化对全球化的发展都不具有多数人所想象的促进作用,其结果将是数量更多的、规模更大的、更加难以协调和处理的冲突"[②],并且这种冲突是客观存在的。经济全球化通常以多边合作机制为基础,以统一的世界市场和国际经济规则为标志,促进的是全球生产要素和商品服务的自由流动;区域经济合作则以双边或多边合作机制为基础,以区域内的市场统一和规则统一为标志,促进的是区域内生产要素和商品服务的

---

① 魏浩主编:《世界经济概论》,机械工业出版社 2014 年版,第 189—190 页。
② 薛誉华:《区域化:全球化的阻力》,《世界经济》2003 年第 2 期,第 51—55 页。

自由流动。①

（二）阶段说

阶段说主要认为区域经济一体化是经济全球化的"垫脚石"，因此经济区域化并不是贸易和生产全球化的障碍，而是推动力。这种观点认为，尽管区域一体化和经济全球化在覆盖范围、发动动因、遵循原则、合作方式等方面不尽一致，但其目标和方向却是一致的，两者在本质上都是指生产要素、商品和服务交易跨越国界的流动与配置，最终都将推动世界经济的发展和各个地区经济之间的相互融合。区域经济一体化是经济全球化进程中的一个阶段、一个过程；就其作用来看，区域经济一体化是经济全球化的必要补充，而不是一种威胁。反过来，经济全球化的蓬勃发展，也为区域经济一体化的不断深化创造了外部环境、制度基础和发展方向。简言之，"区域经济一体化与经济全球化相辅相成，可以实现两种潮流互动，共同发展"②。

以上两种观点都是从不同侧面对区域经济一体化和经济全球化之间关系进行的分析，都有其合理性。但将两者完全对立起来，也有失偏颇。在探讨两者关系时，应遵循以下原则：

（1）差异性原则。经济全球化和区域经济一体化在发展动因、合作方式、经济影响等方面的差异是客观存在的。一些封闭型区域经济集团所实行的内外有别的贸易政策，与多边贸易体制所倡导的非歧视原则是相背离的。

（2）可协调性原则。尽管全球化和区域化之间存在差异，但这一差异并不占主导地位，它们之间的矛盾是可以协调的，其发展方向具有一致性。GATT和WTO都设有专门机构对区域贸易协定进行规范、监督和评估，以确保在促进区域内贸易流动的同时不得提高对外部世界的壁垒。同时，近年来出现的开放式区域贸易协定，已经从机制上解决上述问题。

（3）阶段性原则。要承认区域经济一体化对经济全球化的促进、补充作用。区域经济一体化是在特定阶段，在多边经济合作机制不能满足部分经济体对经济自由化的要求时的一种次优选择。某些区域经济一体化组织的市场开放程度已经超过了WTO，起到了一定的带动和示范作用。

二、区域经济一体化发展的动因

区域经济一体化的形成和发展不是一蹴而就的，在经济全球化的背景下，区域经济一体化的形成有其深刻的经济原因、社会原因和政治原因。

（一）多边贸易体制面临的新挑战是区域经济一体化发展的诱因

随着经济全球化的发展和WTO成员的增加，WTO体制在进一步推进多边合作上遇到一些障碍。例如，WTO协调及谈判范围已从过去的关税减让、市场开放准入等逐渐转向各种非关税措施，如各种技术标准、环境要求等。由于受各成员经济发展水平和发展阶段的差异及不同利益诉求的制约，WTO成员难以就某项议题达成广泛共识，迫使许多成员另辟

---

① 李向阳：《全球化时代的区域经济合作》，《世界经济》2002年第5期，第3—9页。
② 赵京霞：《东亚区域合作：经济全球化加速发展的结果》，《国际贸易问题》2002年第12期，第25—29页。

蹊径,通过涉及成员少、见效快的区域经济一体化来寻求新的发展空间,增强本成员的国际竞争力。加之,地理区域内成员间经济政治文化联系较为紧密,经济发展水平较为相似,价值观和宗教信仰比较相近,易于形成较为合理的经济协作体系,贸易自由化的地理范围较小并易于推进,使区域经济一体化呈现快速发展的势头。WTO西雅图会议失败促使各成员更倾向于通过区域贸易协定来推进贸易自由化进程。WTO第五届部长级会议在坎昆的无果而终对签署区域贸易安排(RTA)更是起到推波助澜的作用。由于多边途径失败,出于各自利益或战略目标的考虑,许多成员纷纷表示将努力通过双边或多边方式来达到在坎昆没有达到的目标。在亚太地区,对亚太经济合作组织的失望情绪是亚太地区次一级RTA加速发展的重要原因。正如WTO原总干事穆尔所说:"自从1993年GATT多边贸易'乌拉圭'谈判结束后,至今未重新启动全球范围内卓有成效的多边贸易谈判,因此现在出现了很多国家热衷于双边自由贸易协定或区域自由贸易的倾向。"

(二)利益追求是区域经济一体化发展的直接驱动力

追求的利益既有经济利益,也包括安全在内的政治利益。对这些利益的追求和合作愿望是否强烈,是区域经济一体化得以启动和不断深化的动力。

就经济利益的追求来说,所有成员都希望通过合作为本国本地区带来经济利益的最大化,由于区域内各成员经济结构和经济发展水平不同,加上所带来的利益结构也不尽相同,因此对合作的期望值也不一样。一般来说,发达国家希望通过合作实现一体化后,给本国带来发展中国家广阔的劳动力和产品消费市场;发展中国家希望通过参与区域经济一体化,从发达国家获得本国经济发展所需要的技术、资金和先进的管理经验。

就政治利益的追求来说,安全保障可以说是第一要务。无论是欧洲经济一体化启动、东盟国家的合作,还是北美自由贸易区的建立,都把安全利益放在首要位置。安全包括主权安全、经济安全、文化安全等。第二次世界大战后,重新获得安全保障、经济繁荣和政治稳定成为欧洲各国的最重要目标,其中的安全保障就被当作第一要务。东盟的成立不是为了获得经济利益,而是为了减少或消除来自内外部环境的安全威胁。因此,东盟成立初期乃至相当一段时间里,其性质实际上是一个国际性的区域政治合作组织,只是20世纪90年代以来随着世界经济一体化迅猛发展的趋势,东盟各国才意识到加强区域经济合作的重要性并开始规划逐步走向一体化组织的进程。墨西哥加入北美自由贸易区其实也是为了本国的安全利益。所以,包括安全利益在内的政治利益的追求也是实现区域经济一体化的动力之一。

(三)政府主导是区域经济一体化发展的保障

强烈的合作愿望是一体化得以启动和不断深化的动力。而强烈的合作愿望可以来自对合作收益的强烈预期,也可以来自内外部环境的挤压。在现有的区域经济一体化相关理论中,强烈的合作收益预期是一个暗含的前提条件,而这又是以社会多元化的发展为假定的。这就需要政府起主导作用,推动国家间的合作向纵深方向发展。所谓政府主导,是指在区域经济一体化进程中,不能单靠市场需求去推动,因为如果单靠市场发挥作用,只能使经济合作和一体化进程缓慢,甚至合作得不到保障,所以政府应该在其中发挥主导作用。欧洲经济一体化和北美自由贸易区的建立,就充分说明了政府主导的重要性。

（四）制度保障是区域经济一体化运行的前提

制度保障是指制度建设和运行机制，这是实现区域经济一体化的重要保障。这可以从欧洲经济一体化的实现和北美自由贸易区的建立以及东盟合作中得到进一步的启示。如果没有一套各国公认的共同遵守的一体化制度作保障，没有能保持这一超国家组织正常运转的机制，一体化是不可能一蹴而就的。此外，相同或相近的历史文化背景，对一体化的实现也具有促进作用。

第三节　主要的区域经济一体化组织

一、欧洲经济一体化

（一）欧盟

1. 欧盟的发展历程

欧盟（The European Union）的前身是欧洲共同体（简称"欧共体"）。1951年4月18日，法国、联邦德国、意大利、荷兰、比利时和卢森堡六国在法国首都巴黎签署《关于建立欧洲煤钢共同体的条约》（又称《巴黎条约》），1952年7月25日，欧洲煤钢共同体正式成立。1957年3月25日，法国、联邦德国、意大利、荷兰、比利时和卢森堡六国在意大利首都罗马签署旨在建立欧洲经济共同体和欧洲原子能共同体的条约（又称《罗马条约》）。1958年1月1日，欧洲经济共同体和欧洲原子能共同体正式组建。1965年4月8日，法国、联邦德国、意大利、荷兰、比利时和卢森堡六国在比利时首都布鲁塞尔又签署《布鲁塞尔条约》，决定将欧洲煤钢共同体、欧洲经济共同体和欧洲原子能共同体合并，统称"欧洲共同体"。1967年7月1日，法国、联邦德国、意大利、荷兰、比利时和卢森堡六国签署《布鲁塞尔条约》的生效，标志着欧共体正式诞生。1973年，英国、丹麦和爱尔兰加入欧共体。1981年，希腊加入欧共体，成为欧共体第十个成员国。1986年，葡萄牙和西班牙加入欧共体，欧共体成员国增至12个。1993年11月1日，根据内外发展的需要，欧共体正式更名为欧洲联盟（简称"欧盟"）。1995年，奥地利、瑞典和芬兰加入欧盟。2002年11月18日，欧盟15国外长在布鲁塞尔举行会议，决定邀请马耳他、塞浦路斯、波兰、匈牙利、捷克、斯洛伐克、斯洛文尼亚、爱沙尼亚、拉脱维亚、立陶宛等十个国家加入欧盟。2003年4月16日，在希腊首都雅典举行的欧盟首脑会议上，上述十国正式签署加入欧盟协议。2004年5月1日，十个新成员国正式加入欧盟。2007年1月1日，罗马尼亚、保加利亚加入欧盟。2007年10月18日，欧盟27个成员国的首脑在葡萄牙首都里斯本就《里斯本条约》的文本内容达成共识。2013年，克罗地亚加入欧盟，成为其第28个成员国。

2. 欧盟取得的成就

（1）实现关税同盟和共同外贸政策。1967年起欧共体对外实行统一的关税率，1968年7月1日起成员国之间取消商品的关税和限额，建立关税同盟（西班牙、葡萄牙1986年加入后，与其他成员国间的关税需经过10年的过渡期后才能完全取消）。1973年，欧共体实现了统一的外贸政策。《欧洲联盟条约》即《马斯特里赫特条约》（简称"马约"）生效后，为进一步确立欧盟单一市场的共同贸易制度，欧盟各国外长于1994年2月8日一致同意取消此前由各国实行的 6 400 多种进口配额,而代之以一些旨在保护低科技产业的措施。

(2) 实行共同的农业政策。1962 年 7 月 1 日,欧洲经济共同体开始实行共同农业政策。1968 年 8 月,欧共体开始实行农产品统一价格;1969 年,欧共体取消农产品内部关税;1971 年,欧共体对农产品贸易实施货币补贴制度。

(3) 建立政治合作制度。1970 年 10 月建立、1986 年签署、1987 年生效的《欧洲单一文件》,把在外交领域进行政治合作正式列入欧共体条约。为此,部长理事会设立了政治合作秘书处,定期召开成员国外交部长参加的政治合作会议,讨论并决定欧共体对各种国际事务的立场。1993 年 11 月 1 日马约生效后,政治合作制度被纳入欧洲政治联盟活动范围。

(4) 基本建成内部统一大市场。1985 年 6 月,欧共体首脑会议批准了建设内部统一大市场的白皮书;1986 年 2 月,各成员国正式签署为建成大市场而对《罗马条约》进行修改的《欧洲单一文件》。统一大市场的目标是逐步取消各种非关税壁垒,包括有形障碍(海关关卡、过境手续、卫生检疫标准等)、技术障碍(法规、技术标准)和财政障碍(税别、税率差别),于 1993 年 1 月 1 日起实现商品、人员、资本和劳务的自由流通。为此,欧共体委员会于 1990 年 4 月前提出了实现上述目标的 282 项指令。截至 1993 年 12 月 10 日,264 项理事会已经批准,尚有 18 项待批。在必须转化为 12 国国内法方可在整个联盟生效的 219 项法律中,已有 115 项被 12 国纳入国内法。需转化为成员国国内法的法律,平均已完成 87%。1993 年 1 月 1 日,欧共体宣布其统一大市场基本建成,并正式投入运行。

(5) 建立政治联盟。1990 年 4 月,法国总统密特朗和联邦德国总理科尔联合倡议于当年年底召开关于政治联盟问题的政府间会议。同年 10 月,欧共体罗马特别首脑会议进一步明确了政治联盟的基本方向。同年 12 月,欧共体有关建立政治联盟问题的政府间会议开始举行。经过 1 年的谈判,12 国在 1991 年 12 月召开的马斯特里赫特首脑会议上通过了政治联盟条约。其主要内容是 12 国将实行共同的外交和安全政策,并将最终实行共同的防务政策。

此外,还实行了共同的渔业政策、建立欧洲货币体系、建设经济货币联盟等措施。

(二) 欧洲自由贸易联盟

20 世纪 50 年代,西欧正致力于建立更快、更完善的经济统一体。有些欧洲国家还制定了计划,希望成立欧洲经济合作组织(OEEC)之外的政府间机构。它们建议国家间展开更紧密的经济合作,创建强大的中央机构,共同实现这一目标。欧洲煤钢共同体成立时,曾经希望英国加入组织。可是,英国自恃有英联邦国家及美国的贸易支持,加上认为会失去主权及控制国内经济的权利,最后拒绝加入。英国与葡萄牙、瑞士、奥地利、丹麦、瑞典及挪威共同成立欧洲自由贸易联盟,希望可以得到和欧共体一样的成果,可是却未如人意。

欧洲自由贸易联盟(European Free Trade Association, EFTA)又称"小自由贸易区"。1960 年 1 月 4 日,奥地利、丹麦、挪威、葡萄牙、瑞典、瑞士和英国在斯德哥尔摩签订《建立欧洲自由贸易联盟公约》,即《斯德哥尔摩公约》。该公约经各国议会批准后于同年 5 月 3 日生效,欧洲自由贸易联盟正式成立,简称欧贸联。欧贸联现有成员国共 4 个,即冰岛、挪威、瑞士和列支敦士登。1960年3月,列支敦士登成为准成员,1991年5月正式加入。1961年6月,芬兰成为准成员国,1986年1月正式加入。1970年3月,冰岛加入。1973年1月,英国、丹麦退出。1985年12月31日,葡萄牙退出。1994年12月31日,奥地利、瑞典、芬兰退出后加入欧盟。欧贸联总部设在日内瓦,其宗旨是在联盟区域内实现成员国之间工业品的自由贸易和扩大农产品贸易;保证成员国之间的贸易在公平竞争的条件下进行;发展和扩大世界贸易并逐步取消贸易壁垒。欧贸联的主要任务是逐步取消成员国内部工业品的关税和其他贸易壁垒,以实现"自由贸易";对其他国家的工业品仍各保持不同的关税率;扩大农产品贸易;不谋求任何形式的欧洲政治一体化。

欧贸联主要由理事会、常设委员会以及秘书处组成。理事会是最高权力机构,由各成员国部长或常驻代表组成,每年开会2次,主席由成员国部长轮流担任,任期半年。有关承担新义务的决定须由全体一致通过,其他问题以多数通过。常设委员会下设原产地和关税专家、贸易专家、预算、经济、贸易技术壁垒、咨询等委员会。咨询委员会由各国指定的雇主、工会代表和个人组成,在每次理事会前举行会议。秘书处负责处理日常事务,设秘书长、副秘书长各1人。此外,还在布鲁塞尔设置了监督局,1993年1月成立,1994年1月1日正式工作,负责监督欧贸联成员国遵守欧洲经济区协议,欧贸联成员国企业遵守欧洲经济区竞争原则;1994年1月24日,各成员国签署了建立法院的协议,设在日内瓦,由5名法官组成,其职责和权限与欧洲法院相似。

(三) 欧洲经济区

1990年10月,欧共体12国与欧贸联7国签署了建立欧洲经济区(EEA)协议,计划于1993年在上述19国内实现货物、人员、资金和劳务的四大自由流动。但瑞士在1992年年度公决中否决了该协议。针对瑞士退出欧洲经济区协议的新形势,1993年3月,欧盟又和欧贸联中除瑞士的6国签署了议定书,保证欧洲经济区于1994年年初生效。1994年1月1日,除瑞士、列支敦士登的欧贸联5国与欧盟12国组成的欧洲经济区如期建成。欧洲经济区建立了一整套体制机构,包括理事会、联合委员会、联合议会委员会和协商委员会。它向欧贸联5国提供欧盟统一市场的四大(商品、人员、劳务和资本)流通便利,同时欧贸联5国也将接受欧盟除农业和政治条例外的大约70%的条例。

应该指出,由欧共体(欧盟)和欧贸联两大组织组成的欧洲经济区,其一体化程度大大低于欧盟。区域内既没有共同的外贸政策,也不要求实行共同的农业政策和货币政策。因此,欧洲经济区的本质是自由贸易区。也正因为如此,欧共体为了不因加入欧洲经济区而降低自己的一体化水平和延迟自己的一体化进程,在有关欧洲经济区建设的谈判中坚持以下原则:①坚持把欧共体深入摆在首位,先深入巩固后再扩大;②坚持欧共体决策自主权不能让步的原则,参加欧共体的国家只能接受欧共体目前的所有标准和准则;③周边国家在参与一体化的形式上可以灵活多样,根据不同国家的不同情况采取不同的一体化形式。正是基于这些原则,1991年12月以来,欧共体同波兰、捷克、匈牙利、保加利亚、罗马尼亚、土耳其、塞浦路斯、马耳他等国签署了《联系国协定》。其主要内容包括以下几个方面:①逐步实现商品流动的自由化;②欧共体给联系国提供财政援助;③安排经常性对话,按欧共体现行法律调整联系国法律;④在交通和技术规范化等领域建立机构方面的合作;⑤进行文化合作与信息交流。1995年2月1日,欧盟与捷克、斯洛伐克、罗马尼亚、保加利亚4国签订的《欧洲协定》正式生效。根据该协定,双方将在协定生效后5—10年内,逐步相互取消关税及其他贸易壁垒,同时在一定限度内实现人员及资本的自由流动。该协定将使中东欧国家完全融入欧洲一体化进程,为它们日后正式加入欧盟创造条件。

欧盟委员会2003年6月10日发表公报宣布,欧洲经济区已经完成了与即将加入欧盟的10个国家的谈判,这些国家将在加入欧盟的同时,成为欧洲经济区的正式成员。欧洲经济区由于新加入的成员国在经济上远远落后于前述国家,按照欧洲经济区的有关协议,挪威等3个非欧盟国家因享受了区域内市场一体化带来的好处而有义务对区域内落后地区提供财政支持,以促进这些地区的经济发展。根据这次谈判达成的协议,挪威等3个非欧盟国家将在今后5年内向欧洲经济区的财政机制注入6亿欧元的资金,以减轻10个欧盟新成员国(如葡萄牙、西班牙和希腊等国)的"社会和经济发展不平衡"状况。此外,挪威还将在今后5年内以双边财政协议的方式,向欧盟10个新成员国提供5.67亿欧元的财政支持。至此,一个横跨南北欧和西中东欧的大欧洲自由贸易区宣告成立。

相关案例   欧盟离心趋势?——英国公投脱欧

英国对欧盟的猜忌和不信任一直存在,英国保守党内部也有欧洲怀疑派。不仅如此,他们还认为欧盟内部的政策对于欧盟有负面作用,未来一些政策趋势也可能损害到英国的利益。欧债危机的蔓延,不仅使英国的疑欧之心快速发酵,也加快了其脱欧脚步。

2013年1月23日,英国首相戴维·卡梅伦(David Cameron)首次提及脱欧公投。2015年1月4日,卡梅伦表示,如果有可能,将原计划于2017年进行公投提前举行。2015年5月28日,英国政府向议会下院提交并公布了有关"脱欧公投"的议案,包括公投问题的语句,并承诺将在2017年年底之前举行投票。2017年3月16日,英国女王伊丽莎白二世批准"脱欧"法案,授权英国首相特雷莎·梅(Theresa May)正式启动脱欧程序。

2018年3月19日,欧盟与英国就2019年3月英国脱离欧盟后为期两年的过渡期条款达成广泛协议。2018年6月20日表决通过了政府提出的《退出欧盟法案》,确立2019年3月29日正式退出欧盟后的法律框架。2018年6月26日,批准英国首相特蕾莎·梅的脱欧法案,正式允许英国脱离欧盟。2018年7月12日,英国已经发布脱欧白皮书。2018年11月25日,欧盟除英国的27国领导人一致通过了英国"脱欧"协议草案。2018年12月10日,欧洲法院裁定英国可单方面撤销"脱欧"决定。2019年3月12日,英国议会下院就英国政府与欧盟协商修改后的"脱欧"协议进行投票表决,再次否决了"脱欧"协议。2019年3月14日,英国议会下院投票决定支持英国推迟"脱欧","脱欧"拉锯战持续。

资料来源:根据英国脱欧相关报道和新闻整理。

二、美洲经济一体化

(一) 北美自由贸易区

1. 北美自由贸易区的发展历程

1985年3月,加拿大总理马丁·马尔罗尼(Martin Mulrone)在与美国总统罗纳德·里根(Ronald Reagan)会晤时,首次正式提出美、加两国加强经济合作、实行自由贸易的主张。由于两国经济发展水平及文化、生活习俗相近,交通运输便利,经济上的互相依赖程度很高,因此两国自1986年5月开始经过一年多的协商与谈判于1987年10月达成了协议,次年1月2日正式签署了《美加自由贸易协定》。经美国国会和加拿大联邦议会批准,该协定于1989年1月生效。

《美加自由贸易协定》规定在10年内逐步取消商品进口(包括农产品)关税和非关税壁垒,取消对服务业的关税限制和汽车进出口的管制,开展公平、自由的能源贸易。在投资方面,两国将提供国民待遇,并建立一套共同监督的有效程序和解决相互间贸易纠纷的机制。另外,为防止转口逃税,还确定了原产地原则。美、加自由贸易区是一种类似于共同市场的区域经济一体化组织,标志着北美自由贸易区的萌芽。

由于区域经济一体化的蓬勃发展和《美加自由贸易协定》的签署,墨西哥开始把与美国开展自由贸易的问题列上了议事日程。两国领导人于1986年8月提出了双边的框架协定计划,并于1987年11月签订了一项有关磋商两国间贸易和投资的框架原则和程序的协议。在此基础上,两国经过多次谈判,于1990年7月正式达成了《美墨贸易与投资协定》(也称"谅解"协议)。同年9月,加拿大宣布将参与谈判,三国于1991年6月12日在加拿大的多伦多举行首轮谈判,经过14个月的磋商,最终于1992年8月12日达成了《北美自由贸易协定》。该协定于1994年1月1日正式生效,北美自由贸易区宣告成立。

2.《北美自由贸易协定》的主要内容

《北美自由贸易协定》的宗旨是减少贸易壁垒,促进商品和劳务在缔约国间的流通;改善自由贸易区内公平竞争的环境;增加各成员国境内的投资机会;在各成员国境内有效保护知识产权;创造有效程序以确保协定的履行和争端的解决;建立机制,扩展和加强协定利益。

《北美自由贸易协定》的总则规定除了墨西哥的石油业、加拿大的文化产业以及美国的航空与无线电通信,取消绝大多数产业部门的投资限制。对白领工人的流动将予放宽,但移民仍将受到限制。任一成员国在6个月前通知其他成员国后,即可脱离该协定;协定还允许接纳附加成员国。总则还规定各成员国的政府采购将在10年内实现全面开放,由于墨西哥为本国的公司保留了一些合同,因此,该协定将对墨西哥产生主要影响。此外,协定还规定由执行协定而产生的争执,将交付由独立仲裁员组成的专门小组解决;如果大量进口损害一国国内的工业,将允许该国重新征收一定的关税。在产业方面,该协定规定,美国和墨西哥之间的大部分农产品关税将立即取消,其余6%的产品(包括玉米、糖、某些水果和蔬菜)的关税将在15年后全部取消,进口配额在10年内消除。对于加拿大,现有的与美国签订的协议全部适用,汽车工业10年后将取消关税,美国和加拿大在1998年之前取消相互间的全部关税。在能源方面,墨西哥对私营部门进行勘探的限制继续有效,但国营石油公司的采购将向美国与加拿大开放。在金融服务方面,墨西哥将逐步对美国与加拿大投资开放其金融部门,最终到2007年取消壁垒。关于纺织品,协定将用10年时间取消美、墨、加之间的关税,在北美地区纺织品制成的服装可免于征税。到2000年,北美地区的卡车可行驶到三个国家中的任何地区。该协定还对环境、劳工等问题制定了附加协定。根据协定,美国与墨西哥将建立一个北美开发银行,以帮助美国边境的财务税收获利。同时,美国将需要在协定生效后最初的18个月中花费9 000万美元重新培训因协议而失业的工人。

3. 北美自由贸易区的特点

北美自由贸易区是典型的南北双方为共同发展与繁荣而组建的区域经济一体化组织,南北合作和大国主导是其最显著的特征。

(1) 南北合作。北美自由贸易区既有经济实力强大的发达国家(如美国),也有经济发展水平较低的发展中国家(如墨西哥),区域内成员国的综合国力和市场成熟程度差距很大,经济上的互补性较强。各成员国在发挥各自比较优势的同时,通过自由贸易和投资,推动区域内产业结构的调整,促进区域内发展中国家的经济发展,从而减少与发达国家的差距。

(2) 大国主导。北美自由贸易区是以美国为主导的自由贸易区,美国的经济运行在区域内占据主导和支配地位。由于美国在世界上经济发展水平最高,综合实力最强;加拿大虽是发达国家,但其国民生产总值仅为美国的7.9%(1996年数据),经济实力远不如美国;墨西哥是发展中国家,对美国经济的依赖性很强,因此,北美自由贸易区的运行方向与进程在很大程度上体现了美国的意愿。

(3) 减免关税的不同步性。由于墨西哥与美国、加拿大的经济发展水平差距较大,而且在经济体制、经济结构和国家竞争力等方面存在较大的差别,因此,自《美加自由贸易协定》生效以来,美国对墨西哥的产品进口关税平均下降84%,而墨西哥对美国的产品进口关税只下降43%;墨西哥在肉、奶制品、玉米等竞争力较弱的产品方面,有较长的过渡期。同时,一些缺乏竞争力的产业部门有10—15年的缓冲期。

(4) 战略的过渡性。美国积极倡导建立的北美自由贸易区,实际上只是美国战略构想的一个前奏,其最终目的是在整个美洲建立自由贸易区。美国试图通过北美自由贸易区来主导整个美洲,一来为美国提供巨大的潜在市场,促进其经济的持续增长;二来为美国扩大其在亚太地区的势力,与欧洲争夺世界的主导权。1990年6月27日,美国总统布什在国会提出了开创"美洲事业倡议",随后美国于1994年9月正式提出"美洲自由贸易区"计划,同年12月,在美国迈阿密举行了由北美、南美和加勒比海所有国家(古巴除外)共34个国家参加的"美洲首脑会议",会议决定于2005年建成美洲自由贸易区。

北美自由贸易区成立之初就拥有3.6亿消费者,其国民生产总值总计超过6万亿美元。可以说,北美自由贸易区是一个雄心勃勃的计划,它力图以自由贸易为理论基础,以自由贸易区的形式来实现贸易、投资等方面的全面自由化,进而带动整个北美地区的经济贸易发展。当时,许多国际经贸界人士视之为有史以来规模最大、措施最大胆的自由贸易区。尤其是对于墨西哥这样的发展中国家来说,加入这一协定包含了各方面的机遇和风险,对其国内政治、经济、社会等方面的影响非常深远。对区域内经济贸易发展有积极影响,对美国而言,积极的影响是:第一,不仅工业制造业企业将受益,高科技的各工业部门也将增加对加拿大、墨西哥的出口,美国同墨西哥的贸易顺差将会因此而增加;第二,美国西部投资将扩大;第三,由于生产和贸易结构的调整,大量劳动力将会投入关键工业部门;第四,协定对墨西哥向美国的移民问题将起到制约作用。消极的影响主要有:技术性不强的消费品工业对美国不利;为改善墨西哥与美国边境环境条件,美国要付出 60 亿—100 亿美元的经济和社会费用;关税削减将使美国减少大笔收入,加重美国的负担。协定对加拿大、墨西哥两国同样有很大的影响。此外,对国际贸易和资本流动也会产生影响。北美自由贸易区的建立,扩大了区域内贸易,但也使一些国家担心贸易保护主义抬头,对区域外国家向美国出口构成威胁。

4.《北美自由贸易协定》的升级版——USMCA

特朗普上台以后,要求重新修订《北美自由贸易协定》。2017 年 8 月,《北美自由贸易协定》重谈进程正式开启。谈判伊始"以创纪录的速度"向前推进,三方的目标是在 2017 年年底完成谈判工作,以保证在 2018 年墨西哥总统大选和美国国会中期选举之前完成相关程序。然而伴随谈判的深入、争议性议题的展开,比如汽车及零部件行业的原产地原则、争端解决机制改革、劳工工资、"落日条款"等,谈判陷入僵局,举步维艰,未能在 2017 年达成协定。2018 年 4 月,为打破谈判僵局,特朗普明确表示要以征收钢铁和铝关税为砝码迫使加拿大和墨西哥在《北美自由贸易协定》谈判中让步,加拿大回应拒绝在关税压力下让步。随后美国改变策略,决定与加拿大和墨西哥两国分开谈判以推进谈判进程。2018 年 8 月 27 日,美国单方面与墨西哥就更新《北美自由贸易协定》达成初步原则性协议;8 月 28 日,在美国多重强压之下,加拿大重新回到三方谈判桌上;9 月 30 日,三方达成协定,历时 13 个月的谈判告一段落;10 月 1 日,加拿大政府网站公布加拿大外长克里斯蒂娅·弗里兰(Chrystia Freeland)和美国贸易代表罗伯特·莱特希泽(Robert Lighthizer)的联合声明,称美国、加拿大和墨西哥达成三方贸易协议,该协议将被称为"USMCA"。

2018 年 12 月 1 日,美国总统特朗普表示,他很快就会正式通知国会,将终止《北美自由贸易协定》(NAFTA),并敦促国会批准他与墨西哥和加拿大两国首脑签署的《美国—墨西哥—加拿大协定》(USMCA)。在特朗普发出通知后,国会正式终止《北美自由贸易协定》前,将启动为期 6 个月的等待期。在这段等待期,白宫将要求国会批准特朗普与加拿大和墨西哥首脑于 11 月 30 日出席 G20 峰会期间签署的 USMCA。美国、加拿大和墨西哥历经数月艰难谈判,才签署 USMCA。不过,USMCA 需要美国国会批准,以及加拿大与墨西哥两国立法委员批准后,才能正式生效。

特朗普政府要求重谈《北美自由贸易协定》主要基于两个问题:第一,美国与墨西哥、加拿大之间巨大的贸易逆差。美国认为旧的《北美自由贸易协定》让墨西哥和加拿大受益更多,美国损失巨大,比如墨西哥廉价的劳动力使得美国的制造业就业转移,造成了巨大的贸易逆差;有必要通过重谈《北美自由贸易协定》改善本国贸易状况。第二,《北美自由贸易协定》的原有条款不能满足当前三国的经贸需要。协定签订已有二十多年,当今经贸领域的一些变化无法在《北美自由贸易协定》中找到对应条款。事实上重谈《北美自由贸易协定》,并不是特朗普的创新。在此之前,三国都认识到了《北美自由贸易协定》无法满足三国当今的经贸需求,部分条款已经不合时宜,比如加拿大 74% 的原油和 52% 的天然气需要优先供给美国。事实上奥巴马政府时期已经派谈判代表与加拿大、墨西哥代表进行了三年磋商,并在开放加拿大乳品市场、推动墨西哥劳工方面陆续取得了一些进展。

相关案例   USMCA 是 NAFTA 2.0 版吗

尽管特朗普总统自豪地表示,《美国—墨西哥—加拿大协定》(USMCA)并非《北美自由贸易协定》(NAFTA)的翻版,而是一个全新的协定,但是很多学者却认为 USMCA 是 NAFTA 2.0 版,保留了 NAFTA 的主要框架,只是在部分章节上做了补充和调整。USMCA 共计 35 章,涵盖关税、农业、原产地原则、纺织品、海关与贸易便利化、投资、电信、金融服务、数字贸易、知识产权、竞争政策、国有企业、劳工、环境、中小企业、反腐等诸多内容。其调整的内容主要集中在原产地原则、市场准入、知识产权、劳工等条款中。

我们应当特别关注该协定的以下三点:

第一,汽车行业的原产地原则。USMCA 将汽车行业的原产地原则视为该协定最核心的议题之一,它将 NAFTA 现有原产地原则规定汽车行业要求区内产值含量比例不低于 62.5%,提高到 75%。2017 年中国汽车零配件出口额达到 496.6 亿美元,显然原产地原则规定对中国这样的汽车零部件出口大国非常不利。

第二,劳工条款。USMCA 规定到 2023 年 40%—45% 的汽车零部件必须由小时工资不低于 16 美元的工人制造。墨西哥同意通过法律保护工会对工人的代表权、移民的劳动保护以及妇女免受歧视和不公平待遇。协定还专门指出,违反劳工法将成为缔约方制裁的理由。

第三,与"非市场化经济体"签署自贸协定需要提前通告其他缔约方。根据 USMCA 第 32 章"例外与一般规定"第 10 款,成员国如果与"非市场化经济体"签署自贸协定,不仅要提前 3 个月通知其他成员国,还要将缔约目标告知其他成员国,并提前至少 30 天将协议文本提交其他成员国审查,以确定是否会对 USMCA 产生影响。评论家都认为这一条款是专门为中国设置的,且不排除美国在与其他国家签订经贸协定时继续附加这一条款。

资料来源:熊洁、万容,《从北美自由贸易协定到美墨加三国协定》,《学习时报》2018 年 10 月 29 日。

(二) 美洲自由贸易区

美洲自由贸易区(简称 FTAA)的设想是美国在 1994 年迈阿密西半球首脑会议上提出的,目的是于 2005 年年初在西半球建立一个世界上面积最大、年 GDP 总值达 14 万亿美元、拥有 8 亿人口的自由贸易区。美洲自由贸易区成立后,将是全球最大的自由贸易区,与欧盟形成对峙之势。

之所以要构建这一庞大的自由贸易区,是与该地区各国利益密切相关的。从美国来看,1988 年美国通过《综合贸易法案》,确定了通过双边、多边和区域贸易等多种方式开展国际贸易以推动国内经济增长的战略。为了维护自身安全和国家利益,美国一方面支持 WTO,提倡多边贸易体制,一方面更注重双边贸易,先后与加拿大、以色列、智利等国签订了双边自由贸易协定,也考虑通过建立区域自由贸易的方式加强其在西半球的战略地位,巩固其在西半球的霸权地位。从拉美各国来看,债务危机和经济衰退使拉美国家意识到,奉行了几十年的进口替代经济发展模式已走到尽头,它们迫切需要经济改革,渴望与美国和加拿大在贸易、投资、贷款、技术转让、生态环境等方面加强合作,以加快本国的经济发展,提高综合国力和国际竞争力。亚太经济合作组织和欧盟的建立,特别是北美自由贸易区的成立给拉美国家带来了震动和启示,使它们看到了墨西哥接近美国、加拿大而获得的巨大好处,激起了它们在国际政治经济格局中重新定位的强烈愿望,支持建立美洲自由贸易区。从加拿大来看,虽然并不把FTAA作为重要事项来对待,由于此事直接涉及加拿大的切身利益,因此加拿大政府对此仍持积极肯定态度。

按照1994年迈阿密西半球首脑会议的决定,在北美自由贸易区南扩的基础上,于2005年年初结束美洲自由贸易区的各项谈判。十余年来特别是进入21世纪以来,美洲自由贸易区在某些方面取得了较大进展,其主要表现为:

1. 美国通过总统贸易授权法案

经过8年的搁置,美国国会终于在2002年8月正式通过《总统贸易授权法案》,恢复美国总统同外国谈判签订贸易协定的权力。此项法案为美国政府参加新一轮WTO多边谈判和对外谈判签订自由贸易协定铺平了道路。此项授权虽然不仅仅是针对美洲自由贸易区的,但对美洲自由贸易区实质性谈判和取得最后成功开了绿灯。

2. 美国与中美洲一些国家签署双边自由贸易协定

自2001年年底起,美国和智利贸易谈判代表开始接触,经过近一年的谈判,相互作出妥协,分别就取消进出口关税限制、市场准入、加强私人投资、知识产权等一系列问题达成了协议。2002年12月,美国、智利正式签署自由贸易协定,这是美国同南美国家签署的第一个自由贸易协定,标志着美洲自由贸易区的谈判取得了重要进展。2003年年底,在美洲自由贸易区第八次部长级会议期间,美国主动宣布同意与哥伦比亚、秘鲁、厄瓜多尔、玻利维亚等安第斯国家商谈并签署双边自由贸易协定。此外,美国正在与5个中美洲国家(哥斯达黎加、萨尔瓦多、危地马拉、洪都拉斯和尼加拉瓜)以及多米尼加和巴拿马商谈双边自由贸易协定。至此,美国与美洲大陆34个国家中的14个已经签署或拟签署双边自由贸易协定。

3. 美洲自由贸易框架协议达成共识

2003年11月,美洲自由贸易区第八次部长级会议在美国迈阿密举行。在此次会议上,各成员国均采取了较为灵活、务实的态度。经过相互妥协,会议对自由贸易区的框架协议达成以下共识:美洲自由贸易区谈判将尊重各成员国不同的经济发展水平及各自的敏感商品和服务,允许就开放本国市场作出不同程度的承诺;参与谈判的区域组织将就自由贸易区的基本权利和义务达成协议,但成员国可通过双边或区域协定取得某些领域内更大程度的开放;本国农产品补贴和反倾销问题以及投资、知识产权保护、政府采购等问题将在WTO或双边、多边框架下商谈;重申最迟于2005年1月启动美洲自由贸易区。尽管这一协议改变了原本应该受到完全约束的综合、全面的自由贸易协议,使之变成不受约束、完全根据自身意愿来取舍某些条款的"各取所需"的贸易框架协议,但此次美洲国家贸易部长所达成的共识仍可视为美洲自由贸易区漫长进程中的又一重要进展。

(三)中美洲共同市场

中美洲共同市场是中美洲五国组成的发展中国家区域性经济合作组织。1960年

12月13日,洪都拉斯、尼加拉瓜、萨尔瓦多和危地马拉在尼加拉瓜首都马那瓜签订了《中美洲经济一体化总条约》(通称《马那瓜条约》),条约于1961年6月3日生效。1962年7月,哥斯达黎加也签署了该条约。上述五国于1962年8月2日在哥斯达黎加首都圣何塞签订《建立中美洲共同市场协议》,中美洲共同市场正式成立,总部设在危地马拉首都危地马拉城。该组织的宗旨是取消成员国间制成品的关税壁垒,成立中美洲自由贸易区;对本组织外国家的产品实行统一税率,组成关税同盟;通过统一的工业鼓励协定调整各国的工业对策,同时争取农业的协调发展。中美洲经济理事会是该组织最高权力机构,由成员国经济部长组成,总负责成员国之间的经济协调与合作。执行理事会负责执行总条约的规定和经济理事会的决议。

中美洲共同市场建立后,各成员国之间逐步取消关税壁垒,实行统一的对外关税。到1969年区域内已给予95%的关税项目以自由贸易地位,其余的5%都是由国际性协议或其他专门协议所安排的商品。因此,各成员国之间已实现关税互免。在对外贸易方面,对进入该地区的98.4%的商品实行统一的关税。1969年,洪都拉斯、萨尔瓦多发生武装冲突,两国中断外交和贸易关系。洪都拉斯还关闭了连接五国的泛美公路,并宣布退出共同市场,使该组织面临严重危机。1973年,洪都拉斯回到共同市场,同年8月五国成立了"重建共同市场高级委员会"。1975年10月,五国总统和巴拿马首脑共同研究制定了《中美洲社会和经济共同体方案》。1980年,五国和巴拿马外长又发表《圣何塞宣言》,决定加紧研究恢复中美洲共同市场。但是由于政治动乱和外债负担沉重,成员国为维持各自贸易平衡、节省有限的外汇,破坏了共同关税制度,使地区间贸易逐年大幅下降。因受国际市场影响,又无力采取共同的保护措施,一体化进程缓慢。20世纪80年代以来,为了振兴共同市场、促进各国经济发展,五国副总统和经济部长等官员举行了一系列会议和磋商,并呼吁国际社会支持中美洲的发展计划和为实现经济一体化所做出的努力。欧共体是中美洲共同市场的第二大出口市场和投资者。1984年以来,欧共体、中美洲和孔塔多拉集团国家外长就加强与中美洲的政治和经济合作问题举行了五次会议,达成了一些协议。美国是中美洲共同市场的最大出口市场和投资者,美国国际开发署向共同市场总部提供部分经费。

(四)南方共同市场

南方共同市场简称南共市,是南美地区最大的经济一体化组织,也是世界上第一个完全由发展中国家组成的共同市场。1991年3月26日,阿根廷、巴西、乌拉圭和巴拉圭四国总统在巴拉圭首都亚松森签署《亚松森条约》(条约于同年11月29日生效),试运转3年后,南方共同市场于1995年1月1日正式运行。此后,南方共同市场先后接纳智利(1996年)、玻利维亚(1997年)、秘鲁(2003年)、厄瓜多尔(2004年)和哥伦比亚(2004年)等国为其联系国。南方共同市场的宗旨是通过有效利用资源、保护环境、协调宏观经济政策、加强经济互补,促进成员国科技进步,最终实现经济政治一体化。

南方共同市场的组织机构包括:第一,共同市场理事会。它是南方共同市场的最高决策机构,由成员国外交部长和经济部长组成。理事会主席以阿根廷、巴西、巴拉圭、乌拉圭为序轮流担任,任期半年。一般每年举行两次成员国首脑会议,理事会负责首脑会议的筹备和组织工作。第二,共同市场小组。它是南方共同市场的执行机构,负责实施条约和理事会作出的决议,就贸易开放计划、协调宏观经济政策、与第三国商签经贸协定等提出建议。共同市场小组由各成员国派出四名正式成员和四名候补成员组成,代表本国外交部、经济部和中央银行。下设贸易事务、海关事务、技术标准、税收和金融政策、陆路运输、海上运输、工业和技术政策、农业政策、能源政策和宏观经济政策协调等十个工作组。第三,共同市场贸易委员会。它是南方共同市场的区域内贸易事务机构,下设税务和商品名录、海关事务、贸易规则、保护竞争力等八个分委会。第四,共同市场议会。它是南方共同市场的立法机构,实行一院制,总部设在乌拉圭首都蒙得维的亚。第五,共同市场秘书处。它是南方共同市场的行政机构,设在乌拉圭首都蒙得维的亚。第六,共同市场常设仲裁法院。它是南方共同市场的司法机构,主要解决成员国间的争端。

南方共同市场积极发展同世界主要国家或集团的关系,已同中国、欧盟、日本、俄罗斯和韩国等建立了对话或合作机制。2019年12月,南方共同市场在巴西举行了第55届首脑会议,讨论了南方共同市场对外合作、打击边境犯罪、委内瑞拉形势等议题。

（五）安第斯共同体

安第斯共同体(简称"安共体")成立于1969年5月,是拉美地区一个重要的区域经济一体化组织,总部设在秘鲁首都利马。其成员国为安第斯山麓国家玻利维亚、哥伦比亚、厄瓜多尔、秘鲁和委内瑞拉(2006年4月,委内瑞拉因秘鲁和哥伦比亚与美国签订自由贸易协定而退出该组织),原称安第斯集团,1995年9月5日建成安第斯一体化体系,1996年3月改为现名,2007年6月接收智利为其联系国。

安第斯共同体的宗旨是充分利用本地区的资源,促进成员国之间的协调发展,取消各国之间的关税壁垒,组成共同市场,加速经济一体化。2000年6月,在利马举行的第12届安第斯共同体国家首脑会议上发表了旨在加快本地区一体化进程的《利马声明》,争取在2005年12月31日前建成安第斯共同市场。2010年2月,通过了安第斯地区一体化进程指导方针及加强地区合作的战略议程。战略议程涉及地区一体化和边境地区发展、环境保护、旅游、文化、能源和自然资源一体化及安第斯共同体体制建设等内容。

安第斯共同体的最高决策机构是总统理事会,确定共同体一体化进程的方向,每年举行一次会议。外长理事会由成员国外长组成,负责协调成员国的对外政策,每年至少举行两次会议。总秘书处是安第斯共同体的执行机构,有权代表安第斯共同体同其他一体化组织对话。委员会由各成员国总统任命的全权代表组成,同外长理事会一同负责制定一体化政策,协调和监督该政策的落实。安第斯共同体的咨询机构是安第斯议会。

（六）加勒比共同体

加勒比共同体是加勒比地区的经济组织,是根据巴巴多斯、圭亚那、特立尼达和多巴哥及牙买加总理1973年7月签署的《查瓜拉马斯条约》于1973年8月1日正式建立的。加勒比共同体取代了1968年成立的加勒比自由贸易协会。秘书处设在圭亚那首都乔治敦。成员共15个:安提瓜和巴布达、巴巴多斯、巴哈马、伯利兹、多米尼克、格林纳达、圭亚那、圣卢西亚、圣基茨和尼维斯、圣文森特和格林纳丁斯、特立尼达和多巴哥、蒙特塞拉特、苏里南、海地、牙买加。加勒比共同体的宗旨是促进本地区的经济合作,实现地区经济一体化。主要任务是进行经济合作;协调成员国外交政策;在卫生、教育、文化、通信和工业等领域提供服务和进行合作。

加勒比共同体的最高决策机构是政府首脑会议,由成员国政府总理组成(圭亚那和苏里南为总统,蒙特塞拉特为首席部长),其主要职责是制定共同体方针政策;代表共同体对外缔结条约,与其他国际组织或国家建立关系;负责共同体财务安排。

部长理事会是权力仅次于政府首脑会议的部门,由各成员国负责共同体事务的部长或其他部长组成,其主要职责是制定共同体战略计划,协调地区经济一体化、功能性合作和对外关系。专业部长理事会包括贸易与经济发展理事会(主要职责是促进共同体贸易与经济发展,监督单一市场与经济的运作情况);外交与共同体事务理事会(主要职责是负责共同体与国际组织和第三国的关系);人文与社会发展理事会(主要职责是促进人文与社会发展);金融与计划理事会(主要职责是协调成员国经济政策及金融与货币一体化进程)。专门委员会包括法律事务委员会、预算委员会和中央银行行长委员会。

秘书处为常设工作机构,设秘书长和副秘书长各1人。秘书长是共同体的首席行政长官,由政府首脑会议根据部长理事会的推荐任命,任期5年,可连任。秘书处的主要职能是为共同体上述主要机构的会议提供服务,实施适当的后续行动落实会议决定;提议、组织和进行与实现共同体宗旨相关的专题研究;为成员国收集、储存并提供与实现共同体宗旨相关的信息;协调与共同体相关的捐助机构和国际、地区、国家机构的活动;制定共同体预算草案;根据授权调查成员国相关情况等。

三、亚太区域经济合作

(一)亚太经济合作组织

亚太经济合作组织(APEC)是亚太地区最具影响的经济合作官方论坛。1989年11月5—7日,澳大利亚、美国、加拿大、日本、韩国、新西兰和东盟六国在澳大利亚首都堪培拉举行亚太经济合作会议首届部长级会议,标志着亚太经济合作会议的成立。1993年6月改名为亚太经济合作组织。1991年11月,中华人民共和国以主权国家身份,中国台北和香港(1997年7月1日起改为"中国香港")以地区经济体名义正式加入APEC。APEC共有21个成员。根据2018年统计数据,APEC地区人口占世界人口约四成,GDP总量和贸易总额分别约占全球总量的60%和50%。这一组织在全球经济活动中具有举足轻重的地位。APEC的宗旨是为该地区人民的共同利益保持经济的增长与发展,促进成员间经济的相互依存,加强开放的多边贸易体制,减少区域贸易和投资壁垒。APEC主要讨论与全球及区域经济有关的议题,如促进全球多边贸易体制,实施亚太地区贸易投资自由化和便利化,推动金融稳定和改革,开展经济技术合作和能力建设等。广泛性、开放性、自愿性、松散性是APEC的特点。近年来,APEC也开始介入一些与经济相关的其他议题,如人类安全(包括反恐、卫生和能源)、反腐败、备灾和文化合作等。

APEC的发展主要经历了初期阶段、快速发展阶段和调整阶段。初期阶段是1989—1992年,这一阶段APEC建立了它作为一个区域性经济组织的基本构架。快速发展阶段是1993—1997年,自1993年起,APEC从部长级会议升格到经济体领导人非正式会议,发展进程加快。这五年每年都有新进展,解决了区域合作所面临的不同问题,是APEC进程的"五部曲"。1993年解决"APEC不应该做什么",1994年解决"APEC应该做什么",1995年解决"APEC应该怎么做",1996年制定具体的合作蓝图,1997年实现与加速。调整阶段是从1998年至今,亚洲金融危机直接影响到APEC进程,危机的受害者开始对贸易投资自由化采取慎重态度,在APEC内部,始于1997年的部门提前自由化在一定程度上超越了亚太地区的现实情况,难以按原有设想加以推进。经济技术合作得以保持发展势头,但因发达成员态度消极,要取得实质性进展仍需时日。1998年和1999年两年,APEC进入一个巩固、徘徊和再摸索的调整阶段。2000年非正式领导人会议重申了应坚持《茂物宣言》确定的贸易投资自由化目标,并加强人力、基础设施和市场等方面的能力建设活动。

APEC共有五个层次的运作机制,即领导人非正式会议、部长级会议(包括外交、外贸双部长会议以及专业部长会议,双部长会议每年在领导人会议前举行一次,专业部长会议不定期举行)、高官会、委员会和工作组、秘书处。

(二) 东盟自由贸易区

东盟自由贸易区(AFTA)于1992年提出,现包括原东盟6国(印尼、马来西亚、菲律宾、新加坡、泰国、文莱)和4个新成员国(越南、老挝、缅甸、柬埔寨),共10个国家,陆地总面积为450万平方公里。经过10年的构建,原东盟6国于2002年正式启动自由贸易区,其他新成员国也将加快关税的削减速度。东盟建立自由贸易区的主要目标是:促进东盟成为一个具有竞争力的基地,以吸引外资;消除成员国之间关税与非关税障碍,促进本地区贸易自由化;扩大成员国之间互惠贸易的范围,促进区域内贸易;建立内部市场。东盟自由贸易区实施的重要措施包括:

1. 关税措施

实施"共同有效普惠关税"(common effective preferential tariff,CEPT)。该关税措施是一项东盟成员国间的合作协议,约定各成员国选定共同产品类别,具体排定减税的程序及时间表,并自1993年1月1日起计划在15年内逐步将关税全面降至0—5%,以达成设立自由贸易区的目标。CEPT减税计划分两种方式实施(自1993年1月1日开始实施):第一,快速减税,即产品税率在20%以上的,在10年内降至0—5%,于2003年1月1日前完成;产品税率在20%及以下的,在七年内降至0—5%,2000年1月1日前完成。第二,正常减税,产品税率超过20%的,分为两个阶段实施,首先在前5—8年(2001年1月1日前)降至20%,然后依照经同意的进度在7年内降至0—5%(2008年1月1日前);产品税率在20%及以下的,在10年内降至0—5%(2003年1月1日前)。

2. 原产地规定

为使区域内成员国较非成员国享有较多贸易优惠或较低关税,在1977年东盟各国签订的《东盟普惠贸易安排协定》的基础上,1992年12月11日东盟自由贸易区理事会在雅加达签订《CEPT原产地条规》。在CEPT协议下,成员国自另一成员国直接进口东盟国家产制成分比率不低于40%的产品,经出口国家主管机关核发产地证明者,可享有优惠关税。一些东盟区域外国家认为,东盟自由贸易区即便符合WTO要求,但其原产地规定仍可能是一种贸易保护主义,因为该原产地规定是限定东盟自由贸易区域内国家,那么就等于对区域外国家是变相的贸易壁垒。在原产地规定的限制下,东盟各国保障了区域内国家利益,可吸引许多厂商前来生产。

3. 推进服务业自由化进程

1992年东盟各国决定成立东盟自由贸易区时,对服务业贸易自由化并无具体决议,直到1995年12月在泰国召开的第五届东盟首脑会议时,服务业自由化才有具体进展。在该会议期间,成员国完成了《东盟服务业框架协议》的签署,希望在WTO《服务贸易总协定》外,寻求加强彼此间服务业合作、消除服务业贸易限制以及扩大服务业自由化的深度和广度。1998年12月在河内举行的第六届东盟高峰会议中,成员国在特定承诺表上进行较多谈判,并达成了非WTO成员也享有与WTO成员在《服务贸易总协定》规范下的相同待遇,成员国应将特定承诺表的优惠待遇扩及所有其他成员国等项决议。至此,东盟对未来区域内服务业贸易发展已有了进一步的共识。

《东盟服务业框架协议》的主要内容以WTO《服务贸易总协定》为主。由于发展中国家一般认为,服务贸易利益主要归于发达国家,发达国家应积极协助发展中国家,因此《服务贸易总协定》对"增加发展中国家的参与"及"回合谈判中发展中国家的义务减轻"有了具体规定。该规范使得发展中国家依法可拒绝将较大范围的服务部门纳入市场开放承诺,因此相当多的发展中国家服务贸易承诺表所涵盖的范围极为有限,其开放速度也较为缓慢,所以东盟各国间服务业开放速度较商品关税减让速度缓慢得多。目前东盟中越南、老挝及柬埔寨等三国是非WTO成员,其余七国已是WTO成员。现在,新加坡、马来西亚、菲律宾、泰国及文莱等五国服务业产值占各自国家GDP的比例已逐年增加,且都在50%以上,可见这些国家对服务业已日趋开放和重视。根据调查,东盟目前存在的服务业贸易障碍,以限制外资股权比例最多,且普遍存在于金融、保险及电信等行业。此外,行政程序繁杂(如申请工作许可证、临时居住证等流程繁杂及申请延期困难等)、内陆运输不便、通信设备不足以及信息取得不易等,也成为服务业贸易发展的瓶颈。

4. 设立投资区

为实现东盟自由贸易区目标以及吸引大量投资进入东盟地区,1995年12月,第五届东盟首脑会议倡议成立"东盟投资区"(AIA),1998年10月第三十届东盟经济部长会议签署了《东盟投资区框架协议》。该协议适用范围为直接投资,至于投资的限制及股权规定,仍受各国国内投资相关法令约束。为促进东盟区域内投资透明化和自由化,协议规定自2010年起对区域内所有成员国的投资者适用国民待遇,并对成员国投资者开放所有产业,2020年起则适用于所有的投资者,并推动资本、熟练工、专家及技术的自由移动。成员国为保护国家安全及公共道德,人类、动物、植物生命或健康,以及保障个人隐私权等可提出全面例外清单,也可提出暂时例外清单、敏感清单等措施。

5. 东盟工业合作计划

为了在建成自由贸易区之前,加速区域内贸易自由化、吸引投资、促进零部件与制成品的分工互补以及提升整体国际竞争力,1996年4月东盟国家制定了"东盟工业合作计划"(AICO),并于1996年11月1日开始实施。东盟工业合作计划的宗旨是:第一,加强东盟在区域及全球市场上制造方面的竞争力;第二,增进效率与生产力,提高区域内工业生产力;第三,提升市场占有率,增进东盟在制造业中的竞争地位。申请该计划的合作主体必须为至少两个属于不同东盟国家的公司。

(三) 中国—东盟自由贸易区

中国—东盟自由贸易区于2010年1月1日正式建成。在自由贸易区各项优惠政策促进下,中国与东盟双向贸易从2002年的548亿美元增长至2018年的5 878.7亿美元,增长近10倍,双向投资从2003年的33.7亿美元增长至2018年的159.2亿美元,增长近4倍。

2000年11月,时任中国国务院总理朱镕基提出建立中国—东盟自由贸易区的设想,得到东盟各国领导人的积极响应。2002年11月,中国与东盟签署《中国—东盟全面经济合作框架协议》,决定在2010年建成中国—东盟自由贸易区,并正式启动自由贸易区建设进程。2004年1月1日,自由贸易区的先期成果——"早期收获计划"顺利实施。2004年11月,中国与东盟双方签署自由贸易区《货物贸易协议》,并于2005年7月开始相互实施全面降税。2007年1月,双方签署了自由贸易区《服务贸易协议》,2009年签署《投资协议》。2010年1月,中国—东盟自由贸易区如期全面建成。自由贸易区建立后,双方对超过90%的产品实行零关税。中国对东盟平均关税率从9.8%降到0.1%,东盟六个老成员国对中国的平均关税率从12.8%降到0.6%。为进一步提高本地区贸易投资自由化和便利化水平,2013年10月,李克强总理在中国—东盟领导人会议上倡议启动中国—东盟自由贸易区升级谈判。2015年11月,在李克强总理和东盟十国领导人的共同见证下,中国与东盟在马来西亚吉隆坡正式签署中国—东盟自由贸易区升级谈判成果文件——《中华人民共和国与东南亚国家联盟关于修订〈中国—东盟全面经济合作框架协议〉及项下部分协议的议定书》,2018年11月,中国—东盟自贸协定"升级版"正式全面生效。

中国—东盟自由贸易区建成后,中国与东盟各国贸易投资增长、经济融合加深,企业和人民都广泛受益,实现了互利共赢、共同发展的目标。中国和东盟双边贸易总量快速增长。2018年是中国—东盟建立战略伙伴关系15周年。15年来,双方关系已从快速发展的"成长期"迈入提质升级的"成熟期",中国和东盟之间贸易持续增长,2017年,中国与东盟之间的贸易额达到5 148亿美元(是2003年的6.6倍),同比增长13.8%。

第四节 区域经济一体化对世界经济的影响

区域经济一体化的形成与发展促进了世界经济新格局的形成,有利于世界经济一体化的发展,促进区域经济发展,加速区域内成员国生产经营的专业化,但同时也产生了一系列消极影响,如拉大南北差距、对区域外经济的排他性等。

一、区域经济一体化对世界经济的积极影响

(一)促进世界经济新格局的形成

区域经济一体化,特别是欧洲、北美、亚太三个经济集团的形成和发展,使世界经济日益呈现"块式"结构和"网络"状态的新格局。所谓"块式"是指这个大区域一体化形成三个经济圈;这三个区域集团又与非洲、中南美、中欧、北欧、东南亚等其他区域一体化组织组成一个对峙、抗争又联系合作的世界经济网络。这种新的格局必然使各国对外经济关系的重点发生转移,即国与国的经济关系和对外贸易格局被区域经济合作及区域国际贸易所代替,各国必须更多地以自己所处的区域经济的发展为依托、谋求发展;同时,这种格局也必然促使各国更加注重自身发展,经济发展成为各国的基本战略。

(二)有利于世界经济一体化的发展

世界经济一体化是世界各国经济日益增强的相互依存性和经济活动的国际化、全球化趋势。目前区域经济一体化在世界各个角落发展起来,并呈滚雪球似的发展势头,各大

集团都在吸收更多的成员,加强彼此的沟通和联系。这种形势经过较长时期的发展,各区域集团融合在一起,可能会形成一个包容世界大多数国家在内的单一的世界经济共同体,在共同体内实现贸易和投资自由化,实现生产要素的自由流动和优化配置。因此,区域经济一体化会推动世界经济一体化的发展。

(三) 促进了区域经济的快速增长

区域经济一体化组织成员国之间进出口贸易额的增长,有力地促进了区域经济的快速增长。例如,南美的巴西、阿根廷、乌拉圭及巴拉圭四国组成了拉美南锥共同体。1993 年共同体内部贸易额增加到 80 亿美元,几乎比 1985 年该计划刚提出时翻了三番。出口贸易的大幅增加,不仅扩大了对区域内产品的需求,而且增加了对区域外产品的需求,即需求的不断扩大成为经济增长的催化剂。特别是在 20 世纪 90 年代初世界经济普遍不景气的情况下,区域经济一体化组织为成员国提供了较好的经济运行和经济发展的条件,使区域内成员国免受或少受民办经济周期波动的不利影响,促使成员国经济的持续稳定增长。例如,1993 年南美的巴西、阿根廷在大多数邻国出现经济负增长时,其经济增长率分别达到 5% 和 7%,成为南美经济发展的一枝独秀。

(四) 促使各国生产经营更加专业化

区域经济一体化在促进成员国进出口贸易急速扩大、经济不断增长的同时,使各国生产经营更加专业化。在区域经济一体化组织成立之前,各国面对的是情况差异甚大的众多国家,各国要发展对外贸易,就必须生产各种各样的产品,以满足对各国出口贸易的需要,并从中获得比较利益。区域经贸组织成立之后,一方面,各国面临成员有限的贸易对象国,再加上区域内各成员国关税率的下降和非关税贸易壁垒的减少,增强了区域内生产要素和产品的自由流动,各国因此增加了对本国具有相对优势产品的生产和销售,形成成员国之间新的国际分工和生产经营的专业化;另一方面,区域内成员国间专业化的加强,也强化了整个区域经贸集团间的生产专业化。联合国各成员国之间的生产专业化分工和经贸竞争在一定程度上已由区域经济一体化组织所替代,即形成了具有地域特征的区域专业化分工,由世界各国的生产专业化逐渐演变成区域经贸集团间的专业化分工。国际生产经营专业化分工的进一步强化和具体化,符合社会化大生产所要求的分工越来越细、越来越专的客观发展趋势。在经济活动日益国际化的条件下,区域经济一体化是国内社会分工超越国界、走向国际社会分工与专业化生产的表现与结果,它强化了成员国之间的相互依赖性,推动了全球生产和资本一体化进程,因而有利于提高国际劳动生产率水平,增加世界各国的社会经济福利。

二、区域经济一体化对世界经济的消极影响

(一) 拉大南北差距

区域经济一体化组织的出现,使发达国家的资金更多地流向欧美经济圈,即使是对劳动密集型产业的投资,也从发展中国家转向其落后的成员国,如西班牙、葡萄牙、希腊和墨西哥等。另外,一体化组织的"排外"性,会使发达国家的市场更难进入。因此,经济一体化对于发达国家经济发展的促进作用比较明显,而发展中国家在扩大对外贸易时面对的

保护主义加强了,吸引外资的难度增加了,这使得区域经济一体化对发展中国家的积极作用非常有限。区域经济一体化对发达国家和发展中国家产生的积极作用不对称必然会导致南北之间经济差距的进一步扩大,而不断扩大的经济差距又反作用于世界经济格局和世界经济的增长。

(二) 抑制区域外国家的经济发展

区域经济一体化组织的基础就是内部开放市场,相互提供优惠,在增加区域内国家间贸易的同时,区域外国家和地区由于不能享受区域内的种种优惠,最终会因产品竞争力下降而被区域内相关国家的相同或相似产品所取代。欧洲以共同农业政策为支柱的农产品统一市场,就是一个典型的排他性很强、贸易保护主义色彩很浓的市场。同样,在北美自由贸易区的运行中,随着墨西哥产品对美国输出的大幅增加,亚洲地区对美国的电子产品和纺织品出口遭受了巨大冲击。

本章提要

1. 区域经济一体化是指地理上邻近的国家和地区,为了维护共同的经济利益和加强经济联系与合作,相互间通过契约和协定,在区域间逐步取消成员国间的贸易与非贸易壁垒,进而协调成员国间的社会经济政策,形成一个跨越国界的商品、资本、人员和劳务等自由流通的统一的经济区域的过程。

2. 区域经济一体化的形成与发展为世界经济产生了诸多方面的影响,从正反两面可以划分为积极影响和消极影响。其中,积极影响主要包括促进世界经济新格局的形成,有利于世界经济一体化的发展,促进区域经济的快速增长,使各国的生产经营更加专业化;消极影响主要包括拉大南北差距和抑制区域外国家的经济发展。

本章思考题

1. 什么是区域经济一体化?区域经济一体化的主要类型有哪些?
2. 试述区域经济一体化的动因。
3. 目前世界上主要的区域经济一体化组织有哪几个?
4. 试述区域经济一体化的积极影响。
5. 试述区域经济一体化的消极影响。

参考文献

[1] 白当伟,陈漓高.区域贸易协定的非传统收益:理论、评述及其在东亚的应用[J].世界经济研究,2003(6):65—69
[2] 池元吉.世界经济概论[M].北京:高等教育出版社,2006.
[3] 陈漓高,杨新房,赵晓晨.世界经济概论[M].北京:首都经济贸易大学出版社,2006.

[4] 〔英〕戴维·赫尔德,等.全球大变革——全球化时代的政治、经济与文化[M].杨雪冬,等,译.北京:社会科学文献出版社,2001.

[5] 李琮.世界经济学新编[M].北京:经济科学出版社,2000.

[6] 李向阳.全球化时代的区域经济合作[J].世界经济,2002(5):3—9.

[7] 杭言勇.世界经济概论[M].北京:机械工业出版社,2006.

[8] 黄卫平.中国加入区域经济一体化研究[M].北京:经济科学出版社,2009.

[9] 刘晨阳,于晓燕.亚太区域经济一体化问题研究[M].天津:南开大学出版社,2009.

[10] 孙玉红.全球FTA网络化发展研究[D].博士学位论文,东北财经大学,2007.

[11] 魏浩.世界经济概论[M].北京:机械工业出版社,2014.

[12] 徐松.世界经济概论[M].北京:机械工业出版社,2007.

[13] 薛誉华.区域化:全球化的阻力[J].世界经济,2003(2):51—55.

[14] 叶檀.欧元崩溃论惨败[N],解放日报,2013-7-15.

[15] 赵京霞.东亚区域合作:经济全球化加速发展的结果[J].国际贸易问题,2002(12):25—29.

[16] 郑玲丽.区域贸易协定及其新近发展的多维解析[J].世界贸易组织动态与研究,2007(3):31—42.

[17] ASHIZAWA, KUNIKO, Japan's approach toward Asian regional security from "hub-and-spoke" bilateralism to "multitiered"[J]. Pacific Review, 2003, 16(3): 361-382.

[18] BALASSA B, The theory of economic integration [M]. London: Allen and Unwin, 1961.

[19] TINBERGEN J, International economic integration [M]. Elsevier, Amsterdam, 1954.

[20] CURSON V, The essentials of economic integration [M]. New York: St. Martin's Press, 1974.

[21] VINER J, The customs union issue[M]. New York: Carnegie Endowment for International Peace Press, 1950.

21世纪经济与管理规划教材
国际经济与贸易系列

第五章

国际贸易与国际贸易体制

【教学目的和要求】

通过本章的学习,学生应:

1. 理解国际贸易政策的含义和构成,掌握国际贸易政策的具体分类,了解国际贸易政策的发展历史。

2. 了解世界贸易组织(WTO)和关税与贸易总协定(GATT)的宗旨、职能、基本原则及相关知识。

3. 明确贸易自由化目前的发展现状,对目前已经形成的相关贸易保护理论和贸易自由化理论有所了解。

4. 了解目前世界贸易自由化形势,掌握逆全球化的浪潮和目前主要的贸易形势。

【教学重点与难点】

1. 国际贸易政策历史演变及其规律的认识。
2. WTO 和 GATT 的区别。
3. 自由贸易理论与非自由贸易理论的理解。

引导案例

世界贸易将呈两大趋势

2017年,世界经济新旧矛盾将进一步深化,世界贸易仍将在低谷徘徊,并呈现以下两大趋势。

1. 世界经济增速难以大幅回升

世界贸易与世界经济增长之间有着密切联系,较快的经济增长通常伴随着更快的贸易增长,反之亦然。2016年,世界经济增长持续放缓制约了贸易增长。

2008年国际金融危机后,世界经济增速持续低迷,国际贸易增长率出现同步下滑,从2010年的14%下降至2011年的5.5%、2012年的2.5%、2013年的3%、2014年的2.5%和2015年的2.8%。根据IMF和WTO的预测,2016年世界经济增速为3.1%,世界贸易增长预期为1.7%,均低于2015年。IMF对贸易增长放缓原因的模型估值和实证研究表明,经济复苏乏力是世界贸易增长放慢的主要原因,与2003—2007年相比,2012年以来世界贸易增长下降的3/4归因于世界经济增长疲软。

根据IMF和WTO的预测,2017年世界经济增长为3.4%,世界贸易增长预期为1.8%—3.1%,好于2016年。不过,一些制约世界经济增长的长期结构性问题并没有得到根本解决,全球政治不稳定风险将继续释放,新矛盾和新问题还将涌现,世界经济增长前景并不明朗,世界贸易回暖有限。

2. 世界贸易保护主义或愈演愈烈

贸易保护主义与经济低迷相伴相生,互为因果。国际金融危机后,迅速升温与扩散的贸易保护主义是世界经济持续低迷的主要根源之一,世界经济增长低迷反过来又使贸易保护主义压力增大。

数据显示,从2008年10月到2015年年底,全球共推出了超过5 000项贸易保护措施。除了关税壁垒、禁令和配额等传统贸易保护手段,出口鼓励政策、紧急贸易救助、政府采购优先权、政府补贴及本地化要求等新型贸易保护手段和措施层出不穷,以美国为首的发达国家已经成为贸易保护主义的主要国家。2017年、2018年两年,一些国家非理性贸易保护主义有可能粉墨登场。

中国一直以来饱受贸易保护主义之苦,已连续21年成为世界遭遇反倾销调查最多的国家,连续10年成为世界遭遇反补贴调查最多的国家,涉案损失每年高达数百亿美元。据统计,2015年中国共遭遇来自22个国家(地区)发起的贸易救济调查85起,涉案金额80亿美元。2016年前三个季度,中国出口产品共遭遇来自21个国家(地区)发起的91起贸易救济调查,同比上升44%;涉案金额109亿美元,同比上升90%。在世界经济低迷和国际市场竞争加剧的背景下,贸易保护主义可能会愈演愈烈,这将给世界贸易和中国贸易增长带来巨大挑战。

资料来源:颜少君,《世界贸易将呈两大趋势》,《经济日报》2017年2月18日。

第一节 国际贸易的发展与政策演变

一、国际贸易的产生和发展

(一) 原始社会末期的剩余产品交换

在原始社会初期,社会生产力极其低下,人们的生产勉强维持生存,没有可供交换的剩余产品,没有私有制,也就没有阶级和国家。当时人类处于自然分工状态,即按性别和年龄进行分工,这是分工最早、最简单的形式。人们依靠集体劳动来获取有限的生产资料,然后在成员之间进行平均分配。因此,在原始社会初期,根本就不存在对外交换,当然也就不存在国际贸易。

随着社会生产力的不断发展,人类社会依次出现了三次社会大分工,促进了氏族部落和后来形成的国家之间商品交换的发展。第一次社会大分工是畜牧业与农业之间的分离,牲畜的驯养和繁殖使生产力得到了发展,产品开始有了少量剩余。于是在氏族公社之间、部落之间出现了剩余产品的交换。这是最早发生的交换,但这种交换是极其原始的、偶然的物物交换。随着生产力的继续发展,手工业从农业中分离出来,出现了人类社会的第二次大分工。手工业的出现产生了直接以交换为目的的商品生产。商品生产和商品交换的不断扩大产生了货币,商品交换逐渐变成了以货币为媒介的商品流通。随着商品货币关系的发展,产生了专门从事贸易的商人,于是出现了第三次社会大分工。商人的出现促进了氏族部落之间商品流通的进一步发展,交换发展的需要产生了金属货币。货币借贷、利息和高利贷也相继出现。土地私有权被牢固地确立起来,土地完全成为私人财产,它可以被世袭、抵押以至出卖。随着新的分工,新的阶级划分产生了,财富更加集中,奴隶人数增多,奴隶的强制性劳动成为整个社会的经济基础。由于有了阶级对立,于是产生了国家。到了原始社会末期,商品流通超出了国界,产生了对外贸易。

(二) 奴隶社会有限的对外商品交换

奴隶社会最早出现在古代东方各国,如埃及、巴比伦、中国,但以欧洲的希腊、罗马的古代奴隶制最为典型。在奴隶社会,生产力水平进一步发展,商品交换也有所扩大。早在公元前2000多年,由于水上交通便利,地中海沿岸的各奴隶社会国家之间就已开展了对外商品交换,出现了腓尼基、希腊、罗马等贸易中心。在奴隶社会,欧洲商业中心地区的手工业已有相当的发展,分工也日益精细,手工业品(如玻璃器皿、染色纺织品和金属用品等)主要销往北非、西欧和中欧以及遥远的东方各国。

但是,由于奴隶社会是自然经济占统治地位,商品经济不发达,生产的目的主要是直接消费,进入外贸流通领域的商品数量很少,因此对外贸易在各国经济中的地位是微不足道的。从贸易的商品结构来看,主要是奴隶主阶级需要的奢侈消费品,如宝石、香料、各种织物和装饰品等。当时,奴隶也成为对外交换的商品。希腊的雅典就是当时贩卖奴隶的中心之一。可见,当时的对外贸易是奴隶主阶级谋取利益的工具。从贸易的地区范围来看,当时由于生产技术落后,交通工具简陋,因此各国对外贸易的范围受到很大限制,只是集中在极少数商业较为发达的国家。

(三) 封建社会区域性贸易的发展

封建社会取代奴隶社会之后,国与国之间的贸易又有了进一步发展。促进封建社会各国对外贸易发展的主要因素是商品经济的发展、城市的兴起、手工业的进一步发展、资本主义因素的生长以及分工的发展和区域性市场的形成。

从封建社会中期开始,实物地租转变为货币地租,商品经济的范围逐步扩大,国家之间的贸易有了进一步增长。11世纪之后,由于意大利北部和波罗的海沿海城市的兴起,贸易范围扩大到了地中海、北海和黑海沿岸。此后城市手工业发展起来,如意大利北部城市佛罗伦萨成为当时毛纺织业的中心,它从英国和西班牙进口羊毛,从荷兰进口粗制呢绒,进行纺织与加工后输往东方。到14—15世纪,在地中海沿岸的某些城市已出现了资本主义生产的最初萌芽。从分工来看,已形成了欧洲与亚洲、欧洲与非洲以及欧洲各个地区之间的地域分工。与此相适应,形成了以地中海和波罗的海为中心,连接欧洲、亚洲、非洲各个区域性市场的网络。

封建社会各国之间的贸易具有以下特点:第一,贸易范围不断扩大。在西方,贸易中心由地中海东部扩大到地中海、北海、波罗的海、黑海沿岸。在东方,中国、印度、伊朗等亚洲国家的对外贸易也从近海逐渐扩展到远海。公元前2世纪的西汉时代,中国就开辟了从新疆、中亚通往中东和欧洲的"丝绸之路"。明朝时代,郑和前后七次率领船队下西洋,足迹遍及东南亚各沿海国家,最远到达了非洲东海岸。第二,贸易商品中手工业产品增加,但奢侈品仍然是主要贸易商品,西方国家以呢绒、酒、装饰品等来换取东方国家的丝绸、香料、珠宝等。第三,固定的交易场所和有组织的贸易行为出现了。到12—13世纪,具有全欧意义的香槟集市是当时最大的国际集市,东方的香料和奢侈品、佛兰德尔的呢绒、法国的葡萄酒和家畜、德国的金属制品、英国的羊毛、北欧的皮毛等都在集市上出售。至14世纪中叶,以德意志北部各城市为主,联合近百个北欧城市形成了一个庞大的带有政治性的贸易联盟——"汉萨同盟",该同盟在各国设有商馆。

尽管封建社会国家之间以及国家与地区之间的贸易有了较大发展,但由于受生产力水平、生产方式和交通条件以及自然经济的限制,对外贸易在各国经济中并不占主要地位。此时,国际分工和世界市场尚未形成,各国和地区之间的贸易无论是贸易商品的种类、数量还是贸易范围都远未达到真正的国际贸易的水平。

(四) 资本主义社会国际贸易的发展

前资本主义各种社会形态中的国际商品交换只是少数国家之间和地域性的商品交换,是国际贸易的雏形,真正全球范围内的国际贸易形成于资本主义时代。对外贸易既是资本主义生产方式的基础,又是资本主义生产方式的产物,并且成为资本主义经济体系的重要组成部分。

资本主义原始积累时期,生产力的发展为国际贸易的扩大提供了物质基础,而这个时期的四次地理大发现则为国际贸易在全球范围内的大规模扩展创造了条件。为了给资本主义发展积累资本,西欧殖民主义者采取殖民地政策,从国土之外的地方掠取黄金等资本性资产,来达到他们积累资本的目的。在这一时期,国际贸易是单向的、充满血腥和残暴的、强迫性的。当时最残酷、最大规模的贸易活动就是奴隶贸易。资本原始积累完成后,资本主义发展进入自由资本主义时期,资本主义国家开始了真正意义上的国际贸易。随着英、法等国相继完成工业革命,生产力迅速发展,产品极大丰富,再加上运输工具和运输方式的变革,国际贸易取得了很大的发展,体现在贸易额、贸易的商品结构、贸易方式上都有新的突破。但当时的国际贸易是以绝对优势理论为指导,只在资本主义国家间进行,以农产品和手工业产品为主。从19世纪70年代开始,自由资本主义向垄断资本主义阶段过渡。国际贸易不仅把生产力发展水平高的国家联系起来,而且把生产力发展水平低的国家和地区也卷入交换领域中,使这些国家的生产日益具有世界性,价值规律逐渐支配了它们的生产,世界市场最终形成,国际贸易得到空前的发展。这一时期国际贸易的主要特点是:资本主义国家开始与发展中国家进行贸易,输出制成品,输入初级产品,以和平的方式从发展中国家掠夺资源。资本主义国家间进行产业内贸易,资本主义国家和发展中国家间进行产业间贸易。

(五)当代国际贸易的新发展

当今时代,经济全球化和高新技术的发展,对传统国际贸易产生了深刻的影响。国际贸易发展在保持21世纪前后所出现的发展中国家在世界贸易中地位增强、国际贸易支持世界经济增长以及服务贸易异军突起等特点的基础上,近期又出现了几大新的发展趋势:

1. 自由贸易协定的发展如火如荼

近年来,经济全球化与区域经济一体化已成为世界经济发展的重要趋势。区域化和全球化的相互促进、互为补充乃至阶段性的交替发展,凸显了社会生产力发展的必然要求及当代世界经济贸易发展的本质特征。一方面,在贸易自由化、生产国际化和经济一体化不断突破国家和地域限制,各国及各地区之间经济联系日益增强的条件下,WTO的建立和运作协调并规范国际贸易发展的秩序,推动经济全球化进入一个新的发展阶段。另一方面,多边贸易体制存在一定的局限性,双边和区域层次上的贸易自由化的努力仍然十分活跃,由此促进区域经济一体化的发展。

进入21世纪以来,世界上再次兴起区域贸易集团化的热潮,自由贸易协定及优惠贸易安排大量涌现。据不完全统计,目前全球约有1 200个大大小小的自由贸易区,涉及WTO 97%的成员,其中双边自由贸易协定约占90%。自由贸易协定的蓬勃兴起,表明通过区域经济合作来推进一国或一地区的经济贸易增长,已成为当今国际经贸发展的重要趋势。

2. 对外直接投资成为国际贸易发展的加速器

近年来,跨国公司的投资活动对世界经济贸易发展发挥了举足轻重的作用。随着经济全球化步伐的加快,各国政府竞相采取优惠政策吸引外资,大幅削减贸易和投资壁垒,使跨国公司在全球范围内配置资源、扩张经营获得了有利的环境空间。

根据《2019年世界投资报告》的统计,2018年,贸发会议百强企业中的跨国公司在研发方面的投资超过3 500亿美元,占所有企业研发投资的1/3。技术、制药和汽车行业的跨国公司研发支出最多。全球对研发活动的绿地投资相当可观,而且还在增长。过去五年,跨国公司宣布了5 300个本国市场之外的研发项目,占所宣布绿地投资项目总数的6%以上。跨国公司大规模向各地区渗透,进行跨国生产、经营和销售,不仅增加了东道国的对外贸易量,而且其开创的以公司内部分工为特征的国际生产一体化体系,使母公司与分支机构间的内部贸易量急剧增长,成为当今国际贸易增长的重要组成部分。由于公司内部贸易可以大大降低交易成本,因此跨国公司的生产、销售越来越多地在内部进行。据统计,20世纪70年代跨国公司的内部贸易占世界贸易的20%,80—90年代这一比例上升至40%,截至2018年世界贸易总量的70%—80%与跨国公司有关。需要指出的是,WTO《与贸易有关的投资措施协议》要求各成员通报其与此相关的法规中存在的限制情况,并要求各成员根据确定的时间表在最长7年时间内取消这些规定。可见,国际贸易发展使跨国公司在世界市场上的竞争地位不断加强,同时也为跨国公司的发展提供了更多的机会和制度保证。

3. 电子商务引发了交易手段的革命

随着国际互联网和信息技术的飞速发展,为适应国际贸易规模迅速扩张的需要,90年代后半期产生的电子商务一经问世,就以不可逆转的势头为世界贸易搭建起了快速运行的平台。特别是在美国、欧盟、日本等主要发达国家和地区的大力推动下,电子商务已成为21世纪最具发展前途的领域之一。

众所周知,全球电子商务交易额在90年代前几乎可以忽略不计,但到1997年就迅速达到约300亿美元,2000年增至2 500亿美元,2006年达到5.8万亿美元,2011年达到41万亿美元。中国电子商务交易额2011年超过6万亿元,2013年突破10万亿元,2015年继续保持强势增长,达16.2万亿元。

在进行电子交易的同时,各国或地区已将传统国际贸易领域内正在进行的全球制度化建设实践,同步应用到电子商务平台的建设上。当然,由于电子商务平台自身运行的高技术特点,其规则的制定并非一蹴而就,但人们努力的成效还是比较明显的。联合国国际贸易法委员会通过的《电子商务示范法》、WTO部长级会议上通过的《关于全球电子商务宣言》、OECD召开的电子商务部长级会议以及电子商务全球对话形成的《巴黎倡议》,都是国际范围内进行电子商务规则建设的可喜成果。

总之,当前国际贸易所出现的新的发展趋势既是经济全球化的产物或阶段性现象,又是经济全球化进程继续的基础和条件。每一种趋势都以巨大的力量在助推全球经济的发展,同时各种趋势又交织在一起相互作用及相互影响。

二、国际贸易政策的演变

对外贸易政策是一国在一定时期内为实现一定的政策目标对本国进出口贸易制定并执行的政策,它从总体上规定了该国对外贸易活动的指导方针和原则。迄今为止,对外贸易政策无非有两种类型:保护贸易政策和自由贸易政策。一个国家选择何种对外贸易政策,主要取决于该国的经济发展水平和在国际经济中所处的地位,以及其经济实力和产品的竞争力。那些经济最发达、经济实力最雄厚、产品最具竞争力的国家,往往实行自由贸易政策或带有自由化倾向的贸易政策;反之,那些经济发展较晚、经济发展水平较差、产品竞争力较弱的国家,则一般采取保护贸易政策。

(一)保护贸易政策

1. 重商主义政策

15—17世纪,欧洲各国进入资本主义生产方式准备时期,为了促进资本原始积累,西欧各国纷纷采取重商主义对外贸易政策,目标是把金银财富留在本国内,实现资本的积累。重商主义认为,只有金银才是真正的财富,除了开采矿山和进行暴力掠夺,只有对外贸易才能增加一国的财富。因此,国家要致富,必须通过国家干预,大力发展出口贸易,限制外国商品的进口。

重商主义经历了两个发展时期。早期的重商主义主张采取直接的强制措施来取得金银,鼓励金银流入,限制金银流出,尽量把金银留在国内,其理论基础是货币差额论。在对外贸易上,原则是多卖少买,甚至不买,主张限制进口,鼓励出口。因为出口可以增加货币收入,而进口必须支出货币。早期的重商主义注重出口大于进口的有利贸易差额,目的在于使对外收支保持绝对的货币顺差,增加货币流入。

晚期的重商主义认为,要使国内金银货币增加,必须发展对外贸易,使贸易出超,因而在政策上应采取各种办法鼓励出口商品的生产,用给予奖金或补贴的办法鼓励扩大出口,同时实行关税保护制度,限制消费进口,以保持对外贸易顺差,促使金银流入,其理论基础为贸易差额论。

无论是早期的重商主义还是晚期的重商主义,二者都强调对外贸易顺差的重要性,都主张实行保护贸易政策,奖出限入,实现贸易出超,达到金银流入、增加财富的目的。在当时的历史条件下,重商主义的对外贸易政策对于促进资本主义商品货币关系的发展,加速资本原始积累,推动封建制度向资本主义过渡,起到了一定的积极作用。

2. 幼稚产业保护政策

幼稚产业保护理论最初于18世纪后半期由美国独立后的第一任财政部长亚历山大·汉密尔顿(Alexander Hamilton)提出,在19世纪中叶由德国的史学派先驱弗里德里希·李斯特(Friedrich List)加以系统化。李斯特认为生产力是决定一国兴衰存亡的关键,而保护民族工业就是保护本国生产力的发展。因此,国家和政府应该作为民族工业发展强有力的后盾,而不是秉承古典学派的自由放任原则。

幼稚产业保护政策的基本内容是某个国家的一个新兴产业,当其还处于最适度规模的初创时期时,可能经不起外国的竞争,如果对该产业采取适当的保护政策,提高其竞争能力,将来可以具有比较优势,能够出口并对国民经济发展作出贡献,国家就应采取过渡性的保护、扶植政策。主要运用关税保护之类的手段来实现。传统的幼稚产业保护理论强调以规避竞争为主的保护方式,随着贸易全球化的发展、国际资本市场的初步形成以及汇率变动的日趋频繁,对幼稚产业的保护面临着规范保护程序、加强受保护产业的监管、鼓励国内竞争等新问题。

一个国家(地区)在对幼稚产业进行保护时,幼稚产业需要满足以下条件:第一,这种产业是该国尚未发展成熟的新兴产业。它暂时还没有能力同国外较发达的同类产业竞争,且该产业具有发展潜力。第二,该产业具有较大的产业关联度,即该产业和国内很多相关产业的发展息息相关,对这些产业的发展有正的外部效应。这一特征为幼稚产业的保护提供了必要性。第三,该产业在现阶段缺乏推动其发展的资金实力。

3. 超保护贸易政策

19世纪末20世纪初资本主义发展进入垄断阶段。在这个阶段,垄断代替了自由竞争,垄断组织成为一切社会生活的基础;经过产业革命,一些起步晚的资本主义国家迎头赶上,世界市场竞争空前激烈;两次严重的世界经济危机使资本主义国家的商品销路不畅,面临困境,市场矛盾尖锐。因此,各国为了垄断国内市场和抢占国际市场,先后实行保护贸易政策。1933年经济危机过后,所有的资本主义国家都卷入保护贸易浪潮。这个时期的保护贸易政策性质发生了变化:它已经成为帝国主义列强瓜分世界市场、划分势力范围和掠夺经济不发达国家的工具,成为资本主义各国向外转嫁经济危机的手段。这种政策具有明显的侵略性和扩张性,因此称为侵略性的保护贸易政策或超保护贸易政策。

帝国主义时期的超保护贸易政策与垄断前资本主义时期的保护贸易政策的主要区别是:第一,保护的范围扩大了。超保护贸易政策不仅保护幼稚产业,对所有的工业都加以保护。第二,保护的目的改变了。超保护贸易政策不再是保护国内的幼稚产业,而是成为维护垄断地位的手段。第三,保护的性质由防御转为进攻。以前的贸易保护是为了保护国内的幼稚产业免受国际市场的冲击,超保护贸易政策是在保护国内市场的基础上对国外市场的进攻性扩张。第四,保护的手段由关税壁垒转向技术性壁垒,保护的方式更加隐蔽了。

4. 新贸易保护主义政策

进入20世纪70年代以后,国际贸易领域中贸易保护主义重新抬头,出现了新贸易保护主义。与传统贸易保护相比,新贸易保护主义具有以下特点:

(1) 限制进口措施的重点由关税壁垒转向非关税壁垒。第二次世界大战后,随着贸易自由化的发展,特别是经过GATT主持的多次多边贸易谈判,各国的贸易水平已经降到了历史最低点,而且在已经达成的关税协定下关税不能随意回升。因此,自20世纪70年代初资本主义经济危机以来,发达国家竞相采取非关税壁垒来限制进口,并逐渐成为限制进口的主要手段,因为非关税壁垒具有名义上的合理性和手段上的隐蔽性。

(2) 奖出限入措施的重点从限制进口转向鼓励出口。随着国际分工的加深和对国外市场依赖的加强,各国争夺国外市场的斗争日益加剧。发达国家通过加强非关税壁垒措施来限制进口,不仅无法满足国内市场消费的需求,而且极易遭到他国的报复。这样,许多发达国家把奖出限入措施的重点从限制进口转向鼓励出口,具体措施包括奖励、补贴、出口退税等。

(3) 从贸易保护制度转向更系统的管理贸易。20世纪70年代以来,随着贸易保护主义的加强,发达国家为了遵循其所倡导的自由贸易原则,又有实行贸易保护主义的需要,因此出现了一种介于自由贸易与保护贸易之间、两者兼而有之的新的政策倾向,即管理贸易。管理贸易在一定程度上遵循自由贸易原则,但却同时利用国内立法,或通过双边或多边国际协定,管理本国贸易和进行国际协调。各国实施管理贸易主要采取非关税措施,以不违背降低关税壁垒的自由贸易原则为前提,通过各种巧妙的办法限制进口。管理贸易在国际上的应用还表现在区域贸易集团化和国际协调上。区域贸易集团对内实行自由贸易,各种生产要素可以自由流动,对外实行贸易保护政策,差别对待来自区域外的进口产品。

20世纪90年代以来,信息技术的迅猛发展在加快经济全球化和一体化的进程、促进全球贸易自由化发展的同时,也加剧了各国经济发展的不平衡,引发了新的贸易保护主义。与传统贸易保护相比,在关注焦点、实施手段、保护方式、保护动机和目的以及影响等方面都发生了很大的变化,90年代以来新贸易保护主义的表现形式主要包括以下方面:

(1) 技术性贸易壁垒。技术性贸易壁垒又称技术性贸易措施或技术壁垒,是指以维护国家安全、保障人类健康、保护生态环境、保证产品质量等为由,滥用 WTO 的有关保护条例,采取的一些阻碍其他国家商品自由进入该国市场的技术性措施。随着经济全球化浪潮的兴起和贸易自由化的发展,加上 WTO 规则的有关限制,国际贸易壁垒的种类和形式在不断地变化:关税税率越来越低,传统的非关税壁垒也在逐步减少,新型的更灵活、更隐蔽的贸易壁垒——技术性贸易壁垒却在不断发展,种类也在不断增多。目前,在各种非关税壁垒中,技术性贸易壁垒约占30%。WTO《技术性贸易壁垒协议》将技术性贸易壁垒分为技术法规、技术标准和合格评定程序。综观世界各国(主要是发达国家)的技术性贸易壁垒,其限制产品进口方面的技术措施主要包括严格、繁杂的技术法规和技术标准,复杂的合格评定程序,严格的包装、标签规则。

(2) 社会壁垒。社会壁垒是指以劳动者劳动环境和生存权利为由而采取的贸易保护措施。社会壁垒由各种国际公约的社会条款(包括社会保障、劳动者待遇、劳动权利、劳动技术标准等条款)构成,它与公民权利和政治权利相辅相成。社会条款的提出是为了保护劳动者的权益,本来不是什么贸易壁垒,但被贸易保护主义者利用(目的是削弱发展中国家企业产品成本低的优势)而成为变相的贸易壁垒。在社会壁垒措施中,比较引人瞩目的是 SA8000 标准,该标准是从 ISO9000 质量管理体系及 ISO14000 环境管理体系演绎而来的道德规范国际标准。社会壁垒可能成为发展中国家劳动密集型产品出口的主要障碍。社会壁垒不但可能发展成为一种新的贸易壁垒,而且可以与环境壁垒联合起来形成一种更新型、更复杂、更难以应对的环境—社会贸易壁垒。目前越来越多的发达国家将社会壁垒作为限制发展中国家进入本国市场的手段。

(3) 保障措施。保障措施也称一般保障措施,是 WTO《保障措施协议》所允许的保护国内产业免受进口损害的贸易救济手段。保障措施是指当某类产品的进口激增并对进口国国内的相关产业造成严重损害或严重损害威胁时,进口方依据 1994 年 GATT 所采取的进口限制措施。贸易自由化加速了商品的国际流动,保障措施对于防止因国外商品大量流入而带来的对国内产业的危害,保护国内产业的发展,具有非常重要的意义。

保障措施是成员政府在正常贸易条件下维护本国国内产业利益的一种重要手段,它与针对不公平贸易的措施(如反倾销和反补贴)不同。设置保障措施的目的在于使成员所承担的国际义务具有一定灵活性,以便在特殊情况出现时,免除其在相关 WTO 协定中应当承担的义务,从而对已造成的严重损害进行补救或避免严重损害威胁可能产生的后果。

(4) 特别保障措施。特别保障措施是 WTO 成员利用特定产品过渡性保障机制针对来自特定成员的进口产品采取的措施,即在 WTO 体制下,在特定的过渡期内,进口国政府为防止来自特定成员的进口产品对本国相关产业造成损害而实施的限制性保障措施。

最早的特别保障措施适用于日本。1953 年日本申请加入 GATT 时,一些 GATT 缔约方担心日本的纺织品进口可能对本国相关产业造成损害,决定在日本加入 GATT 之后其他成员可以对日本适用特别保障措施条款,即 GATT 缔约方在发现原产于日本的纺织品进口数量增加对本国构成市场扰乱时,可以单方面针对日本的纺织品采取保障措施,以抵消或减少对国内产业的冲击。此后,在波兰、匈牙利、罗马尼亚等东欧社会主义国家加入 GATT 时,也适用特别保障措施条款。本书主要探讨针对中国的特别保障措施。

针对中国的特别保障措施主要包含在《中华人民共和国加入议定书》(以下简称《议定书》)第16条和《中国加入工作组报告书》(以下简称《报告书》)第242、245—250段中。《议定书》第16条规定,在中国加入WTO之日起的12年内,如果原产于中国的产品在进口至任何WTO成员领土时,其增长的数量或所依据的条件对生产同类产品或直接竞争产品的国内生产者造成或威胁造成市场扰乱,该WTO成员可请求与中国进行磋商,包括该成员是否应根据《保障措施协议》采取措施。如果磋商未能使中国与有关WTO成员在收到磋商请求后60天内达成协议,该WTO成员有权在防止或补救此种市场扰乱所必需的限度内,对此类产品撤销减让或限制进口。根据《报告书》第242段的规定,在2008年12月31日前,WTO成员可以对来自中国的纺织品采取特别保障措施;第245—250段则规定实施特别保障措施的基本程序。附件7还列举了部分WTO成员可以采取特别保障措施的中国产品名称和具体措施。特别保障措施违反了WTO非歧视原则,是中国"处于弱势地位,在紧迫、意志受限的情况下作出的承诺,在意思真实性上存在瑕疵"。因此,特别保障措施是中国加入WTO时被迫接受的不公平条款,是WTO成员针对中国产品实施的歧视性措施;但它也是中国在谈判中为换取WTO成员的其他让步所作出的战略选择,也是中国为平衡和其他WTO成员贸易利益冲突的战略推进与战术妥协的结果。

(二) 自由贸易政策

自由贸易政策是指国家对进出口贸易不加干预,任其自由竞争。自由贸易政策有单边、双边、诸边和多边多种。实施自由贸易政策的表现为关税降低和应税商品减少、非关税壁垒等减少与取消。自由贸易政策随着资本主义的建立而出现,随着资本主义的发展而演变,时强时弱,没有绝对意义上的自由贸易政策。在国家存在和不平衡规律的作用下,自由贸易政策成为主流政策的时期短于保护贸易政策。但自由贸易政策有利于资本扩张本性的追求。第二次世界大战以来,随着资本国际化和经济全球化的发展,自由贸易政策成为主流,但不稳定。

1. 资本主义自由竞争时期的贸易政策

19世纪产业革命以后,英国经济竞争力大大增强。为了扩大市场、追求高额利润、形成以自身为中心的国际分工,英国确立了单方面的自由贸易政策,并通过各种渠道推行,甚至通过战争强加给战败的国家。主要措施包括以下方面:

(1) 废除谷物条例。该条例是当时重商主义保护贸易的重要立法,为保持国内粮食价格处于较高水平,用征收滑准关税的办法限制谷物进口。经过工业资产阶级与地主贵族之间的长期斗争,该条例终于在1846年废除,工业资产阶级从中获得降低粮价、降低工资的利益,被视为英国自由贸易的最大胜利。

(2) 改革关税制度。1842年英国进口关税项目共有1 052个,1859年减至419个,1860年减至48个,以后又减至43个。最终,英国把极复杂的关税税则加以简化,对绝大部分进口商品不予征税,并基本上废除出口税。

(3) 签订自由通商条约,1860年英法通商条约以及后来的英意、英荷、英德等通商条约,相互提供最惠国待遇,放弃贸易歧视,意味着英国自由贸易政策在国际上的胜利。

(4) 取消对殖民地的贸易垄断。解散特权贸易公司,开放殖民地市场,把殖民地贸易纳入自由贸易体系。

法国是当时第二个工业强国,从19世纪中叶起逐渐倾向于采取自由贸易政策。1853—1855年,法国降低煤、铁、钢材、羊毛、棉花的进口税;1860年,全部取消禁止进口货单;接着,又废除出口奖励金,降低原料进口税,并同一些国家签订旨在推进自由通商的条约。德国工业落后,直到19世纪60年代才逐渐放松以关税为主要工具的保护政策,出现自由贸易倾向。美国从1865年修改关税法开始,1867年修改关税同盟条约,以后又废除出口税及部分进口税,降低进口关税率,关税壁垒政策具有自由贸易色彩,反映了南方种植园主用农产品出口换回低价工业品的要求;南北战争结束后,转到保护贸易方面,不断提高工业品进口关税,就工业品贸易来说,美国并未出现自由贸易时代。

2. 第二次世界大战后的自由贸易政策

第二次世界大战以后,美国成为经济强国。为了对外扩张,美国从第二次世界大战前的贸易保护主义转向自由贸易政策,并推动GATT的建立,推行贸易自由化,把单边的自由贸易政策演变为多边的自由贸易政策。随着资本国际化和经济全球化的发展,1995年WTO成立,取代1948年生效的GATT,使多边的自由贸易政策得到加强。

WTO所推行的自由贸易政策与GATT推行的自由贸易政策相比,有以下重大变化:

(1) 推行自由贸易政策机制从贸易协定变成国际组织,具有永久性和制度性。

(2) 自由贸易政策囊括的领域从货物扩大到投资和服务业,并就此达成将近30个贸易协定与协议。

(3) 自由贸易政策对成员的约束性大大提高,其主要表现是成员要无保留地接受多边贸易协定与协议,且本国有关法规要予以对应;加强争端解决机制,对违规的成员予以"报复"或"惩罚";加强对成员的政策审议等。

(4) 推行的自由贸易政策带有阶段性,在一定程度上允许成员存在正当的贸易保护。如发展中国家成员自由化程度可以低于发达国家成员,加强知识产权制度,允许采取救济措施,存在可选择加入的诸边贸易协议。

(5) 鼓励成员进行"开放、公平和无扭曲的竞争"。所谓开放,是指WTO成员按照承诺的协定与协议履行义务和享受权利;所谓公平,是指贸易对象应在市场经济体制基础上,通过供求正当竞争形成的真实成本进行贸易;所谓无扭曲,是指贸易主体不借助垄断和特权等行为进行贸易活动。

(6) 成员之间自由贸易政策的实施是通过谈判,在互惠互利的基础上达成各种贸易协议,并付诸实施。

WTO推动的自由贸易政策不是纯粹的自由贸易政策:

(1) 在经济全球化下,自由贸易政策成为世界贸易政策的主流,但允许存在正当的贸易保护。

(2) 贸易自由化发展不平衡。就贸易领域来说,货物贸易自由化程度高于服务贸易;工业部门自由化程度高于农业;出口贸易自由化程度高于进口贸易。就成员来说,发达国家贸易自由化程度高于发展中国家和经济转型国家;高级阶段的地区经济贸易集团内部的自由化程度高于WTO成员内部。

(3) 自由贸易政策不时受到干扰。在不平衡发展规律作用下,世界经济、各国经济都处于不平衡发展中。当经济高涨时，自由贸易政策比较盛行；在经济危机下，自由贸易政策被干扰，甚至扭曲；同一国家，竞争力强的行业倾向于自由贸易政策，而竞争力弱的行业倾向于保护贸易政策；在同一行业，竞争力强的企业倾向于自由贸易政策，而竞争力弱的企业则寻求保护贸易政策；在一个国家，以国内市场为主的企业倾向于保护贸易政策，而以国外市场为主的企业倾向于自由贸易政策。

（4）在连锁作用下，贸易对一国的作用从经济领域扩散到整个社会。一国在制定贸易政策时，不仅要考虑贸易效益，还要考虑其他因素。就业问题往往成为制定贸易政策时考虑的重要因素。

（5）由于社会制度不同、国家关系亲疏、文化和宗教差异等，一国出于国家安全和战略考虑，对出口也加以管制。

相关案例　　应对贸易摩擦　中国需用好四张牌

2018年3月22日，美国总统特朗普宣布拟对中国商品征收关税，涉及征税商品规模达600亿美元，涉及航空航天、信息及通信技术、机械等产品。3月23日，中国商务部公布"中止减让产品清单"，拟对约30亿美元的美国进口商品加征关税，包括鲜水果、干果、猪肉等，用以平衡因美国对进口钢铁和铝产品加征关税给中国造成的损失。4月4日，美国贸易代表办公室公布了拟加征25%关税的中国商品清单，涉及每年中国出口美国的价值约500亿美元的商品，包括机械设备、电子信息、医药化工、航空航天等领域的约1 333个产品。为反击美国的贸易保护主义行为，当天国务院关税税则委员会决定对原产于美国的大豆、汽车、化工品等14类106项商品加征25%的关税。当前，深入思考如何打好政策组合牌，理清思路做好准备，是应对中美贸易摩擦进一步加剧的当务之急。

当前，全球贸易格局错综复杂、风云变幻，以WTO为代表的多边贸易体制遭受严峻挑战，各类区域性自由贸易协定停滞不前，国际贸易新规则及新秩序的形成尚需时日。据IMF统计，2017年美中两国GDP分别为19.56万亿美元和13.17万亿美元，合计占到全球经济总量的40%。中美关系是决定未来全球贸易规则的最重要的国家关系，将共同构筑起未来全球贸易秩序的基本底色。当前，面对美国总统特朗普咄咄逼人的贸易摩擦态势，中国应准备好如下四方面政策工具：

第一，要用好农产品牌。中国是农产品进口大国，2017年农产品进口金额达1 258.6亿美元，贸易逆差达503.3亿美元。美国是全球农产品出口最多的国家，以此维持农村经济增长，2017年出口农业相关产品1 590亿美元，占其农业收入来源的20%左右。美国商务部数据显示，2017年美国向中国出口植物（油籽、谷物等）产品金额为149.3亿美元。

据此，2018年2月，中国决定对原产于美国的进口高粱进行反倾销和反补贴立案调查，涉案高粱产品占到美国高粱出口量的80%。3月23日，中国公布"中止减让产品清单"，颇有"打蛇七寸"的妙笔，包括美国柑橘、甜橙、车厘子等鲜水果，应季水果可供销售的时间窗口较短，将这类产品纳入清单，影响效果将超出其他产品。另外，中国在农产品这张牌上还可留下后手，如大豆，2017年中国进口美国大豆139.4亿美元，共计328万吨，占到美国大豆出口量的一半以上；再如玉米，2017年中国进口美国玉米75.6万吨，同比增长

2.4倍。如果中美贸易关系持续恶化,那么美国向中国出口的高粱、大豆、玉米等谷物量也将持续下降。

需要注意的是,美国农业经济只占其GDP的1.2%,农业从业人口占其总人口的2%,抑制美国农业出口对其整体经济影响较小,需要注意策略。建议选择产地集中连片的经济作物,实施精准打击,争取在美国国内形成较大舆论压力,与美国相关利益集团对话谈判,抵消或降低其打贸易战的积极性。

第二,要慎用工业品反倾销牌。中国是全球最大的制造业大国,制造业规模占全球20%左右。美国进口中国工业产品数量庞大,其中,2017年美国仅进口中国机电产品金额就高达2 566.3亿美元,占美国从中国进口总额的50.8%。可见,在工业领域,中国处于守势,可用的牌并不多。中国已经考虑对从美国进口的飞机、越野车、豪华车等产品征收高关税。

值得庆幸的是,美国贸易保护政策对中国传统产业的影响力已大幅下降。美国对中国钢材的贸易壁垒措施持续升级,滥用"非市场经济地位"贸易救济措施,抬高对中国钢铁产品的"双反"税率;滥用贸易限制措施,2016年启动针对钢铁企业的"337调查"(涉及知识产权领域),2017年4月启动针对钢铁产品的"232调查"。10年来,美国进口中国钢材量大幅下降,从2006年的540万吨(占美国钢材进口量的12.6%)下降到2017年的118万吨(占比约为3%)。然而,中国钢铁产业仍呈现加速转型升级态势,通过淘汰落后产能和抑制过剩产能,加强行业规范管理和节能减排整治,钢铁行业持续健康发展。

应该警惕的是,美国贸易保护政策直接打击的目标已转变,升级为中国战略性新兴产业,此次"301调查"就是针对中国制造业国家规划中所涉及的10大重点领域的产品征收高关税,据预测,美国可能考虑按照"301条款",设定税率为100%。同时,美国将加强跨国公司对中国的正常技术转让限制,企图对中国产业进行低端锁定,让中国继续沦为低附加值的全球加工基地。

第三,要重用非关税壁垒牌。据统计,特朗普执政第一年,美国发起了84项反倾销和反补贴调查,比奥巴马政府最后一年的数量增加了59%。特朗普政府偏好使用关税、数量性非关税壁垒等贸易工具,极易引起贸易伙伴的贸易反制。对于中国而言,当前贸易工具相对单一和初级,应更多地采用隐蔽且有效的间接非关税壁垒,如进口押金制、技术标准和卫生检验规定等。欧盟、日本就曾采用技术标准,将美国农产品挡在国门之外。另外,中国还要防范低等级农产品进入国内,可利用政策工具形成看得见但进不来的"玻璃门"和"弹簧门"。例如,可考虑根据《卫生与动植物检疫措施协议》的安全和质量标准,以及WTO在技术性贸易壁垒协定下寻求的技术标准,重新审定可获得中国检验检疫准入的新鲜水果种类及输出国家。

利用非关税壁垒还可以调节国内市场,将健康的食品、药品、粮食等产品进口到国内,保障消费安全与国民健康。目前,中国非关税壁垒中,卫生与动植物检疫措施(SPS)和技术性贸易壁垒(TBT)应用最广泛,两者加起来达到非关税壁垒工具的95%。此外,中国还应在金融措施、流通限制、售后服务限制、政府采购限制、知识产权、原产地规则等方面加强研究,通过技术手段提高产品进口门槛,更好地发挥国家市场监督管理总局、海关总署等部门的市场监管职能。

第四,要准备启用金融牌。中美贸易摩擦仅是当前两国博弈中的一环,因此,其应对也不应仅局限在商品贸易层面。除了关税、非关税壁垒这些"术"的运用,在金融领域乃至国家战略层面要做好出击准备,可能对一心维护全球核心地位的美国更具震慑力。截至 2018 年 3 月,美国国债总量突破 21 万亿美元,同比增长 12%,特朗普还面临 7 年内还清美国债务的竞选目标压力。截至 2018 年 1 月,中国持有美国国债规模为 1.168 万亿美元,降至 2017 年 7 月以来的最低水平,比 2013 年峰值下降 10.5%。再如原油定价权,石油人民币体系破壳已出,已动摇石油美元根基。2017 年 9 月,中国宣布接受人民币作为石油结算的石油出口国,可将石油兑换成黄金;2018 年 3 月 26 日,原油期货在上海国际能源交易中心挂牌交易,人民币版原油期货问世,石油人民币体系打破了美元作为石油唯一结算货币的垄断局面,一定意义上已威胁美国在全球金融中心的领导地位。

资料来源:《应对贸易摩擦 中国需用好四张牌》,《中国经济时报》2018 年 4 月 12 日。

第二节 国际贸易体制

一、关税与贸易总协定

《关税与贸易总协定》(GATT),是由美国等 23 个国家于 1947 年在日内瓦签订,并从 1948 年 1 月 1 日正式生效的一项多边国际条约。GATT 确定的目标是:实现国际贸易自由化,逐步降低关税并消除各种非关税壁垒,以提高各国的生活水平,保证实现收入和有效需求的巨大持续增长,扩大世界资源的充分利用以及发展商品的生产与交换。

(一)宗旨

缔约方"认为在处理它们的贸易和经济事务关系方面,应以提高生活水平、保证充分就业、保证实际收入和有效需求的巨大增长,扩大世界资源的充分利用以及发展商品的生产与交换为目的"。

(二)基本原则

1. 自由竞争原则

以市场经济为基础,自由竞争为基本原则,价格取决于市场供求关系,积极主张自由贸易,开放门户。

2. 互惠原则或对等原则

关税减让要有给有取,互惠互利,对发达国家是总体减让对等。发达国家在作出关税减让时,不应期待发展中国家给予对等的回报。

3. 非歧视原则

非歧视原则包括无条件的最惠国待遇和国民待遇,即一个缔约方给予另一个缔约方的贸易优惠特权,必须自动地、无条件地给予所有其他缔约方,以及缔约方对来自另一缔约方的产品、企业应给予与本国同等的待遇。

4. 关税为唯一的保护手段

允许对国内工业进行保护,但只能利用关税进行保护,不能采用非关税壁垒。

5. 贸易壁垒递减原则

主要采取关税减让的办法。缔约方之间相互约束部分或全部产品的关税率,三年内不许提升。三年后如果提升,则要同当初进行对等减让谈判的国家协商,用其他产品相当水平的减税来补偿提升关税所造成的损失。

6. 公平贸易原则

公平贸易原则主要是指反对倾销和反对出口补贴。GATT规定,当一国产品以低于国内正常价格或成本价向外国出口时,可视为倾销,这时进口国可通过实施反倾销的措施来抵制倾销带来的伤害。GATT严禁缔约方对初级产品以外的任何产品给予出口补贴,如果某一缔约方的出口补贴对另一缔约方的利益造成重大损害或产生严重威胁,则允许这一进口缔约方对有关产品的进口征收反补贴税。

7. 一般禁止数量限制原则

一般来说,实行进出口数量限制是违反总协定基本原则的。但是,在某些例外情况下,允许的数量限制必须遵循非歧视原则。

8. 透明度原则

各缔约方政府应迅速公布其与商品进出口贸易和服务贸易有关的法律、规章,以便其他缔约方和贸易商能够熟悉,即贸易政策法规的全国统一实施和透明。其作用在于防止缔约方因对贸易进行不公开、不透明的管理而造成歧视性待遇,影响自由贸易的进行。它是 GATT 其他原则得以有效贯彻的基础。

(三)组织机构

1. 缔约方全体大会

缔约方全体大会是 GATT 的最高权力机构,权力包括:立法权;有权对总协定条款作出权威性解释,而且所作出的解释构成惯例(其他任何附属机构均无此法律权力);有权批准 GATT 各委员会、工作组、专家组提出的建议与报告;有权经一定方式解除某缔约方所应承担的某项义务;有权批准非 GATT 成员方所提出的要求,取得观察员地位。此外,还应某些缔约方的请求对它们之间所发生的争议、它们的贸易政策是否与 GATT 条款规定相一致等问题作出裁决。在一般情况下,缔约方全体大会每年召开一次,审议并决定一些重大问题。贸易和开发委员会直属缔约方全体大会,贸易和开发委员会下还设立保障措施委员会。

2. 代表理事会

代表理事会是 GATT 的重要机构,由缔约方在日内瓦的常驻代表所组成。从 GATT 的法律及组织机构看,代表理事会既是缔约方全体大会闭会期间的常设组织,也是缔约方全体大会的一个执行机关。代表理事会采取协商一致的方式作出的决定完全有可能为缔约方全体大会所确认。

代表理事会下设专门委员会等机构,如关税减让委员会、关税估价委员会、反倾销委员会、政府采购委员会、民用航空器委员会、输入许可证委员会、技术性贸易壁垒委员会、国际奶制品委员会、国际肉食品委员会、纺织品委员会、国际收支限制委员会、财政预算委

员会等。代表理事会的主要职能有:

(1) 代表理事会有权在缔约方全体大会闭会后继续讨论所有尚未作出决议的问题,并对闭会期间所发生的任何紧急情况加以审议;

(2) 有权对各个委员会、工作组和其他附属机构的工作进行监督,审查它们的工作报告,并酌情向缔约方全体大会提出对某项事务的处理意见;

(3) 负责筹备一年一度的缔约方全体大会;

(4) 有权根据需要成立附属机构并决定其职权范围。

3. 秘书处

秘书处设在日内瓦,大约有400人。秘书处为GATT的常设机构,为关税和贸易谈判提供服务,并对发展中国家提供技术援助。GATT预算大约为9 290万瑞士法郎,由缔约方按其在世界商品贸易中的份额交纳。

总干事是GATT中的最高行政官员。总干事的职权有:

(1) 最大限度地向各缔约方施加影响,要求它们遵守GATT的规则,但是只能采用建议而不是命令的方式;

(2) 协助缔约方解决它们之间发生的争端,协助缔约方进行磋商和非正式谈判,以消除分歧,促使各方协商解决问题;

(3) 有责任对现实问题做深入研究,为GATT及各缔约方实现其目标指引最佳道路,向缔约方提出实现其利益的最优方式的建议;

(4) 担任GATT的某些委员会或组织机构的主席,如贸易谈判委员会的主席历来由总干事担任,应十八国协商集团的请求也可担任该集团的主席;

(5) 负责秘书处的工作,管理预算和所有与缔约方有关的行政事务。

4. 部长级会议

GATT在讨论有关重大国际贸易问题时,往往召开缔约方部长一级的会议。这是加强GATT体制作用的重要环节,其宗旨是协调缔约方及缔约方间的贸易政策,使部长们具体了解各国对GATT应承担的义务,充分考虑国内商业政策及立法如何适应GATT各项规则的要求,使各缔约方政府能切实承担遵守GATT义务的责任,并通过讨论解决重大的国际贸易问题。

(四) 积极作用与局限性

1. GATT的积极作用

(1) 制定了国际贸易活动的"行为准则",使国际贸易行为规范化、国际市场秩序化。

一是23个创始缔约方在1947年建立GATT,初步而全面地确定了第二次世界大战后国际贸易应当遵循的基本原则。

二是由GATT所主持的战后八轮多边贸易谈判,通过了一系列协议,这些协议又进一步规范了国际贸易行为。在前六轮谈判中,各缔约方集中讨论关税减让问题,达成双边和多边关税减让协议数百项。在第六轮肯尼迪回合谈判中,还达成了反倾销协议,并在GATT中增加了关于发展中国家的特殊要求和发达国家应当承诺的义务的有关条款。这些条款构成了GATT的第四部分内容,使其内容更加完整。这些条款的重要补充,使国际贸易行为朝合理化方向迈出了更大的步伐。在第七轮东京回合谈判中,除了签订了一系列关税减让协议,还签订了六项反对非关税壁垒的协议。此外,还通过了给广大发展中国家更多和具体的贸易优惠待遇的"保障条款"。在乌拉圭回合谈判中,涉及的内容更加广泛。协议除了关税递减和非关税壁垒,还包括过去历次谈判中从未涉及的议题,如农产品贸易、知识产权、与贸易有关的投资问题等,最突出的是关于服务贸易的协议。这一协议确定了服务贸易的基本框架,清除服务贸易领域中的各种障碍,逐步实现服务贸易的多边自由化。

(2) 通过大幅削减关税和限制非关税壁垒,奠定了国际自由贸易的基础。

一是大幅削减关税。在第一轮谈判中,23个成员达成双边关税减让协议123项,涉及商品税目45 000项,使应征税进口值54%的商品平均降低关税35%,涉及100亿美元的贸易额。在第二轮谈判中,33个成员达成双边减税协议147项,涉及关税减让5 000项,使应征税进口值5.6%的商品平均降低关税35%。在第三轮谈判中,39个成员达成双边减税协议150项,涉及关税减让8 700项,使应征税进口值11.7%的商品平均降低关税26%。在第四轮谈判中,28个成员使应征税进口值16%的商品平均降低关税15%,涉及25亿美元的贸易额。在第五轮谈判中,45个成员使应征税进口值20%的商品平均降低关税20%,涉及43亿美元的贸易额。在第六轮肯尼迪回合谈判中,54个成员使工业品的进口关税下降35%,涉及贸易额400亿美元。在第七轮东京回合谈判中,99个成员采取了一揽子办法,按照一定的公式,使关税水平降低30%左右。通过这七轮谈判,发达国家的平均关税率已从1948年的36%降到20世纪80年代的5%,发展中国家的平均关税率也在同期下降到13%左右。在第八轮乌拉圭回合谈判中,达成内容广泛的协议共45个,减税商品涉及贸易额高达1.2万亿美元,减税幅度近40%,近20个产品部门实现了零关税,发达国家平均关税率由6.4%降为4%,农产品非关税措施全部关税化。

二是积极地限制各种非关税壁垒。在第七轮东京回合谈判中,非关税壁垒成为重要的谈判议题,并最终达成了六个限制非关税壁垒的协议。这些协议是《海关估价协议》《进口许可证手续协议》《技术性贸易壁垒协议》《补贴与反补贴措施协议》《反倾销守则》和《政府采购协议》。在第八轮乌拉圭回合谈判中,非关税壁垒得到了更高程度的重视。

三是反对各国政府制定外贸政策方面的"内部规定",增强国际贸易的透明度。GATT明确要求各国政府增强对外贸易透明度。为了增强外贸的透明度,GATT定期汇总世界各国的贸易统计和投资数据,并向各缔约国公布。GATT秘书处定期出版国际贸易方面的刊物、专题研究资料,此外还不定期出版一些专家撰写的专题报告。出版的主要刊物有《国际贸易》、《论坛》(季刊)、《出口促进技术手册》、《市场研究》。这些刊物和资料的出版有利于各国对世界贸易情况的了解。

(3) 充当国际"商务法庭",发挥贸易仲裁作用。GATT运用它的调解、仲裁机构有效地解决了众多的国际贸易纠纷。虽然GATT所作出的裁决不可能像法院那样具有权威性,但仍具有一种道义上的约束力。因为任何一国都不愿因违反GATT而受到缔约国全体的公开谴责,所以GATT事实上起到了国际"商务法庭"的作用。GATT的这一作用,对于处于发展中的经济小国来说,具有重要的意义。当与经济大国发生贸易争端时,它们借助争端解决程序,可以取得有共同利益的其他国家的支持,从而加强其谈判地位,通过多边渠道促成双边问题的解决。东京回合谈判以后,争端解决程序又有进一步的改进和发展,对缩短争端解决的时间作出了明确规定,缔约各方还承诺要特别注意发展中缔约方的特殊问题和特殊利益。

(4) 推动发展中国家的经济发展。GATT 为广大发展中国家提供了一系列优惠,从而为推动发展中国家的贸易发展和经济发展起到了一定作用。在 GATT 成立之初,发展中国家处于无权的地位。随着形势的发展,越来越多的发展中国家加入 GATT,并积极参与 GATT 的各项活动,在可能的范围内运用有关规定,努力扩大其出口贸易。

2. GATT 的局限性

(1) GATT 在成立之初就是一个"临时协定"。1948 年 1 月 1 日生效后,逐步演变成一个越来越庞大的国际组织,但又不是正式的国际组织,只能算一个准国际组织。

(2) GATT 的许多规则不严密,执行起来有很大空隙,有些缺乏法律的约束力。一些国家按照各自的利益理解协定条文。GATT 又缺乏必要的核查和监督手段。例如,"用倾销手段将一国产品以低于正常价值的办法进入另一国国内市场,如因此对某一国领土内已建立的某项工业造成实质性损害或产生实质性威胁"的规定,实际执行中很难界定。于是一些国家就用国内立法来征收倾销税,使其成为这些国家推行贸易保护主义的重要手段。虽然东京回合谈判补充了有关的多边协议,但是贸易保护主义浪潮迭起。

(3) GATT 中还存在大量"灰色区域",有很多例外。某些缔约方违背 GATT 的原则,用国内立法和行政措施来对别国实行贸易歧视。它们利用"灰色区域",通过双边安排,强迫别国接受某些产品出口限制的事屡见不鲜。由于 GATT 原则例外过多,许多原则不能得到很好的贯彻实施。例外过多和滥用例外,已侵害到 GATT 的一些基本原则。尽管 GATT 在关税减让方面成绩显著,但由于存在漏洞,许多缔约方便绕开关税采用非关税壁垒。尽管 GATT 规定了一般禁止数量限制,但由于例外,数量限制仍是贸易保护主义的主要手段。

(4) 贸易纠纷常常无法议决,难以取得实际成效。GATT 在解决国际经济贸易纠纷上起到不小的作用,但其解决国际经济贸易纠纷的主要手段是协商,最后是缔约方的联合行动。没有具有法律约束性的强制手段,这就使许多重大国际贸易争端无法解决。

二、世界贸易组织

1994 年 4 月 15 日在摩洛哥的马拉喀什市举行的 GATT 乌拉圭回合部长级会议决定成立更具全球性的世界贸易组织(WTO),以取代成立于 1947 年的 GATT。

WTO 是一个独立于联合国的永久性国际组织,1995 年 1 月 1 日正式运作,负责管理世界经济和贸易秩序,总部设在瑞士日内瓦莱蒙湖畔。1996 年 1 月 1 日,它正式取代 GATT 临时机构。WTO 是具有法人地位的国际组织,在调解成员争端方面具有更高的权威性。与 GATT 相比,WTO 涵盖货物贸易、服务贸易以及知识产权贸易,而 GATT 只适用于货物贸易。

(一) 宗旨

在 GATT 乌拉圭回合谈判达成的《建立世界贸易组织的马拉喀什协议》(以下简称《建立世界贸易组织协议》)中明确规定,WTO 的宗旨和目标是:WTO 全体成员在处理贸易和经济领域的关系时,应以提高生活水平、保证充分就业、大幅度和稳定地增加实际收入和有效需求、持久地开发和合理利用世界资源、拓展货物和服务的生产贸易为目的,努力保护和维持环境,并通过与各国不同经济发展水平相适应的方式来加强环保。由此可见,WTO 的目标是建立一个完整的,包括货物、服务、与贸易有关的投资及知识产权等更具活力、更持久的多边贸易体系,以包容 GATT 贸易自由化的成果和乌拉圭回合多边贸易谈判的所有成果。

为了有效地实现上述宗旨和目标,WTO 规定各成员应通过互惠互利的安排,大幅降低关税,减少非关税壁垒,消除在国际贸易交往中的歧视性待遇,对发展中国家给予特殊和差别待遇,扩大市场准入程度及提高贸易政策和法规的透明度,以及实施通知与审议等原则。

(二) 主要职能

根据《建立世界贸易组织协议》的规定,WTO 的职能有:

(1) 负责多边贸易协议的实施、管理和运作,促进 WTO 目标的实现,同时为诸边贸易协议的实施、管理和运作提供框架;

(2) 为各成员就多边贸易关系进行谈判和贸易部长级会议提供场所,并提供实施谈判结果的框架;

(3) 通过争端解决机制,解决成员之间可能产生的贸易争端;

(4) 运用贸易政策审议机制,定期审议成员的贸易政策及其对多边贸易体制运行所产生的影响;

(5) 通过与其他国际经济组织(如 IMF、世界银行及其附属机构等)的合作和政策协调,实现全球经济决策的更大一致性;

(6) 对发展中国家和最不发达国家提供技术援助及培训。

(三) 组织机构

WTO 的各项职能均由其所属的组织机构实现。WTO 的主要机构是部长级会议及其下设的总理事会和秘书处。其中,总理事会的工作得到货物贸易理事会、服务贸易理事会和与贸易有关的知识产权理事会三个理事会以及贸易与环境委员会、贸易与发展委员会、区域贸易协议委员会、收支平衡限制委员会和预算、财务与管理委员会五个专门委员会的协助。

WTO 的组织机构如图 5-1 所示。

1. 部长级会议

根据《建立世界贸易组织协议》第四条的规定,WTO 的最高决策权力机构是部长级会议(The Ministerial Conference)。部长级会议由 WTO 所有成员方主管外经贸的部长、副部长级官员或其全权代表组成。部长级会议负责履行 WTO 的职责,采取必要的措施,并可对多边贸易协议的所有事务作出决定。部长级会议至少每两年举行一次会议。

部长级会议主要有立法权、裁决权和审批权。从法律的角度来讲,只有 WTO 的部长级会议才有权对其协议、协定等作出必要的修改和权威性解释;部长级会议有权对其成员之间发生的争议或其贸易政策是否与 WTO 相一致等问题作出裁决,并有权豁免某一个成员在特定情况下的义务;部长级会议负责审批非 WTO 成员方所提出的取得 WTO 观察员资格的申请。

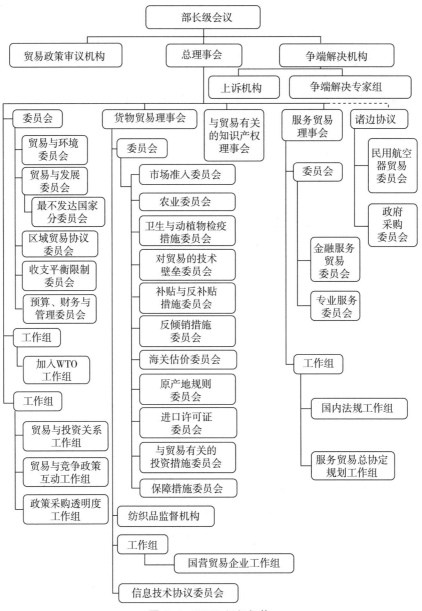

图 5-1 WTO 组织机构

2. 总理事会

在部长级会议休会期间,由总理事会(The General Council)履行部长级会议的职能。总理事会由各成员方的代表组成,负责 WTO 的日常事务。总理事会定期举行会议,通常每两个月一次。在部长级会议休会期间,总理事会代表部长级会议处理有关部门事务并向其直接报告。

在审议成员方之间的诉讼和采取必要的措施解决它们之间的争端时,总理事会作为争端解决机构召开会议,履行其根据《关于争端解决规则与程序的谅解》所赋予的争端解决机构的职能。该机构也有自己的主席和程序规则。总理事会还负责根据 WTO 秘书处准备的报告,就各国的贸易政策进行审议。另外,总理事会还可视情况需要随时开会,自行拟定议事规则和议程。

3. 理事会

总理事会的附属机构,共有货物贸易、服务贸易、与贸易有关的知识产权三个理事会(Council)。各理事会由所有成员方的代表组成。一般来讲,每一理事会每年至少召开八次会议。各理事会负责处理各自领域内的事项。

货物贸易理事会(Council for Trade)主要负责监督1994年GATT及其附属协议的实施与运作,这些协议包括GATT及有关《关于争端解决规则与程序的谅解》和《建立世界贸易组织协议》附件中的12个其他协议。

服务贸易理事会(Council for Trade in Service)目前下设四个附属机构,即金融服务贸易委员会、专业服务委员会、国内法规工作组和服务贸易总协定规划工作组。服务贸易理事会的主要职能包括负责《服务贸易总协定》及其相关协定、决定、宣言以及谅解协定的执行和实施工作,根据《服务贸易总协定》授权开展服务贸易市场准入谈判和多边规则谈判;日常工作主要包括最惠国待遇例外的审议、《关于空运服务的附件》的审议、《电信会计费率谅解》的审议及对《服务贸易总协定》条款的技术性审议问题进行讨论。

与贸易有关的知识产权理事会(Council for TRIPs)主要负责与贸易有关的知识产权协定的运作。具体来讲,除了争端解决职能由争端解决机构履行外,与贸易有关的知识产权理事会负责监督《与贸易有关的知识产权协定》的运作及履行由总理事会赋予的其他职责。

4. 专门委员会

部长级会议下设专门委员会(Committee),以处理特定的贸易及其他有关事宜。目前,已设立的专门委员会如下:

(1) 贸易与环境委员会(Committee on Trade and Environment),主要负责处理有关贸易与环境方面的事务。

(2) 贸易与发展委员会(Committee on Trade and Development),主要负责定期审议多边贸易协议中有关优惠最不发达成员的特别规定及执行情况,并就此向总理事会提出报告,以便采取适当行动,促进发展中成员的贸易发展。

(3) 区域贸易协议委员会(Committee on Regional Trade Agreements),负责统一处理原来由24个专门处理区域贸易问题的工作组的工作,并使WTO内有专门处理区域贸易问题的新论坛。

(4) 收支平衡限制委员会(Committee on Balance-of-payments Restrictions),主要负责处理因国际收支而采取贸易限制措施的有关事宜。

(5) 预算、财务与管理委员会(Committee on Budget, Finance and Administration),主要负责审议总干事提出的WTO年度预算和财务报告,并就此向总理事会提出建议,将这些报告报总理事会审批;同时,负责向总理事会提出财务规则的建议。

这些委员会执行WTO协议及多边贸易协议所赋予的职能,以及总理事会赋予的额外职能。所有成员代表都有权参加上述委员会。

5. 秘书处和总干事

WTO设立秘书处(The Secretariat)负责日常工作。秘书处由一位总干事(The Director

General)领导,另有三位副总干事协助总干事工作。总干事由部长级会议任命,其权力、职责、服务条件和任期由部长级会议通过规则予以确定;副总干事由总干事经与成员磋商后任命。总干事有权任命其下属工作人员。在履行职务中,总干事和秘书处工作人员不得寻求和接受任何政府或WTO以外任何组织的指示,各成员也应尊重他们职责的国际性,不能对他们施加有碍履行其职责的影响。

6. 争端解决机构

争端解决机构(Dispute Settlement Body, DSB)是WTO部长级会议的一个常设机构,负责处理WTO成员之间的贸易争端。争端解决机构可以根据需要建立自己的程序规则,设立自己的主席。争端解决机构通过争端解决专家组(Dispute Settlement Panels)和上诉机构(Appellate Body)来处理争端。

7. 贸易政策审议机构

贸易政策审议机构(Trade Policy Review Body)是WTO部长级会议的一个重要机构,主要负责对成员的贸易政策进行综合性定期检查,目的是增加贸易政策与措施的透明度。

(四) 基本原则

1. 非歧视性贸易原则

根据GATT第1条,缔约方必须相互给予最惠国待遇;根据其第3条,缔约方必须相互给予国民待遇。最惠国待遇条款和国民待遇条款是非歧视性贸易原则的保证。

所谓最惠国待遇,是指一成员给予其他成员的产品、服务和人员的优惠待遇,应该立即扩展到所有成员。如果一成员与另一成员进行了贸易壁垒减让谈判,那么谈判结果应适用于所有成员。这是近代文明的体现,也是现实世界的准则。最惠国待遇原则可以保证各成员间非歧视地开展贸易,从而实现WTO的宗旨。所谓国民待遇,是指一成员给予本国的产品、企业、服务和人员的优惠待遇,也应给予另一成员。具体来说,一成员给予其他成员的贸易等方面的待遇,不能低于本国的相同待遇。

非歧视性贸易原则除体现在GATT最惠国待遇条款和国民待遇条款中,还体现在其他一些协议条款中,如《原产地协议》《装船前检查协议》《与贸易有关的投资措施协议》《卫生与动植物检疫措施协议》《服务贸易总协定》《与贸易有关的知识产权协定》等。可见,它是一项基础广泛的贸易原则。

非歧视性贸易原则也有一些例外。比如,关税同盟和自由贸易区、边境贸易的优惠规定、沿海贸易与内河航行、沿河捕鱼和武器进口、文化类产品的出口限制等不适用最惠国待遇原则;再如,沿海航行和领海捕鱼、购买不动产、《服务贸易总协定》中针对特定国家的豁免等不适用国民待遇原则。

2. 透明度原则

透明度原则的基本含义是,缔约方应及时公布所制定和实施的贸易措施及其变化情况(如修改、增补或废除等),实施有关法律、法规和判决时应坚持公正、合理、统一的原则。公正和合理就是要求缔约方对法律、法规的实施实行非歧视原则;统一就是要求在缔约方领土范围内管理贸易的有关法规不应有差别待遇,同时缔约一方政府或政府机构与另一缔约方政府或政府机构之间缔结的影响国际贸易政策的现行规定也必须公布。

3. 自由贸易原则

自由贸易原则的基本含义是,缔约方以互惠互利为基础,通过多边贸易谈判,实质性削减关税和减少非关税壁垒,扩大缔约方之间的货物和服务贸易,由此促进国际贸易的发展。自由贸易原则包含五个要点:

(1) 以共同规则为基础。缔约方根据WTO的协定,有规则地实行贸易自由化。

(2) 以多边谈判为手段。缔约方通过参加多边贸易谈判,并根据在谈判中作出的承诺,逐步推进贸易自由化。货物贸易方面体现在逐步削减关税和减少非关税贸易壁垒,服务贸易方面则更多地体现在不断增加开放的服务部门,减少对服务提供方式的限制。

(3) 以争端解决为保障。WTO的争端解决机制具有强制性,如某缔约方被诉违反承诺并经争端解决机制裁决败诉,该缔约方就应执行有关裁决,否则,WTO可以授权申诉方采取贸易报复措施。

(4) 以贸易救济措施为"安全阀"。缔约方可以通过援用有关例外条款或采取保障措施等贸易救济措施,消除或减轻贸易自由化带来的负面影响。

(5) 以过渡期方式体现差别待遇。WTO承认不同成员之间经济发展水平的差异,允许发展中成员履行义务有更长的过渡期。

4. 公平竞争原则

公平竞争原则的基本含义是,缔约方应避免采取扭曲市场竞争的措施,纠正不公平贸易行为,在货物贸易、服务贸易和与贸易有关的知识产权领域,创造和维护公开、公平、公正的市场环境。

公平竞争原则包含三个要点:

(1) 公平竞争原则体现在货物贸易、服务贸易和与贸易有关的知识产权领域;

(2) 公平竞争原则既涉及缔约方的政府行为,也涉及缔约方的企业行为;

(3) 公平竞争原则要求缔约方维护产品、服务或贸易提供者在本国市场的公平竞争,无论它们来自本国还是来自其他任何缔约方。

5. 磋商调解原则

磋商调解原则的基本含义是,一旦缔约方之间产生矛盾和争端,首先应在WTO范围内进行磋商,以求双方的矛盾能够在平和的气氛下解决;如果磋商不能解决问题,可以根据任何一方的要求成立专家组进行调查,并由专家组向代表理事会提出报告和裁决建议,交理事会通过,败诉方必须执行调查的建议,如败诉方拒不执行有关决议,理事会可授权胜诉方进行报复。

6. 对发展中国家的特殊待遇原则

对发展中国家的特殊待遇原则的基本含义是,WTO考虑到发展中国家的具体情况,允许发展中国家在执行WTO基本原则时有一些例外。例如,允许发展中国家对本国幼稚产业通过提高关税、实行许可证等手段进行保护;允许发展中国家的关税制度有更大的弹性;允许发展中国家在一定范围内进行出口补贴;允许发展中国家享受普惠制待遇等。

(五) 贸易争端解决机制

乌拉圭回合《关于争端解决规则与程序的谅解》是对四十多年来在GATT框架内形成的争端解决安排的全面修改和更新。该谅解规定了适用于乌拉圭回合各项协议下可能产生的争端的一套统一规则,涉及GATT、《建立世界贸易组织协议》及其后所附全部货物贸易协议、《服务贸易总协定》和《与贸易有关的知识产权协定》。新规则保留了GATT体制中的核心内容,但更为详细。

1. 基本原则

WTO争端解决机制为多边贸易体制提供可靠性和可预见性。这一机制用于保护该谅解适用协议所规定的权利和义务,并澄清这些权利与义务。争端解决机制的目的是保证积极的、在可能情况下共同接受的争端解决办法。最好的解决办法是撤销不符合《建立世界贸易组织协议》的措施,如果不能撤销便应提供补偿。人们不希望看到实施报复,就是受到损害的国家在得到授权后,针对另一成员暂停实施贸易减让或履行义务。

另一套重要原则包含在《关于争端解决规则与程序的谅解》第23条中,该条禁止WTO成员针对其认为违反义务或导致《建立世界贸易组织协议》规定的任何利益丧失或减损而采取单边行动,而要求成员使用WTO争端解决程序来解决与这些问题有关的争端。特别是在没有确定已经发生违反义务和利益丧失或减损的情况下,除非依照已经获得通过的专家组和上诉机构的裁决,并且遵照谅解中规定的履行专家组建议的合理期限和进行报复的规定。

2. 机构

争端解决机构(Dispute Settlement Body,DSB)是WTO部长级会议的一个常设机构,负责处理WTO成员之间的贸易争端。争端解决机构通过争端解决专家组(Dispute Settlement Panels)和上诉机构(Appellate Body)来处理争端。

专家组的设立是用于审议特殊事项。专家组由争端解决机构设立,承担一项具体的任务,任务完成后即解散。专家组成员是"完全合格的政府和/或非政府个人"。专家不能从涉及审议的争端国家中选择,且如果争端涉及一个发展中国家,则该国家可以要求专家组成员至少有一名来自发展中国家的专家。专家组要评估案件的事实及有关协议实施的程度,最终形成双方满意的解决办法。

争端各方对专家组报告存有疑虑的,可进行上诉,但仅限于专家组报告中有关法律问题和专家组详述的法律解释。上诉案件由上诉机构7名成员中的3名进行审议。上诉机构可以维持、修改或撤销专家组的法律调查结论,上诉机构的报告一经争端解决机构通过,争端各方就必须无条件接受。上诉机构由争端解决结构设立,由具有"公认权威,并在法律、国际贸易和各适用协议所涉事项方面具有专门知识的人员"组成,这些人员"不附属于任何政府",并在WTO成员中具有广泛代表性。成员任期4年,但为了扩大在成员间的轮换,最初任命的3名成员的任期只有2年。最初7名成员的任命始于1995年11月。上诉机构有自己的工作人员,其秘书处在机构上区别于WTO秘书处。

3. 争端解决程序

(1) 磋商。根据《关于争端解决规则与程序的谅解》的规定,争端当事方应当首先采取磋商方式解决贸易纠纷。磋商要通知争端解决机构。磋商是秘密进行的,是给予争端各方能够自行解决问题的一个机会。

(2)成立专家组。如果有关成员在10天内对磋商置之不理或在60天后未获解决,受损害的一方可要求争端解决机构成立专家组。专家组一般由3人组成,依当事人的请求,对争端案件进行审查,听取双方陈述,调查分析事实,提出调查结果,帮助争端解决机构作出建议或裁决。专家组成立后一般应在6个月内向争端各方提交终期报告,在紧急情况下,终期报告的时间将缩短为3个月。

(3)通过专家组报告。争端解决机构在接到专家组报告后20—60天内研究通过,除非当事方决定上诉,或经协商一致反对通过这一报告。

(4)上诉机构审议。专家组的终期报告公布后,争端各方均有上诉的机会。上诉由争端解决机构设立的常设上诉机构受理。上诉机构可以维持、修正、撤销专家组的裁决结论,并向争端解决机构提交审议报告。

(5)争端解决机构裁决。争端解决机构应在上诉机构的报告向WTO成员散发后的30天内通过该报告,一经采纳,则争端各方必须无条件接受。

(6)执行和监督。争端解决机构监督裁决和建议的执行情况。如果违背义务的一方未能履行建议并拒绝提供补偿,受侵害的一方可以要求争端解决机构授权采取报复措施,中止协议项下的减让或其他义务。

相关案例　谨防反倾销诉讼成贸易保护的幌子

美国钢铁公司、纽克尔公司、钢铁动力公司、安赛乐米塔尔公司、阿拉斯加钢铁公司和加利福尼亚钢铁工业公司等六家主要钢铁企业日前联合向美国商务部和美国国际贸易委员会发起反倾销诉讼申请,声称从印度、意大利、韩国等国家以及中国大陆和台湾地区进口的钢铁产品正在对美国钢铁行业构成实质性损害,要求美国政府对来自上述国家和地区的钢铁产品展开反倾销调查,采取征收反倾销税等保护措施。

虽然这是美国钢铁企业2015年首次提出的反倾销诉讼,但利用反倾销诉讼打压竞争对手已经成为其常用手段。其中,2014年美国仅针对中国钢品贸易的摩擦就达22起。表面看,美国钢铁企业提出反倾销诉讼的理由"冠冕堂皇"。身为全球第二大钢铁消费国的美国,尽管需求强盛,但钢铁的整体定价2015年以来下降了25%。市场价格的下跌令美国钢铁企业感受到了莫大的竞争压力,它们认为钢铁的大量进口扰乱了整个价格体系,使得美国钢铁企业所占市场份额大幅减少,最终对美国的生产商和工人造成伤害。数据显示,美国钢铁企业2014年裁减了644名工人,6座工厂已经闲置,2015年美国钢铁企业已经向大约3 500名工人发出了裁员警告信。在此背景下,美国钢铁企业开始寻求美国政府的"贸易保护",惨淡的数据似乎也给美国政府"征收反倾销税"提供了"更大的依据"。

然而,在经济全球化趋势下,有关行业竞争加剧是正常现象。美国钢铁企业在其国内市场份额不断减少,并非完全由进口钢铁造成,而是多种因素的叠加效应。美国经济复苏并不如预期强劲,抑制了钢材需求;国际油价大跌导致美国原油钻探活动大幅减速,减少了对钢管的需求。此外,尽管美国钢铁工业的劳动生产率不断提高,但劳动力成本居高不下,部分抵消了生产率提高带来的成本优势。因此,把自身市场份额的减少、利润的降低完全归咎于进口钢铁产品,难免给人以"一叶障目"的感觉。

而"一叶障目"并非仅有此事,在美国钢铁企业发起此轮反倾销诉讼之前,欧盟已率先对中国出口的钢铁产品展开"贸易救济调查"。5月13日,欧盟对原产于中国、日本、韩国、俄罗斯和美国的取向性硅电钢作出反倾销初裁,向中国制造的取向性硅电钢征收28.7%的临时性反倾销税,期限为6个月;5月14日,应欧洲钢铁工业联盟请求,欧盟对原产于中国和俄罗斯的冷轧钢板展开反倾销调查。一时间,反倾销调查成为某些国家贸易保护的幌子,动不动就发起相关调查,提高关税或实施处罚,保护本国产业,以打压竞争对手。对于这种不良的苗头,必须有所警惕和防范。

针对此次美国钢铁企业提出的反倾销诉讼请求,美国国际贸易委员会将在45天内决定其是否受到了"伤害",之后美国商务部将在2015年年底发布一份初步调查结果。美国钢铁企业要想赢得这场诉讼,必须证明外国钢铁企业在美国以低于成本的价格销售产品,且这种做法正在伤害美国的钢铁企业。尽管目前结果尚不可知,但可以想象这只是开始,并不是结束,某些国家反倾销调查的"戏法"还将持续下去。因此,对于不合情理的诉讼,被调查的行业和涉案企业应积极应诉,依照WTO规则维护其正当利益,利用正当的理由拆穿那些或真或假的幌子。

资料来源:《谨防反倾销诉讼成贸易保护的幌子》,《经济日报》2015年6月30日。

第三节 自由贸易与保护贸易之争

一、自由贸易理论的发展和支持论点

(一) 自由贸易理论

18世纪60年代,工业革命的发生使得资本主义生产完成了从工场手工业向机器大工业的过渡,新兴的工业资产阶级迫切地需要更为广阔的国际市场,自由贸易理论应运而生。其支持者认为,实行自由贸易能够使得资源在世界范围内得到有效配置,促进国际专业化分工和世界经济发展。亚当·斯密(Adam Smith)在《国富论》中系统阐述了绝对优势理论,主张贸易双方都应集中资源,专业化生产其具有绝对优势的产品,参与国际贸易可使双方获益。在此基础上,大卫·李嘉图(David Ricardo)提出了比较优势理论,认为每个国家都应根据"两利相权取其重,两弊相权取其轻"的原则,集中生产并出口其具有比较优势的产品,进口其具有比较劣势的产品。伊莱·赫克歇尔(Eli Heckscher)和伯蒂尔·俄林(Bertil Ohlin)创立的要素禀赋理论从生产要素禀赋的角度解释了这种优势的根源所在。他认为,一个国家应当分工生产并出口密集使用其相对富裕的要素所生产的商品,进口其相对稀缺的要素所生产的商品。然而,当瓦西里·里昂惕夫(Wassily Leontief)运用实际资

料进行检验时,却产生了"里昂惕夫之谜":按照要素禀赋理论,美国应该出口资本密集型商品,进口劳动密集型商品,然而现实却恰恰相反。为了解释这一谜题,一些学者提出了新要素理论,即将技术、人力资本、研究与开发、信息以及管理等都概括进生产要素的含义中,试图以此修正要素禀赋理论。此外,以保罗·克鲁格曼(Paul Krugman)为代表的经济学家提出了新贸易理论,认为规模经济亦是国际贸易利益的决定因素。第二次世界大战后迅速发展的经济全球化,区域经济一体化,贸易、投资的自由化,以及GATT和WTO所建立的多边贸易体制都深受自由贸易理论的影响。

(二) 支持自由贸易的主要论点

1. 各国之间贸易往来不可避免

全球资源分布的不均衡,尤其是商品生产的不均衡,使得各国之间的贸易不可避免。世界各国资源分布不均,例如中东石油资源储量丰富,南美洲和亚洲木材资源丰裕,南亚盛产金子和钻石,各国为了得到各自稀缺的资源而进行国际贸易。然而,目前世界贸易格局的确存在不公平现象。由于世界市场上初级产品的价格很难跟得上通货膨胀水平的提高,发展中国家出口方购买力不断下降。而发达国家又出于对通货膨胀的考虑而抵制石油等商品价格的提高,持续低水平的初级产品价格阻碍了发展中国家的工业化进程。

2. 自由贸易可以促进世界经济发展

自由贸易促进世界范围内的竞争从而使消费者从中获益,消费更多的产品使福利水平得到提高。一个国家可以专门生产并出口本国具有比较优势的产品,进口与他国相比生产效率较低的产品。这便是李嘉图在其比较优势理论中指出的,自由贸易促进生产的专业化分工,并且与自给自足的经济相比,参与国际贸易的国家的人民将获得更多的利益。目前有关贸易利益方面的一个争执是,由发展中国家的成本结构带来的价格优势是以价格的方式使发达国家的消费者获益,还是发展中国家的低成本优势仅仅扩大了进口零售商或其他发达市场上其他中间商的获利空间。

3. 国际贸易促进全世界资源的有效利用

激烈的竞争迫使各国都将重心放在本国具有竞争力的产业上。例如,发展中国家可以利用本国丰富的劳动力资源发展劳动密集型产业,发达国家可以利用本国教育程度高和技术水平高的工人来生产技术含量高的商品和服务(例如高技术和金融服务)。赫克歇尔—俄林的要素禀赋理论证明了这一想法。根据赫克歇尔—俄林理论,一国如果拥有某种充裕要素,并在某种产品生产中密集使用该要素,则该国具有生产这种产品的比较优势并应出口该产品。

4. 获得先进技术

通过技术转移,贸易可以帮助新兴经济体发展。发展中国家希望通过国际贸易或技术转移缩小与发达国家之间的差距,赶上发达国家,并且提高生活水平。韩国以出口带动经济增长的战略使该国的人均GDP从1962年的87美元上升到1995年的10 000多美元。随着技术转移的频繁化,更多的国家获得了进军世界市场的技术。从长期来看,这些国家的公司会成为发达国家公司在世界市场上的主要竞争对手。

5. 出口创造工作岗位

人们普遍认为出口创造就业,而进口则减少就业。据估算,在20世纪70年代每10亿美元的出口贸易可创造2 000个就业机会;到了90年代,每10亿美元的出口会创造700个就业机会。贸易带来的经济上的相互依赖和全球商务大大降低了国家间发生战争的可能性。欧洲经济共同体在第二次世界大战后能够很快成立的一个原因就是,各国之间的贸易联系和经常性的对话减少了政治、军事冲突发生的可能性。然而目前的问题是商业谈判取代军事对抗成为国家间竞争的形式。

二、保护贸易理论的发展和支持论点

(一) 保护贸易理论

16—17世纪西欧资本主义原始积累时期的重商主义可以看作保护贸易的早期学说。重商主义认为,贸易是一种"零和"博弈,一国要使财富增加,必须在贸易中保持出超。18世纪末,美国第一任财政部长汉密尔顿为了使美国摆脱英国殖民统治、发展本国经济,强调要用关税来保护本国幼稚产业的发展。面对高举自由主义大旗的英、法等发达国家,李斯特提出了幼稚产业保护论,认为经济落后的国家应选择具有潜力的幼稚产业,加以适当的、暂时的保护,帮助其实现规模效应,增强国际竞争力。约翰·凯恩斯(John Keynes)在经济大萧条后转变为贸易保护论者,鼓吹通过扩大贸易顺差以扩张有效需求,救治失业危机。劳尔·普雷维什(Raúl Prebisch)针对拉美国家初级产品的贸易条件恶化提出贸易条件恶化论,成为发展经济学家主张落后国家工业化的直接依据。20世纪80年代初期,美国经济实力和竞争力下降,美国为摆脱困境采取了以绿色壁垒、技术壁垒、反倾销和劳工保护等非关税壁垒措施为主的新贸易保护主义。

(二) 支持保护贸易的论点

1. 幼稚产业论

新建立的产业,特别是在新兴国家新兴产业,在面对国际竞争之前常常需要时间积累经验并形成规模优势。新兴国家的政府认为临时性的关税保护是必要的,因为这样就会减少进口,同时使国内的幼稚产业学习如何以足够低的成本生产,直到最终国内的幼稚产业脱离关税的保护能在世界市场上进行竞争。从1791年汉密尔顿在其发表的制造业报告中使用幼稚产业的概念后,幼稚产业论便流行起来。美国政府主要是在内战后一段时期采取保护贸易措施,通过高筑关税壁垒来鼓励与英国竞争的本国纺织产品、钢铁制品和其他一些产品的生产。在20世纪50年代和60年代,日本通过设置贸易壁垒对钢铁、汽车、造船、电器等产业进行保护,直到这些产业具有强大的竞争力后才取消了进口关税。韩国和巴西的汽车制造业也是在贸易保护下成长起来的。然而随之产生的问题是受到保护的产业往往缺乏获取国际竞争力的动力,因而保护措施便不容易取消。

2. 战略性产业论

有些产业被政府贴上了战略性产业的标签,因而受到免遭国际市场竞争的保护。1945年后,战略性产业包括基础设施产业,如邮政服务、电信、能源(如公共能源)和航空政府认为将这些产业国有化是出于国家安全的考虑。然而随着东西方对立程度的降低，国家安全问题越来越少被提及，许多基础设施产业被私有化，并且对外开放接受国际市场的竞争。但是，仍然有些产业部门被各国政府列为战略性产业并受到政府的保护，其中一个便是农业。欧盟通过共同农业政策一直对农业进行保护。共同农业政策规定，欧盟农产品的价格是以效率最低的生产者为准，以此来保证农产品的持续供应。

其他国家（尤其是美国）认为没有政府保护的农产品市场将使消费者因支付较低的价格而受益。尽管这样的观点有一定道理，但是一些国家担心食品过度依赖进口的话后果会很严重，特别是在灾荒年，因此各国即使付出较高的价格也要保证本国食品的供应。

3. 贸易管理论

各国政府往往将本国的对外贸易限制在一定水平上，即出口所获得的可自由兑换货币能够支付进口商品的价格，以免造成重大的贸易赤字以及增加硬通货的债务。尽管这一做法会限制贸易和本国经济在短期内的发展，但这有利于减轻本国汇率变动的压力，同时保证充足的外汇储备。

4. 发展中国家政府论

发展中国家认为，对于贫穷的发展中国家来说，进口关税已经成为一种很重要的财政收入来源，而不是一种贸易保护手段。与名目繁多的税收相比，关税收入的成本较低，因为只需几个关税官员把住几个重要的港口和边界入境处即可。这一论点合理地解释了为什么许多低收入国家 1/4—3/5 的财政收入都来自关税，它们对关税的依赖程度高于那些以出口为导向的高收入国家。工业化国家的进口关税平均占政府财政收入的 2% 左右。

5. 非经济目的

有些时候，政府实施保护措施并非出于经济目的。也就是说，政府这样做的目的和经济福利没有直接关系。非经济目的主要包括两个方面：一是出于国家安全考虑。国防就是一个很好的例子。这种观点认为，如果国内产业的产出对国防意义重大，政府就应保护该产业免受国际竞争，以确保国家发生战事或者危机时关键物资的供给。世界上有许多以安全为由制定专门法律限制进口的国家，美国便是其中之一。美国政府在 1962 年的《贸易扩大法案》第 232 和 233 条款中制定了相关的法律，但是这些法律条款很少使用，最著名的一个案例是有关石油进口的，最近的一个案例是有关机器设备的出口自动限制谈判。美国政府很少使用这些法律条款的一个原因或许是美国在许多与国家安全相关的产品上具有比较优势。事实上，美国更多的是阻止这些产品的出口，而不是限制其进口。

二是文化保护主义。一些国家通过限制来自国外的影响（包括进口和外国直接投资）来保护本国文化。不是所有的国家都愿意毫无限制地接触西方的产品。加拿大一直抵制美国的"文化帝国主义"，限制美国课本的销售，减少本国广播站播放外国内容的数量，并且对在加拿大版本的美国杂志上刊登的加拿大广告征税。同样，具有强烈民族感的国家（如法国）或浓厚宗教信仰的国家（如中东）都对西方的物质主义和狂热表示怀疑。

三、全球化与"逆全球化"的发展

(一) 全球化的兴起

正如经济史学家哈罗德·英尼斯(Harold Innis)所阐述的,人类文明的第一次全球化浪潮始于19世纪末。尽管当时的科技与今日不可同日而语,但无论其波及的地理广度、人口范围还是所导致的经济一体化深度,"全球化1.0"的成就都是惊人的。国际贸易蓬勃兴起,新兴市场骤然深度融入国际经济。大量无需签证和护照的外国技术工人在各国间随意迁徙,大规模的跨国直接或间接投资无需任何央行及外汇管理机构的审批即可畅通无阻。"全球化1.0"最重要的源起动力来自大西洋贸易的崛起,而提供其所必需的公共基础设施的则是当时的世界霸主英国。凭借同时代全球最强大的皇家海军力量和严格缜密的英镑金本位制度,从国际政治秩序和经济金融秩序两个层面,英国强有力地支撑和维护了这一轮浪潮的兴起和扩展。与之相类似的,在第二轮全球化过程中,由美国所主导的制度性基础设施——世界经贸和美元本位的布雷顿森林体系和牙买加体系,有效地支撑了"全球化2.0"的拓展和繁荣。在这一轮浪潮中扮演核心驱动力量的是来自东亚与大西洋两岸之间的三角贸易以及全球价值链的形成,中国、韩国等新兴市场经济体开始以重要角色加入全球化版图。

(二) "逆全球化"的兴起

同样地,两次"逆全球化"浪潮的兴起和扩散也有诸多相似之处。首先,源头均始于美国的金融危机,而贸易与资本市场的一体化在其中也扮演了重要的链条作用。金融危机的背后,都是在经济全球化带来的长期繁荣中所积累矛盾的集中爆发。从后验的视角可以认为,第一次世界大战和大萧条从根本上动摇和终结了第一次全球化浪潮。1929年华尔街金融危机在使美国经济瓦解的同时迅速波及欧洲,源自全球资本市场一体化所产生的影响使得当时刚从恶性通货膨胀中挣脱出来的德国魏玛共和国再次陷入崩溃。大量银行陷入资本金不足状态,为平抑市场的恐慌,1931年德国央行不得不对濒临瓦解的银行体系采取了后来在2009年危机中由美国联邦储备局重现的纾解民困措施(Bail Out),这导致了魏玛共和国的第二轮大通货膨胀以及纳粹主义的兴起。

其次,也是尤为发人深省的,实质性动摇全球化进程的主角,往往正是其缔造者和传播者。在首次"逆全球化"兴起的1931年,大西洋贸易的桥头堡英国,裹挟于自由党和保守党的两党激烈纷争之中,英格兰银行突然宣布终结了作为全球化金融秩序基石的英镑金本位制度,并率先发动了以邻为壑的单方面贬值,由此拉开了蔓延至全球的货币战与贸易战的序幕,从根本上动摇了第一次全球化进程。而在"全球化1.0"时代迅速崛起的大西洋对岸,以"美国复苏优先"为竞选纲领入主白宫的罗斯福政府同样给予了"全球化1.0"以最沉重的一击。在英镑单边贬值后,1933年美国宣布放弃与英、法两国继续签署双边汇率协定,让美元大幅贬值并提升进口关税。与之颇有雷同的是,美国联邦储备局于2009年率先启动的三次量化宽松计划促成了随后五年间美元的快速贬值。高举"美国优先"旗帜的第45任美国总统特朗普在赢得竞选后,也旋即出台了退出TPP、增加边境调节税等带有浓厚贸易保护主义色彩的措施。

相关案例 "逆全球化"进程——英国脱欧与美国退出 TPP

1. 英国脱欧

1960 年,英国首次申请加入"欧洲经济共同体",但被法国总统戴高乐出于战略考虑一票否决。1973 年,英国首相爱德华·希思(Edward Heath)重启加入欧共体谈判,并最终于当年成功"入欧"。不过,当时英国国会仅以微弱多数通过了有关决议。1973 年 10 月,第四次中东战争引爆全球第一次石油危机,对欧洲依赖廉价石油的经济造成极大冲击,并引发战后资本主义世界最大的一次经济危机。此次危机给欧洲经济尤其是欧洲大陆经济造成重创,英国经济也受到严重拖累。于是,1975 年,英国时任首相哈罗德·威尔逊(Harold Wilson)发起公投,以决定是否继续留在欧共体。这也是英国迄今唯一的"退欧"公投。结果是:66%的投票者选择继续留在欧共体。1995 年 12 月,欧盟确定欧洲单一货币为欧元。1997 年,英国时任首相托尼·布莱尔(Tony Blair)计划在 1997 年后放弃英镑并使用欧元,但遭到当时财政大臣戈登·布朗(Gordon Brown)的阻止。

2013 年 1 月 23 日,戴维·卡梅伦(David Cameron)正式就英国与欧盟关系前景发表讲话,承诺如果他赢得 2015 年大选,将在一年内批准所需法律,制定与欧盟关系的新原则,并就脱欧问题举行全民公投,让人民有机会选择继续留在或退出欧盟,公投预计在 2017—2018 年举行。2015 年 11 月,卡梅伦就英国留在欧盟开出四大条件:一是确保欧洲共同市场对英国等非欧元区国家一视同仁;二是增强欧盟的竞争力,减少对成员国经济的束缚;三是允许英国不参与欧盟政治一体化进程,增强欧盟成员国议会的权力;四是控制欧盟进入英国的移民,限制欧盟移民在英国领取就业者福利的权益等。

2016 年 2 月 2 日,欧盟理事会主席唐纳德·图斯克(Donald Tusk)发表公开信,对卡梅伦开出的四大条件进行近乎"点对点"的回应,并提出欧盟改革倡议,以期使英国继续留在欧盟。2 月 15 日,图斯克再度表态,称倡议"必须能够被 28 个成员国接受",并希望能在 2 月 18—19 日在布鲁塞尔举行的 2016 年欧盟春季峰会上达成协议。图斯克认为,若未能达成协议,恐损及我们共同的前途。最终,经过 2 天的艰苦谈判,2 月 19 日晚,英国和欧盟在布鲁塞尔就欧盟改革问题达成协议,欧盟 28 国领导人同意英国保留其在集团内的"特殊地位"。2 月 20 日,英国首相卡梅伦召开内阁经济会议,并在会后宣布,英国是否脱离欧盟的全民公投将于 6 月 23 日举行。

然而公投结果显示,英国有一半以上的国民选择脱欧。主要是因为英国虽然加入了欧盟,却与之始终保持着若即若离的关系。欧债危机的爆发进一步坚定了英国脱欧的决心。欧债危机的持续发酵使欧盟越发认识到,只有欧元区实行统一的财政政策,甚至在一定程度上实行统一的社会政策,欧元才能继续生存下去。在这一理念的推动下,欧洲大陆经济体要求加强欧洲政治联盟的呼声增强,而这正是英国一贯反对的。因此,通过公投,英国最终决定脱欧。欧盟作为经济一体化组织,代表全球化进程的进步,英国脱欧是一种"逆全球化"的行为。

2. 美国退出 TPP

2017 年 1 月 23 日,新任的美国总统特朗普签署行政命令,正式宣布美国退出跨太平洋伙伴关系协定(TPP)。同日,白宫发言人肖恩·斯派塞(Sean Spicer)在例行新闻发布会上表示,签署这一行政命令标志着美国贸易政策进入新的时期,即特朗普政府未来将与美国盟友和其他国家发展双边贸易机会。

作为美国"重返亚太"战略的核心,美国最初决定参与TPP谈判,一方面是想借力TPP恢复和发展国内经济,巩固其世界经济领先地位;另一方面,TPP的确为美国重新主导亚太地区贸易格局和现行自由贸易规则提供了契机。事实上,TPP虽然有助于构建符合美国自身利益的世界贸易规则,但无法给美国带来即时利益。从目前的协定来看,TPP在环保、原产地、劳动力、知识产权、政府采购等方面的高门槛,很可能会将多数经济体挡于门外,缺乏广泛的代表性,因此将阻碍美国设想的主导全球贸易格局的目标。此外,TPP带有明显的区域特性,复杂的成员国关系极易导致贸易谈判中的零和博弈。再者,即使TPP顺利运转,其成员国中越南的纺织品和日本的工业品对于美国国内制造业的冲击,将再次引发本就对贸易自由化缺乏信任的美国民众的质疑。TPP将中国等主要供应商拒之门外,这意味着美国消费者负担的增加。

美国从一开始就视TPP为重获贸易主导权的工具。贸易目标上的根本性分歧不仅使得贸易协定的推进陷入僵局,更使得贸易自由化困难重重,阻碍了经济全球化的进程。美国退出TPP并不意味着美国要转而遵守现行的世界贸易规则,这一决定很大程度上与美国国内的反全球化民粹思潮有关。在此种思潮的冲击之下,美国不仅对TPP,更有对其他贸易体系发起挑战的可能性,如从北美贸易协定到WTO都可能受到美国挑战,由此造成的对贸易自由化体系的冲击不可忽视。对于这种越来越明显的反全球化趋势,各国及区域经济合作组织必须要有清醒的认识。

资料来源:根据英国脱欧与美国退出TPP相关报道整理。

本章提要

1. 对外贸易政策是一国政府为了实现保护本国市场、扩大商品或劳务出口、积累资本和技术等目的而制定的有关贸易方针、法规及措施。影响一国制定对外贸易政策的主要因素有经济发展水平和产品竞争力、经济结构与产业结构、经济发展战略、国内经济状况、各种利益集团的力量对比、政府领导人的经济理论与贸易思想以及本国与他国的政治经济关系等。

2. 世界贸易组织(WTO)是国际贸易领域最大的国际经济组织,涉及当今国际贸易中的货物、服务、知识产权、投资措施等各个领域,它对世界各国的经济发展产生着非常重要的作用。WTO是由GATT演化来的。

本章思考题

1. 国际贸易的发展经历了哪几个阶段?
2. 试述资本主义自由竞争时期的自由贸易政策。
3. 请比较技术性贸易壁垒和社会壁垒。

4. 怎样认识 GATT 的积极作用与局限性?

5. WTO 有哪些基本原则?

6. 自由贸易与保护贸易的主要理论有哪些?

7. 美国退出 TPP 对全球化的影响有哪些?

 参考文献

[1] 〔美〕格罗斯罗,赫尔普曼.利益集团与贸易政策[M].李增刚,译.北京:中国人民大学出版社,2005.

[2] 黄静波.中国对外贸易政策改革[M].广州:广东人民出版社,2003.

[3] 王孝松.美国对华贸易政策的决策机制和形成因素——基于贸易政策政治经济学的理论和经验研究[M].北京:北京大学出版社,2012.

[4] 曹建明,贺小勇.世界贸易组织[M].北京:法律出版社,2011.

[5] 〔南〕伊斯梅尔.改革世界贸易组织:多哈回合中的发展中成员[M].贺平,凌云志,邓云志,邓峥晖,译.上海:上海人民出版社,2011.

[6] 石广生.中国加入世界贸易组织谈判历程[M].北京:人民出版社,2011.

[7] 海闻,P. 林德特,王新奎,国际贸易[M].上海:格致出版社,2012.

[8] 唐海燕,毕玉江.国际贸易学[M].上海:立信会计出版社,2011.

[9] 金泽虎.国际贸易学[M].北京:中国人民大学出版社,2011.

21世纪经济与管理规划教材
国际经济与贸易系列

第六章

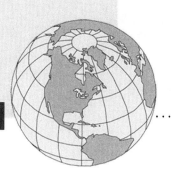

国际货币体系与金融全球化

【教学目的和要求】

通过本章的学习,学生应:

1. 了解国际货币体系的演变,掌握布雷顿森林体系的建立与瓦解,关注浮动汇率制度的发展,以及分析国际货币体系面临的挑战。

2. 了解和掌握金融全球化与国际货币体系的关系,金融全球化带来的金融风险,金融全球化与金融监管对国际货币体系的影响。

3. 关注人民币在国际货币体系中的地位和作用。

【教学重点与难点】

1. 布雷顿森林体系的主要内容。
2. 国际货币体系存在的问题与改革方向。

引导案例

山羊、金本位、加密货币

早在20世纪30年代，据凯恩斯介绍，乌干达一名地区专员的职责之一就是检查和评估山羊。

当地的货币单位是山羊，大多数商品都以山羊计价。所以，当某位当地人尝试拿一只又病又老或者出于其他原因没人想要的动物来还债时，地区专员将裁定此动物能不能算作具有交易用途的山羊，即它能不能算作一只可交易的山羊。

对该体系的一种解读是，相关经济体实际上是在"山羊本位制"下运行的——其标准货币单位的价值与基础商品的价值挂钩。如果该商品的价值相对于其他商品的价值降低了，则货币单位的价值就会按比例下降（即会有通货膨胀），反之亦然。

山羊本位制和金本位制是相同的概念。在这两种情况下，人们都认为货币之所以有价值，是因为它在某种程度上与一种实物相关联，可以用它来交换此实物。然而，这种"商品本位"模式如今已基本被抛弃。今天的法定货币的价值完全来自其主权发行者的承诺。实际上，我们已将真正的山羊从系统中剔除，现在只使用概念上的山羊。

这意味着，我们已把货币的概念层层剥开，只留下最纯粹的本质，即货币仅仅是一种令牌，其价值完全来自人们对它将在支付中被普遍接受的预期。在一个以这种模式运行的世界里，任何被承认具有支付功能的东西都能充当货币，不论它的创造者是谁。因此，我们看到加密货币的兴起也就不足为奇了，加密货币是为充当支付媒介而创建的、完全私有的令牌。

这类货币的存在对货币只能由国家创造的观念构成了直接挑战。特别是，它驳斥了如下观点：货币之所以具有这种地位，是因为有国家法律规定公民必须使用这种货币——视其为法定货币。

如果这是货币的定义，那么它将在主权地位和货币创造之间提供必然联系。然而，事实显然并非如此。例如，魏玛共和国的公民停止使用马克，并不是因为马克不再是法定货币，而是因为同胞们不再接受以马克付款。同样，津巴布韦经济曾在一段相对较短的时期经历一个转变：从仍是法定货币的津巴布韦元切换到并非法定货币的美元，而并未失去货币功能。在实践中，当一种货币在偿债时不再很有希望被普遍接受时，它就不再是货币，无论其法律地位如何。那么这将货币与主权之间的联系置于何地呢？

在任何一个经济体中，如果该经济体的最大参与者认为一种东西作为支付方式可以接受，那么这种东西就将发挥货币的作用。由于主权国家是任何国家经济中的最大参与者，它所接受的任何支付手段实际上都是该经济体中的"货币"。

然而，这种联系是有代价的。由于货币被视为主权国家的债务，它们会因主权国家信誉的波动而增值或贬值。从这个角度来看，支持货币的主权承诺只不过是前述山羊的现代变体——将名义记账单位与外在的东西联系起来。1971年，美国将美元与实物黄金脱钩；放弃法定货币将是合乎逻辑的下一步。

使用私人发行的支付工具打破这种联系,相当于抛弃作为基础的山羊。一旦山羊走了,人们很可能不会怀念山羊,就像今天人们不会怀念金本位制那样。

资料来源:西蒙·格利森,《山羊、金本位、加密货币》,FT 中文网,2019 年 2 月 26 日。

第一节 国际货币体系的演进

国际货币体系,又称国际货币制度,是各国政府为适应国际贸易与国际支付的需要,为确立世界货币的职能,自发地或通过政府间协商安排确立的一整套系统的原则、办法、规章制度和机构的总称。国际货币体系主要是为了保障国家间贸易与世界经济稳定有序地发展,使各国的资源得到有效的开发利用;通过建立汇率机制,防止循环的恶性贬值;为国际收支不平衡的调节提供有力手段和解决途径;促进各国的经济政策协调。因此,国际货币体系一般包括三个方面的内容:国际储备资产的确定;汇率制度的安排;国际收支的调节方式。按照历史进程与发展特征,国际货币体系经历了从国际金本位制到布雷顿森林体系再到牙买加体系的演变过程。

一、国际金本位制

金本位制是以黄金作为货币金属进行流通的货币制度。1816 年,英国颁布了《金本位制度法案》,开始实行金本位制,促使黄金转化为世界货币,到 19 世纪末,资本主义各国已经普遍实行这一货币制度。当不同国家实行金本位制时,国家之间的汇率由它们各自货币的含金量之比来决定。历史上,曾有过三种形式的金本位制:金币本位制、金块本位制、金汇兑本位制。其中,金币本位制是最典型的形式,狭义来说,金本位制即指金币本位制的货币制度。

1. 金本位制的主要内容

(1) 用黄金来规定货币所代表的价值,每一货币都有法定的含金量,各国货币按其所含黄金的重量而有一定的比价。

(2) 金币可以自由铸造,任何人都可按法定的含金量,自由地将金块交给国家造币厂铸造成金币,或以金币向造币厂换回相当的金块。

(3) 金币是无限法偿的货币,具有无限制支付手段的权利。

(4) 黄金是各国的储备货币以及国际结算货币,可以自由输出或输入。

2. 金本位制的评价与反思

金本位制是相对稳定的货币制度,其币值的稳定便于计算产品成本、价格和利润,促进了资本主义生产和商品流通的发展;使债权债务的利益不受通货贬值的影响,促进了信用制度的发展。各国通货以黄金为基础,外汇行市相对稳定,黄金能自由发挥世界货币的职能,为国际贸易的顺利进行提供了前提条件。

但随着资本主义社会固有矛盾的加深和世界市场的进一步形成,金本位制的基础受到严重威胁。第一次世界大战前夕,各国为了准备世界大战,加紧对黄金的掠夺,使金自由铸造、价值符号与金自由兑换受到严重影响,黄金的输出受到严格限制。第一次世界大战爆发后,各国军费开支猛烈增加,纷纷停止金币铸造和价值符号的兑换,禁止黄金输出入,从根本上破坏了金本位制赖以存在的基础,导致金本位制的彻底崩溃。

中国社科院研究员何帆说,历史上的金本位制,看起来就像邻居家的孩子一样完美;政府无法随便印钱,自然也就不能随随便便地干预经济活动。一切都靠"看不见的手"调控,完美无缺。著名经济史学家巴里·艾肯格林(Barry Eichengreen)说,金本位制其实是一个镣铐,它束缚住了政府的手脚,政府犯了一系列的错误,正是这些错误导致了20世纪30年代的大萧条。

英国华威大学荣誉退休教授罗伯特·斯基德尔斯基(Robert Skidelsky)在2010年为《金融时报》撰文,提出2008年经济危机的根本原因是外汇储备"囤积"现象加剧。在金本位制度下,增加外汇储备积累会产生通缩效应,因为它会吸走世界其他国家的流动性。若中国持有的外汇储备不是美国国债而是黄金,则美联储不得不提高利率;事实并非如此,所以美联储才得以推行宽松的货币政策。同时,由于缺乏新的投资机会,中国外汇储备的"再循环"在美国造成了不可持续的资产与消费热潮。当前世界货币体系的失衡,引致对世界货币体系改革的诉求。

二、布雷顿森林体系

熊彼特认为第一次世界大战改变了经济现实。为了进行战争,1944年7月,在美国新罕布什尔州的布雷顿森林召开了由44个国家参加的国际货币金融会议,通过了以"怀特计划"为基础的《联合国家货币金融会议最后决议书》以及《国际货币基金组织协定》和《国际复兴开发银行协定》两个附件,总称《布雷顿森林协定》,由此产生的国际货币体系被称为布雷顿森林体系。根据《国际货币基金组织协定》和《国际复兴开发银行协定》同时建立的国际货币基金组织(IMF)和国际复兴开发银行(IBRD,以后发展为世界银行)以及1948年临时生效的《关税与贸易总协定》(GATT,1995年演变为世界贸易组织,简称WTO),称为战后世界经济的"三大支柱"。

1. 布雷顿森林体系的主要内容

(1)美元与黄金直接挂钩。IMF成员国必须确认美国政府规定的35美元等于1盎司黄金的法定价格,并且协助美国政府维持黄金的官价水平。成员国随时可以官方价格向美国兑换黄金。

(2)各国货币与美元挂钩。规定各国货币与美元建立固定的比价关系。各国政府都应该规定本国货币的含金量,美国政府根据35美元等于1盎司①黄金的官价,规定每1美元的含金量为0.888671克黄金,其他各国根据各自货币含金量与美元含金量的对比确定对美元的法定汇价。

(3)可调整的固定汇率。各国货币对美元的波动幅度为平价上下各1%,各国货币当局有义务在外汇市场上进行干预以保持汇率的稳定;只有当一国发生"根本性国际收支不平衡"时,才允许货币升值或贬值;当平价变动超过10%时,须经IMF批准。

2. 布雷顿森林体系的评价

布雷顿森林体系使美元成为主要国际支付手段和国际储备货币,确立了美国在全球

---

① 此处的盎司是指金衡盎司,1金衡盎司=31.1035克。

金融领域的霸主地位。在布雷顿森林体系运行期间,世界经济增长迅速,全球贸易和国际资本流动也取得了很大的发展。尽管布雷顿森林体系对当时世界经济的发展起到了很大的促进作用,但随着时间的推移,该体系存在的问题也日益暴露出来。布雷顿森林体系的维持,必须由美国强大的经济实力来保证。布雷顿森林体系是一种非对称性的国际货币体系,美元的双重身份和双挂钩是该体系的根本缺陷,其运行过程中必然会面临"特里芬难题"。世界上任何国家的货币如果充当国际储备货币,都会遇到同样的问题,这种内在制度缺陷造成了布雷顿森林体系的瓦解。

20世纪50年代开始,爆发过多次美元危机;60—70年代,美国深陷越南战争泥潭,财政赤字巨大,美元信誉受到冲击,大量资本外逃,各国纷纷抛售手中的美元,抢购黄金。1971年7月第七次美元危机爆发,尼克松政府于8月15日宣布实行"新经济政策",停止履行外国政府或中央银行可用美元向美国兑换黄金的义务,同年12月以《史密森协定》为标志,美元对黄金贬值,美联储拒绝向外国中央银行出售黄金,布雷顿森林体系的两大支柱之一美元与黄金挂钩开始崩溃;1973年3月,联邦德国、法国等国家对美元实行"联合浮动",彼此之间实行固定汇率,英国、意大利、爱尔兰实行单独浮动,暂不参加共同浮动,其他主要西方国家实行对美元的浮动汇率。布雷顿森林体系的另一支柱固定汇率制度取消,至此布雷顿森林体系彻底瓦解(见图6-1)。

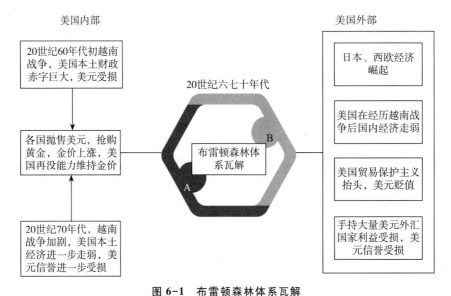

图 6-1 布雷顿森林体系瓦解

资料来源:产业前瞻研究院。

三、牙买加体系

布雷顿森林体系解体后,各国积极建立新的国际货币体系。1976年1月,IMF"国际货币制度临时委员会"在牙买加首都金斯顿召开会议,就若干重大的国际金融问题达成协议,即《牙买加协议》,以此为基础形成的国际货币体系为"牙买加体系"。

1. 牙买加体系的主要内容

(1)汇率制度改革。《牙买加协议》正式确认了浮动汇率制的合法化,建立固定汇率制与浮动汇率制并存的局面,成员国可自由选择汇率制度,IMF 对各国汇率政策实行监督,协调成员国的经济政策,促进金融稳定,缩小汇率波动范围。

(2)推行黄金非货币化。《牙买加协议》作出了逐步使黄金退出国际货币的决定,并规定:废除黄金条款,取消黄金官价,成员国中央银行可按市价自由进行黄金交易;取消成员国相互之间以及成员国与 IMF 之间须用黄金清算债权债务的规定,IMF 逐步处理其持有的黄金。

(3)增强特别提款权的作用。主要是提高特别提款权的国际储备地位,扩大其在 IMF 一般业务中的使用范围,并适时修订特别提款权的有关条款。

(4)增加成员国基金份额。成员国的基金份额从 292 亿特别提款权增加至 390 亿特别提款权,增幅达 33.6%。

(5)扩大信贷额度,增加对发展中国家的融资,包括融资数量和限额,帮助其解决国际收支困难。

2. 牙买加体系的评价

牙买加体系是在保留 IMF 作用的同时,对布雷顿森林体系的进一步改革。牙买加体系下多元化的储备结构摆脱了布雷顿森林体系下各国货币间的僵硬关系,为国际经济提供了多种清偿货币,较大程度上避免了特里芬难题;多样化的汇率安排为不同发展水平的各国经济发展与稳定提供了灵活性与独立性,同时有助于保持国内经济政策的连续性与稳定性;使国际收支的调节更为有效与及时。与此同时,也应该看到在多元化国际储备下,缺乏统一的稳定的货币标准很有可能造成国际金融的不稳定;汇率体系的不稳定增大了外汇风险,抑制了国际贸易与国际投资活动;国际收支调节机制仍不健全,现有渠道都有各自的局限,没有消除全球性的国际收支失衡问题。

第二节 国际货币体系存在的问题与改革方向

一、国际货币政治的理论构建

我们生活在一个相互依赖的金融世界里,自从资本主义开启全球化时代以来,货币就不仅仅是一国的内政问题,而且是一个国际问题;特别对大国(强国)来说,本币既是主权货币也是国际货币,不仅是本国的公共产品而且是国际公共产品。国家之间因经济与政治实力相差悬殊而构成了相互的但又不平等的依附关系,这种非对称相互依赖成为权力源泉;同时,在相互依赖过程中各国的收益与成本是不对称的,也是不断变化的。这种国家之间的利益博弈,促使更多国家积极寻求既能增进国家利益又能获取更大权力的手段和工具,于是国际货币应运而生,恰如马克思所指出的"货币政治"——国际货币的精髓就是实现了利益与权力的对立统一。[①]

从主权货币到国际货币是一个国内政治到国际政治的延伸过程,货币国际化使国内政治对外产生溢出效应。由于政党和利益群体(集团)等占据着国内政治的核心地位,其

---

① 罗成、赵淳、杨娇兰:《国际货币的政治逻辑——基于美元与人民币的实证分析》,《金融教育研究》2019 年第 1 期,第 3—17 页。

必然要求国际货币反映和满足国内政治需求,因此以国家利益为导向的货币政策也必然可靠地根植于该国的政治制度之中,这表明主权货币开创了"国际货币政治"时代。由于国家经济与政治实力处于不断变化之中,国际货币体系具有不稳定性的特征。在国际货币体系这个丛林中,国家如同"理性经济人"一般行事,以实现利益最大化与攫取更多货币权力为目标。非对称、相互依赖的变化往往导致国际货币体系的不稳定,特别是霸权货币的自利行为危害尤甚,战后国际金融危机频发便是明证。在国际货币体系中,大国是国际货币的供给者,大国借助国际货币这一金融工具寻求国家利益的最大化,获取更大的货币权力,由此导致国际货币之间的连续博弈。小国根据国际货币给本国带来的收益及存在的风险来选择使用什么样的国际货币,当达到某一个均衡状态时,国际货币体系趋于稳定。这种均衡状态实际上就是一种国际货币政治结构,其决定了国际货币的收益分配、权力制衡与稳定特性。

二、现行国际货币体系存在的问题

布雷顿森林体系瓦解后,关于国际货币体系构建的探讨从未间断过,牙买加体系(现行的国际货币体系)曾经被认为是一种比较理想的国际货币体系,但从其运行的四十多年的实践来看,尤其是在不断遭遇全球经济危机和金融危机时,其存在的问题暴露无遗。原来以美元为主导的国际货币体系在战后世界经济发展中起到一定的积极作用,随着欧盟欧元的兴起、中国等新兴经济体的崛起以及全球经济多极化的发展,现行国际货币体系已经不能适应全球经济发展的深刻变化。

(一)现行国际货币体系已经不适应经济全球化的趋势

经济全球化并没有带来国际货币体系的全球化。① 现行的国际货币体系仍延续发达国家和发展中国家的"中心—外围"格局,没有反映世界经济格局的新变化。2017年,美元占全球储备货币的比例为63%,远远高于其在全球GDP中24%的占比。少数发行国际货币的国家承担国际金融风险和责任,事实上会形成大国货币发行权绑架全球经济的局面。储备货币发行国会基于本国利益,优先选择满足本国政策需求的货币政策,从而加剧国际货币体系的不稳定和不确定性,给其他国家带来风险。

(二)美元在国际储备中的主导地位动摇加剧了国际货币体系的不稳定

布雷顿森林体系瓦解后,各国基本实现了储备货币的多元化。在牙买加体系下,美元的优势受到一定程度的削弱,但从实际情况看,还没有其他形式的国际储备资产可以取代美元的主导地位。国际市场对美元的高度依赖导致发展中国家的汇率安排仍然以美元为核心。在国际金融市场的有关交易中,美元更是极为重要的交易货币。这使得各国尤其是大多数发展中国家经济政策的制定与执行效果在很大程度上受制于美元的汇率变动,进而导致这些国家汇率制度安排的实际操作与名义安排相背离。

(三)不稳定的国际货币体系下汇率变动频繁,短期资本流动剧烈

汇率的频繁变动助长了外汇市场上的投机活动,加剧了国际金融市场的动荡和混乱,

---

① 金莹、张二震:《全球经济新格局下国际货币体系改革问题探讨》,《江苏行政学院学报》2019年第1期,第44—49页。

十分容易引发债务危机;同时,汇率的急剧变动给进出口核算和正常经营带来困难,会使物价、工资以及就业发生很大变化,从而加剧国际收支调节机制失衡等现象。随着金融衍生品市场的高度发展,汇率变动的危险性越发显著。这些都会影响国际贸易的正常开展和国际金融形势的稳定。

布雷顿森林体系瓦解以后,国际资本流动的增长速度已超过国际贸易和国际生产的增长速度。短期国际投机资本数额不断膨胀。现行的国际货币体系为跨国资本流动,尤其是短期性国际资本规模的增长提供了便利。

(四) 国际金融机构缺乏独立性和权威性

国际金融机构(International Financial Institution, IFI)又称国际金融组织,是指世界多数国家的政府之间通过签署国际条约或协定而建立的、从事国际金融业务、协调国际金融关系、维系国际货币和信用体系正常运作的超国家金融机构。第一次世界大战以前没有国际金融机构,因为金本位制有自动调节机制,货币信用和国际结算制度也未建立起来。因此,在当时的情况下,国际金融机构没有产生的需要。第一次世界大战结束后,战胜国集团为处理战后德国赔款问题而成立的国际清算银行,是最早的国际金融机构。第二次世界大战后,为了结束国际金融秩序混乱的局面,世界各国普遍希望建立新的稳定的国际金融秩序。所以,国际金融机构是国际货币体系的重要载体。

IMF是现行国际货币体系的重要载体。从IMF目前的实际运行情况来看,其宗旨和金融救助规则更多反映的是发达国家尤其是美国的意志,不能体现发展中国家的利益,从而制约了国际金融机构作用的发挥;IMF的金融援救属于"事后调节",缺乏有效的监控机制,对金融危机的预防和救援不当;IMF对成员国的贷款规模极其有限,并按成员国交纳的份额分配,所以最需要资金的发展中国家得到的贷款非常有限;IMF提供贷款时附加的限制性条件极其苛刻,由于IMF对发展中国家国际收支失衡的原因分析不够准确和全面,附加贷款条件规定的紧缩和调整措施给借款国的经济带来了很大的负面影响。

三、国际货币体系的改革方向

1997年的亚洲金融危机使得国际货币体系改革的话题成为热点,引发了大规模的探讨,2008年的国际金融危机再一次将焦点集中在国际货币体系的改革上。可见,对国际货币体系进行进一步探索和改革已成为全球共识。合理有效的国际货币体系是全球经济持续、稳定、健康运行的重要条件。国际金融危机暴露了现行国际货币体系的缺陷,在全球经济新格局下,改革国际货币体系势在必行。

(一) 构建理想的国际货币体系

在上述分析的基础上,学界就如何改革国际货币体系进行探讨,从理论角度提出运行良好、合理高效、稳定平稳的国际货币体系应具有以下三个标准:

一是汇率标准。各国之间的汇率基本上保持稳定、均衡的状况,汇率波动处于合理区间,不发生汇率大幅波动和异常波动状况。合理、有序运行的汇率体系为经济的有效运行和顺畅发展提供经济基础和条件保障。

二是国际收支调节机制标准。一些专家和学者认为,功能完备、运行良好的国际货币体系能有效地促进国际分工格局的合理化、科学化和有效化,能充分发挥各国在劳动力成本、自然资源禀赋、科学技术等方面不同的比较优势和竞争优势,并在此基础上促进专业化和合理化分工,不会导致国际货币体系风险的集中爆发。

三是国际储备货币标准。国际储备货币相当于国际货币体系的细胞,是研究问题的关键。一个良好运行、合理有效、平稳有序的国际货币体系,要求作为其细胞和基础的国际储备货币保持稳定的币值。国际储备货币发行国要综合考虑国内经济状况和国际经济状况,不能单从本国利益出发来制定政策,还要考量国际货币体系的稳定。

然而,理想的国际货币体系的构建不是一蹴而就的,是国内利益与世界利益博弈的结果。

(二) 建立主要储备货币稳定的汇率体系

首先,在美元、欧元、日元等主要货币层面,建立各方都能接受的货币汇率稳定协调机制,通过政策调节及协商,保持三者间汇率水平的相对稳定,各国要在汇率达到目标边界时采取必要的干预措施,以维护汇率机制的灵活性和稳定国际金融市场的信心;其次,对于其他相对弱势货币,允许其根据自身情况,在钉住、可调节和浮动之间作出恰当的选择。此外,相关国际组织应建立汇率制度和汇率水平监测机制,对成员中实际汇率水平高估或低估现象及时提供调整意见,以保证新货币汇率机制的正常运行。

(三) 建立超主权国际储备货币

创造一种与主权国家脱钩并能保持币值长期稳定的国际储备货币,从而避免主权信用货币作为储备货币的内在缺陷,是国际货币体系改革的理想目标。超主权储备货币不仅克服了主权信用货币的内在风险,也为调节全球流动性提供了可能。由一个全球性机构管理的国际储备货币将使全球流动性的创造和调控成为可能,当一国主权货币不再作为全球贸易的尺度和参照基准时,该国汇率政策对失衡的调节效果会大大增强。这些能极大地降低未来危机发生的风险,增强危机处理的能力。但由于不存在超国家强力做后盾、没有任何实际价值相对独立的财政担保,超主权国际储备货币仅凭其信用很难充当国际储备货币的所有功能。况且建立超主权国际储备货币要打破目前既得利益,必然会阻力重重。在初级阶段,可以提升特别提款权在国际储备货币制度中的地位与作用。

(四) 改革 IMF 的体制功能

现行国际货币体系的演变使 IMF 的职能被弱化和异化。首先,要改革不合理的份额制,更多地考虑根据一国国际收支状态而不是经济规模来调整份额,降低美国对 IMF 的绝对控制;其次,要增加 IMF 的基金份额,扩大其资金实力,以便在某国家或地区爆发危机时增强 IMF 可动用资金的规模;最后,要扩大 IMF 提供援助的范围,增强其应付国际货币危机的能力。

金融危机的爆发暴露出现行国际货币体系包括根本性制度缺陷在内的多方面不足,这也使我们看到对现行国际货币体系的改革必须是深层次的和全方位的。理想的国际货币体系不仅要保证充足的国际流动性、有效调节国际收支、促进国际贸易与国际金融的发展,更应强化国际储备资产的多样化、维护汇率的合理与灵活。国际货币体系的建立包含发达国家与发展中国家的利益,是发达国家与发展中国家博弈的体现,因此,国际货币体系改革的困难是可想而知的,理想的国际货币体系的建立将是一个漫长的过程。

第三节　金融全球化的利益与风险

一、金融全球化的动因及表现

（一）金融全球化的动因

1. 贸易和投资自由化是金融全球化的根源

金融是应实体经济发展的需要而产生的，是为实体经济发展服务的，也就是说金融全球化的产生及发展根源于全球贸易和全球直接投资的发展。第二次世界大战以来，以 GATT 为代表的国际多边贸易体制得到巩固，对推动世界贸易自由化发挥了积极的作用。1986—1993 年，GATT 主持的八轮全球多边贸易谈判，使缔约方的进口关税率不断降低，到乌拉圭回合谈判之前，发达国家的平均关税率已经降到了 5% 左右，发展中国家和地区的平均关税水平降到 15% 左右；第七轮东京回合谈判在削减非关税壁垒方面也取得了一定进展。乌拉圭回合谈判不仅仅在货物贸易自由化上取得了斐然的成绩，并将服务贸易、与贸易有关的知识产权等问题纳入了世界贸易规则范畴。其后的多哈回合谈判，自 2004 年启动以来，各成员方一直积极努力推动更广范围和更深层次的贸易自由化。

第二次世界大战以后，以跨国公司为载体的国际资本流动规模空前扩大，生产国际化不断发展，使资本在更大范围内得到优化配置；特别是 20 世纪 80 年代以后，越来越多的发展中国家（地区）对国际投资采取开放的态度，发达国家对资本输出的管制也日趋放松，促进了国际投资的自由化。90 年代以后，国际投资超过国际贸易成为世界经济发展的主要推动力量。而且，在国际直接投资领域还出现了一个新的现象，即发达国家不仅是全球直接投资的主体，而且也成为直接投资的主要接受国。从投资部门来看，伴随全球服务业的发展，对服务业的直接投资迅速增长，其中对金融服务业投资的比例占 50% 左右。全球直接投资的快速增长不仅推动了金融活动走出国门，更为金融全球化创造了必要的实体经济条件。

2019 年的达沃斯论坛将主题定义为全球化 4.0（Globalization 4.0），随着全球化的发展，世界贸易自由化推动了世界贸易的迅速发展。近二十年来世界贸易以两倍于世界 GDP 的速度发展，成为世界经济发展的重要动力。从世界贸易的结构来看，发达国家服务业的迅速发展所引发的服务贸易的迅速增长，使发达国家通过服务贸易这一途径进入发展中国家的金融业，进一步促进了金融全球化的发展。

2. 高新技术发展是金融全球化的技术保障

20 世纪 90 年代信息技术的突破使世界经济加快向"知识经济"时代过渡，深刻地改变着经济发展和人类生活的面貌，尤其在金融领域表现突出。各类信息技术的广泛应用，大大扩展了金融业的服务范围和规模，迅速提高了它的运作效率，使金融市场的流动性大幅提高，资金运营效率大大增加，金融市场价格形成机制更为合理有效。这为资金在全球的转移提供了可靠的手段，使市场参与者在同一时间可获得各地的市场信息并完成金融交易，使全球金融市场的一体化程度提高。

相关案例　　　　　　　　中美 5G 竞争的未来路线图

在 5G"战场"上,中国、美国、韩国、欧盟为首的四大阵营竞争已达到白热化,随着 5G 标准、测试、实际部署的日益完善,竞争已趋于"短兵相接"的境地。如果说中美贸易摩擦的交锋中,5G 的竞争可能还算是一条暗线的话,美国总统特朗普急迫地在推特留言疾呼美国 5G 技术的落后,则彻底凸显了美国对 5G 市场的焦虑。

在中美两国为"301 调查"在各个场合唇枪舌剑之时,5G 作为话题浮出水面缘于中兴通讯遭到的天价制裁。在此之后,美国以贸易争端为由明面上向中国施压,潜在的目标剑指中国科技发展。美国情报部门告诫美国人不要购买华为制造的智能手机、中兴通讯被禁止使用美国公司生产的零部件,直到华为首席财务官孟晚舟的被捕,彻底点燃了民族情绪。华为等已经是世界领先的通信设备供应商;更重要的是,它们拥有全套 5G 技术。中美两国意识到,5G 的争端成为贸易摩擦甚至大国博弈的胜负手。

其中在智能金融领域,5G 技术可结合移动支付,实现金融科技服务"近乎无延时",实现极致化的用户体验。凭借 4G 时代积累的移动支付客户群体,中国 5G 时代的智能金融发展将会更为迅速,收获也将更为丰富。

资料来源:张彧通、张洪海,《中美 5G 竞争的未来路线图》,FT 中文网,2019 年 3 月 1 日。

3. 金融自由化浪潮是金融全球化的发展环境

美国学者爱德华·肖(Edward Shaw)在《经济发展中的金融深化》中倡导,发展中国家要想使经济得到发展,就应重视金融对国民经济的影响,发挥金融对经济的促进作用,放弃它们所奉行的"金融压制"政策,实行"金融深化"。这就要求国家放弃对金融体系和金融市场过分的行政干预,放开利率和汇率,让利率和汇率充分反映资金和外汇的实际供求情况,充分发挥市场机制的调节作用,有效地控制通货膨胀。金融管制放松后,民间金融机构也能合理发展,金融体系和经济发展会出现良性循环的局面。

20 世纪 80 年代,西方主要国家普遍推行以放松金融管制为主要内容的"金融自由化"改革浪潮,放松对金融的行政限制,金融机构可以更加自由地开展各类业务活动。金融自由化包括:利率自由化、业务综合化、债务证券化和金融市场开放化。大部分西方国家放宽了对非居民在本国进行资金交易的限制,通过减免税收、放松外汇管制推进资金的国际流动,特别是英国在 80 年代中后期全面放松金融管制,促进了英国金融市场的崛起。进入 90 年代以后,不仅发达国家的金融自由化不断取得新的进展,越来越多的发展中国家也加入金融改革与开放的行列。发展中国家(地区)的金融改革与开放,使一大批新的国际或区域金融中心迅速崛起,离岸金融市场迅速扩展,推动了金融全球化的发展。

过去数十年不断爆发的金融危机使人们对金融体系的稳定性产生怀疑,促使经济学家和政策制定者开始重新思考金融自由化进程及其在经济发展中的作用。

4. 国际货币体系与金融创新体制是金融全球化的推动力

布雷顿森林体系崩溃之后,美元逐渐丧失了作为唯一国际储备货币的地位,日元、德国马克、英镑、瑞士法郎、荷兰盾等其他西方国家货币作为国际贸易结算货币的地位增强,非美元金融工具逐渐增加,客观上促进了非美元金融市场的发展和国际化,全球各金融市场的联系日趋密切,一体化程度不断提高。

金融全球化需要新的制度、新的技术,更需要新的载体。从20世纪60年代末起,各国金融机构为了规避政府管制、拓展海外市场,掀起了金融创新浪潮。新的金融市场、新的金融机构和新的金融工具(比如离岸金融市场、跨国银行、金融产品证券化和金融衍生工具等不断涌现)成为金融全球化的有效载体。金融全球化的进程实际上就是一个金融创新过程,金融创新不断为金融全球化的推进开辟道路。

(二)金融全球化的表现

金融活动是投资者和融资者通过一定的金融机构、利用金融工具在金融市场进行的资金交易活动,因此金融全球化在一定程度上就是金融活动的全球化。有的学者认为金融全球化有三个层面,即自由的全球贸易、自由的国际资本实际投资、国际金融市场上自由的金融交易(流动资本的转移,包括外汇交易)。假如所有这些市场都是开放的、交易也都是"透明的",那么竞争也会因此而变成一个实际的现实。

1. 金融机构全球化

金融机构是金融活动的组织者和服务者。金融机构全球化是指金融机构在国外广设分支机构,形成国际化或全球化的经营。20世纪80年代以来,为了应对日益加剧的金融服务业全球竞争,各国大银行和其他金融机构竞相以扩大规模、扩展业务范围和推进国际化经营作为自己的战略选择。进入90年代后,一些国家先后不同程度地放松了对别国金融机构在本国从事金融业务或设立分支机构的限制,从而促进了各国银行向国外的拓展。1997年年末,WTO成员签署《金融服务协议》,把允许外国在其境内建立金融服务公司并将按竞争原则运行作为加入该组织的重要条件,进一步促进了各国金融业务和机构的跨国发展。随着近年来全球竞争的加剧和金融风险的增加,国际上许多大银行都把扩大规模、扩展业务以提高效益和增强抵御风险能力作为新的发展战略,国际金融市场掀起了声势浩大的跨国购并(即兼并和收购)浪潮。金融机构的并购与重组成为金融机构全球化的一个突出特点。全球金融业并购浪潮,造就了众多的巨型跨国银行。银行并购使全球金融机构的数量减少,单个机构的规模相对扩大,银行业的集中度迅速提高。

2. 金融市场全球化

金融市场是金融活动的载体,金融市场全球化就是金融交易的市场超越时空和地域的限制而趋于一体。目前全球主要国际金融中心已连成一片,全球各地以及不同类型的金融市场趋于一体,金融市场的依赖性和相关性日益密切。金融市场全球化有两个重要因素:一是放松或取消对资金流动及金融机构跨地区、跨国经营的限制;二是金融创新,包括新的金融工具、融资方式与服务方式的创造,新技术的应用,新的金融市场的开拓,新的金融管理或组织形式的推行。特别是信息通信技术的高度发达和广泛应用,已使全球金融市场走向金融网络化,即全球金融信息系统、交易系统、支付系统和清算系统的网络化。全球外汇市场和黄金市场已经实现每天24小时连续不间断交易。世界上任何一个角落有关汇率的政治、经济信息,几乎同步显示在世界任何一个角落的银行外汇交易室电脑网络终端的显示器上。远隔重洋的地球两端以亿美元为单位的外汇交易在数秒钟之内就可以完成。

二、金融全球化的利益

资金跨国流动障碍的削减以及金融工具的涌现,使资本的流动更加自由与便捷,而且在效率上也大大提高,促进了世界经济与金融的进一步整合,优化了金融资源在全球范围内的配置。对于需要大量投资的国家和地区来说,金融全球化的到来为其获取国际资本带来了便利条件,可以加速其经济发展。简言之,金融全球化为发达国家的"剩余"资金提供了更为广阔的投资空间,同时也为发展中国家带来了更多的融资机会。金融全球化在加剧国际金融机构竞争的同时,有助于提升国际金融机构的服务质量,还可以推动很多国家尤其是发展中国家金融制度的改革,为这些国家的经济发展奠定良好的基础。发达国家和发展中国家都能从金融全球化中受益,因此金融全球化有利于世界经济的发展。

在看到金融全球化起到的积极作用的同时,我们也应清醒地认识到金融全球化的消极影响。金融全球化会加剧国际金融市场动荡,增加金融监管压力,造成金融体系脆弱。在金融全球化背景下,各个国家或地区的利率及汇率等不可避免地密切相关,当一个国家或地区的经济运行出现问题时会迅速通过国际金融市场传递至其他国家和地区。在20世纪最后十年间发生的1992年英镑危机、1995年墨西哥金融危机、1997年东南亚金融危机以及21世纪发生的美国次贷危机和欧债危机对世界的影响是十分巨大的。因此,金融全球化在优化全球金融资源配置、提高金融资源使用效率的同时,也使各个国家或地区面临新的挑战。

三、金融全球化与金融风险

金融风险是一种特殊的经济风险:第一,金融活动的主体——银行、保险公司、投资公司、证券公司等,不同于一般的工商业企业,而是更多地涉及存款人和投资者的资产安全及利益;第二,金融交易的对象是货币资本而不是一般的商品,对经济的连锁影响异常突出;第三,金融交易金额庞大,其风险的后果异常突出;第四,金融风险的诱发因素与形成过程与一般经济风险有显著差别,金融风险是金融市场上各种金融行为的反映,经济风险对应的则是一般的经济行为。

金融全球化的风险通常可以理解为全球金融体系化过程中遇到的所有风险,而国际金融市场是由单个国家的金融市场构成的。单个国家的金融风险必然或多或少地传递到国际金融市场;同样,国际金融市场的总体风险和波动也必然会对各国金融体系产生影响,如美国的次贷危机风波对世界楼市和股市的重大影响。但是,金融全球化风险又与单个国家的金融风险有着质的差别,前者是跨越国界的国际金融体系及国际化金融活动存在的风险,带有更复杂多变的性质。

国际金融体系存在着各种各样的风险,其表现形式各不相同,具体如下:

(一)市场规模扩大加大了监管的风险

与国际化相伴随的外国资本的大量流入和外国投资者的广泛参与,特别是投机资本的迅速扩张,在增加金融市场深度、提高金融市场效率的同时,将导致金融资产的迅速扩张,使得整个国际金融体系面临前所未有的风险,在缺乏足够严格的金融监管的前提下,这种扩张可能成为系统性风险爆发的根源。此外,由于发展中国家和地区以及新兴市场内部金融市场的发育程度较低,金融体系不成熟,相关的法律体系不完善,资本流入导致其金融体系规模的快速扩张,而资本流入的突然逆转则使其金融市场的脆弱性大幅上升。

(二) 全球化加剧了金融市场的波动性

对于规模狭小、流动性较低的新兴金融市场来说,与国际化相伴随的外国资本的大量流入和外国投资者的广泛参与,增加了市场的波动性。尤其是在一些机构投资者成为这类国家非居民投资的主体时,国内金融市场的不稳定性就表现得更为显著。新兴市场缺乏完善的金融经济基础设施,在会计标准、公开性、交易机制、票据交换以及结算和清算系统等方面存在薄弱环节,无法承受资本大量流入的冲击,从而导致价格波动性的上升。新兴金融市场股票价格迅速下降以及流动性突然丧失的危险,大大地增加了全局性的市场波动。

(三) 证券市场国际化引发了系统性风险

伴随着国际证券市场一体化程度的日益提高,各国证券市场形成了高度依存的关系,如美股、H 股和 A 股的联动。不仅发达国家股市的动荡会显著波及新兴市场,而且新兴市场的股市波动对发达国家股市的波及效应也不断增大,亚洲金融危机和墨西哥金融危机就是很明显的例子。全球股票市场的系统性风险有超越国际外汇市场的趋势。国际游资对证券市场的冲击和股票投资者的非理性操作是证券市场动荡的根源,也是最大的风险来源。

第四节 国际金融危机与国际金融监管

在 21 世纪初金融全球化的快速发展过程中,全球性金融动荡和金融风险已经为人们所广泛关注,这种动荡与风险产生的体制性原因也得到越来越深刻的揭示。在 21 世纪,金融全球化的发展,重要的已经不是发展的动力,也不是各国是否实行金融业对外开放,而是确保全球化稳定发展和运行的有效体系与制度框架。一个与金融全球化相适应的国际金融新体制的建设,是金融全球化能否得到健康发展的关键。

一、国际金融监管组织

(一) 巴塞尔银行监管委员会

巴塞尔银行监管委员会(Basel Committee on Banking Supervision),简称巴塞尔委员会,是 1974 年由十国集团中央银行行长倡议建立的一个以中央银行和银行监管当局为成员的委员会,主要任务是讨论有关银行监管的问题,被视为银行监管领域的首要国际组织。总部设在瑞士的巴塞尔。

巴塞尔委员会的主要宗旨在于交换各国的监管安排方面的信息,改善国际银行业务监管技术的有效性,建立资本充足率的最低标准及研究在其他领域确立标准的有效性。委员会并不具备任何凌驾于国家之上的正式监管特权,但制定了许多监管标准和指导原则,提倡最佳监管做法,期望各国根据本国的情况,通过具体的立法或其他安排予以实施。

委员会鼓励采用共同的方法和共同的标准,但并不强求成员国在监管技术上的一致。此外,委员会的一项重要任务是堵塞国际监管中的漏洞,它遵循着两项基本原则:没有任何境外银行机构可以逃避监管和监管应当是充分的。

(二) 国际证券事务监察委员会组织

国际证券事务监察委员会组织(International Organization of Securities Commissions)是由国际各证券管理机构所组成的国际合作组织,1974年创建于美洲,总部设在加拿大的蒙特利尔市。1983年,该组织正式成为全球性组织。其常设工作机构主要有技术委员会、新兴市场委员会、自律组织顾问委员会。宗旨是:①通过交流信息,促进全球证券市场的健康发展;②各成员组织协同制定共同的准则,建立国际证券业的有效监管机制,以保证证券市场的公正有效;③共同遏止跨国不法交易,促进交易安全。已经通过的正式协议有《国际商业行为准则》《国际审计标准》《金融合并监管》《清算和结算》《国际会计标准》《现金和衍生产品市场间的协调》《跨国证券与期货欺诈》等。

(三) 国际保险监管者协会

国际保险监管者协会(The International Association of Insurance Supervisors)成立于1994年,是一个推动各国保险监管国际协调的组织,现有成员数目过百。其宗旨包括:①通过合作来改善一国国内乃至国际层次上的保险监管,以此来促进保险市场的效率、公平、安全和稳定,并最终保护投保人的利益;②统一各方努力,制定供各成员选择遵守的监管标准;③为成员提供培训;④同其他部门的监管者和国际金融组织合作。该协会由会员大会、执行委员会和秘书处组成,会员大会由执行委员会负责召集,执行委员会下设四个委员会——技术委员会、新兴市场委员会、预算委员会和教育委员会,每个委员会还可分设次级委员会、工作小组来完成日常工作。该协会每年组织数十场会议,为成员提供沟通和交流的平台。

(四) 金融稳定委员会

金融稳定委员会(Financial Stability Board),于2009年6月在瑞士的巴塞尔成立。旨在监管国际金融体系运作状况的金融稳定委员会的成立标志着应对金融危机、评估未来风险的崭新的世界性金融监管机构正式诞生。金融稳定委员会的任务就是在主权国家之外,建立一套包括新兴国家和发展中国家,涵盖主要经济体的制度和机制,以加强国际监管的协调与合作。金融稳定委员会的具体职能包括:①评估全球金融体系脆弱性,监督各国改进行动;②促进各国监管机构的合作和信息交换,对各国监管政策和监管标准提供建议;③协调国际标准制定机构的工作;④为跨国界风险管理制订应急预案等。

目前的国际监管组织尽管涉及银行、证券以及保险等行业,但从其现行发展状况来看,仍然存在着不足,比如巴塞尔委员会是国际银行业监管最重要的组织,但其仍旧缺乏跨国监督权力,国际证券事务监察委员会组织和国际保险监管者协会也存在同样的问题。此外,在目前金融全球化和金融自由化的背景下,金融业混业经营成为发展趋势,而现存的国际监管组织又是专业性监管,因此监管机构和现实经济活动的不匹配造成了监管效果不够理想。具有综合性监管职能的政府间组织是全球金融监管的理想组织。

二、《巴塞尔协议》

(一)《巴塞尔协议》产生的背景和发展

1974年,美国、英国、德国和阿根廷先后发生了国际性银行的倒闭和国际贷款违约事件,其中德国赫斯塔德银行和美国富兰克林国民银行的倒闭最令人震惊,它们的倒闭使监管机构在惊愕之余开始全面审视拥有广泛国际业务的银行监管问题。与此同时,银行以及金融市场的国际化,使得银行的经营风险已跨越国界。因此,必须对国际银行业的监管进行协调。1974年在十国集团中央银行行长的倡议下,1975年十国集团以及瑞士和卢森堡共12国的中央银行成立了巴塞尔银行监管委员会。该委员会成立以来,制定了一系列重要的银行监管规定,包括1975年的《巴塞尔协议Ⅰ》、1983年的《对银行国外机构的监管原则》、1988年的《巴塞尔报告》(即《巴塞尔旧资本协议》)、1992年的《巴塞尔建议》、1997年的《巴塞尔核心原则》、2004年的《巴塞尔新资本协议》(即《巴塞尔协议Ⅱ》)和2010年的《巴塞尔协议Ⅲ》。几十年来,《巴塞尔协议》的内容不断丰富,所体现的监管思想也不断深化。

《巴塞尔协议》是迄今为止对国际银行业发展影响最大的国际公约之一,它有助于发达国家银行在平等的基础上进行竞争,为国际银行监管和协调提供了极大的便利条件,确保国际银行体系的平稳运行,也促使发展中国家通过监管本国银行取得在国际业务中的平等竞争地位。《巴塞尔协议》中,影响最大的是1988年的《巴塞尔报告》、2004年的《巴塞尔新资本协议》和2010年的《巴塞尔协议Ⅲ》。

(二)《巴塞尔报告》

1988年7月,巴塞尔委员会发布《关于统一国际银行资本衡量和资本标准的协议》(即《巴塞尔报告》),其主要内容就是确认监督银行资本的可行的统一标准。该报告主要包括:①资本组成。巴塞尔委员会将银行资本分为核心资本和附属资本。核心资本至少占全部资本的50%,主要包括实收资本(普通股)和公开储备;附属资本主要包括未公开储备、资产重估储备、普通准备金和呆账准备金、混合资本工具和长期次级债券。②风险资产权重。风险资产权重就是根据不同类型的资产和表外业务的相对风险大小赋予它们不同的权重,权重越大,说明该资产的风险越大。③资本标准。报告规定,到1992年年底,所有签约国从事国际业务的银行的资本充足率,即资本与风险加权资产的比率不得低于8%。④过渡期安排。报告规定,1987年年底到1992年年底为实施过渡期。巴塞尔委员会作出一些过渡安排,以保证每个银行在过渡期内提高资本充足率,并按期达到最终目标安排。

(三)《巴塞尔新资本协议》

《巴塞尔报告》自实施以来,取得了很大的发展和认同,但随着全球金融业的发展和变革,原有规定的缺陷也逐渐暴露出来,2004年6月巴塞尔委员会发布了修订的《巴塞尔新资本协议》。2006年十国集团开始实施新协议,在新协议中最引人关注的是"三大支柱":

1. 最低资本要求

巴塞尔委员会仍将资本金要求视作最重要的支柱。新协议在资本要求上的重大变化体现为:第一,对风险范畴的拓展。信用风险仍然是银行经营中面临的主要风险,但市场风险和操作风险的影响以及破坏力也得到了很大的关注。第二,计量方法的改进。新协议根据银行业务错综复杂的现状,改进了一些计量风险和资本的方法。第三,鼓励使用内部模型。新协议主张有条件的大银行提供自己的风险评估水平,建立更精细的风险评估系统,并提出了一整套精致的基于内部信用评级的资本计算方法。第四,资本约束范围的扩大。新协议对诸如组织形式、交易工具等的变动提出了相应的资本约束对策。

2. 监管当局的监督检查

巴塞尔委员会希望监管当局承担的职责包括:第一,全面监管银行资本充足状况;第二,培育银行的内部信用评估系统;第三,加快制度化进程。

3. 市场约束

新协议强调以市场力量来约束银行,认为市场是强大的推动银行合理、有效配置资源并全面控制风险的外在力量,具有内部改善经营、外部加强监管所发挥不了的作用。同时,新协议规定,银行在一年内至少披露一次财务状况、重大业务活动以及风险管理状况。

(四)《巴塞尔协议Ⅲ》

基于美国次贷危机引发的全球金融危机,巴塞尔委员会发布了一系列国际银行业监管的新标准,即《巴塞尔协议Ⅲ》。《巴塞尔协议Ⅲ》体现了微观审慎监管与宏观审慎监管有机结合的新思维,按照资本监管和流动性并重、资本数量和质量同步提高、资本充足率与杠杆率并行、长期影响与短期效应统筹兼顾的总体要求,确立了国际银行监管的新标杆,主要内容包括:

1. 强化资本充足率监管标准

巴塞尔委员会确定了三个最低资本充足率监管标准:普通股充足率为4.5%,一级资本充足率为6%,总资本充足率为8%。巴塞尔委员会建立了两个超额资本要求:第一,要求银行建立留存超额资本,用于吸收严重的经济和金融衰退给银行体系带来的损失;第二,建立与信贷过快增长挂钩的反周期超额资本,要求银行在信贷高速扩张时期积累充足的经济资源。

2. 引入杠杆率监管标准

巴塞尔委员会引入基于规模、与具体资产风险无关的杠杆率监管指标,作为资本充足率的补充。从2011年年初按照3%的标准监控杠杆率的变化,2013年年初进入过渡期,2018年正式纳入第一框架。

3. 建立流动性风险量化监管标准

为了增强单家银行以及银行体系维护流动性的能力,引入流动性覆盖率和净稳定融资比率两个量化指标。流动性覆盖率用于度量短期压力情境下单个银行的流动性状况,目的是提高银行短期应对流动性中断的弹性;净稳定融资比率用于度量中长期内银行解决资金错配的能力,目的是激励银行尽量使用稳定的资金来源。

4. 确定新监管标准的实施过渡期

巴塞尔委员会设立为期8年的过渡期。各成员国应在2013年前完成相应的国内立法工作,从2013年开始实施新的资本充足率监管标准,2015年年初成员国开始实施流动性覆盖率,2018年年初开始执行净稳定融资比率。

三、金融监管的国际合作

随着金融全球化和金融自由化程度的加深,各国(地区)更加紧密地联结在一起,任何一个国家(地区)在这样的发展背景和趋势下,都无法只靠自身的实力抵御甚至化解金融风险,因此,新时期下,加强金融安全的途径就是形成与金融全球化相匹配的金融监管全球化的国际合作。

国际金融形势发展的新特点使得国际金融监管面临的主要问题体现在:第一,金融业的混业经营快速推进,金融风险在不同金融机构之间的传染性增强,金融体系脆弱性提高;第二,目前金融发展全球化,但金融监管区域化,二者的矛盾要求加强国际金融协作,建立统一的国际监管框架;第三,国际上尚未建立对金融危机蔓延的控制和解决机制。

为了解决国际金融监管存在的问题,避免金融危机频繁、大规模的出现,综合来看,应从重构国际金融监管框架、更新监管理念、加强系统性风险监管和推进金融监管合作与协调四个方面入手。

(一)重构国际金融监管框架

现行的国际金融监管框架是以发达国家为主导的,更多地体现了发达国家的利益。随着发展中国家经济实力的增强、融入国际金融体系程度的深化,发展中国家成为国际经济舞台中不可忽视的力量,为了加强国际金融监管,提升国际金融监管的效力,需要对现行的国际金融监管框架进行重构。在新的国际金融监管框架中,要提高发展中国家在其中的地位,增强发展中国家的话语权,体现发展中国家的经济利益。

(二)更新监管理念

长期以来主流的自由市场价值观信奉最少的政府干预、最大程度的竞争、自由的贸易和资本合作。但是次贷危机的发生,使得监管当局看到过分强调、相信市场的自由调节的弊端,这是金融监管的缺位,是重要的思想根源。这次危机的发生使我们对政府监管和市场纪律之间的关系有了更加客观和科学的认识,因此要处理好政府监管、金融监管和市场纪律之间的关系。

(三)加强系统性风险监管

次贷危机引发的风险传染路径和特点与以前有所不同,没有一个监管机构拥有监管系统性风险所必需的完全信息和必要权威。危机发生后,也没有一家机构有足够的权力来协调整个金融体系。因此,在金融全球化和自由化的形势下,进一步加强对系统性风险监管的重要性不言而喻。

(四)推进金融监管合作与协调

次贷危机发生后,很多国际金融组织开始总结危机发生的原因和教训,纷纷表示要致力于推动全球银行、证券、保险等不同金融领域统一监管框架的构建和国际危机救助机制的建立。各国金融监管机构也一致表示,要加强国际金融监管的协作和协调,加强各国金融监管部门之间的合作。

相关案例 衰退与熊市——可怕的孪生兄弟

考虑到全球GDP在第四季度继续以非常接近趋势水平的速度增长，2017年年末市场崩盘的严重程度相当令人吃惊。全球许多市场——包括主要风险资产、收益率曲线和信贷息差——当前定价隐含的假设是，未来12个月内发生经济衰退的可能性至少为50%。

这个水平的衰退风险似乎太高了，尤其是对美国而言。美国劳动力市场的强劲势头，以及美联储最近有关暂缓加息的表态，应能保护美国经济在2018年免受严重挫折。

由于投资者对近期经济前景过于悲观，风险资产也许会继而从目前低迷的水平复苏。然而，另一种可能是，资产价格动荡将卷土重来，导致金融环境收紧，从而独立地引发一场衰退。

衰退和熊市之间的相互关系是复杂的，人们对它的理解也并不充分。很明显，它们在时间上往往大体一致。然而，究竟谁是因谁是果，还远未清晰。

经济学家们经常想当然地认为，衰退根本上是由经济基本面造成的，而当基本面恶化时，金融市场也会作出反应。

有时候，在不断加剧的衰退风险真正反映在经济硬数据中之前，投资者也许就能够察觉到。在这种情况下，熊市的启动也许早于并明显地"预测到"正式的经济衰退。

尽管存在各种时滞，但在这些例子中，因果关系的主要方向是从经济到市场，而不是反过来。理解这种机制是解释在金融市场中聘请经济学家的主要根本理由之一。

然而，在最近的几轮周期中，金融体系中的杠杆导致资产价格、流动性供应和风险偏好发生了如此大的波动，以至于独立地引发了实体经济的衰退。

国际清算银行的克劳迪奥·博里奥（Claudio Borio）不久前的研究指出，自20世纪80年代中期以来，金融周期的时间跨度比经济周期长得多，并预测了经济衰退的开始。毫无疑问，金融周期中的一次崩盘是2008—2009年经济衰退的主导力量。

宏观经济学家的一个雄心勃勃的目标是开发能够用一个单一的、无所不包的方程组来理解和预测金融与经济变量的模型。然而，即使是目前各国央行使用的最先进的宏观经济模型，也离这一成就还有一段距离。

关于合适模型的这种不确定性，催生了对当前经济形势的不同解读，甚至在通常对主要经济问题持一致看法的新凯恩斯主义主流经济学家当中也是如此。

（1）美联储领导层乐观地认为，2018年美国经济将放缓，但衰退风险很低，因为劳动力市场、企业财务状况和私营部门的财务失衡状况依然良好。当市场意识到这一点时，资产价格将会回升，联邦公开市场委员会（FOMC）也许会继续收紧政策。然而，如果金融动荡再次出现，美联储将愿意放松政策，同时降低利率和放缓缩表速度。

（2）本·伯南克（Ben Bernanke）最近指出，经济扩张不会因持续时间长而停止，但大概会被央行终结。意思是说，大多数衰退是由抑制通货膨胀所需的货币政策收紧造成的。从20世纪80年代以前反复出现的情况得出的这一标准观点，认为2018年经济衰退的风险很小，因为通货膨胀仍远低于目标水平。

（3）劳伦斯·萨默斯（Lawrence Summers）支持的一种更悲观的评估是，未来一两年内发生经济衰退的可能性至少为50%。

（4）另一种观点认为，金融不稳定本身就足以引发下一场衰退。布拉德·德隆（Brad DeLong）称，过去四次衰退中，只有一次（1979—1982年）是"按惯例"由采取不利政策的美联储造成的，而另外三次则是由金融体系的不稳定直接引起的。尽管下一次衰退的具体触发因素本质上是不可预测的，但他认为，罪魁祸首将是在金融市场的根本性（但出乎意料的）疲弱暴露之后突然而急剧的"避险"活动。

结论

熊市和衰退就像可怕的孪生兄弟一样相伴相生，但它们都能引起对方，而且它们也许会相互作用，使对方恶化。

乐观者认为，发达经济体不会发生严重衰退，主要是因为通货膨胀仍处于非常低的水平，而且金融周期没有过度拉长。与此同时，悲观者认为，停滞的力量将占上风，可能被不可预测的金融冲击触发或加剧。他们担心，政策制定者将无法稳定坍塌的总需求。

在戴维斯看来，乐观者目前可能有足够的证据支持他们。在2019年，美国也许可以同时避免衰退和熊市。但是，这个领域没有确定无疑的事情，只有有所依据的猜测。

资料来源：戴维斯，《衰退与熊市——可怕的孪生兄弟》，FT中文网，2019年1月15日。

本章提要

1. 国际货币体系包括金本位制、布雷顿森林体系和牙买加协议。布雷顿森林体系的主要内容可以概括为两个方面：第一，美元与黄金直接挂钩；第二，IMF成员国的货币与美元挂钩，即规定各国货币与美元建立固定的比价关系。牙买加协议后的国际货币体系基本上摆脱了布雷顿森林体系时期基准货币国家与依附国家相互牵连的弊端，建立了能够相互补充的多种国际收支调节机制。

2. 以国家利益为导向的货币政策必然可靠地根植于该国的政治制度之中，这表明主权货币开创了"国际货币政治"时代。由于国家经济与政治实力处于不断变化之中，因此国际货币体系具有不稳定性的特征。

3. 金融全球化是经济全球化的内在要求，同时又成为经济全球化的重要动力，将经济全球化推向前所未有的广度和深度。金融全球化从整体上有力地推动了世界经济和国际金融的发展，带来了众多的利益。在金融全球化的发展过程中，与其相伴的蔓延效应使金融危机迅速扩散，产生巨大的波及和放大效应，国际金融动荡已成为一种常态。把握金融全球化带来的机遇、应对金融全球化的新挑战、加强国际金融监管已经成为我们无法回避的一项十分重要而紧迫的任务。

4. 国际货币体系改革将根据国际货币体系的现状，在总体上维持现有国际货币格局的情况下不断进行改进和调整，主要国际金融机构加强对各国汇率制度的监管并加强各国之间的协调和对话，完善预警机制，努力减少隐患和风险。

本章思考题

1. 固定汇率制与浮动汇率制有哪些区别?
2. 简述布雷顿森林体系的内容及其演变。
3. 国际货币与国际货币体系的理论基础是什么?
4. 金融全球化的动因及表现有哪些?
5. 什么是金融风险?怎样预防金融风险?

参考文献

[1] 〔美〕维塞尔.国际货币经济学导论:汇率理论、制度与政策[M].卢力平,李瑶,译.北京:中国金融出版社,2006.

[2] 宋敏,屈宏斌,孙增元.走向全球第三大货币——人民币国际化问题研究[M].北京:北京大学出版社,2011.

[3] 李若谷.国际货币体系改革与人民币国际化[M].北京:中国金融出版社,2009.

[4] 〔美〕斯蒂格利茨,等.斯蒂格利茨报告:后危机时代的国际货币与金融体系改革[M].江舒,译.北京:新华出版社,2011.

[5] 郭锋.全球化时代的金融监管与证券法治[M].北京:知识产权出版社,2010.

[6] 〔法〕沙奈,等.金融全球化[M].齐建华,等,译.北京:中央编译出版社,2006.

[7] 祁敬宇,祁绍斌.全球化下的金融监管[M].北京:首都经济贸易大学出版社,2011.

[8] 高晋康,唐清利.金融全球化条件下中国金融安全的法律保障[M].北京:法律出版社,2008.

[9] 邢莹莹.黄金本位制黄金市场[M].北京:经济科学出版社,2014.

[10] 金莹,张二震.全球经济新格局下国际货币体系改革问题探讨[J].江苏行政学院学报,2019(01):44—49.

[11] 罗成,赵淳,杨娇兰.国际货币的政治逻辑——基于美元与人民币的实证分析[J].金融教育研究,2019,32(01):3—17.

[12] 李晓.美元体系的金融逻辑与权力——中美贸易争端的货币金融背景及其思考[J].国际经济评论,2018(06):52—71+5—6.

[13] 陈佳茗,陈嘉琪,覃彦嘉.加入SDR后,人民币国际化面临的机遇和挑战[J].市场研究,2018(11):69—70.

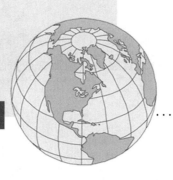

第七章

国际直接投资与跨国公司

【教学目的和要求】

通过本章的学习,学生应:

1. 了解国际直接投资的基本特征和类型。

2. 熟练掌握各种国际直接投资理论的主要观点,并了解当代国际直接投资理论的新发展。

3. 充分掌握国际直接投资传导机制。

4. 重点掌握国际直接投资和跨国公司的关系,正确理解跨国公司在世界经济发展过程中的决定性作用。

【教学重点与难点】

1. 国际直接投资和跨国公司的关系。

2. 国际直接投资传导机制。

3. 跨国公司在世界经济发展过程中的决定性作用。

引导案例

中国对外直接投资达历史最好水平

2018年8月,中国国际贸易促进委员会(以下简称"中国贸促会")研究院发布《中国对外直接投资战略研究报告》,对中国对外直接投资情况做了全面解读。各方面数据显示,中国对外直接投资达到历史最好水平。

报告指出,近10年,中国对外投资年均增长27.2%,跻身对外投资大国行列。2017年,中国对外直接投资流量1 200多亿美元,位居世界第3位;对外直接投资存量14 820.2亿美元,位居世界第8位。中国资本的全球影响力正越来越强。

2018年1—7月,中国非金融类对外直接投资累计652.7亿美元,同比增长14.1%,与2018年全球直接投资预计最高增长10%相比,中国对外直接投资实现了高增长。与美、英、德、日等发达国家历史同期相比,当前中国对外投资流量与存量也处在领先地位。报告显示,2016年,中国人均GDP为8 123.18美元,中国对外直接投资流量分别是美国、英国、德国、日本人均GDP8 000美元时期的9.28倍、2.41倍、9.45倍、19.26倍,对外直接投资存量是同水平时期美国、英国、德国、日本的11.16倍、1.86倍、13.49倍、24.38倍。

对外直接投资的产业分布也更加理性。报告显示,2018年1—7月,中国对外直接投资主要流向租赁和商务服务业、制造业、采矿业以及批发零售业,其占比分别为32.5%、15.8%、11.0%、9.6%。风险较高的房地产、体育、娱乐等行业投资呈现零增长。从数量增长到关注质量提升和结构优化的特点突出。

区域布局更加均衡。截至2018年1月底,中国境外投资企业共有27 497家,对外直接投资企业数前十位的国家和地区分别是中国香港、美国、澳大利亚、俄罗斯、德国、日本、新加坡、韩国、印度尼西亚、加拿大,共占到中国境外直接投资总数的47.85%。这表明中国对外直接投资没有出现过度倚重单一市场的问题,也意味着对外直接投资风险相对较小。"一带一路"倡议则为对外投资提供更多机会。2017年,中国对"一带一路"沿线国家非金融类投资达143.6亿美元,占中国对外非金融类直接投资总额的12%。

"从对外直接投资国际比较、对外投资规模与发达国家同期水平比较、对外投资产业、国别分布等横纵向角度分析来看,当前我们国家对外直接投资已经达到了历史最好时期。"贸促会研究院国际贸易研究部主任赵萍说。

不过,近20年来,中国对外直接投资面临的经济社会环境发生了巨大变化。对外投资从资源寻求型转向资源、技术、市场全面寻求型;投资领域从商贸服务扩展到一般制造、高端制造、新兴产业等多重领域,投资形式也出现多元化发展。报告认为,以前对外直接投资存在的资金短缺、市场依赖集中、非公企业弱小等问题基本得到解决,但同时也出现了产业转移、国内成本上升、就业压力大等新问题,需要根据新的国内外形势变化,进一步完善对外投资战略。

资料来源:中华人民共和国中央人民政府网,www.gov.cn/xinwen/2018-08/31/content_5317941.htm,访问日期:2020年5月20日。

第一节 国际直接投资概述

国际投资(international investment)主要是指投资主体(企业)为了获取经济利益而将货币、实物及其他形式的资产或要素投入国际经营的一种经济活动。① 国际投资分为国际直接投资和国际间接投资两种方式。其中,国际间接投资一般是指不以控股为目的的国际证券投资以及中长期的国际信贷,而国际直接投资虽然在形式上也表现为股权投资,但其特有的标志是投资者对有关的境外经营性资产拥有控制权。

一、国际直接投资的概念及特征

(一) 国际直接投资的概念

国际直接投资,又称对外直接投资(foreign direct investment,FDI)、外商直接投资或海外直接投资(overseas direct investment)②,是指外国投资者以控制企业的经营管理为核心、以获取利润为目的的在国外创建一个永久性企业的投资行为。

有学者认为,国际直接投资是指居民(自然人和法人)以一定生产要素投入另一国(经济体)并获取相应管理权的一种跨国投资活动。

IMF 在《国际收支手册》中对国际直接投资的描述为,从事获取投资者所在国之外的企业的长期利益的投资活动,投资者的目的是能够对企业的管理拥有有效的控制。

无论哪种形式的国际直接投资概念,都反映了两个基本的核心因素:第一,生产要素的跨国流动;第二,投资主体拥有足够的经营管理权。

(二) 国际直接投资的特征

国际直接投资具有以下四个突出特征:

(1) 国际直接投资的主体(投资者)对所投资企业既拥有部分或全部所有权,又拥有有效控制权,可对其实行有效的经营管理。

按照 IMF 等权威国际经济组织的解释,所谓有效控制权,是指投资者持有所投资企业一定数量的股份,因而能行使表决权并在企业的经营决策和管理中享有发言权。这种股权参与下取得的对企业的控制权有别于非股权参与的情况。如果没有股权参与,那么即使通过其他途径或方法对企业产生影响,也不构成直接投资。

在外商投资企业中,投资者的经营控制权往往与投资者对企业股份的所有权相一致。一般情况下,投资者拥有的股份比例越高,经营控制权就越大。但是国际直接投资所要求的有效控制权并不与股份拥有比例构成确定的数量关系。因为按照投资实践的通行原则,有效控制权并不代表投资者实际参与企业经营决策的能力和在企业经营管理中的实际地位。

目前,国际上对直接投资所需拥有的最低股权比例尚无统一的标准。IMF 主张,外国

---

① 张小蒂、王焕祥:《国际投资与跨国公司》,浙江大学出版社 2004 年版,第 7 页。
② 实际上,对外直接投资或海外直接投资是从一个国家(经济体)的角度来考察这种投资活动,而国际直接投资是从全球角度来考察这种投资活动的。

投资占25%可以算作国际直接投资。许多国家的国际(对外)投资法或有关的法规也规定了构成直接投资所需拥有的最低股权比例,以区别于其他形式的投资。但是,具体的解释和标准却不尽相同。从当今世界大趋势来看,各国都日益重视对外投资和利用外资,对国际投资范畴的有效控制权规定的股权比例也相应减少,一般按国际惯例,超过企业10%股权的外国投资即被认定为国际直接投资。

(2) 国际直接投资在国家间转移的是生产要素的组合,而不是相互独立的单一要素,这种组合要素比单一要素能够获取更大的经济利益。

就资本流动的形态来看,国际直接投资不是单纯采取货币资本形态,而是涉及货币资本、技术设备、经营管理知识和经验等经营资源要素在国家间的一揽子流动。换句话说,企业生产和经营活动向国外扩张的同时,还涉及劳动力的跨国流动。一旦企业的生产和经营活动打破了国家界限,把整个世界作为一个大市场来对待,就产生了国际直接投资。可以认为,国际直接投资是生产社会化走向生产国际化的必然选择,是生产的专业化分工扩大到国际范围的具体体现。

国际直接投资往往是一种国际中长期投资,是一揽子生产要素的国际转移。正如约翰·邓宁(John Dunning)所说,跨国公司作为企业资本供应者的传统作用或许已经过去,取代它的将会是技术和管理服务相结合的各种形式。

(3) 国际直接投资周期长、风险大。进行国际直接投资的投资者,一般要直接参与被投资企业或公司的经营管理,并在直接获取企业营业收益的同时,承担企业经营的最终责任和风险。同时,直接投资要涉及企业的建设与长期经营,因此投资周期往往较长。投资责任的加大和周期的延长,都会增加投资者的投资风险。当然,从东道国的角度来看,由于直接投资周期长,短期内波动性较小,又不形成本国的外债负担,因此它恰恰是一种风险较低的外资引进方式。

(4) 国际直接投资主要通过跨国公司进行。国际直接投资的重要特征之一,就是跨国公司在国际贸易和创新活动中具有重要地位。可以说国际直接投资的增长是由众多拥有子公司的跨国公司所驱动的。[①] 据统计,目前全球国际直接投资总额中,至少有90%是由跨国公司进行的;同时,国际直接投资本身也是形成跨国公司的直接条件。

二、国际直接投资的动因

(一) 高额利润驱动

追求高额利润是资本的天然属性,是对外直接投资最根本的动机。例如,在20世纪70年代末,美国国内制造业的平均利润率为13%左右,而1979年美国在发达国家直接投资的利润率为19.2%,在发展中国家直接投资的利润率则高达32%。美国在发达国家和发展中国家的直接投资利润率,80年代中期分别为16.2%和17.2%,1987年分别为21.3%和13.8%,1989年分别为14.6%和17.2%。丰厚的利润,是企业进行对外直接投资最大的驱动力。

---

① 范黎波、王林生:《跨国经营理论与战略》,对外经济贸易大学出版社2003年版,第35页。

(二) 资源导向驱动

资源导向驱动是指企业为寻求稳定的资源供应和利用廉价资源而进行的对外直接投资。这类投资又可分为两种情况：一是寻求自然资源，即自然资源导向型投资。企业对外直接投资是以取得自然资源为目的，如开发和利用国外石油、矿产品以及林业、水产等资源，可以大大降低投资企业的生产成本。二是寻求人力资源。人力资源是影响企业生产效率的重要因素之一，如果东道国拥有比母国更加廉价和高效的人力资源，则可以节省投资企业的人力成本，一般情况下投资企业在东道国主要生产劳动密集型产品。

(三) 市场导向驱动

这类投资可分为以下四种情况：一是开辟新市场，跨国公司通过对外直接投资在过去没有出口市场的东道国占有一定的市场；二是保护和扩大原有市场，跨国公司在对出口市场的开辟进行到某种程度之后，通过对外直接投资在当地进行生产和销售更为有利；三是克服贸易限制和障碍，跨国公司可通过向进口国或第三国直接投资，在进口国当地生产或在第三国生产再出口到进口国，以避开进口国的贸易限制和其他进口障碍；四是跟随竞争者，在寡头垄断市场结构下，当一家企业率先到国外直接投资，其他企业会采取跟随战略，甚至不惜亏损来维护自己的相对市场份额，保持竞争关系的平衡。

(四) 效率导向驱动

效率导向驱动是指跨国公司基于降低成本、提高生产效率的目的而进行的对外直接投资。通常有两种情况：一是降低生产成本。当企业在国内生产出口产品的生产成本高于在国外生产时，可通过对外直接投资的方式在国外设厂生产，以降低生产成本和运输成本等，提高生产效率。二是获得规模经济效益。当企业的发展受到国内市场容量的限制而难以达到规模经济效益时，企业可通过对外直接投资，将其相对闲置的生产力转移到国外，以提高生产效率，实现规模经济效益。

(五) 技术导向驱动

技术导向驱动是指企业通过对外直接投资来获取东道国的先进技术和管理经验，这种动机的投资通常集中在发达国家和地区的资本技术密集型产业，投资企业一般通过与当地拥有先进技术的公司合资或并购吸收先进技术。第二次世界大战后，发达国家之间的对外直接投资不断增加。20世纪90年代以来，国际直接投资的80%集中在"大三角"国家之间，欧盟和日本不断扩大对美国的直接投资，而美国也不断增加在欧盟和日本的直接投资，出现这种情况的一个重要原因就是各国为了获得对方的先进技术。

(六) 优惠政策驱动

对外直接投资的优惠政策主要包括税收、金融、保险、土地使用、进口等，对于投资企业来说，优惠政策的实施可以减少投资风险，降低投资成本，获得高额利润。东道国和母国都可以给予这些优惠政策，对于东道国来说，尤其是一些发展中国家，对于资金的需求使得其实施大量的优惠政策来引资，进而带动本国经济的发展；对于母国来说，当经济发展到一定水平后，为了鼓励本国企业走出国门寻求更大的经济增长，需要实行鼓励对外直接投资的政策。

（七）环境污染转移驱动

环境污染是威胁人类生存和经济发展的世界性问题。一些发达国家迫于日益严重的环境污染问题，严格限制企业在国内从事易造成污染的产品生产，此类型的生产企业只有通过对外直接投资将污染产业向国外转移。在发达国家对外直接投资中，化工产品、石油和煤炭产品、冶金、纸浆造纸这四大高污染行业所占比例很高。

（八）全球战略驱动

跨国公司的全球战略是跨国公司在全世界范围内安排投资，从事生产经营活动的战略。跨国公司在基于全球战略进行对外直接投资时，所考虑的并不是某一子公司在某一时期或某一地区的盈亏得失，而是跨国公司长期的、全局的最大利益，有时不惜牺牲某地区、某部门的局部利益，以保证全球战略目标和整体利益的实现。

三、国际直接投资的类型

根据不同的分类标准，国际直接投资可以分为独资经营、合资经营、合作经营、合作开发以及绿地投资和跨国并购等不同类型。① 跨国公司选择何种类型的国际直接投资方式，取决于其自身条件和国际投资环境。

（一）独资经营、合资经营与合作经营

按照投资主体对海外子公司拥有股权份额的程度，国际直接投资可分为独资经营、合资经营和合作经营三种类型。②

1. 独资经营

独资经营，是指由外国投资主体根据东道国的法律，经批准在东道国建立全部资本为外国投资主体所有的企业经营形式。独资经营企业的投资主体拥有企业的全部股权，因此享有企业的全部所有权，并独立承担企业经营的全部责任和风险。

由于跨国公司拥有垄断技术优势，并且采取独资经营方式可以实现内部价格转移③，因此大型跨国公司特别偏好以创办独资企业的形式进行国际直接投资。即使由于东道国的相关法律限制，也选择开始为合资经营的形式，后来逐渐扩大股权比例，最终转化为独资经营的渐进方式。

2. 合资经营

合资经营，又称股权式合营，是指由外国投资主体与东道国投资者依照东道国法律，在东道国境内共同投资设立一家新的企业，投资各方依照各自出资额的多少共同行使经营管理权，共负盈亏、共担风险的经营形式。由此设立的企业称为合资经营企业或合资企业。在合资比例上，投资各方出资多寡及在总股本中各占多少比重由投资各方协商确定。但从国际上合资经营的实践来看，大体上有三种做法：外国投资主体股权占半数以上；东

---

① 崔日明、徐春祥编著：《跨国公司经营与管理》，机械工业出版社 2005 年版，第 86—89 页。
② 崔日明、王厚双、徐春祥编：《国际贸易》，机械工业出版社 2008 年版，第 102—103 页。
③ 跨国公司内部价格转移是指跨国公司母公司与子公司之间或子公司与子公司之间进行交易时所执行的价格，包括货物价格、劳务费、贷款利率、租金率、专利或其他知识产权的使用费及支付方法。见崔日明、徐春祥编著：《跨国公司经营与管理》，机械工业出版社 2005 年版，第 157—158 页。

道国投资者股权占半数以上;外国投资主体与东道国投资者股权对等。

3. 合作经营

合作经营,又称契约式合营,是指外国投资主体依据东道国的有关法律,与东道国的企业共同签订合作经营合同,而在东道国境内设立的合作经营组织。就东道国来说,合作经营是许多发展中国家利用外资的一种快捷、有效的形式。

合作经营企业又分为两种:一种是法人式,即合作经营企业享有独立的财产权,法律上有起诉权、被起诉权,并以该法人的全部财产为限对其债务承担责任;另一种是非法人式,即合作经营企业没有独立的财产所有权而只有使用权,合作经营企业的管理可以由合作各方派出代表组成联合管理机构,也可以委托一方或聘请第三方进行管理。

合作经营企业和合资经营企业都表现为国外投资主体与东道国的投资者在东道国创办企业,合伙经营。两者既有联系,又有区别。其中,主要区别在于:一是合作经营企业双方的权利和义务是建立在合作经营合同基础上,双方对利润的分享和风险的承担不一定以各自的出资比例为依据;二是合作经营企业不一定是法人企业。

(二) 新建投资与跨国并购

按照进入海外市场的方式,国际直接投资可分为新建投资和跨国并购两种类型。

1. 新建投资

新建投资,又称绿地投资,是指在东道国建立新的企业或工厂,形成新的生产能力或经营单位。如果是第一次进入东道国投资设厂,则称为"草根式进入"(Grass-root Entry)或"绿地策略"(Green-field Strategy)。

2. 跨国并购

跨国并购(Cross-border Mergers & Acquisitions)是跨国兼并和跨国收购的简称,指一国企业(又称并购企业)为了达到某种目标,通过一定的渠道和支付手段,将另一国企业(又称目标企业)的所有资产或足以行使经营控制权的股份购买下来。其中,跨国兼并是指当地或国外企业的资产或运营活动被融入一个新的实体或并入已经存在的企业;跨国收购是指在已经存在的当地和外国附属企业获得占有控制权的份额。跨国兼并的结果是两个或两个以上的法人合并为一个法人,而跨国收购的最终结果不是改变法人的数量,而是改变被收购企业的产权归属或经营管理权归属。[1]

与新建投资相比,跨国并购具有以下三个优点:①能够节省投资时间,迅速进入东道国市场;②有利于获得更多的市场份额,扩大业务经营范围,减轻竞争压力;③能有效利用被并购企业原有的管理制度和管理人员等。

正因为如此,20世纪80年代以来,国际直接投资开始大量转向通过并购方式进入东道国。但国际竞争实践表明,跨国并购的成功率并不高,且存在一系列问题。原因一是在并购过程中,并购企业难以准确估计被并购企业的资产价格;二是完成并购后,由于企业规模和地理位置上的限制,并购企业对被并购企业的管理需要进行调整,且要受到原有契约关系的制约等。因此,尽管跨国公司通过并购能迅速进入目标市场,但能否很好地实现投资者的目标却存在很大的不确定性。

---

[1] 崔日明、徐春祥编著:《跨国公司经营与管理》,机械工业出版社2005年版,第163页。

20世纪80年代中期以前,跨国公司的国际直接投资以新建投资为主,而80年代中期以后,则逐渐转变为以跨国并购为主。到20世纪末,跨国并购占全球国际直接投资的80%以上。

新建投资和跨国并购这两种方式各有所长又相互对立,跨国并购的优点恰恰就是新建投资的缺点,而跨国并购的缺点又是新建投资的优点。跨国公司进行国际直接投资时,必须根据这两种方式的特点以及对跨国公司自身的实力和东道国的投资环境、政策法规等因素进行权衡,作出适当的选择。

四、国际直接投资格局的变化

(一)国际直接投资来源国及流向变化

第二次世界大战前,英国对外直接投资位居世界首位,美国次之;而且国际直接投资主要从发达国家流向发展中国家,资本单向流动。第二次世界大战后,在相当长的一段时间内美国是世界上最大的对外直接投资国,是唯一能进行大规模资本输出的国家,投资流向较第二次世界大战前也发生了很大变化,国际直接投资主要体现在发达国家之间的流动,是资本的双向流动。

20世纪60年代以来,随着欧洲经济的迅速恢复,西欧国家在对外直接投资中的地位大幅上升,且资本大量流入美国,形成对外直接投资的双向流动。60年代末,日本跻身世界经济大国之列,成为对外直接投资的大国。70年代,美国在世界对外直接投资中的地位下降,西欧经济的崛起使西欧成为同美国和日本相抗衡的对外直接投资的来源,石油输出国组织(简称欧佩克,OPEC)的对外投资额也大幅上升,同时发展中国家吸收国际直接投资的比例逐步提高。80年代,美国对外直接投资开始萎缩,直至成为国际直接投资的净输入国;与此同时,发展中国家经济在这个时期迅速发展,对外直接投资规模逐渐扩大,其中新兴工业化国家的表现强劲;此外,新兴及发展中国家和地区成为吸收国际直接投资最重要的国家和地区之一。90年代,美国再次成为国际直接投资净输出国,且净输出额不断扩大;1994年的货币危机后,拉美国家吸引国际直接投资的能力增强。

进入21世纪以来,欧盟经济经过衰退、复苏和增长后,其对外直接投资额有所增长,在2008年金融危机的冲击下,主要发达国家的对外直接投资流出量锐减;日本的对外直接投资规模同样经历了先增加后减少的发展过程;美国在金融危机后,对外直接投资额剧烈波动且大幅下降;发展中国家该时期的对外投资额继续上升;东亚地区是2008年金融危机爆发后经济恢复较快的地区,进而成为吸引国际直接投资的重要地区;巴西受到金融危机的影响,尽管在2009年吸收的国际直接投资额大幅下滑,但仍是拉美地区国际直接投资的主要吸收国;此外,非洲近年来经济开始回升,因此开始主动吸收国际直接投资。

金融危机后发达经济体虽然继续保有国际直接投资的主体地位,但其增速及规模急剧下降。这主要是因为经济复苏过程中不稳定性因素的影响程度加深,从而导致投资者的投资信心相对不足;但是从影响国际直接投资的因素来看,发达经济体由于仍旧具有良好的产业基础、相对稳定的市场环境、相对开放的市场等条件,从而继续保有国际直接投资的主体地位。而与之相对的发展中经济体国际直接投资增长急速上升,尤其以新兴经济体为主的各个主要发展中经济体的投资表现均好于发达经济体。目前来看,亚洲发展中经济体成为增长最快的投资来源地,同时也超过欧洲成为近年来吸收国际直接投资最多的区域,其次是北美和拉美地区。而亚洲吸收国际直接投资更多地集中在东亚和东南亚,这是因为基础设施的互联互通、经贸合作、文化交流等越来越频繁,同时"一带一路"倡议、亚洲基础设施投资银行与丝路基金同样发挥着重要的作用。再者,"东盟 10+3"、中韩自由贸易区等区域贸易协定的建立,也进一步推动了亚洲投资自由化的进程。

（二）国际直接投资结构变化

国际直接投资结构的演变与产业结构的演进紧密相连。第二次世界大战前,国际直接投资主要集中在初级产业;第二次世界大战结束到 20 世纪 70 年代中期,国际直接投资主要集中在制造业;70 年代中期以后,国际直接投资在制造业内部又进一步出现了分化,从低成本、低技能的制造业向高资本、高技术制造业转变;80 年代后,世界上的主要投资国增加了对服务业的投资,与金融和贸易有关的服务业投资占到国际直接投资总量的一半以上,目前,第三产业是发达国家对外直接投资的主要领域。

金融危机后,以跨国并购方式的国际直接投资更多地主导着全球国际直接投资,且更多地流入生产性服务业[①]。另外,新建投资呈现相对收缩趋势。2003—2015 年,第一产业在新建投资中的比例从 17.6% 下降到 4.5%,制造业在新建投资中的比例从 52.8% 下降到 42.1%,服务业在新建投资中的比例则从 29.7% 上升到 53.3%。可见,与跨国并购方式的国际直接投资相似,更多的新建投资也流入生产性服务业,且这一比例在逐步扩大。这更多的是由于全球新技术革命和产业革命进一步将更多的国际直接投资迁入新兴产业和服务业。

相关案例　**2018 年中国企业境外并购有望重掀高潮!**

据普华永道最新发布的《中国企业并购市场 2017 年回顾与 2018 年展望》报告(以下简称"报告")显示,2017 年,中国并购活动交易价值从 2016 年的历史最高点回落 11% 至 6 710 亿美元,基本相当于 2015 年达到的水平。

业内人士指出,国内外汇管制和境外审查趋严使得 2017 年中国企业境外并购交易减少,导致并购活动交易总额下降。"相较于特别活跃的 2016 年,中国并购活动虽然在 2017 年出现了交易金额和交易数量的双降,但是并购数量却达到了历史第二高。随着国家各项监管政策更加透明,预计 2018 年会再掀高潮,且并购活动在未来 5 年将保持强劲的上升势头。"普华永道中国企业并购服务部合伙人郭伟告诉《中国经济导报》记者。

内外因导致中国企业境外多领域并购金额下降。郭伟介绍说,2017 年,中国企业并购市场回落,但是年度并购数量仍然达到了历史第二的高度。报告显示,大部分领域的并购金额均发生不同程度的减少,其中包括境内企业出境收购、境外企业入境收购以及各类财务投资。"相较 2015 年和 2016 年,由于受到国家政策面对于部分不理性境外投资的监管,再加上境外国家,如美国对外资审查更加严格,单笔 10 亿美元以上的超大型境外并购案

---

①　生产性服务业是指为保持工业生产过程中的连续性、促进工业技术进步、促进产业升级和提高生产效率提供保障服务的服务行业。

例数量在2017年明显减少。"郭伟介绍说。据统计,全球单笔10亿美元以上的超大型境外并购案例数量,由2016年的103宗降至2017年的89宗,这主要是受中国企业境外并购数量减少的影响。"但政府的政策指引无疑对境外并购交易也产生了明确的导向作用,相关政策促使中国企业出境投资的方向,从被动性资产和炫耀性资产转移至战略性投资。数据显示,2017年中国企业出境收购交易价值仍高于2014年和2015年的总和。"郭伟表示。

值得一提的是,在境外并购交易方面,高科技、工业和消费品依旧是中国企业境外投资最活跃的领域。投资者希望将先进的科技引入境内市场以促进产业升级,同时引进新的知识产权、品牌以及产品。

境外并购回归理性,赴"一带一路"交易大幅增加。2017年,随着遏制非理性投资的各项政策出台,中国企业出境投资的方向从房地产和娱乐业资产转移至战略性投资。按中国企业境外并购的投资地区看,报告显示,2017年赴美并购交易金额剧减,欧洲并购交易数量剧减。"美国主要是对外资审查严格,而中国企业收购的一些足球俱乐部多在欧洲。"郭伟解释说。2017年中国企业赴"一带一路"区域的境外并购交易数量及金额大幅增长。郭伟介绍说,"比如在东南亚地区的物流业并购数量较多,而在中亚地区,如哈萨克斯坦的某笔物流并购金额较大。"2017年12月初,中国人民银行副行长、国家外汇管理局局长潘功胜对外表示,2017年以来,中国企业的对外投资增速放缓、结构改善。其中有政府引导的作用,但主要还是市场主体对外投资的逐渐成熟和回归理性。相关部门针对非理性的对外直接投资采取了阶段性管控措施,截至目前非理性的对外直接投资已经基本上退出。

政策更加透明,并购再迎利好,"进入2018年,并购迎来了开门红"。郭伟表示,最近业务量倍增,"这得益于国家对外投资的政策更加透明"。

展望今后并购市场发展,郭伟预期,2018年,中国并购活动较2017年将会有所增长,接近甚至可能超过2016年的纪录。随着政策变得更加清晰明朗,境外并购活动将有望重拾升势。围绕着产业价值链、产业升级、先进制造、消费升级、金属矿产、航空航天以及能源领域具有协同促进效应的交易或将成为出境并购的重要组成部分;而对于包括如体育、娱乐、地产等非战略性投资或固定资产投资很可能会下降。

另外,普华永道中国企业并购服务部合伙人杨辉表示:"退出活动在2017年也出现了期待已久的增长,这同样引人关注。私募股权基金投资背景的IPO上市和并购活动的交易数量创下新高。由于估值较高,深圳和上海成为全球最受青睐的上市地。"

资料来源:和讯网,news.hexun.com/2018-01-31/192367502.html,访问日期:2020年5月19日。

第二节 国际直接投资传导机制

一、国际直接投资理论概述

(一)麦氏模型

麦氏模型是由美国经济学家唐纳德·麦克道格尔(Donald MacDougall)于1960年在其有关国际投资的论文《来自国外私人投资的收益与成本:一种理论方法》(The Benefits and

Costs of Private Investment from Abroad: A Theoretical Approach)中提出的。[①]

模型假定:①世界仅由甲国(接受外来投资国)和乙国(对外投资国)组成,甲国为资本稀缺国,乙国为资本富裕国;②资本受边际产出递减规律支配,即在其他要素投入量不变的情况下继续追加资本,则追加资本的单位产出率将递减;③两国国内经济均处于完全竞争状态,资本的边际收益率等于资本的边际产出率。

如图 7-1 所示,EJ 和 FD 分别为甲、乙两国的资本边际产出曲线。

在资本进行国际流动之前,甲国的资本存量由 MA 表示,乙国的资本存量由 NA 表示,整个世界的资本存量保持不变,用 MN(MN=MA+AN)表示。甲国由于资本稀缺,资本市场利率较高,为 H;乙国则相反,由于资本丰裕,资本市场利率为 T。甲国国内总产出为 MECA 表示的面积,其中资本产出为 MHCA 表示的面积,其他要素收入为 EHC 表示的面积,资本的边际产出为 MH;乙国国内总产出为 NFDA 表示的面积,其中资本产出为 NTDA 表示的面积,其他要素收入为 TFD 表示的面积,资本的边际产出为 NT。

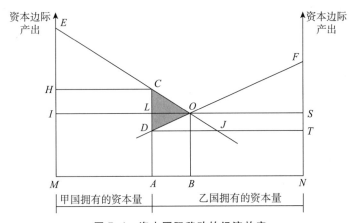

图 7-1 资本国际移动的经济效应

从图 7-1 可以看出,若甲、乙两国均为封闭型经济,资本不能跨国界流动,则资本相对稀缺的甲国的资本边际产出及资本收益高于资本相对富裕的乙国,即 MH>NT。

由于甲国的资本边际收益率 MH 超过了乙国的资本边际收益率 NT,因此如果允许资本在国家间移动,则只要甲国资本的边际收益率高于乙国,则乙国的资本便会源源不断地流向甲国,直到两国的资本边际收益率相等为止,这时资本流动达到均衡,均衡点为 O 点,两国的资本边际收益率相等,为 MI=NS。这时总计数量为 AB 的资本由乙国流向甲国。

资本的国际移动对甲、乙两国的产出产生了不同的影响。甲国国内总产出变为 MEOB 表示的面积,乙国国内总产出变为 NFOB 表示的面积;甲国原资本所有者由于国内利率下降而使收益变为 MILA,比资本流动前减少了 IHCL。乙国资本所有者收益变为 NSLA,比流动前增加了 TSLD。资本 AB 从乙国流向甲国创造了收入 ALOB,计入甲国的 GDP,同时计入乙国的 GNP。新增的资本收入中,甲国获取了 LCO 的收益,乙国获取了 LDO 的收益。

---

① G.D.A. Macdougall, "The Benefits and Costs of Private Investment from Abroad: A Theoretical Approach", *Economic Record*, 1960, 36: 13-15. 转引自张小蒂、王焕祥:《国际投资与跨国公司》,浙江大学出版社 2004 年版,第 25—27 页。

甲、乙两国间的资本跨国移动对双方的经济资源利用效率、国民收入分配及国际收支平衡等也会产生不同程度的影响。

从甲国来看,虽然其资本收益率有所下降(由 MH 降到 MI),但其国内资本稀缺的状况得到了缓解。由于外资的引入,甲国的其他生产要素,如劳动力、自然资源等得到了更加充分的利用,GNP 和 GDP 均因此而上升,这将促进其经济的发展,在图 7-1 中表现为甲国的新增收入 LCO。在国际收支方面,若不考虑外贸及其他因素的影响,则短期内甲国的外汇收入会因外资的流入而迅速增加。但长期来看,随着外国资本利润汇出的增多,甲国的外汇收入会有相应的减少。

从乙国来看,由于资本的输出,其他生产要素的收益率有所下降,但其资本收益水平却得到了很大的提高,其 GNP 也有了明显的增加,在图 7-1 中表现为新增收入 LDO。在国际收支方面,对外投资将会使乙国的外汇收入在短期内净流出。但长期来看,由于对外投资利润的不断汇回,乙国在国际收支方面的状况会得到改善。尽管各有利弊,但从总体上看利大于弊,双方均可获得新增收入,其总和为 CDO(LCO+LDO)所表示的面积,即图 7-1 中的阴影部分。

麦克道格尔的国际资本流动模型认为,资本在各国间的自由流动,可以使资本的边际生产力在国家间得到平均化,从而可以提高世界资源的利用效率,增加全球财富总量,提高各国经济效益。限制国际直接投资的资本流动的经济代价是世界经济效率的损失和各国收入的下降。

当然,由于上述模型对货币化资本的国际运动做了高度的简化,故对国际直接投资现实的解释能力是有限的。尽管如此,作为一种高度抽象的理论分析,该模型还是以简单的形式提供了一个资本流动模型的理论分析框架。

(二)"双缺口"模型

在发展中国家,经济增长的一般约束是用于投资的资源的短缺,而不是缺少投资刺激。因此,经济开放一般通过两个渠道来影响资本积累:一是通过举借外债来补充国内储蓄不足,二是通过进口一部分用于投资的资本品。① 这两种影响之间的内在关系在下面的"双缺口"模型中得以表述。

"双缺口"模型最初是由世界银行的前发展政策副主席、美国经济学家霍利斯·钱纳里(Hollis Chenery)与以色列经济学家迈克尔·布鲁诺(Michael Bruno)于 1962 年在"Development Alternatives in an Open Economy: The Case of Israel"中提出的。② 该模型对世界银行的政策,尤其是对国际援助分配方面的政策,具有很大的影响。他们认为,根据宏观经济学中的国民收入决定论,在封闭经济条件下,如果以 Y 表示国民收入,以 C 表示消费,以 S 表示储蓄,以 I 表示投资,则有 $Y=C+I$ 和 $Y=C+S$,因此,国民收入达到均衡的条件为: $I=S$。

这表明,在封闭的两部门经济中,储蓄是投资唯一可能的来源,一国的投资规模受制

---

① 〔美〕约翰·威廉逊:《开放经济与世界经济》,厉伟译,北京大学出版社 1991 年版,第 302 页。
② H. Chenery and M. Bruno, "Development Alternatives in an Open Economy: The Case of Israel", *Economic Journal*, 1962, 172: 79-103.

于该国的储蓄能力。如果一国想要通过增加投资来加快经济发展,就必须减少当前的消费。对于发展中国家而言,收入的低水平导致了储蓄从而投资的低水平,进而影响经济发展的速度,形成了某种程度的恶性循环。

然而,在开放经济条件下,上述情况会有所改善。因为在开放经济中,国民收入的均衡条件可由 $Y=C+I+X$(出口)和 $Y=C+S+M$(进口)两式导出,即 $I-S=M-X$。该等式的左侧($I-S$)为储蓄缺口,右侧($M-X$)为贸易缺口。应该注意的是,该等式的成立是指双缺口事后的相等;而在事前,则无论投资、储蓄、进口和出口都是相对独立的变量,这意味着投资超出储蓄的数额不一定恰好等于进口超过出口的数额,故发展中国家有必要对此进行宏观调控。但是,如果仅仅对构成"双缺口"的几个经济变量进行修补,未免显得消极。如果发展中国家能够积极、主动地引进和利用外资,则流入的外资既可弥补贸易缺口,提供进口所必需的外汇,又可弥补因国内投资规模大于储蓄能力而形成的储蓄缺口。

"双缺口"模型为发展中国家通过利用外资来促进经济发展提供了某种理论依据。大多数发展中国家存在着经济结构亟待调整、产业结构升级和优化的问题,而这些问题的解决离不开巨额的资金投入,出现国内储蓄缺口在所难免。同时,发展中国家在向工业化过渡的过程中,用于设备、技术进口的外汇需求很大,在自身出口创汇能力有限的情况下,很容易出现外汇缺口。

"双缺口"模型的不足之处是按照该模型,国际直接投资只能从资本及外汇均相对富裕的发达国家流向二者都相对缺乏的发展中国家,这种认识带有一定的片面性,同时也不符合发展中国家经济发展和对外投资的实际。此外,该模型所指明的政策取向也并非发展中国家克服资金短缺和外汇不足的唯一选择,因为除了利用外资这一途径,发展中国家还应通过经济体制改革提高国内资源的利用率,同时积极发展外向型经济,扩大出口创汇,从而弥补上述缺口。发展中国家若进行贸易导向型国际直接投资[①],对带动和扩大出口会起到显著作用。发展中国家在国际直接投资中并不一定只充当投资接受国的角色,也可以发展自己的跨国公司,从而进行对外直接投资,以分享国际经济发展的利益。因此,"双缺口"模型在一定程度上具有某些局限性。

在对资本国际流动的两个重要模型进行简单介绍后,下面将重点介绍国际直接投资理论。有关跨国公司和国际直接投资理论的研究有两个重要贡献:第一个是斯蒂芬·海默(Stephen Hymer)的研究,并发展成为一般文献中所说的垄断优势理论;第二个是内部化概念在解释跨国公司出现和扩张行为方面的系统研究。下面分别予以介绍。

(三)垄断优势理论

垄断优势理论(The Theory of Monopolistic Advantage),也称特定优势论,是产业组织理论在跨国公司和国际直接投资领域应用研究的结果,是关于跨国公司凭借其特定的垄断优势从事国际直接投资的一种跨国公司理论。

20世纪60年代初,海默在其博士论文《国内企业的国际经营:对外直接投资的研究》

---

① 日本学者小岛清根据国际直接投资的动机,将国际直接投资分为自然资源导向型、劳动力导向型、市场导向型和生产与销售国际化型四种类型。在此基础上,国内学者崔日明、徐春祥等又补充了另外三种国际直接投资动机类型:贸易导向型、效率导向型和战略资产导向型。参见崔日明、徐春祥编著:《跨国公司经营与管理》,机械工业出版社2005年版,第46页。

(International Operational of National Firms: A Study of Direct Foreign Investment)中首次提出了垄断优势理论。在其论文中,海默研究了1914—1956年美国对外投资的资料,发现1914年前美国几乎没有对外证券投资(国际间接投资),直到20世纪二三十年代开始出现对外证券投资。第二次世界大战后,美国对外直接投资迅速增加,但对外证券投资发展却异常缓慢。海默得出"对外直接投资与对外证券投资有着不同行为表现"的结论,并以垄断优势理论加以解释。

70年代,海默的导师金德尔伯格对该理论进行了补充和完善,从而形成了一代跨国公司理论的基础——垄断优势理论。该理论同时又被称作海默—金德尔伯格传统(H-K Tradition),它替代了赫克歇尔—俄林模型(H-O Model),成为研究国际直接投资最早且最有影响的基础理论。

垄断优势理论的核心内容是市场不完全与垄断优势。传统的国际资本流动模型,即要素禀赋论认为企业面对的海外市场是完全竞争的,然而,完全竞争在现实中并不多见,普遍存在的是不完全竞争市场。

海默认为,市场不完全体现在以下四个方面:①产品和生产要素市场的不完全;②规模经济导致的市场不完全;③政府干预经济而导致的市场不完全;④由于关税及其他税赋导致的市场不完全。

海默认为,市场不完全是企业进行国际直接投资的基础,因为在不完全竞争市场条件下,企业有可能获得东道国同类企业所没有的特定优势。这种企业特定优势(Firm-specific Advantages),即企业国际化经营的垄断优势主要包括以下七个方面:①技术优势;②先进的管理经验;③雄厚的资金实力;④信息优势;⑤国际声望;⑥销售渠道优势;⑦规模经济优势。

海默等人提出的垄断优势理论不仅开创了国际直接投资理论研究的先河,而且许多内容具有科学性。该理论首次提出了不完全竞争市场是导致国际直接投资的根本原因,并论述了市场不完全的类型;提出了跨国公司拥有的垄断优势是其实现国际直接投资,从而获得高额利润的条件,并分析了垄断优势的内容。这些理论对于研究当代跨国公司的国际直接投资动因具有十分重要的意义。

但海默的垄断优势理论也存在一些局限性,主要表现在:垄断优势理论的研究对象主要是美国少数技术经济实力雄厚、独具对外扩张能力的大型跨国公司,对于中小企业以及发展中国家的国际直接投资则没有进行分析。而现实情况是,自20世纪60年代以来,许多发达国家的中小企业也积极进行国际直接投资,特别是广大发展中国家的企业也加入国际直接投资的行列。垄断优势理论显然对这些新的现象无法作出科学的解释。

(四)内部化理论

内部化理论(The Theory of Internalization),又称市场内部化理论,是当代比较流行的关于国际直接投资的一般理论。该理论是由英国里丁大学学者彼得·巴克利(Peter Buckley)和其同事马克·卡森(Mark Casson)在1976年和1978年合著的著作《跨国公司的未来》与《国际经营论》中提出的。① 后来,加拿大学者艾伦·拉格曼(Alan Rugman)在其出

---

① P. J. Buckley and M. Casson, *The Future of the Multinational Enterprise*, London, Macmillan, 1976.

版的《跨国公司的内幕:国际市场的经济学》一书中,对该理论进行了进一步完善和拓展。[①]

内部化是指把市场建立在公司内部的过程,以内部市场取代原来的外部市场,公司内部的转移价格起着润滑的作用,使之像外部市场一样有效地发挥作用。内部化的思想来自罗纳德·科斯(Ronald Coase)的交易成本学说,是当代西方较为流行、较有影响的一般理论。[②]

内部化理论建立在以下三个假设基础之上:①企业在不完全市场上从事经营的目的是追求利润最大化;②当生产要素特别是中间产品的市场不完全时,企业就有可能统一管理经营活动,以内部市场取代外部市场;③内部化超越国界时就产生了跨国公司。

巴克利和卡森在《跨国公司的未来》一书中指出:影响企业交易成本从而导致市场内部化的因素有四个:①产业特定因素,主要包括中间产品的特性、外部市场结构、企业的规模经济特征及行业特点等;②区域因素,指有关区域内社会文化差异、综合投资环境以及自然地理特征等;③国家因素,指有关国家的政治体制、法律架构与财政经济状况等;④企业因素,指企业的竞争优势与劣势、组织结构、管理水平、生产和销售技术以及企业文化等。

根据内部化理论,企业通过国际直接投资,形成内部市场,降低了交易成本和交易风险。由于内部市场的存在,跨国公司在研究开发、规模经济上占有优势,在绕过贸易壁垒进行直接投资时,要比国内或东道国的竞争对手更胜一筹,在不确定性不断增加的市场环境下,内部交易使企业能够根据自己的需要进行内部资金、产品和生产要素调拨,从而保证效益最大化。内部化理论对跨国公司旨在将其经营的各种成本降到最低的行为进行了理论说明。

内部化理论的主要贡献:首先,内部化理论的出现标志着西方国际直接投资研究的重大转折。垄断优势理论从市场不完全和寡占的市场结构论述了发达国家国际直接投资的动机和决定因素,而内部化理论则从跨国公司所面临的内外部市场的差异、国际分工、国际生产组织的形式等来研究国际直接投资的行为和动机。它既可以解释发达国家的国际直接投资行为,又可以解释发展中国家的国际直接投资行为,因而被称为"通论"。其次,内部化理论较好地解释了跨国公司在国际直接投资、出口贸易和许可证安排这三种参与国际经济方式中进行选择的依据。跨国公司通过国际直接投资将市场内部化,保持其在世界范围内的垄断优势,从而实现公司利润的最大化,因此国际直接投资在这三种方式中占主导地位。由于出口贸易会受到进口国贸易保护主义的限制,因此许可证安排局限于所涉及技术必须已进入产品生命周期的最后阶段,因而处于次要地位。最后,内部化理论有助于解释战后跨国公司增长速度、发展阶段和盈利波动等事实。

内部化理论也具有一定的局限性。与其他理论相比,内部化理论虽然具有综合性,但它解释的只是跨国公司行为的充分条件,即跨国公司通过自身的财务和组织管理协调以发挥企业内部效率的机能,而没有对跨国公司行为的必要条件,即跨国公司通过其生产和销售活动以满足消费者的需求的机能给予充分说明和解释。

---

① A. M. Rugman, *Inside the Multinationals: The Economics of International Markets*, Croom Helen Ltd., 1981.
② R. H. Coase, The nature of the firm, *Economica*, 1937(4):386-405.

(五) 比较优势投资理论

比较优势投资理论(The Theory of Comparative Advantage to Investment),又称边际产业扩张论,是日本一桥大学小岛清教授提出的。1978年,小岛清在其代表作《对外直接投资:一个日本多国企业经营的模型》(Foreign Direct Investment: A Japanese Model of Multinational Business Operations)一书中系统地阐述了他的对外直接投资理论。① 该理论被称为"小岛清模型",对美、英等国学者产生了很大的影响。

比较优势投资理论的核心内容是:第一,国际直接投资应该从本国已经或即将处于比较劣势的产业,即边际产业开始,并依次进行②;第二,企业和东道国的技术差距越小越好,这有利于当地比较优势产业的建立,两国可以在国际直接投资及其引致的贸易中实现互补,并能更大程度地受益。

小岛清对美、日两国的国际直接投资进行了比较,发现美国的国际直接投资是从本国具有比较优势的产业开始,通过在海外设立子公司把生产基地转移到国外,减少了母公司③的出口,因此属于"贸易替代型"国际直接投资;而日本跨国公司的国际直接投资是从本国已经或即将陷于比较劣势的边际产业依次进行的,这种"切合比较优势原理"的国际直接投资是贸易扩大型的,属于"贸易创造型"国际直接投资。

小岛清进一步分析了美国式和日本式国际直接投资的不同:第一,美国企业的国际直接投资是从本国具有比较优势的行业开始的,其目的是垄断东道国当地市场,不利于东道国经济发展;而日本企业的国际直接投资是从不具有比较优势的所谓"边际产业"开始的,有利于东道国建立具有比较优势的产业,并推动东道国经济发展。第二,日本的中小企业虽然不具备垄断优势,但它们拥有的适用技术在东道国当地具有较强的吸纳性,有利于东道国建立比较优势产业,增加就业和出口,促进东道国经济发展。

在小岛清的比较优势投资理论问世之前,海默、雷蒙德·弗农(Raymond Vernon)等人关于国际直接投资的理论研究是以英、美的跨国公司为基础的,忽略了日本式的国际直接投资,因而是不全面的。小岛清提出的理论不仅填补了国际直接投资理论体系的一个空白,而且突破了以往英、美学者常用的"一种商品、一种产业、一个企业"的分析方法,而重视在"多种商品、多种产业、多个企业"的基础上进行研究。他的基本思想在于强调国际直接投资应当促进投资双方比较优势的发展,从而扩大两国之间的贸易。他所主张的国际直接投资与国际贸易之间应该是"互补而非替代"(贸易与投资互补论)的观点拓展了国际直接投资理论研究的思路。

当然,小岛清的理论也存在较大的局限性。他的理论只反映了日本这一跨国公司后起之秀在已经形成的跨国公司国际生产格局中寻找最佳发展途径的要求,难以具有普遍意义。事实上,从70年代中期以来,随着日本经济实力的提升以及产业结构的日趋成熟,日本国际直接投资的模式表现出同"美国模式"趋同的态势。

此外,该理论只片面强调国际直接投资对发展中国家经济发展的作用,而忽视了其给

---

① 〔日〕小岛清:《对外贸易论》,周宝廉译,南开大学出版社1987年版。
② 实际上,这种产业的梯次转移,也是赤松要"雁行模式"的延伸。
③ 母公司(Parent Company)指跨国公司在其母国依照该国公司法律注册的法人企业。

发展中国家带来的某些危害。小岛清的边际产业扩张理论和弗农的产品生命周期理论一起被称为区位优势理论。

（六）国际生产折中理论

应该说，前面述及的这些理论各有所长，但它们有一个共同的弱点，就是只能对跨国公司国际直接投资作出部分解释，缺乏普遍意义上的解释能力。因此，当约翰·邓宁（John Dunning）把各种理论综合在一起提出国际生产折中理论时，立即被誉为"集大成者"。

国际生产折中理论的特点在于，它"集众家之所长，融众说于一炉"，力图开创一个"通论"。邓宁把厂商理论、区位理论、产业组织理论以及国际经济学中的各派思想有机地结合在一起，构成一个整体，综合地对跨国公司行为动机和条件作出了分析。

国际生产折中理论的核心是由三个核心优势理论组成的。邓宁在《国际生产与跨国企业》中指出，企业要发展成为跨国公司，应具备三个优势，即厂商优势（所有权优势）、内部化优势、区位优势，这三种优势（简称为"OIL"优势）必须同时齐备，缺一不可。如果缺少其中一两个优势，企业就不会进行对外直接投资，而选择商品出口或特许权转让的方式；如果仅有厂商优势和内部化优势，而无区位优势，则意味着缺乏有利的投资场所，只能将有关优势在国内加以利用，进行生产，予以出口；如果没有内部化优势和区位优势，仅存在厂商优势，包括无形资产优势，则企业难以内部利用，只得转让给外国企业。

邓宁的国际生产折中理论注重综合分析、客观分析和动态分析，在理论形态上是完整和成熟的。其"三优势模式"（OIL Paradigm）主要是从国家这一宏观层面上分析了国家间的优势及其不平衡分布，比较综合地说明了三种优势和三种国际经营方式（出口、国际直接投资、许可证安排）之间的相互关系，是直到目前为止经济学界最权威和全面的理论体系。

但是，邓宁的国际生产折中理论并不是十全十美的，有的地方仍欠严谨、周密。主要表现在：

第一，尽管该理论看起来颇有说服力，容易被接受，但由于理论的"集大成"而影响了整个理论的逻辑性。邓宁把各种不同的甚至没有多大联系的因素捏合在一起，从而陷入了对现象的罗列和归纳，缺乏严谨而系统的分析。

第二，邓宁强调只有三种优势同时具备，才能进行跨国投资。但在现实经济活动中，并不同时具备三种优势的发展中国家不仅发展了国际直接投资，而且还向发达国家进行逆向投资，这种现象给予邓宁的理论极大的冲击。

第三，该理论无法解释非私人跨国公司的直接投资活动，并过于简单地假定跨国公司国际直接投资的主要目标就是追求利润最大化。

（七）国际直接投资理论的新发展

国际直接投资理论的发展和深化主要体现在两个层面：一是对垄断优势理论和区位优势理论的进一步发展；二是从其他新的角度提出了一些新的理论模型。

1. 垄断优势理论与区位优势理论的发展和深化

海默、金德尔伯格提出垄断优势理论后，引起了学术界的广泛关注。西方学者沿着他们的思路，进一步论述跨国公司的各种垄断优势，内容主要有三个方面：一是深化对跨国公司垄断优势的认识；二是探讨跨国公司在国际直接投资、出口贸易和许可证交易三种方式中选择国际直接投资的依据及条件;三是研究寡占反应的某些特点和规律。①

2. 当代国际直接投资理论的新发展

国际直接投资理论的新发展主要表现在将国际直接投资理论由专门对发达国家的研究拓展到对发展中国家的研究,出现了所谓的发展中国家国际直接投资理论。

20世纪60年代以来主流的国际直接投资理论,从海默—金德尔伯格的垄断优势理论、巴克利和卡森的内部化理论到邓宁的国际生产折中理论,均以发达国家跨国公司的国际直接投资为研究对象。但80年代以来,迅速崛起的发展中国家国际直接投资已成为全球国际直接投资的重要组成部分。由于就整体来说,发展中国家跨国公司在规模、技术、营销网络等方面都与发达国家存在较大差距,并不具备主流国际直接投资理论所强调的垄断优势,因此主流的国际直接投资理论对此难以作出令人信服的阐释。一些学者试图对此加以解释,但至今尚未形成一个系统、完整的理论体系,归纳起来,有以下几种观点。

(1) 小规模技术理论。20世纪70年代后期,伴随着发展中国家跨国公司的长足发展,美国经济学家刘易斯·威尔斯(Louis Wells)于1977年发表了《发展中国家企业的国际化》一文,对发展中国家跨国公司的行为特征进行了分析和总结,并给予了相应解释,并在1983年出版的专著《第三世界跨国企业》中做了更为详细的论述,提出了旨在解释发展中国家的国际直接投资的小规模技术理论。

威尔斯认为,发展中国家跨国公司主要有以下三个方面的优势特征:

第一,拥有为小市场需求提供服务的小规模生产技术。由于大多数发展中国家国内市场容量较小(中国和印度等少数几个大国经济体例外),在此基础上发展起来的技术也往往只适合于小规模生产。正因为如此,这种小规模生产技术在国内市场同样较小的其他发展中国家也具有一定的竞争优势。因为这些国家国内市场所要求的生产规模远远小于发达国家跨国公司在一国生产所需达到的最小最佳经济规模,发达国家大规模生产技术无法从这种小市场需求中获得规模收益。这就给发展中国家小规模技术存留了一定的生存和发展空间,也是那些技术不够先进、生产规模不够大的发展中国家中小企业国际直接投资的经济动力和优势特征所在。这种小规模技术不但填补了这些国家的市场缝隙从而获得自身发展的空间,而且往往具有更高的利用效率。研究表明,在泰国,发达国家的跨国公司平均只利用生产设备能力的26%,而发展中国家跨国公司的生产设备能力利用率则达48%。②

第二,发展中国家在民族产品的境外生产上具有优势。发展中国家国际直接投资的特征之一表现在鲜明的民族文化特点上,这些境外投资主要是为服务于境外某一团体的需要而建立的。一个突出的案例是华人社团在食品加工、餐饮、新闻出版等方面的需求,带动了一部分东亚、东南亚国家和地区的境外投资。

第三,低价格优势。与发达国家的跨国公司相比,发展中国家的跨国公司更倾向于节约广告、营销等费用开支,采取低价营销策略,获得价格优势。美国学者维诺德·巴斯基特(Vinod Busjeet)对毛里求斯出口加工区外国制造业的一个相关调查也证实,发展中国家

---

① 有关垄断优势理论和区位优势理论的发展及深化内容,见崔日明、徐春祥编著:《跨国公司经营与管理》,机械工业出版社2005年版,第53—58页。

② 张小蒂、王焕祥:《国际投资与跨国公司》,浙江大学出版社2004年版,第216页。

跨国公司推销产品的广告费用大大低于发达国家的同行业公司。在被调查的产业中，96%的发展中国家公司广告费用占其销售额的比例低于1%，而在同行业的发达国家跨国公司中，21%的公司广告费用占其销售额的比例超过3%。[①]

威尔斯的小规模技术理论被西方理论界认为是研究发展中国家国际直接投资的具有代表性的理论之一。该理论把发展中国家跨国公司竞争优势与这些国家自身的市场特征结合起来，在理论上给后来的研究者提供了一个充分的分析空间。即使对于那些技术不够先进、经营范围和生产规模不够大的小企业来说，参与国际竞争仍有很强的经济动力。这不仅有利于实现企业的经营战略和长期发展目标，而且大大增加了发展中国家企业参与国际竞争的可能性。

此外，威尔斯的小规模技术理论不仅可以用来解释发展中国家对发展中国家的直接投资（即平行投资）行为，而且可以用来解释发展中国家对发达国家直接投资（即上行投资或逆行投资）的动因。

（2）投资发展阶段理论，又叫投资发展周期论，是邓宁的国际生产折中理论在发展中国家的运用和延伸，意在从动态的角度解释一国的经济发展水平与国际直接投资之间的关系。

按照西方发达国家国际直接投资的实践，只有一个国家的资本积累及其经济增长达到一定水平，大规模的国际直接投资才会发生。从理论层面来看，邓宁的实证研究证明了这一点。1981年，邓宁在《用折中范式解释发展中国家对外直接投资》一文中，尝试用主流理论解释发展中国家的现象，并写下了颇有名气的《投资发展周期论》(Investment Development Cycle)。在该论文中，邓宁对67个国家在1967—1975年的国际直接投资量和人均GNP的关系进行了研究，发现两者存在很密切的关系，并因此提出了投资发展阶段理论。邓宁认为，处在不同发展阶段的国家，其所有权优势、内部化优势和区位优势都是不同的，这对资本的流入产生了很大影响。

邓宁提出了"净国际直接投资"的概念，即一国对外直接投资总额与引进外国直接投资总额之差，并根据人均GNP，将处在工业化过程中的发展中国家的投资发展过程划分为四个阶段：

第一阶段，人均GNP在400美元以下。处于这一阶段的国家由于经济发展落后，缺乏足够的区位优势和所有权优势，对外资的吸引力很小，并且没有对外直接投资能力，因此净国际直接投资为负数。

第二阶段，人均GNP为400—2 000美元。这一阶段由于经济发展水平的提高，国内投资环境得到改善，引进外资规模不断扩大，但对外直接投资额仍较小，因此净国际直接投资仍为负数。

第三阶段，人均GNP为2 000—4 750美元。在这一阶段，一方面，国内拥有所有权优势的企业对外直接投资有所增加，并可能大幅上升；另一方面，国内技术力量的增强以及劳动力工资水平的提高，使该国作为东道国的区位优势逐渐丧失。总体看来，在这一阶段，外国对本国的直接投资量仍大于本国的对外直接投资量，但本国对外投资的速度明显

[①] 张纪康主编：《跨国公司与直接投资》，复旦大学出版社2004年版，第185页。

快于吸收外资的速度,因此净国际直接投资额不断缩小。

第四阶段,人均 GNP 为 4 750 美元以上。该国进入发达国家行列,拥有强大的所有权优势,净国际直接投资额为正。

邓宁的结论是,一国所有权优势和区位优势与引进外资正相关,与对外直接投资负相关。内部化优势既可促进对外直接投资,又可促进外资的引进。

(3) 技术创新和产业升级理论。发展中国家技术创新和产业升级理论又称技术累积优势理论,是由英国里丁大学技术创新与经济发展问题著名专家约翰·坎特威尔(John Cantwell)与其弟子帕斯·托兰惕诺(Paz Tolentino)对发展中国家国际直接投资问题进行了系统的考察后,于 1991 年共同提出的。该理论试图从动态化与阶段化的角度分析发展中国家的国际直接投资。

技术创新和产业升级理论认为,发展中国家跨国公司的国际直接投资,一般要受到其母国产业结构和内生技术能力的影响。而发展中国家国内产业结构的升级过程,是发展中国家企业技术能力稳定提高和扩大的过程,这种技术能力的提高是不断累积的结果,是与其国际直接投资的增长直接相关的,即技术能力的存在和累积不仅是国内生产活动模式和增长的重要决定因素,同时也是国际生产活动的重要结果。

坎特威尔和托兰惕诺分析了发展中国家跨国公司国际直接投资的产业特征和地理特征,认为由于国内产业结构和内生技术创新能力的影响,发展中国家跨国公司国际直接投资的发展是有规律可循的。从产业分布特征看,首先是以资源开发为主的纵向一体化生产活动,然后是以进口替代和出口导向为主的横向一体化生产活动。从地理分布特征看,发展中国家企业在很大程度上受"心理距离"的影响,其投资方向遵循"周边国家→发展中国家→发达国家"的渐进发展轨迹。

因此,技术创新和产业升级理论是以地域扩展为基础,以技术累积为内在动力的。随着技术累积能量的扩展,国际直接投资逐步从低级阶段向高级阶段发展,即从资源依赖型向技术依赖型发展。

(4) 投资诱发要素组合理论。投资诱发要素组合理论是近年来西方学者提出的,旨在说明任何类型的国际直接投资都是由投资直接诱发要素和间接诱发要素产生的。

所谓直接诱发要素,主要是指各类生产要素,包括劳动力、资本、技术、管理及信息等。由于国际直接投资本身就是上述生产要素的流动,因此,直接诱发要素是国际直接投资的主要诱发要素。应提出的是,直接诱发要素既包括投资国的,也包括东道国的。这就是说,如果投资国拥有某种直接诱发要素的优势,那么它们将通过国际直接投资将该要素的优势转移出去;反之,如果投资国没有某种直接诱发要素的优势,而东道国具有这种要素的优势,那么投资国可以利用东道国的这种要素,进行国际直接投资。因此,东道国的直接诱发要素同样也能诱发和刺激投资国的国际直接投资。

间接诱发要素是指除直接诱发要素的其他非要素因素,包括:第一,投资国政府诱发和影响国际直接投资的因素,如鼓励性投资政策和法规、政治稳定性及政府与东道国的协议和合作关系;第二,东道国诱发和影响国际直接投资的因素,如投资硬环境状况(交通设施、通信条件、水电原料供应、市场规模及前景、劳动力成本等)、投资软环境状况(政治气候、贸易障碍、吸收外资政策、融资条件及外汇管制、法律和教育状况等)、东道国政府与投资国的协议和关系;第三,世界性诱发要素和影响国际直接投资的因素,如经济生活国际化以及经济一体化、区域化、集团化的发展,科技革命的发展及影响,国际金融市场利率及汇率波动,战争、灾害及不可抗力的危害,国际协议及法规。

国际直接投资建立在直接诱发要素以及间接诱发要素的组合之上。发达国家的国际直接投资主要是直接诱发要素在起作用,这与它们拥有这种要素的优势有关,如资本、技术及管理知识等。发展中国家则相反,在很大程度上是间接诱发要素在起作用。应该注意的是,间接诱发要素在当代国际直接投资中起着重要作用。尤其是对大多数发展中国家的企业而言,在资本、技术等直接诱发要素方面往往并不处于优势地位,其国际直接投资在很大程度上是间接诱发要素作用的结果。从这个意义说,投资诱发要素组合理论为发展中国家国际直接投资提供了新的理论支持。

投资诱发要素组合理论从投资国与东道国的相互需求及双方所具备条件等这一新的角度阐述国际直接投资的决定因素,关注东道国和国际投资环境对投资决策的重大影响,同时着重强调间接诱发要素在当代国际直接投资中所起的重要作用。这些观点能较好地解释部分现代国际直接投资行为,具有一定的创新意义。

不足的是,投资诱发要素组合理论仍然是从静态角度研究国际直接投资的决定因素,没有从动态上对国际直接投资的发展过程及规划进行分析,因而具有一定的局限性。

(5)技术地方化理论。1983年,英国经济学家桑加亚·拉奥(Sanjaya Lall)在其出版的《新跨国公司:第三世界企业的发展》一书中,从技术变动的角度对发展中国家,特别是印度的跨国公司的竞争优势和投资动机进行了深入研究,并提出了技术地方化理论。

拉奥认为,即使发展中国家跨国公司的技术特征表现为规模小、标准化和劳动密集的性质,但技术变动性本身能够使其同样拥有竞争优势。拉奥指出,尽管技术创新很大程度上取决于市场的开拓和科技知识的新突破,但技术变动性使企业又能够在适当范围内对国外技术进行消化、改造和创新,即进行所谓的"二次创新",使之适合于当地条件,从而使技术本身得到发展和提高,最终拥有技术比较优势。

拉奥同时指出,即使对发达国家而言,国际直接投资的垄断优势也并非是完全一致的,而是随着各国具体情况的不同而变化的。例如,美国企业的技术创新属于劳动节约型,而欧洲企业的技术创新则属于原材料节约型。

拉奥认为,发展中国家也能够根据自身独特的情况发展并拥有独具特色的垄断优势。通过实证研究,拉奥指出,发展中国家特有的优势是建立在使用成熟技术和对非差异化产品的特殊营销技能基础上的。这种优势可能源于发展中国家企业自身的技术创新,或源于对从国外引进的成熟技术、生产工艺的改进,也可能源于在提供该类成熟技术方面所具有的成本优势。

同威尔斯的小规模技术理论相比,拉奥的技术地方化理论对发展中国家国际直接投资的解释更进了一步。威尔斯对发展中国家跨国公司的解释实际上是一种技术被动论,而拉奥则更强调企业技术引进的再生过程,即发展中国家跨国公司不是在技术变动过程中进行简单模仿和复制,而是进行主动性技术创新,正是这种创新活动给跨国公司带来竞争优势。

二、国际直接投资传导机制

国际直接投资对世界经济波动的传导是通过国际直接投资对东道国和母国的多方面影响实现的。而跨国公司是国际直接投资传导作用实现的最重要载体。第二次世界大战以后跨国公司的发展以及跨国公司作为国际直接投资最重要载体之一的基本事实说明,跨国公司的资本流动可以使跨国的现代生产和资本输出的能力大大增强,从而国际直接投资对世界经济波动的传导作用也大大增强。

(一)国际直接投资传导渠道的作用机制

国际直接投资传导机制主要是通过以下方式来实现的:以 A、B 两国为例,A 国为国际直接投资的母国,B 国为接受国际直接投资的东道国。一方面,当 B 国经济处于扩张期或持续稳定增长时,外国(比如 A 国)资本为获取较丰厚的回报而流入 B 国,享受 B 国经济扩张所带来的高额回报。B 国经济的扩张通过国际直接投资途径,会带动 A 国经济也向扩张的方向发展。反过来,A 国直接投资在 B 国得到丰厚回报的效应,吸引 A 国资本拥有者追加对 B 国的直接投资,从而促使 B 国经济更快地发展。

另一方面,过度的国际直接投资流入对 B 国经济增长及波动产生负面影响的威胁也始终存在。当 A 国国内经济陷入衰退时,A 国投资者在其国内设立的企业的运行状况恶化,投资能力下降,一些 A 国投资者会撤回或减少其在 B 国的投资,从而使得 B 国不得不面临外资突然撤出遗留下的问题,使 B 国经济的稳定增长受到影响,甚至也随之陷入衰退。

(二)国际直接投资促进经济增长的传导机制

国际直接投资传导渠道的作用机制表现在对他国经济增长有促进作用和负面影响两种效果上。这里着重分析国际直接投资促进东道国经济增长的传导机制。国际直接投资主要是通过技术进步、制度变革两种机制促进东道国经济增长的。

1. 国际直接投资对东道国技术进步的影响渠道

国际直接投资对东道国技术进步的影响主要体现在对东道国的技术溢出效应上。这种技术溢出效应可以从市场竞争、技术示范与模仿、人力资本及产业关联的角度来加以分析。

(1)市场竞争效应。如果国际直接投资进入市场竞争激烈的东道国市场,或者是已经拥有一定国际竞争力的行业,则所面临的本土企业同样具备类似竞争力。为了在竞争中获得更高的利润,资本投入会增加,生产规模会扩大,在形成规模经济的同时会相对降低生产成本;而那些没有效率和没有达到规模经济的企业在竞争中面临淘汰,如此资源得到再一次的重新配置,生产效率进一步提高。所采取的方式主要包括:改进企业组织和管理效率;扩大生产规模;在现有技术基础上进行产品和工艺的模仿创新以及进行自主创新。① 在一些发展中东道国,由于特定的政治、经济原因,存在很多高度政府垄断或自然垄断的行业,进入壁垒非常高,市场竞争力差,效率低下,技术进步停滞。在这些行业引入国

---

① 张莉:《金砖四国 FDI 经济增长效应的比较研究》,南京大学,2011 年。

际直接投资后,市场竞争加剧,即使国际直接投资没有带来先进的技术,仅竞争机制就可以通过改进东道国的组织和管理方式来促进东道国的技术进步。

(2) 技术示范与模仿效应。技术示范与模仿效应是指国际直接投资技术转移扩大了东道国当地企业的可得技术库,对促进发展中东道国技术创新或者进行技术仿制具有重要启示作用。国际直接投资一般投资于最具国际竞争力的领域,获得较高的部门利润率,因此对于发展中东道国企业具有技术示范效应[①]。技术模仿是指发展中东道国企业采用与国际直接投资相似的技术,包括在外资企业技术示范基础上的简单仿制和创新。这需要东道国企业首先获取并掌握相关的技术信息,然后在此基础上进行模仿创新。所采取的方式主要包括购买技术许可、参加科学和技术会议、阅读科研类杂志和专利文献、与国际直接投资企业进行战略联盟、与国际直接投资企业员工进行非正式交流等。

(3) 人力资本效应。人力资本流动主要是智力劳动力的转移,如国际直接投资企业的雇员转移到发展中东道国的企业。国际直接投资所带来的人力资本的流动是智力劳动力的转移,它可以为东道国带来技术溢出效应。跨国公司为使在东道国投资设厂所雇用的本土员工的生产效率与企业技术相匹配,会对员工进行质量体系管理等全方位的教育和培训,从而提高相应的人力资本。国际直接投资不仅带来生产性投资,还通过人力资本的转移带来先进的技术和管理经验,通过企业培训与实践等途径,带动东道国人力资本平均水平的提高。如果经过培训的东道国雇员跳槽到东道国其他企业,还会带来企业间的技术外溢。

(4) 产业关联效应。产业关联是国民经济体系中各产业部门之间内在的技术经济关系。很多外商直接投资带来的技术溢出效应是通过跨国公司在东道国的分支机构与当地供应商和客户间的前后向关联关系表现出来的。从后向关联角度分析,跨国公司在东道国为了获得与其产品相适应的中间投入品,不仅会对上游企业提供技术支持和员工培训,甚至会引入新的技术;其次,生产性服务方面,跨国公司会对基础设施的建立与可得性提供一系列的帮助;再者,当地企业为了成为跨国公司的供应商,竞争同样会加剧,从而提高生产效率。从前向关联角度分析,跨国公司会为下游的生产厂商提供更高质量的中间投入品和终端消费品。但是,从国内企业供给角度看,如果国内企业无法承受因中间产品质量升级而带来的生产成本的上升,负面效应就会产生。

国际直接投资通过技术进步间接促进了经济增长。技术进步促进经济增长的途径,主要体现在以下几个方面:一是技术进步推动经济总量的不断增长;二是技术进步促进经济效益的提高,这主要体现在劳动生产率的提升上,它促进生产要素利用率和企业生产率的同时提高;三是技术进步促进了经济增长方式的转变;四是技术进步促进了经济结构的优化。

2. 国际直接投资通过制度变革间接促进东道国经济增长

国际直接投资的流入不仅会促进东道国的经济增长与技术进步,而且还可以有力地

---

① 如果一项技术已经被跨国公司成功研发并成为市场行为,国内公司也会积极模仿并采用这一新的生产技术。示范效应也可以分为技术示范、管理示范和产品开发示范等效应。

推动东道国的制度变革。这是因为,国际直接投资的流入给东道国提供了更多的制度创新方面学习和借鉴的机会,这些都有助于推动制度变革。另外,国际直接投资不仅弥补了国内储蓄与投资的不足,而且极大地提高了经济效率,这是推动制度变革的强大动力。跨国公司倾向选择市场集中度高的垄断行业作为潜在的进入目标,因为可获得利润也相对较高。因此,相对规范的以市场为导向的稳定的宏观经济政策会积极促进国际直接投资溢出效应的发挥,进而从制度变革角度间接促进经济增长。①

同样,东道国的金融市场发展程度同样影响着国际直接投资的技术溢出,从而影响东道国经济增长。高水平的金融市场不仅可以降低和防范风险,而且可以合理配置资源、促进商品服务交换的效率进而促进经济增长。在开放经济条件下,东道国金融市场的发展程度和效率深刻影响着该国对国际直接投资技术溢出的吸收程度。

知识产权也深刻影响着国际直接投资对于东道国的技术溢出效应。完善的知识产权保护制度不仅能够增加跨国公司的国际直接投资流量,而且可以增加技术溢出效应的程度,从而促进经济增长。东道国的最优知识产权保护程度应该不高于跨国公司的准入保证。

第三节 跨国公司的形成与发展

跨国公司既是企业国际直接投资的载体,又是国际直接投资的产物,国际直接投资与跨国公司密不可分。跨国公司作为企业国际化经营的产物,在世界经济的发展过程中发挥着决定性的作用。

一、跨国公司概述

跨国公司作为一种特殊的企业组织形态,出现于19世纪60年代中期。学术界对于跨国公司曾经有过多种称谓,并出现过不同的定义标准。

(一)跨国公司的定义

关于跨国公司的定义,学术界由于标准不一而众说纷纭,通常根据不同的划分标准可以分为以下几种。

1. 结构性标准定义

结构性标准包括地区分布、所有权、股权比例以及生产或服务设施等划分标准。

(1)地区分布标准。该标准以跨国公司在国外进行投资或经营的国家数目作为划分的标准。欧共体在1973年将在两国以上拥有生产设施的跨国经营企业称为跨国公司;而美国的一些学者则提出了另外的标准,如弗农的"美国多国公司研究项目"提出,必须在六个以上国家设有子公司或分支机构才算跨国公司。

(2)所有权标准。所有权在西方文献中既指资产的所有权形式,又指企业的拥有者和公司高层主管的国籍。资产所有权形式是指国营(国有)、私营、合作制或公私合营以及

---

① 张莉:《金砖四国FDI经济增长效应的比较研究》,南京大学,2011年。

合伙(Partnership)股份公司等。联合国经社理事会认为:"……至于公司的法律组织形式并不重要,可以是私人资本的公司,也可以是国有或合作社所有的实体。"另外,OECD 的文件也认为,跨国公司的所有权形式可以是私有、国有或混合所有。但也有一些人认为跨国公司必定是国际垄断组织,是垄断资本主义的所有制。

(3) 股权比例标准。该标准以一个企业拥有国外企业的股份多少来划分企业是否为跨国公司。美国法律规定一个企业拥有的国外企业股份或业务份额达 10% 以上,才能算作子公司;而日本则规定要达到 25% 以上,如果不足 25%,必须是采取非股权安排措施加以控制的公司才算作子公司。

(4) 生产或服务设施标准。欧共体、联合国经社理事会以及 OECD 等国际组织并不要求跨国公司的机构必须分布在六个国家以上,而更强调必须在两个或两个以上国家拥有生产或服务设施。1973 年欧共体委员会公布的准则和 1976 年欧洲议会通过的守则都明确指出,凡在两个或两个以上国家有生产或服务设施的企业即构成跨国公司。

2. 经营业绩标准

(1) 传统的经营业绩标准。按跨国公司在全球的经营业绩状况来界定跨国公司,主要是指企业的国外活动占整个公司的业务份额,包括销售收入、资产总额、盈利额或公司雇员人数等达到一定标准才算得上是跨国公司。如弗农教授主持的"美国多国公司研究项目"认为跨国公司的标准是:年销售额超过 1 亿美元的企业;而联合国贸发会议 1993 年则认为营业额在 10 亿美元以上的企业可被视为跨国公司,即所谓的"10 亿美元俱乐部"(Billion Dollar Club)。

(2) 国际化经营业绩指标体系。衡量一个企业是否是跨国公司,常用的指标体系有三个:

第一,比例指标体系。比例指标体系主要是应用比例方法来衡量和反映企业的国际化程度。具体的比例指标通常有五项:国际销售率、海外资产比率、国际管理指数、国际投资指数、海外公司比率。[1]

第二,相对、绝对指标组合法。该方法包括海外销售总额、海外销售净额、海外资产比率、海外销售率、外贸依存度、投资结构水平、生产依存度七个指标。

第三,跨国指数。跨国指数是用来衡量跨国公司"国际参与程度"的一个平均数据,是"公司经营活动在国外配置程度的函数",由国外资产/总资产、国外销售额/销售总额、国外雇员数/雇员总数三个比率的平均值构成。联合国贸发会议在《1998 年世界投资报告》中指出:"该指数……所依据的理论框架是以国外活动与本国活动的二分法为基础的,并有助于评估跨国公司的活动和利益介入本国或外国经济的程度。"[2]

以上评价指标均从不同角度反映企业在经营业绩等方面所表现出来的跨国程度。

3. 战略取向标准

战略取向标准又称行为特性标准,该标准以企业的经营战略和动机是否为全球性来划分是否为跨国公司。该标准认为企业经营决策时的战略取向以全球为目标,实行全球

---

[1] 更详细的解释请参阅崔日明、徐春祥编著:《跨国公司经营与管理》,机械工业出版社 2006 年版,第 5 页。
[2] 张纪康主编:《跨国公司与直接投资》,复旦大学出版社 2004 年版,第 10 页。

中心战略的公司,才算是跨国公司。

4. 联合国对跨国公司的定义

联合国跨国公司中心在1977年起草、经数次修改并于1986年最终定稿的《跨国公司行为守则草案》中对跨国公司的定义是:"本守则中使用的'跨国公司'一词是指由在两个或更多国家的实体所组成的公营、私营或混合所有制企业,不论这些实体的法律形式和活动领域如何;该企业在一个决策体系下运营,以便通过一个或更多决策中心制定协调的政策和共同的战略;该企业中各个实体通过所有权或其他方式结合在一起,从而其中一个或更多的实体能够对其他实体的活动施加有效的影响,特别是与其他实体分享知识、资源和责任。"①

联合国关于跨国公司的定义有以下三个基本要素:

(1) 包括两个或两个以上的国家实体,不管这些实体的法律形式和领域如何;

(2) 在同一个决策体系中进行经营,能通过一个或几个决策中心采取一致对策和共同战略;

(3) 各个实体通过股权或其他方式形成的联系,使其中的一个或几个实体有可能对别的实体施加重大影响,特别是同其他实体分享知识资源和分担责任。②

(二) 跨国公司的基本特征

1. 跨国公司实行全球战略目标和高度集中统一的经营管理

跨国公司通过对外直接投资,在世界范围内进行生产、配置,并把研究与开发、采掘、提炼、加工、装配、销售以及服务等生产过程和流通过程伸向世界各地,而把最高决策权保留在跨国公司总公司,总公司对整个公司的投资计划、生产安排、价格体系、市场安排、利润分配、研究方向以及其他重大决策承担责任。

2. 跨国公司向多种经营发展

多种经营给跨国公司营销带来极大的好处:增强垄断企业总的经济潜力,防止"过剩"资本形式,确保跨国公司安全发展,有利于全球战略目标的实现;有利于资金合理流动与分配,提高各种生产要素和副产品的利润率;便于分散风险,稳定企业的经济效益;可以充分利用生产余力,延长产品生命周期,增加利润;能节省共同费用,增强企业机动性。

3. 以开发新技术推动跨国公司的发展

高技术是"未来世界经济的引擎",故跨国公司之间在这方面展开了一场较为激烈的角逐,更尖锐地表现在生物工程、新材料、新能源等领域的贸易摩擦上。跨国公司在新的国际分工中,若要保持优势,或从一种优势转向另一种优势,就必须在研究与开发新技术、新工艺、新产品中,始终保持领先地位。跨国公司注重对生产工艺的研究,几乎每个跨国公司都设有专门的研究机构并得到政府大量的财政资助。跨国公司对于研究与开发的重视,使其在新技术部门占领先地位,战后迅速发展起来的新兴工业,如汽车、石化、制药和电子工业等,几乎全部为跨国公司所控制。

4. 跨国公司从以价格竞争手段转向以非价格竞争手段争夺世界市场

传统的价格竞争是指企业通过降低生产成本,以低于国际市场或其他企业同类商品

---

① 吴文武:《跨国公司新论》,北京大学出版社2000年版,第23页。
② 罗进:《跨国公司在华战略》,复旦大学出版社2001年版,第5页。

的价格,在国外市场上打击和排挤竞争对手,扩大商品销路。非价格竞争是指通过提高产品质量和性能,增加花色品种,改进商品包装及装潢、规格,改善售前售后服务,提供优惠的支付条件,更新商标牌号,加强广告宣传和保证及时交货等手段,来提高产品的品质、信誉和知名度,以增强商品的竞争力,扩大商品的销路。

5. 跨国公司扩大内部贸易

跨国公司内部贸易在整个国际贸易中也具有举足轻重的地位。跨国公司的内部贸易是指跨国母公司与国外子公司之间以及国外子公司相互之间在产品、技术和服务方面的交易关系。20世纪70年代以来,不断发展的跨国公司内部贸易日益呈现巨大的重要性,对国际贸易体系、贸易方式以及国际贸易的发展趋势都产生了很大影响。与跨国公司之间的国际贸易相比,跨国公司内部贸易具有以下特点:

(1) 一般来说,在研究与开发密集度较高的产业部门中的公司内部贸易,比研究与开发密集度较低的部门高。公司内部贸易呈现这种特点的原因,主要是跨国公司之所以能够从事海外经营活动,是因为它们在技术和管理上拥有某些优势,而这些优势的获得往往是以付出高昂的研究与开发费用为代价的,因此为了保持企业在技术和管理上的垄断优势,为了不使已付出的高昂代价付之东流,将所有交易都在公司内进行,不失为一种明智的选择。

(2) 公司内部贸易的产品构成主要是最终产品,其次是有待加工和组装的中间产品。经系统的研究证明,公司贸易的内部化率与产品的加工程度呈正比关系,即产品的加工程度越高,其内部化率越高;反之,则内部化率越低。

(3) 公司内部贸易的价格不依国际市场供求关系而变化,而是采用转移价格的方式进行。

二、跨国公司的产生和发展

研究结果表明,跨国公司的形成和发展已有近两百年的历史。跨国公司是当今世界经济合作的新型的企业组织形态,而当代跨国公司在早期跨国公司的基础上又有了新的发展。

(一) 跨国公司的产生和初步发展期(19世纪下半叶至第一次世界大战前)

19世纪下半叶,在发达资本主义国家的新兴工业部门中,先后出现了一批拥有先进技术和管理水平、资金实力雄厚的现代企业。出于种种动机,它们进行国际直接投资,在国外设立分支机构和子公司,形成了早期的跨国公司。

1863年,德国人弗里德里克·拜耳(Friedrich Bayer)创建了拜耳化学公司,总部设在德国伍贝塔耳城,最初只生产染料。1865年拜耳化学公司通过购买股份方式兼并了美国纽约州奥尔班尼的一家制造苯胺的工厂,从1876年开始,又先后在俄国、法国和比利时设分厂。1881年该公司改组为拜耳化学股份有限公司,在主要工业国家从事药品和农药的生产经营业务。1892年公司生产出世界上第一种合成杀虫剂,1899年生产出驰名世界的药品——阿司匹林,从而奠定了公司的发展基础。拜耳化学公司因此被公认为跨国公司的先驱。1866年,瑞典的阿弗列·诺贝尔公司在德国的汉堡兴办了制造甘油炸药的工厂。

1867 年，美国的"胜家"（Singer）缝纫机公司在英国的格拉斯哥建立了缝纫机装配厂。西方学术界把这三家公司看作跨国公司的前驱。

19 世纪末到第一次世界大战前，美国国内的大公司不断涌现，半数以上的大公司开始向国外投资，在国外设立分厂或分公司，如国际收割机公司、西方联合电机公司、国际收款机公司、贝尔电话公司、爱迪生电灯公司等。

据统计，到 1914 年，发达国家的跨国公司设在国外的子公司有 800 家左右，它们遍布世界各地，从事产品制造、销售以及采掘、种植等活动。对外投资总额累计达 143 亿美元，其中，英国为 65 亿美元，美国为 26.52 亿美元，法国为 17.5 亿美元，德国为 15 亿美元。①

（二）跨国公司的缓慢发展期（两次世界大战期间）

受第一次世界大战战争创伤，以及 20 世纪 30 年代前后出现的资本主义有史以来最大规模的经济危机——大萧条的影响，世界性的金融秩序变得混乱，从而导致两次世界大战期间国际直接和间接投资徘徊不前，增长缓慢。1913—1938 年的 25 年间，全球国际投资总额仅增加了 0.6%。当时，大部分对外扩张的跨国公司处于技术先进的新兴工业领域，或者属于生产大规模消费产品的行业，为了加强国际竞争力，这些公司先在国内进行兼并以壮大实力，再向外扩张，不断到国外建立子公司。美国 187 家制造业大公司在国外的分支机构由 1913 年的 116 家增至 1919 年的 180 家，1929 年增至 467 家，1939 年增至 715 家，说明第二次世界大战前跨国公司虽然发展缓慢，但有了一定基础，尤其美国更是如此。

（三）跨国公司的高速发展期（第二次世界大战后至 20 世纪 90 年代末期）

跨国公司在广度和深度上空前发展是第二次世界大战以后的事，因此有学者认为，真正现代意义上的跨国公司是第二次世界大战以后出现的。

据联合国跨国公司中心的资料显示，截至 1969 年，主要发达国家的跨国公司共 7 276 家，其国外子公司达 27 300 家；而到 1978 年，主要发达国家的跨国公司的数目发展到 10 727 家，分公司达 82 266 家。据统计，20 世纪 60 年代，美国 187 家制造业跨国公司平均每年增加 900 多家子公司；英国 47 家跨国公司同期平均每年增加 850 家子公司，且随着时间的推移，递增速度加快。60 年代末期，日本 67 家跨国公司平均每年增加 200 多家子公司。进入 70 年代后，美国跨国公司子公司的增加速度有所降低。

跨国公司规模方面，1971 年年均销售额 10 亿美元以上的制造业（含石油业）跨国公司有 211 家，1976 年相同规模的跨国公司已达 422 家，5 年时间翻了一番。同时，在一些资本和技术密集型行业中，整个世界的生产主要集中于几家或十几家巨型跨国公司。例如，1980 年农机工业世界销售总额的 80% 以上集中于 11 家跨国公司。在 10 家规模最大的计算机跨国公司总的销售额中，仅 IBM 一家就占了将近一半。随着跨国公司的发展，在一些工业部门中，跨国公司不仅控制了国内市场，而且控制了相当份额的世界市场。

（四）21 世纪以来的跨国公司

2000 年，全球拥有的跨国公司数量已经达到 6 万家，跨国公司控制的国外子公司达到 80 万个。2008 年，全球跨国公司总数超过 8 万家，相对于 20 世纪 90 年代 90% 以上的跨国

---

① 罗进：《跨国公司在华战略》，复旦大学出版社 2001 年版，第 6 页。

公司总部位于发达国家的情形来讲,发展中国家及转型经济体的跨国公司数量占比上升到28%。2000年以来,跨国公司的全球投资额急剧增加,跨国公司全球化程度大大增加。全球化的国际背景使得跨国公司面对更加广阔的市场同时也面对着更加强大的竞争对手,为了增强自身的竞争优势,跨国公司纷纷将主要力量集中于附加值最高的业务和环节,将附加值越来越小的加工组装环节转移出去,体现出经营业务"服务化"的趋势。跨国公司将附加值较低的生产环节转移出去,是跨国公司从自我完善型运营系统向资源外取型运营系统的转变。随着经济的发展,跨国公司进一步转移了价值链中附加值更高的研发、设计、采购、营销、服务环节,有些跨国公司还将财务、结算等环节外包给专门的公司,在更大程度上实现了经营资源外部化。

相关案例　河钢集团成为中国国际化程度最高的钢铁企业

2018年9月2日,中国企业联合会、中国企业家协会发布了"2018中国跨国公司100大及跨国指数"榜单,河钢集团以609亿元的境外资产总额、845亿元的境外业务收入、18.02%的跨国指数,位列第30,在钢铁行业企业中排名第一。

作为全球最大的钢铁材料制造和综合服务商之一,河钢集团以"代表民族工业、担当国家角色"为使命,以建设"世界河钢"为目标,以开放包容的态度,主动融入全球经济发展。紧跟国家战略加快"走出去"步伐,积极参与"一带一路"建设,扎实推进国际产能合作和产业链全球化布局,在做强做优钢铁主业的同时,以全球、全产业链的视野,加快推进以"全球营销服务平台、全球技术研发平台、全球钢铁制造平台"为支撑的全产业链全球化布局,谋求"纵向更深、横向更宽"的战略转型。近年来,集团先后完成南非最大的铜冶炼企业PMC公司、全球最大的钢铁材料营销服务商瑞士德高公司的控股收购,成为拥有境外成熟冶炼企业和全球化营销服务平台的跨国型企业集团。深化国际技术交流,与世界钢协、昆士兰大学等全球著名科研机构、企业和行业组织深度合作。收购塞尔维亚唯一国有大型支柱企业——斯梅代雷沃钢厂,进一步向具备高端制造能力的欧洲地区布局,为拓展境外实业基地、构建全球产业制造平台打下坚实基础。

2016年,集团收购塞尔维亚斯梅代雷沃钢厂后,牢记习近平总书记嘱托,言必信行必果,仅用半年时间就扭转了钢厂连续7年亏损的局面,并连续实现盈利。不仅5 000多名员工悉数保留,还通过延伸产业链条,为更多的居民创造了新的就业机会,为整座城市注入了新的活力。将河钢塞尔维亚公司打造成为"一带一路"建设,以及中国—中东欧国际产能合作样板工程,已经成为中塞两国友好合作的成功范例,得到国家领导人以及塞尔维亚总统的充分肯定。

目前,集团直接或间接参股、控股境外公司约70家,投资遍及美国、英国、澳大利亚、南非、加拿大、新加坡、瑞士、中国香港等30多个国家和地区,控制运营境外资产60亿美元,境外员工达1.2万人。在111个国家和地区从事商业活动,产品销往4.4万家客户,奔驰、宝马、西门子等世界级巨头与集团形成稳固合作关系,成为我国国际化程度最高的钢铁企业和国际产能合作的先锋力量。凭借在国际化方面的突出贡献,集团先后荣获国际资本峰会中欧企业合作大奖,入选"2017年中国企业全球化50强""2017年'一带一路'十大先锋企业",荣获世界钢铁工业可持续发展卓越奖。

据悉,"中国跨国公司 100 大及跨国指数"由拥有境外资产、境外营业收入、境外员工的非金融企业,依据企业境外资产总额的多少排序产生。其他上榜的五家钢铁企业为宝武钢铁集团、首钢集团、青山控股集团、鞍钢集团、江苏沙钢集团。

资料来源:河钢集团网页,http://www.tangsteel.com.cn/article/onearticle1/1236,访问日期:2020 年 5 月 10 日。

第四节 跨国公司的作用与影响

一、跨国公司对世界经济发展的积极影响

(一)加速了国际经济一体化进程和社会生产力的提高

跨国公司的发展推动了国际分工的进一步发展,加速了国际经济一体化进程和社会生产力的提高。国际分工是社会生产力发展的结果,同时国际分工的发展又将促进生产的国际化和生产力的进一步提高。战前,发达资本主义国家跨国公司主要将其资本投向殖民地和半殖民地国家和地区,利用当地低廉的原料和劳动力来获取超额垄断利润。战后,随着科学技术的进步和新能源、新材料的广泛利用,对初级产品的需求日益减少,发达国家之间的相互直接投资不断增强,甚至超过了对发展中国家的投资。近几年,一些发展中国家为了推动本国经济的发展,也将一部分资金投向发达国家,出现了一批第三世界国家的跨国公司。随着社会主义国家改革开放的进展,一些社会主义国家在吸引外资的同时,也开始向发达国家和发展中国家投资,出现了社会主义国家的跨国公司。所有这一切,使长期以来各国相对独立的经济体系出现了你中有我、我中有你的局面,国际分工和生产国际化程度不断提高,从而使日益紧缺的资源在世界范围内优化配置,促进了社会生产力的发展。

(二)促进并控制了国际贸易的发展

跨国公司所带动的贸易占世界贸易额的比例很大,促进了世界贸易的快速增长。第二次世界大战后世界贸易的迅速发展与跨国公司的发展有着密切的联系,跨国公司对外扩张需要在东道国开办子公司,建立生产基地,输入大量的商品和劳务,子公司必须从母公司进口关键原材料、零部件等;跨国公司通过国外子公司不仅占领所在国的市场,而且积极向其他国家渗透跨国公司内部的细密分工,促使各种零部件、半成品的内部贸易大大增加,这也增加了国际贸易的流量。据联合国贸发会议及 WTO 的有关报告显示,世界贸易中大约 1/3 是在各跨国公司内部进行的,不同跨国公司之间的贸易占世界贸易的 1/3,换句话说跨国公司在世界贸易中所占份额约为 70%。

(三)促进全球科学技术与科技合作的进一步发展

跨国公司内部科学技术的不断研发带动了东道国和其他国家经济技术水平的提高。跨国公司为了在激烈的国际竞争中占据优势,扩大自己的份额,需要不断地进行科学技术

研究,每年投入大量的研究与开发费用,直接促进了新技术产品的研究与开发,加速了产品的更新换代,也促进了国际技术贸易的快速发展。以美、欧、日为主的发达国家和地区既是世界上研究与开发支出和人员投入最集中的地区,同时也是世界上最大的科学技术知识生产基地和国际技术交易最为集中的群体。跨国公司在不断研究与开发高新技术的同时,也加快了国际技术转移的速度和规模,发展中国家有可能从其技术转移中获得更多的溢出效益。目前,跨国公司掌握了世界80%以上的新技术和新工艺的专利权,控制着80%左右尖端技术的开发和30%的国际技术转移,垄断着国际技术贸易。

(四) 提升了全球的经济发展水平,有力促进了就业

跨国公司的发展为发展中国家吸引外资、增加就业提供了机会。发展中国家在经济发展过程中面临的最主要问题是资金短缺,跨国公司向外大量输出资本为发展中国家吸引和利用外资提供了更多的条件和机会。1999—2002年四年间,发展中国家吸引外资平均每年超过2 000亿美元,而且仅跨国公司向发展中国家投资就占流入发展中国家国际资本的85%,吸引外资规模的扩大无疑有助于解决发展中国家的资金短缺问题。就业问题也是影响发展中国家经济发展和社会稳定的一个令人头痛的问题,跨国公司在发展中国家直接投资建厂,对解决这些国家的就业问题发挥了积极作用。有资料显示,由于吸引外资,近十年间发展中国家的就业人数年增长率提高了14%以上。

(五) 促进了全球产业转移与产业升级

跨国公司投资推动了产业国际转移和东道国出口结构与竞争力的提高。跨国公司对外直接投资的过程,也是产业转移的过程。跨国公司对外直接投资的发展极大地促进了投资国与东道国产业结构的调整与提升。一方面,从产业部类调整来看,跨国公司投资的产业结构经历了由第一产业为主向第二产业为主再向第三产业为主转移的发展过程,这无疑顺应和强化了世界各国的产业部类由初级产业向制造业再向服务业调整的总体趋势。另一方面,从产业内部调整与升级看,跨国公司对外直接投资在各大产业内部投向的调整趋势是从低生产率、劳动密集型行业向高生产率、高智能行业调整,从低技术含量、低附加值的商品和劳务的生产向高技术含量、高附加值的商品和劳务的生产调整。

显然,跨国公司的对外直接投资缩小了投资国国内已经或正在失去竞争优势产业的生产规模,并为有竞争优势的产业让出了资源,从而使投资国原有的产业结构得以不断调整和升级。而投资国在调整、升级其产业结构的同时,又充分运用其比较优势,将劳动密集型、低技术、低增值的工序转移至发展中国家,带动了东道国的产业结构调整。

二、跨国公司对世界经济发展的消极影响

第一,公司利益与国家利益的冲突。跨国公司的全球经营战略有时存在着与东道国和母国不相适应的部分,这时跨国公司将会更多地考虑自身利益的实现,而不是国家利益的得失。

第二,某些跨国公司因存在着行业垄断导致技术无法在全球范围内更广泛的应用与扩散,从而全球资源并没有达到相对优化配置。

第三,跨国公司在内部化市场过程中,会利用转移价格等手段进行避税,这不仅损害

了东道国和母国的国家利益,也会对同行业不具有避税条件的公司形成市场挤压,从而产生不公平竞争,破坏国际市场的公平竞争。

三、跨国公司对发展中国家经济发展的消极影响

(一)对发展中国家民族工业发展的影响

与跨国公司合作,积极参与工业部门的垂直型分工,是发展中国家加速其工业化进程的一种有效途径。但是,外资大规模涌入以后,诸如西班牙民族工业一蹶不振的事例也是屡见不鲜。跨国公司追求利润与垄断的天性,必然将东道国当地的生产和销售纳入母公司的总体战略中,根据母公司的利润最大化原则来决定当地的生产和销售,从而导致行业发展主动权的转移。同时,即使是发展中国家的优势企业,其竞争力与大型跨国公司相比还是有很大差距。而且对于发展中国家有限的市场规模来说,跨国公司的大量涌入,势必在一定程度上冲击民族工业的发展。

(二)跨国公司大量资金的流动,给发展中国家的金融业带来危机

跨国公司不仅把资本直接投资于生产,还投资于金融业。目前国际上流动资本的数量远远超过实际经济规模,这些资本不停地运转以获得最大收益,其结果必然引起正常投资生产和贸易的资金供求的频繁波动,引起汇率和利率的连锁反应。同时,发展中国家普遍存在金融体制不完善和金融监管能力不强,缺乏防范金融风险和稳定金融秩序意识的情况,从而导致发展中国家金融市场很容易成为国外游资攻击的对象。1998年亚洲金融危机的爆发就是很好的证明。

(三)先进技术的"虚入效应"

在跨国公司大量独资的情况下,随着先进生产要素流入发展中国家的先进技术,还是牢牢掌握在跨国公司手中。有些跨国公司利用对合资企业的绝对控制,把已投入的或在东道国开发出的先进技术和其他资源转移出去,这不仅不利于东道国技术水平的提高,还形成了东道国技术等资源的流失。

相关案例 大型跨国公司须在主业有"一招鲜"技术

在中国国庆假期期间,日本企业并不休息。笔者从大阪入境,在静冈短暂停留,在东京采访完后回国。其间访问了数家日本大型跨国公司,包括 AGC(2018 年 7 月由"旭硝子"社名变更而来)、松下电器、三菱重工车床、日本合成化学、田边三菱制药、铃木汽车等,都是日本举足轻重的大型企业。

大型企业大都在某个领域尤其是主业领域具有较为先进的专业技术,日本的大型企业更强调在技术上能够领先世界。大量独特产品的制造能力,让企业能够在某个领域保有几十年、上百年的领先技术,很多企业保有百年或者数百年的历史却依旧在其专攻的领域不断创新。

中国有"一招鲜吃遍天"的老话。日本的一批大企业能够长久维持,甚至长时间保持青春活力,与这些企业在主业领域保有"一招鲜"式的技术分不开。

在同一个领域坚持百年、数百年

在大阪采访田边三菱制药公司时,对方的介绍从340年前的1678年谈起,那年成立的"田边屋五兵卫"就是现在的田边三菱制药公司。三菱重工车床公司是2015年从三菱重工公司中独立出来的企业,三菱重工公司则是134年前的1884年创建的。笔者此行也去了松下电器,该公司到2018年成立100周年,全年有各种纪念活动。

到了东京,去市中心的AGC产品展厅(AGC Studio)时,该公司执行董事、中国总代表上田敏裕已经提前到了。AGC请东京大学教授在这里举办的技术讲座马上就要开始了,展厅里人来人往。讲座开始后,大厅中观看展品的人少了,上田总代表开始向笔者介绍公司情况,开口第一句话也是谈历史,说公司成立于距今111年前的1907年,那时日本还没有现代化的玻璃产业,公司创始人岩崎俊弥创建了旭硝子公司。

自创立以来,AGC就再也没有离开过玻璃产业。上田总代表在一张年表前,简单叙述了公司在各个时期的玻璃产品,包括一开始时生产玻璃板,到第二次世界大战后生产各种电视用玻璃、汽车玻璃、液晶电视玻璃、手机屏玻璃等。时代变了,玻璃也在变,变得越发让日常生活离不开这个产品,玻璃时刻都在人们身边。从每天看的手机、电视,到经常使用的镜子、居室中的窗户、外出时驾驶的汽车。玻璃越来越靠近我们的生活,眼睛能够看到的地方,往往就会有玻璃。

上田总代表向笔者介绍了该公司在20世纪60年代为丰田卡罗拉开发的汽车玻璃,"是我们首次实现汽车玻璃在破碎的时候,碎片不是直接打在驾驶员及乘客的身上,而是瞬间碎成碎块,车内人员不会因玻璃而受到严重损伤"。

现在的汽车玻璃比五六十年前更是进步了很多。"汽车、高铁在高速行驶时,如何让通信讯号正常进入交通工具内部,这是个亟待解决的问题。我们开发了具有某种天线功能的玻璃产品,在4G及未来的5G时代,能够保证人在高速出行中也能顺畅地使用通信工具。"上田总代表说。

AGC产品展厅内的扬声器是玻璃做的。玻璃墙中有数块是玻璃扬声器,从那里传出古典音乐的旋律。楼梯台阶是玻璃制作的,与普通楼梯不同,多了几种颜色。大楼的外墙是玻璃制作的,可以根据业主的需要,做成各种颜色。展厅内的镜子也是显示器,窗户可以变为液晶电视的显示屏。幻灯机打出的图样,既可以在玻璃正面看,换一种玻璃后,也可以使背面部分的图像更为清晰。

玻璃在AGC那里一直具有"一招鲜"的作用。日本主流新闻网站NewsPicks介绍该公司时说,AGC在国际市场占有率位居第一的产品有建筑用玻璃、汽车用玻璃、氟树脂、镜头用石英材料。

其他百年企业,如田边三菱制药的新药开发能力、三菱重工车床门型五面加工机的生产能力、松下电器的家电开发能力在全球相关领域占有不可小觑的地位。

拓展至其他领域时,也需要"一招鲜"

日本的大型跨国公司大致会在几个领域拥有独到的技术、产品,使企业在不同时代具有不同的专业产品。这保证了企业在经济周期性循环中,不仅能立于不败之地,而且能寻机壮大起来。

在田边三菱制药公司,笔者听主要负责人谈该公司在治疗重肌无力症、帕金森病、糖尿病等方面先于其他厂家开发新药的情况。在三菱重工车床公司，负责人带笔者参观了其加工数米高巨型齿轮的机械，也参观了为机械表厂家提供的加工头发丝一样细小齿轮的车床，巨大与微小在这里达成了统一。松下电器公司的家电生产只占其全部业务的不到两成，其更多的业务开始布局在汽车零部件、智慧城市等方面，而且做得风生水起，但松下电器公司的家电依旧在全球拥有很高的地位。

AGC中国总代表上田敏裕，谈到该公司在数个领域的技术特点时说，"我们在化工、电子、陶瓷等方面全面推进我们的业务"。

从2018年AGC的财务报表看，该公司业务的50%为玻璃，余下的部分中，化工占30%，电子占18%，陶瓷及其他占2%。玻璃企业为何参与化工？化工又给企业带来了什么结果呢？

生产玻璃时，其他一些产品也能附带生产出来，比如油脂产品、亚硫酸盐、洗涤剂、洗衣粉、医药品、合成纤维、染料等。AGC将相关的一部分业务也做到了极致，让企业在多个领域发展起来。

比如北京"水立方"外墙使用的是ETFE薄膜（高耐候性建筑膜），用的就是AGC的产品。在AGC产品展厅里展示了这种建筑膜，它看上去更像是塑料制品，无味、无臭、无毒，具有非常强的耐腐蚀性，而且绝缘，机械强度高、稳定。笔者用手触摸了一下该建筑膜，感觉它非常柔软、平滑。"使用寿命是多少年？"对于笔者的提问，上田总代表回答说："目前使用这种建筑膜的建筑物已经有三十年的历史了，未出现任何故障，今后还能接着使用下去。"附着在建筑外表的这种膜，能有几十年的使用寿命，可见成本优势相当的强。

"日本很多大桥、高塔上使用的氟树脂涂料也是我们提供的。"上田总代表说。这种氟树脂涂料一经涂到大桥及高塔上，通常也是三十多年无须二次涂刷，具有很好的耐酸、耐碱、耐腐蚀、抗紫外线及长时间不褪色的特点，让建筑物外观显得历久弥新。上海东方明珠等高塔就使用了这种氟树脂涂料。

在一个领域里深深扎根后，拓展相关领域，在这些拓展领域里同样做成业界一流，从而成为企业的另一根支柱。日本大量大型跨国公司是这么做的，而且做得非常成功。

中国是最大的拓展市场

保有独到技术的大型跨国公司，今后投放技术等的主要国家是哪里？笔者在日本采访期间，感受最深的便是企业关心2018年11月5日开幕的上海进口产品博览会，希望通过这场博览会将更多的产品、技术介绍到中国来。

从市场潜力看，中国今后能够使用更多的新技术，无论是液晶电视、汽车，还是社会基础设施，中国是巨大的市场，而且有继续开发的余地。在大型跨国公司展现其新技术的主要国家之中，中国是不可或缺的一个。

"我们会拿出我们在玻璃、化工、电子等方面的最新技术及产品去上海进口产品博览会展示。"AGC中国总代表上田敏裕说。其他大型跨国日本企业也都表示愿意将其技术与产品拿到中国来。

国外大型跨国公司的技术研发、产品特点以及在市场上的开拓方式，在很多方面值得中国大企业借鉴。

资料来源：陈言，《大型跨国企业须在主业有"一招鲜"技术》，《国资报告》2018年第10期。

本章提要

1. 国际直接投资,是指外国投资者以控制企业的经营管理为核心,以获取利润为目的在国外创建一个永久性企业的投资行为。国际直接投资的核心因素为生产要素的跨国流动和投资主体拥有足够的经营管理权。

2. 国际直接投资理论的发展脉络为垄断优势理论、内部化理论、比较优势投资理论及国际生产折中理论。伴随着国际直接投资的新发展,又产生了诸多用来解释发展中国家跨国公司国际直接投资的相关理论。

3. 跨国公司既是企业国际直接投资的载体,又是国际直接投资的产物,国际直接投资与跨国公司密不可分。跨国公司作为企业国际化经营的产物,在世界经济的发展过程中发挥着决定性的作用。

4. 跨国公司通过加速国际经济一体化进程、促进全球科技合作等方式促进了世界经济发展,但同时,也会因利益冲突、行业垄断等对世界经济发展产生消极影响。

本章思考题

1. 国际直接投资有哪些基本类型?
2. 简述垄断优势理论、内部化理论、比较优势投资理论以及国际生产折中理论的主要观点。
3. 简述国际直接投资促进经济增长的传导机制。
4. 简述跨国公司发展的阶段。
5. 跨国公司对世界经济的影响有哪些?

参考文献

[1] 崔日明,徐春祥.跨国公司经营与管理[M].北京:机械工业出版社,2006.
[2] 赵春明,等.跨国公司与国际直接投资[M].北京:机械工业出版社,2012.
[3] 张为付.国际直接投资(FDI)比较研究[M].北京:人民出版社,2008.
[4] 桑百川,李玉梅.国际直接投资[M].北京:北京师范大学出版社,2008.
[5] 章昌裕.国际直接投融资[M].北京:中国人民大学出版社,2007.
[6] 李尔华,崔建格.跨国公司经营与管理[M].2版.北京:清华大学出版社,2011.
[7] 林康.跨国公司经营与管理[M].北京:对外经济贸易大学出版社,2008.
[8] 卢进勇,刘恩专.跨国公司理论与实务[M].北京:首都经济贸易大学出版社,2008.
[9] 张莉.金砖四国FDI经济增长效应的比较研究[D].南京大学,2011.
[10] 刘文革,等.世界经济概论[M].北京:机械工业出版社,2014.
[11] 薛求知.当代跨国公司新理论[M].上海:复旦大学出版社,2007.
[12] 王林生.跨国经营理论与战略[M].北京:对外经济贸易大学出版社,2003.

21世纪经济与管理规划教材
国际经济与贸易系列

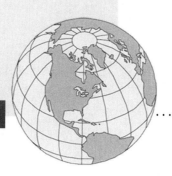

第八章

经济全球化中的世界各国经济

【教学目的和要求】

通过本章的学习,学生应:

1. 掌握发达国家的主要经济体制模式以及每种经济模式的主要内容和特点。

2. 掌握发展中国家实行的不同经济发展战略的理论基础、发展策略及其绩效,并通过比较认识不同经济发展战略的局限性。

【教学重点与难点】

1. 美国、联邦德国、日本和瑞典经济体制的异同。
2. 发展中国家实行的不同发展战略的理论基础。

引导案例

积极应对经济全球化的新形势

2008年国际金融危机爆发后,在多种因素的共同作用下,经济全球化呈现以下新特点:一是经济全球化的推进速度明显下降。2008—2017年,全球货物贸易出口和服务贸易出口年均增速分别下降到1.0%和3.2%,跨境直接投资规模年均增速为-0.42%。二是经济全球化的内容与格局发生变化。从内容变化看,服务贸易在经济全球化中的地位有所上升。2008年国际金融危机爆发后,货物贸易与服务贸易增长速度都明显下降,但货物贸易增速下降幅度更大,服务贸易平均增速达到货物贸易平均增速的3.2倍。服务贸易在全球贸易中的地位相应上升,占比从2008年的19.9%上升到2017年的23.2%。从格局变化看,发展中国家的地位明显上升。越来越多的发展中国家持续推进贸易和投资自由化便利化,越来越深入地参与全球生产价值链,在跨境贸易与投资中的地位不断提升。以吸收外商直接投资为例,发展中国家占全球直接投资流入额的比例从明显低于发达国家发展到与发达国家接近,个别年份甚至超过了发达国家。三是全球经济治理体系加速调整。全球经济治理体系是由理念、规则和机构组成的一套复杂的国际体系,为经济全球化提供制度保障。从理念层面看,一直处于主导地位的自由贸易理念正受到所谓"公平贸易"理念的挑战;从规则层面看,新的经贸规则从以往的边境措施向边境后措施深度拓展;从治理平台看,多边贸易谈判停滞不前,多哈回合谈判迟迟未果,但区域一体化组织如雨后春笋般涌现出来,成为制定国际经贸规则的新平台,WTO这个多边组织的改革被提上日程。

在面对经济全球化的新形势下,我们要以人类命运共同体理念引领经济全球化走向,旗帜鲜明地反对单边主义和保护主义,促进贸易和投资自由化便利化,坚定建设开放型世界经济,共同引导经济全球化朝着更加开放、包容、普惠、平衡、共赢的方向发展,让经济全球化的正面效应更多释放出来,帮助新兴市场国家和发展中国家特别是非洲国家和最不发达国家有效参与国际产业分工,共享经济全球化红利。

资料来源:隆国强,《经济全球化的新特点新趋势》,《人民日报》2019年2月22日。

第一节 国家的分类

自国家产生以后,在不同的历史时期以及同一时期的不同地区,出现过具有某些不同特征的国家。由此,历史上和现代的许多学者,尤其是政治学研究者们,依据某一个标准,对国家做过多种多样的分类。其中,发达国家与发展中国家是目前区别国家发展程度和福利水平最常用的两个名词。随着经济全球化的发展和科技的进步,国家分类标准呈现着不同的变化,在不同标准下的国家分类也不尽相同。

一、国家分类的基础

国家分类的基础主要由国家分类范围和分类标准两部分构成。国家分类的范围包括分布在全球的各个国家及地区以及非主权领土、地区及实体。根据世界银行统计,世界现在共有233个国家和地区,其中国家有197个,地区有36个。国家分类的对象都可以以相互独立的实体参与到不同国家分类中,如联合国在划分发达国家与发展中国家时,因中国香港特别行政区的发展水平堪比发达国家,故将中国香港划分在发达经济体之中。

国家分类的标准包含不同分类形式。其中,联合国对国家划分采用多种形式,如其依据联合国地图(UN geographical divisions)对世界地理区域进行划分,将除了南极洲的世界分为非洲、美洲、亚洲、欧洲和大洋洲五大地理区域,在五大地理区域之下,又分为22个地理亚区,如亚洲的东亚、东南亚、南亚以及西亚等,并将在不同区域的国家进行地理上的划分;同时,联合国为便利经济统计,依据各个国家和地区经济发展水平的差异,划分为发达国家(地区)和发展中国家(地区),其中发展中国家(地区)还可以分为最不发达国家(地区)、内陆发展中国家(地区)和小岛屿发展中国家(地区)。

二、国家分类的变化

近年来,随着经济全球化的深入发展、世界各国经济联系的日益密切,以及国家之间竞争的加剧,国际上使用的国家分类及名称出现了一些变化,突出地表现在以下三方面:

第一,由于发展不平衡,发展中国家和地区在分化,出现若干个不同的层次,个别国家经济发展水平提高,已进入发达国家行列。

第二,由于冷战结束及苏联和南斯拉夫的解体,"东方国家"概念不复存在,出现"转型国家"的新概念。

第三,随着经济全球化的进展,不少发展中国家和转型国家建立市场经济体系,除商品市场,金融市场也在发展和开放,成为发达国家重点开拓的"新兴市场"。

三、不同衡量标准下的国家分类

国家分类的标准有很多,如以国家性质为标准,可把国家分为垄断资本主义国家、新兴民族资本主义国家和社会主义国家;以生产力发展水平为标准,可把国家分为发达国家、新兴工业化国家、发展中国家和最不发达国家;在国际贸易统计中将东欧部分(除独联体国家)和独联体各前社会主义国家称为转型国家,即由计划经济向市场经济转型的国家。除了以上衡量标准,大多数国际组织和经济学家用人均GDP衡量国家收入水平,以及用人类发展指数划分发达国家和发展中国家。

(一) 人均 GDP 标准

人均GDP是衡量一国国民收入水平的常用标准。世界银行依据人均GDP的高低,将统计的217个国家和地区划分为高收入国家和地区、中高等收入国家和地区、中低等收入国家和地区以及低收入国家和地区。其中,高收入国家和地区有80个,人均GDP为40 840.5美元,卢森堡(111 062美元)、瑞士(84 864美元)、挪威(77 918美元)、卡塔尔(77 856美元)和美国(60 014美元)人均收入水平位列前五;中高等收入国家和地区56个,人均GDP为8 137美元;中低等收入国家和地区47个,人均GDP为2 179美元;低收入国家和地区34个,人均GDP为753.9美元,排名主要集中在非洲地区,马达加斯加(474美元)、中非(454美元)、马拉维(349美元)、布隆迪(306)和南苏丹(306美元)排在最后五位。从表 8-1 2017 年各地区人均 GDP 来看,欧洲与中亚地区人均收入最高,而撒哈拉以南非洲地区人均收入最低。

表 8-1　2017 年各地区人均 GDP

地区	东亚与太平洋	拉丁美洲与加勒比	南亚	欧洲与中亚	中东与北非	撒哈拉以南非洲
人均 GDP(美元)	9 508.52	9 117.19	1 775.88	24 984.03	7 817.37	1 586.55

资料来源:世界银行。

人均 GDP 虽然在一定程度上反映了某一国家和地区的经济发展水平,但并不能用人均 GDP 定义"发达"状况,还必须考虑人口寿命、教育水平、环境和医疗卫生等综合发展能力。例如,中东国家以石油能源开发为基础提高人均 GDP 水平,但并不意味着这些国家就是发达国家,如沙特阿拉伯 2017 年人均 GDP 达到 24 847 美元,但其单一的石油产业经济、落后的工业体系影响其进入发达国家的行列。

(二)人类发展指数

用人均 GDP 标准划分发达国家与发展中国家存在一定的片面性。1990 年巴基斯坦经济学家 Mahbub ul Haq 提出人类发展指数这一指标,用以衡量各国的富裕程度,以区分发达国家与不发达国家,并在国际上得到广泛的认可。联合国的人类发展指数是一种用来衡量各国人类发展水平的统计指标,用来衡量人口预期寿命、识字率、教育和生活水平。根据人类发展指数,联合国将各国家和地区分为三类:高人类发展指数(0.8 及以上)、中等人类发展指数(0.5—0.8)和低人类发展指数(0.5 以下)。根据 2017 年联合国公布的人类发展指数可知,高人类发展指数国家和地区共有 58 个,中等人类发展指数国家和地区有 108 个,低人类发展指数国家和地区有 22 个,主要集中分布在撒哈拉以南的非洲。

第二节　发达国家的经济体制模式

根据人类发展指数的衡量方法,共有 58 个国家和地区属于高人类发展指数国家和地区,然而按照惯例只有 23 个国家被公认为发达国家,包括美国、日本、德国、英国、法国、加拿大、比利时、丹麦、芬兰、希腊、冰岛、爱尔兰、意大利、卢森堡、荷兰、挪威、葡萄牙、西班牙、瑞典、瑞士、奥地利、澳大利亚和新西兰。目前,在发达国家中已经形成较为成熟的四种经济体制模式:以美国为代表的自由市场经济模式、以德国为代表的社会市场经济模式、以日本为代表的政府主导型市场经济模式和以瑞典为代表的社会福利型市场经济模式。

一、以美国为代表的自由市场经济模式

自由市场经济模式以斯密的古典政治经济学理论和 18 世纪中期英国工业革命的实践为理论依据,主张国家对私人企业尽可能少干预,实行自由经济、自由贸易;企业高风险、高利润;强调个人自由,反对国家制定经济发展规划。它的基本特点是政府尽量让市场机制发挥作用,充分鼓励自由竞争,政府主要通过财政政策和货币政策对市场进行间接

调控、依法对企业经营活动进行监管。这种模式主要盛行于美国、加拿大、英国和澳大利亚。①

（一）自由平等的竞争原则

自由平等是自18世纪美国建国以来长期形成的一种价值观，而美国自由市场经济体制是以自由平等的竞争原则为基础建立起来的。美国的自由平等的竞争原则主要指在市场竞争前人人平等，人人可以自由地参与市场竞争，当一个人合法进入某一行业从事经营活动时，该行业的其他人无权阻止其进入。美国自由市场经济体制充分体现了自由平等的竞争原则，虽然市场所提供的所有机会并不能实现完全的平等分享，但自由平等的观念有利于美国市场经济形成一种良好的自由竞争的发展环境。

（二）政府宏观经济调控体系

美国自由市场经济体制下的政府宏观经济调控体系主要是指政府通过财政政策和货币政策，实现经济增长、充分就业、稳定物价和国际收支平衡的目标。其中，政府较少地直接介入市场经营活动，其活动大多处于不适合私人经营的基础设施和公共服务领域，如道路设施、机场设施、城市供水排水设施、电力供应、邮政、国家公园、教育、卫生、国防等。

美国自由市场经济体制下财政政策的目标在于调节社会总需求以影响国民收入、就业和物价等总量水平。财政政策的工具是政府税收和政府支出。例如1961年，为了刺激经济和减少失业，肯尼迪政府全面地削减税收，增加政府支出，从而促进了美国经济的快速增长，使失业问题基本上得到了解决。20世纪90年代，克林顿政府一方面增加税收，以图解决长期巨额的财政赤字问题；另一方面，扩大公共事业投资，用于教育、环保等方面，以促进经济增长。货币政策则主要是通过货币政策措施调节流通中的货币数量和信贷，影响利率的高低，从而达到间接调节总需求进而影响国民收入和就业的目标。美国货币政策的主要工具是联邦储蓄的贴现率、公开市场业务、法定准备金率和信贷政策等。

为了保障市场经济的稳步运行，美国政府实行一整套的社会保障制度（如对老年人、贫困者、失业者、残疾者等给予救济和补助，对劳动者普遍实行社会保险计划，使大多数人拥有医疗保险、退休保险等），增强了社会的稳定性。特别是市场处于萧条和衰退阶段时，可以使失业者能够保持生计；当市场处于繁荣时，又能够保持足够的劳动力供应。

（三）自由企业制度

美国实行的自由企业制度是美国自由市场经济体制的显著特征。诺贝尔经济学奖获得者、美国经济学家米尔顿·弗里德曼（Milton Friedman）在《资本主义与自由》一书中指出："用'自由'来形容'企业'有什么意义呢？在美国，'自由'被理解为每一个人都有自由来建立企业的意思。"②自由企业制度的核心是私人财产所有权，私人财产受法律保护、神圣不可侵犯。在这种制度下，每个人都有权利创办和经营企业。企业的经营方式、产品和服务的定价以及生产经营的规模等都由企业自行决策。但自由企业制度不排除政府对企业的管理，这种管理不是对企业内部事务进行直接干预，而是为企业生产经营提供服务。自由企业制度是市场体系的必要条件，是美国市场经济的灵魂，只有经济行为主体具有独

---

① 刘文革主编：《世界经济概论》，高等教育出版社2016年版，第151—153页。
② 〔美〕米尔顿·弗里德曼：《资本主义与自由》，商务印书馆2004年版，第10—11页。

立的主体地位,独立支配其资源,独立决策,独立承担风险和责任,独享其经营成果,市场体系才能正常运行。市场体系与企业制度之间存在着内在的统一机制,它们相互适应,相互依赖,相互促进,推动了市场机制的运行与美国经济的发展。

美国自由企业制度主要包含两方面内容:一是从所有制结构来看,美国经济在第二次世界大战后逐步形成混合所有制经济,其中私有制经济在国民经济中占主体地位,这也是美国自由市场经济体制的基础;二是从企业市场结构来看,美国自由市场中的众多企业,以单人业主制、合伙制、公司制等组织形式独立而自由地从事多种行业的生产经营活动,为整个社会提供各种商品和服务。美国自由企业制度的这两方面内容是保证美国自由市场经济体制的有力基石。

(四)国际经济政策

美国自由市场经济体制下的国际经济政策,突出体现在贸易和外汇政策两个方面。首先是对国际贸易的调节。美国在第二次世界大战后依托其强大的经济实力,在国际贸易中倡导自由贸易,通过GATT主持了多次多边贸易谈判,迫使其他发达国家和美国一起降低了关税,并就降低非关税壁垒达成了许多协议。进入20世纪90年代,随着欧盟和日本经济的崛起,美国为保护自身的贸易利益,提出"公平贸易"的贸易策略。美国的自由贸易和"公平贸易"政策,促进了全球贸易和投资的发展,同时也推动了美国国内的市场扩大和经济发展。其次是外汇政策,这是美国政府调节国际收支的主要工具。美国政府经常利用国家权力干预货币市场,调节美元汇率的升降,从而达到调节国际收支的目的。

二、以德国为代表的社会市场经济模式

1959年11月15日,社民党在其《哥德斯堡纲领》中宣布接受社会市场经济理念,标志着社会市场经济成为联邦德国社会普遍认可的经济模式。社会市场经济模式也被称为莱茵模式,以联邦德国、法国和荷兰等国为主要代表。这种市场经济模式的主要特点是,自由竞争与政府控制并存、经济杠杆与政府引导并用、经济增长与社会福利并重。因而,也可以将这种模式称为政府引导型市场经济。

(一)以维护市场竞争秩序为核心

维护良好的市场竞争秩序是联邦德国社会市场经济理念的关键。联邦德国社会市场经济模式以市场调节为核心,发挥社会市场在资源配置中的重要作用,并通过市场价格手段对社会总需求和总供给进行调节,使其达到均衡状态,社会中绝大多数的资源均是通过市场手段进行调节的。因此,市场在联邦德国社会市场经济模式中发挥着不可替代的作用,保持良好的市场竞争秩序使市场调节资源的作用发挥得更加充分。

联邦德国社会市场经济模式并不是依托市场机制来解决各种经济和社会问题,而是需要国家采取必要的干预加以维护。政府维护市场秩序的措施包括以下三方面:一是在保证经济竞争性的同时,政府对垄断进行限制,不会通过设立经济高速增长的目标,调控产量、投资和消费来发展经济。二是政府通过制定相应的指导市场运行的专门法律,创造公平竞争的法律环境,使竞争的双方站在同一起点上,对于维护社会的公平竞争环境具有决定性的作用。三是政府对经济调节、干预的程度受到基本法的限制。政府对私人经济活动的每一个导向性、控制性和指令性的干预措施,都应以保护企业及个人经营自由的基

本权利为前提;同时,政府也采取一系列措施防止滥用垄断地位,如实行价格限制、利润限制、成本限制和确定产品质量等。

(二)政府宏观调控政策

联邦德国社会市场经济体制下的政府宏观调控政策主要以货币政策为主,1948年成立的联邦德国银行具有发行货币、执行存贷款政策,以及通过最低准备金、贴现率和公开市场业务活动等调节货币流通的职能,并从事国内外清算银行的业务活动。政府一直都把通货的稳定作为其经济政策的核心内容之一。政府经济政策的中心应当是在没有通货膨胀的情况下促进经济发展,币值稳定是平衡经济发展和确保社会进步的基本条件。因此,政府采取控制货币发行量、控制财政赤字、控制工作增长负担和控制物价上涨等许多综合措施。

(三)社会福利保障制度

联邦德国是西方建立社会福利保障制度最早的国家,社会保障自然成为社会市场经济模式的重要内容。1949年生效的《基本法》"把保障个人自由权利和自由与应尽的社会义务汇成一个平衡的体制";每个公民享有不可侵犯的私有财产权,同时"财产要尽义务。对其使用应同时有利于公众的幸福"。其中第20条规定:"德意志联邦共和国是一个民主的和社会福利的联邦制国家。"20世纪50年代,社会市场经济政策提出建立完整的社会保障体系的目标。①

联邦德国是一个高税收、高福利的国家,社会贫富差距相对较小。按照其救济法,所有无力自助并无法从其他方面获助者都有资格领取社会救济金维持生活,失业者还可得到相当于工资2/3的失业救济。联邦德国社会市场经济模式下的社会保障以社会保险为主,主张公民通过缴纳保险税来取得社会保险。社会救济和社会服务项目的费用完全由政府或雇主承担。

三、以日本为代表的政府主导型市场经济模式

20世纪50年代到70年代,凯恩斯经济学思想成为西方国家经济研究的主流。日本学者石桥湛山和下村治深受凯恩斯思想的影响,将凯恩斯政府干预经济学说引入进来,提出采取凯恩斯的国家干预和调节经济的措施以促进日本经济增长。日本政府在结合日本国情的基础上,构筑了政府主导型市场经济模式。该模式的主要特点是,国家通过产业政策、计划调节、行政指导等手段对资源配置方式、决策结构、经济运行方向等进行干预,且干预力度以及对经济的导向作用相对较强。

(一)独特的企业制度

日本企业制度吸收了西方国家企业制度的一般原理,同时结合了本国的历史文化,从而形成了独特的企业制度。日本独特的企业制度主要体现在持股结构和劳动力配置机制两方面。

1. 持股结构

以法人相互持股为基础的产权结构是日本企业制度的基本特征,其赋予企业经营者

---

① 胡琨:《德国社会市场经济模式及其战后经济政策变迁》,《领导科学论坛》2017年第8期,第85—88页。

以决策权和银行的监督权。其特点在于以法人持股为主,形成独特的法人资本主义所有制。日本企业法人持股采取的是相互持股方式,金融机构、工业大企业法人、综合商社等相互渗透,形成企业集团。集团企业之间相互持股率为20%—30%,使企业之间形成相互支配的一种势力均衡,以此弱化股份所有权的职能,强化经营者权力职能,同时确立了金融机构在法人相互持股中的主体地位,提高了银行在企业治理结构中的监督作用。

2. 劳动力配置机制

日本企业劳动力配置机制具有非市场经济特征,具有组织机制的色彩。企业的劳动力配置是由企业的组织制度、惯例、契约等决定,通过企业内部劳动力市场进行配置的。日本的终身雇佣制、年功序列工资制及内部晋升制等一系列促进劳动力在企业内部流动的制度正是这一机制的体现,由此形成了日本雇佣体制的特征。日本的非市场性劳动力配置机制有助于就业稳定,以及企业凝聚力的形成。

(二) 政府宏观调控体系

日本政府对经济的干预程度远超美国和德国等西方发达国家,其中财政政策和金融政策依然是日本政府对经济进行宏观调控的常用手段。财政政策的主要工具包括税收政策、支持政策、公债政策及有偿性财政资金。金融政策在第二次世界大战后成为日本政府对经济进行宏观调控的重要手段,其中包括日本银行对民间金融机构每个季度的贷款增加额给予指导和告诫的"窗口指导"、官定利率和公开市场业务等措施。① 日本政府除了采用财政政策和金融政策,还采取经济计划和产业政策的手段促进经济发展。

1. 经济计划

日本政府的经济计划是诱导性和指导性的计划,其宗旨是表明经济发展现状,确立经济发展目标,通过制定政策引导企业的投资方向。计划虽然不具有行政上和法律上的约束力,但计划的诱导性是强有力的。企业自主作出的决策包含大量的计划诱导因素,因此,日本经济计划被西方国家称为"世界上运用得最巧妙的诱导经济计划"。20世纪50年代到60年代,日本政府为恢复本国经济发展逐步制订并实施了多项经济计划,其中包括1955年的《经济自立五年计划》、1960年的《国民收入倍增计划》以及1962的《全国综合开发规划》等。

2. 产业政策

日本的产业政策是政府为改变产业间的资源分配采取的政策。其主要内容随着经济发展阶段的不同而不断变换。在经济复兴时期,政府提出了以"倾斜生产方式"为主要内容的产业复兴政策,并确定煤炭和钢铁为优先发展产业,以带动国民经济的恢复和发展;在高速增长时期,政府优先发展重工业和化学工业,并使其占有较高比例,使产业结构向高层次化、高加工化、高附加值化方向发展,并通过追求规模经济来增强国际竞争力;在产业调整时期,由于石油危机的冲击以及经济环境的变化,政府对高耗能的衰退产业进行调整,将资本密集型的"工业化型结构"转换成知识和技术密集型的"后工业化型结构";在结构转换期,由于日元升值,政府采取结构调整措施,通过内需扩大主导型战略,使其产业政策向"国际协调型"和"知识融合化"的方向发展。

---

① 庄起善主编:《世界经济概论》,复旦大学出版社2001年版,第281—282页。

（三）政企密切合作关系

日本政府与企业保有一种相互信赖的关系和相互合作的精神，即使在市场经济条件下政府和企业的关系也是相当紧密和协调，从而形成了在市场经济条件下的宏观控制系统。一是以政府官厅为主体的政府控制系统，即由通产省、大藏省和经济企划厅等为核心组成的最高控制机构；二是日本的行会系统，包括行业协会、联合会和企业组合等，它们作为本行业的组织机构，是承上启下关系的纽带；三是官、产、学三位一体的审议系统，该系统是由财界、产业界和学术界联合组成的审议、咨询机构，参与政府的有关经济政策的制定过程，构成自上而下和自下而上的联系渠道，共同对政府和企业实施影响力。

四、以瑞典为代表的社会福利型市场经济模式

在第二次世界大战之后，瑞典社民党政府推行了一整套完善的社会福利制度。这套制度奠定了瑞典"福利国家的橱窗""福利国家的楷模""从摇篮到坟墓的北欧福利国家"等美名的基础。瑞典的市场经济模式在不断地调整和完善的基础上，结合社会福利制度的发展，逐渐形成了全民认可的社会福利型市场经济模式。该模式的基本特点是在生产领域更多强调以效率为原则的自由市场经济，在分配领域则更多强调以社会公平为目标的社会调节。

（一）自由市场经济

瑞典社会福利型市场经济主张市场自由竞争，充分发挥市场在生产领域的调节作用，以提高企业的生产效率。瑞典经济属于混合所有制经济，但私人经济占据统治地位，且垄断程度较高，工业产值的近一半由100家最大的私人企业创造。在瑞典企业发展中，私人企业约占企业总数的85%。20世纪80年代初，私人企业创造国民生产总值的86%。私人经济主要集中在工农业和金融业，而国有经济主要集中在制造业的原材料、采矿、钢铁、造船等领域，以及公共事业的邮电、通信、公路、铁路、航空运输、电力供应等领域。国家在这些领域发挥着主导作用，从国家和社会经济安全出发对战略性部门实施控制，以及为市场经济的有效运作创造基础设施条件。

（二）政府宏观调控体系

瑞典社会福利型市场经济下政府宏观调控的主要目标：一是稳定自由市场经济，为市场经济发展提供基础设施和公共服务；二是兼顾社会公平，即缩小社会收入差距，以减少阶级之间和利益集团之间的冲突。

1. 经济发展计划

瑞典政府为了解决市场调节失灵的问题，实现社会经济更加健康的发展，自1948年起开始制定中期经济发展计划。专家在综合国际经济形势、国内各大企业经营计划的基础上，对未来5年（甚至更长时期）的经济发展作出分析和预测，并就如何实现政府的政策目标提出一些可供选择的建议。计划不对生产发展提出硬性指标，对企业和政府都不具有约束力，只是为政府、企业和其他社会集团的决策提供较为可靠的依据。企业在制订自己的投资、生产、价格和销售计划时，除了考虑市场，还要考虑国家的计划和预测，因为政府对在努力实现国家经济目标过程中同政府合作的私营企业将提供财政上的便利和援助。

2. 财政政策

瑞典政府通过财政政策实现对社会投资的控制和调节,同时兼顾社会公平,实现国民收入的再分配。在对社会投资供需调节方面,当经济过热时,政府可以决定对固定资产投资或某一行业投资征税;而在经济萧条时,则予以免税或投资补贴。这种补贴是鼓励企业到落后地区投资的重要手段。在实现国民收入再分配方面,瑞典政府以高税收实现高福利的目的。一方面,瑞典对企业实行双重征税,即在征收企业利润税后,对股东的分红再征收个人所得税。此外,政府还通过税收政策,对企业增加积累和投资提供各种优惠,使绝大部分利润留在企业内部,为企业设备更新和技术现代化提供雄厚的财力。另一方面,瑞典对个人所得税实行高额累进制,通过这种高额的级差累进税制,大大缩小了社会收入的差距。纳税前,最低收入的20%家庭得到总收入的5.6%;纳税和政府转移支付后,最低收入的20%家庭实际得到总收入的14.8%,而最高收入的20%家庭得到总收入的31.1%。高收入者与低收入者之间的收入差距大大缩小。强有力的国民收入再分配政策,使瑞典的收入均等化程度远高于其他西方国家,从而缓和了社会矛盾和冲突,保证了社会的长期稳定。

3. 货币政策

在货币政策方面,政府除了运用贴现率、银行准备金和中央银行的公开市场业务等传统货币手段外,还通过信贷最高限额、信贷配额和债券发行批准手续等,控制和调节贷款总额及利率水平。此外,政府还规定企业可以部分利润(50%以内)设立投资基金,其中75%要无息存入中央银行。企业需用它进行投资时要先提出申请,获准后所使用的投资金额可免交所得税。政府也可视经济发展情况,在某段时间内允许某些行业或地区使用投资基金,或把该基金用于科研、培训和促进出口。

(三) 社会福利制度

瑞典的社会福利制度是其市场经济体制的主要内容,大致包括以下几个方面:

1. 养老保险和福利

养老金包括退休后普遍享受的基础养老金、按工龄与收入决定的附加养老金和部分养老金三种。此外,对于符合规定的特殊困难者还给予数额不等的补贴。除养老金,老年人还享受政府在住房、医疗护理、家庭服务、交通服务等方面的优待和照顾。

2. 医疗保障和补贴

瑞典居民普遍参加医疗保险。该保险有医药保险和病休津贴两部分内容。医药保险就是每个有正式收入的家庭成员交纳其收入12.8%的医疗保险金后,全家人即可在公立医院免费就医(只需交挂号费和少量医药费),医药费用和住院费用由地方保险局支付。职工病休期间可享受相当于工资90%的病休津贴,无工资收入者患病也可以获得部分这种津贴。地方保险局还向生育、护理婴儿和护理病孩的父母提供津贴以弥补部分工资损失。

3. 失业保险和劳保

失业者的保险金由其参加的工会组织和国家按3∶7的比例分担。失业补贴相当于正常工资的90%,补贴一次最长不超过60周,55岁以上者不超过90周。为帮助失业者重新就业,国家对他们进行各种免费的转业培训。对因工受伤者实行完全免费治疗,对致残者的生活和子女抚养也提供特别资助。

4. 住宅津贴和其他福利

瑞典政府一方面以提供低息贷款的方式鼓励私人建房；另一方面向低收入家庭、多子女家庭和退休老人提供住宅津贴，此项津贴最高可达房租或住宅日常维修费的80%。除了上述各种社会保障，瑞典居民还享受一系列其他福利，如所有16岁以下儿童均可每年领取9 000克朗津贴、3个以上子女的家庭还可获得额外津贴、中小学教育免费、大学生可以获得助学金和低息贷款等。

瑞典的社会福利型市场经济模式，在20世纪50年代和60年代推动了瑞典经济的快速发展，并在此基础上实现了充分就业、物价基本稳定和社会相对安定。政府在分配领域的强有力干预和调控，不仅缓和了社会各阶层的矛盾，而且缩小了经济周期波动的幅度和国际经济危机对瑞典的影响。但是，瑞典的这一模式也存在明显的弊端，它在70年代开始显现，80年代进一步暴露。一是高福利带来的公共开支迅速增加，导致财政赤字不断扩大，税收负担过于沉重使发展受阻；二是高消费刺激了物价上涨，通货膨胀明显加剧；三是高税收和高工资提高了生产和投资成本，这不仅严重影响本国投资者和外国投资者在瑞典的投资欲望，而且削弱了瑞典经济的国际竞争力；四是均等化的分配政策和优厚的社会福利滋长了人们的平均主义心理，消磨了人们的进取精神，对社会经济发展产生了消极影响。

阅读资料

福利制度还是工作福利：瑞典

瑞典是北欧国家福利制度（welfare）的典型代表，以其作为社会民主福利国家的原型而闻名于世。自1960年开始，瑞典社会保障制度建立在普遍主义（即社会权利涵盖全体居民）和收入保障这两大基础之上，以保障由于某些原因无法继续工作的那部分人的生活水平。涵盖全体居民的社会权利与收入保障是福利制度的两大基础，每个人不会因阶级、种族、性别、年龄等差异而失去社会权利和收入保障。全民性和均平性是其重要特征。目前瑞典的福利制度包含480天带薪产假、失业救济、9年免费义务教育、全民医疗保障、养老金等项目，就是大家常说的国家为全体公民提供从摇篮到坟墓的社会福利。北欧福利国家的一个基础是保证公民的充分就业。工作是公民享有的权利和责任。长期以来，北欧国家一直以高就业率自豪。福利社会背后的逻辑是福利与工作具有紧密的关系。

工作福利（workfare）的概念和政策来自美国，意思就是"用工作换你的福利"，福利在美国的用词是社会救济，这是美国福利政策的底部安全网，其目标对象是那些失去劳动能力的残障人士、单身母亲、老人等。工作福利的提法于20世纪60年代出现，但直到80年代美国才开始实施。其目标对象主要是那些有工作能力的失业穷人。美国政府的这种双重福利制度将大量没有工作的公民排除在社会保障系统之外。换言之，有体力干活的穷人就走工作福利这一路，工作大都是低于劳动力市场收入没人愿意干的，或者没体力的老弱病残、单身母亲等才能领到福利。美国的这两种福利体系，缺乏全民性与均平性，意味着承认一部分人的公民权利，而否认另一部分人的公民权利，将公民分为三六九等，结果造成贫富分化的日益严重。

瑞典历来以工作社会著称,社会里每个人都有工作的权利和义务。因此,其福利制度在某种程度上也可被称为工作福利。但瑞典的这种工作福利与美国的工作福利不论是初衷还是结果都有着很大的区别,追求平等,特别是结果的平等是瑞典工作福利的主旋律。

资料来源:闫冬潮,《福利还是工作福利:北欧国家的实践》,《中国图书评论》2016年第10期,第104—107页。

第三节 发展中国家的经济发展理论与战略

一、发展中国家的经济发展理论

第二次世界大战以后,发展中国家的人民和国家领导人迫切希望通过制定经济发展规划来实现国家经济的发展,以缩小自身与发达国家在经济发展方面的巨大差距。发展中国家经济发展规划的制定离不开经济发展理论的有效支撑。战后初期,发展中国家的经济发展理论主要受到西方发达国家经济发展理论的影响,将经济增长等同于经济发展,没有很好地区分经济发展和经济增长,并且主要强调资本、工业化以及经济结构对于经济发展的重要性。20世纪60年代中期,随着发展中国家经济的发展,许多发展中国家出现了"有增长而无发展"的现象,同时所实行的工业化政策不仅损害了农业的发展而且阻碍了国家工业化的发展进程,城市工业化与农村经济的二元经济结构矛盾日益突出。人们逐渐认识到,经济增长只是发展的一个重要方面,发展并不是一个简单的经济问题,还包括整个社会政治、经济制度的进步以及人力资本的投资开发。80年代中期,许多发展中国家现代化进程受阻。资源过度开采以及工业化进程加快所造成的严重社会环境污染问题,阻碍了发展中国家经济的发展。人们逐渐认识到,在工业化过程中应把克服资本短缺障碍转变为提高资本质量,提高科技创新以增强经济发展动力,加强专业化分工以促进经济增长,而且在加速经济发展的同时,还要注意保护资源、环境和维护生态平衡,保持经济、社会、生态三个方面的和谐统一,实现可持续发展。下面分别从经济发展理论的三个历史时期,介绍不同历史阶段下的发展中国家主要经济发展理论。

(一) 20世纪60年代以前的第一阶段

在20世纪60年代以前的早期发展阶段,发展中国家的经济发展理论主要强调资本积累给国家经济带来的发展,并且从发展中国家的经济结构出发研究发展中国家的经济发展特点,以探寻发展中国家的经济发展道路。

1. 大推进理论

英国著名的发展经济学家保罗·罗森斯坦-罗丹(Paul Rosenstein-Rodan)于1943年在《东欧和东南欧国家工业化的若干问题》一文中提出大推进理论。该理论是关于资本形成是经济增长和发展的中心力量的一种理论,认为发展中国家必须实行工业化,使落后地区以高于富裕地区的速率增加收入,从而改善世界不同地区分配不均的情况,而为了实现工业化,必须采用大推进的办法。罗森斯坦-罗丹认为发展中国家应以最小临界投资规模对几个相互补充的产业部门同时进行投资,特别是在发展中国家的工业化初期,应把资本主要投向社会基本设施,以及具有相互联系的轻工业部门,同时需要政府通过计划而非市场调节来组织实施。发展中国家通过大推进方式,实现投资外部经济效益,加快工业化进程。

2. 平衡增长理论与不平衡增长理论

发展经济学家雷格纳·纳克斯(Ragnar Nurkse)从"贫困恶性循环论"出发,提出了在不发达经济体中推行平衡增长战略这一构想。他指出发展中国家存在两种基本的贫困恶性循环:一是人均收入低导致需求不足和市场狭小,从而降低投资水平,陷入资本形成少、劳动生产率低和人均国民收入低的恶性循环;二是人均收入低导致储蓄不足、投资水平不足,而陷入资本形成少、劳动生产率低和人均国民收入低的恶性循环。纳克斯认为,打破恶性循环的关键在于突破资本形成不足的约束。影响资本形成的主要因素是决定投资预期的市场有效需求,只要平衡地增加生产,在广大范围的各工业部门同时投资,就会出现市场全面扩大、需求弹性提高,通过供给创造需求,从而摆脱恶性循环。

美国经济学家艾伯特·赫希曼(Albert Hirschman)于1958年在《经济发展战略》一书中提出不平衡增长理论,他认为增长过程实质上是不平衡的,在投资资源有限的情况下,主张发展中国家应有选择地在某些部门进行投资,优先发展国民经济产业结构中关联效应最大的产业,通过其外部经济使其他部门逐步得到发展;同时,他认为束缚经济发展的首要因素是决策能力或企业家才能,主张不要同时发展各项工业,而应当集中力量首先发展部分工业,以之为动力逐步扩大对其他部分工业的投资。不平衡增长论者重视出口市场和市场机制的作用,主张生产的专业化,主张关心供给而不是需求问题。

3. 二元经济结构理论

二元经济结构理论是英国经济学家威廉·刘易斯(William Lewis)于1954年在《曼彻斯特学报》的《劳动无限供给条件下的经济发展》一文中所提出的,该理论主要解释发展中国家的经济发展问题。所谓二元经济结构,主要是指以社会化生产为主要特点的城市工业经济和以小生产为主要特点的农村经济并存的经济结构。刘易斯认为发展中国家的传统农业部门存在着劳动边际生产率为零的大量剩余劳动力,同时传统农业部门与高劳动生产率的现代工业部门存在着工资差别,于是经济的自动机制把劳动力从低工资的农业部门推向高工资的工业部门,结果一方面提高了农业部门的工资水平,另一方面增加了工业部门的就业和产出,最终使工农业得到均衡的发展。刘易斯认为二元经济结构最终能否被完全破除,转向现代化发展,关键在于城市经济的发展程度。

(二) 20世纪60年代到80年代中期的第二阶段

20世纪60年代到80年代中期,研究发展中国家的众多学者逐渐认识到,经济增长和经济发展有着明显区别,主张工业化和资本形成并未给发展中国家经济带来增长。因此,学者们开始对以往经济发展理论进行思考。

1. 经济成长阶段理论

经济成长阶段理论是从时间进展来分析经济成长的,是美国经济学家沃尔特·罗斯托(Walt Rostow)于1960年在《经济发展阶段论》一书中所提出的。最初罗斯托将人类经济社会划分为五个阶段,1971年他在《政治和成长阶段》中又增加了第六阶段,分别为传统社会阶段、准备起飞阶段、起飞阶段、成熟阶段、高额群众消费阶段和追求生活质量阶段。

（1）传统社会阶段是在生产功能有限的情况下发展起来的，是围绕生存而展开的经济，而且通常是封闭或者孤立的经济，生产活动中采用的技术是牛顿时代以前的技术，看待物质世界的方式也是牛顿时代以前的方式，社会似乎对现代化毫无兴趣。非洲撒哈拉沙漠地区的一些国家至今还处在这一发展阶段。

（2）准备起飞阶段是国家摆脱贫穷落后走向繁荣富强的阶段，它的特征是社会开始考虑经济改革，希望通过现代化来增强国力并改善人民的生活。这一阶段的一个重要任务是经济体制改革，为发展创造条件。该阶段的主导产业通常是第一产业或者劳动密集型的制造业，该阶段要解决的关键难题是获得发展所需要的资金。

（3）起飞阶段是人类社会发展具有决定意义的阶段。"起飞"的必要条件是，净投资在国民收入中的比例由5%增长到10%以上。判断一个社会进入起飞阶段的标准是：足够大的投资率；主导部门的存在和发展；相应的社会、政治体制和结构等。

（4）成熟阶段指一个社会已把现代化的技术有效地应用到了它的大部分产业的阶段。在这一阶段，国家的产业以及出口的产品开始多样化，高附加值的出口产业不断增多，厂家和消费者热衷新的技术和产品，投资的重点从劳动密集型产业转向资本密集型产业，国民福利、交通和通信设施显著改善，经济增长惠及整个社会，企业开始向国外投资，一些经济增长极开始转变为技术创新极。几个主要的资本主义国家进入成熟阶段的时间为：英国1850年，美国1900年，德国1910年，日本1940年。中国目前已进入这一发展阶段。

（5）高额群众消费阶段指主要的经济部门从制造业转向服务业，奢侈品消费向上攀升，生产者和消费者都开始大量利用高科技成果的阶段。人们在休闲、教育、保健、国家安全、社会保障项目上的花费增加，而且开始欢迎外国产品的进入。目前主要的发达国家都已进入这一发展阶段。

（6）追求生活质量阶段。罗斯托对高额消费阶段以后的社会并没有一个清晰的概念，不过他认为该阶段的主要目标是提高生活质量，因此定义其为追求生活质量阶段。随着这个阶段的到来，一些长期困扰社会的难题有望逐步得到解决。

在罗斯托的经济成长阶段理论中，第三阶段即起飞阶段与生产方式的急剧变革联系在一起，意味着工业化和经济发展的开始。这一阶段在所有阶段中是最关键的阶段，是经济摆脱不发达状态的分水岭，罗斯托对这一阶段的分析也最透彻，因此罗斯托的理论也被人们叫作起飞理论。

2. 人力资源投资理论

20世纪60年代，美国经济学家西奥多·舒尔茨(Theodore Schultz)把发达国家的农业经济学和人力资本理论结合起来，应用于对发展中国家经济发展问题的研究。他认为人力资源投资能促进经济增长，同时也是物质资本投资战略的补充。舒尔茨在《人的投资：人口质量经济学》一文中指出："改善穷人福利的决定性要素不是空间、耕地和能源，而是人口质量的改善和知识的增进。"该理论认为，要想使发展中国家的经济得到良好、快速的发展，就要对能够提高人口生产能力的因素（如营养、保健、教育、智力开发）进行投资，以提高发展中国家人力资源的素质，提高劳动力的效率，只有这样才有助于促进经济发展。

舒尔茨认为人力资本特别是产生人力资本的教育是现代经济增长的主要动力和源泉。农业生产力的提高必须依靠劳动者的能力和知识水平的提高。

3. 国际依附理论

国际依附理论也称"中心与外围学说"或"发展主义"。这是第二次世界大战后激进经济学者关于发展中国家依附或隶属于发达国家的理论。代表人物有安德烈·弗兰克（Andre Frank）、萨米尔·阿明（Samir Amin）、劳尔·普雷维什（Raúl Prebisch）等人。他们认为，在现存的国际经济关系中，由于不合理的国际分工，发达国家处于中心地位，发展中国家则处于外围。在中心国家具有技术、资金优势，而外围国家经济技术落后的情况下，外围国家为实现工业化不得不依靠中心国家的资金、技术等，从而形成了外围对中心的依附关系，导致发展中国家的贸易条件长期处于恶化之中。因此，发展中国家应实行进口替代和保护政策，促使国内幼稚工业发展和生产多样化，改善贸易条件。

（三）20世纪80年代到现在的第三阶段

20世纪80年代以后，随着发展中国家的发展，人们不仅关注发展中国家的经济增长，更加关注发展中国家经济发展的可持续性以及如何实现经济的健康增长，其中包括对知识经济、人力资本的投资以及劳动分工和专业化等问题的研究。

1. 内生经济增长理论

20世纪80年代中期以来，一批经济学家运用新古典主义的分析方法，通过对传统经济增长理论的批判分析，构造了一批以人力资本及内生技术进步为基础的内生性经济增长模型，形成了内生经济增长理论。内生经济增长理论的显著特点是，强调经济增长不是外部力量（如外生技术变化），而是经济体系的内部力量（如内生技术变化）作用的产物，重视对知识外溢、人力资本投资、研究和开发、收益递增、劳动分工和专业化、边干边学、开放经济和垄断化等新问题的研究，重新阐释了经济增长率和人均收入的广泛的跨国差异。其中，保罗·罗默（Paul Romer）认为，在技术进步的无限过程中，一些国家投入于研究和开发的人力资本太少，从而被"销"在"低收入陷阱"里。

2. 内生劳动分工理论

美国经济学家加里·贝克尔（Gary Becker）认为，分工能够获得专业化经济效果，那些从事专业化生产的工人，可以获得比非专业化工人更多的报酬，只有在不存在协调成本或者协调成本相对较低而市场又相对较小的情况下，分工才会受到市场规模的限制。他使用通常的科布—道格拉斯生产函数进行计算，指出均衡①的增长率与人力资本的产出弹性成正比，与协调成本函数中分工人数的弹性成反比；同时，法律健全有效或政治稳定的国家不仅可以有较高的人均收入，而且有较高的增长率。

3. 可持续发展理论

20世纪80年代初期出现的可持续发展理论作为一种与传统增长模式截然不同的发展观，把经济发展同生态环境、自然资源、人口、制度、文化、技术进步等因素结合起来，加深和拓展了我们对发展的认识和理解，这也是经济发展理论的新发展。1980年3月5日，联合国向全世界发出呼吁："必须研究自然的、社会的、生态的、经济的以及利用自然资源

---

① 均衡是指消费、人力资本和人均收入均以同一速度增长。

过程中的基本关系,确保全球持续发展。"1981年美国世界观察研究所所长莱斯特·布朗(Lester Brown)的著作《建设一个可持续发展的社会》的问世,以及1987年《我们共同的未来》的发表,表明了世界各国对可持续发展理论研究的不断深入;而1992年联合国环境与发展大会(UNCED)通过的《21世纪议程》,更是高度凝聚了当代人对可持续发展理论认识深化的结晶。

可持续发展理论主张世界各国建立一种全新的发展观,实行一项关于人类社会的发展全面性战略——可持续发展战略,在加速经济发展的同时,要注意保护资源、环境和维护生态平衡,保持经济、社会、生态三个方面的和谐统一,实现可持续发展。该理论的主要内容包括:一是肯定发展的必要性;二是强调发展与环境的辩证关系,认为环境保护需要经济发展提供资金和技术,环境保护的好坏也是衡量发展质量的指标之一;三是提出了代际公平的概念,人类历史是一个连续的过程,后代人拥有与当代人相同的生存权和发展权,当代人必须留给后代人生存和发展所需要的"资本";四是在代际公平的基础上提出了代内公平的概念,发达国家在发展过程中已经消耗了地球上大量的资源和能源,对全球环境造成的影响最大,因此发达国家应该承担更多的环境修复责任。

二、发展中国家的经济发展战略

发展中国家的经济发展战略决定着发展中国家经济的发展方向和发展模式。所谓经济发展战略,是指各个国家为实现经济发展目标而制定的总体规划、战略方针及相应的经济政策。它对国家的经济发展具有长远性、总体性的指导作用,因而在经济发展过程中起着至关重要的作用。发展中国家在获得民族独立后,普遍面临着发展社会经济、提高国民福利、改造传统社会使其向现代化社会转变的任务。基于主导产业的发展方向、工业发展战略模式和政府在经济中发挥的作用等角度,经济发展战略可分为不同的类型。

(一)基于主导产业发展方向的划分

基于主导产业的发展方向,发展中国家的经济发展战略可分为传统农业型、工业化型、第三产业开发型等。由于发展中国家一般都将工业化作为经济发展的重要目标,加上传统农业本身的局限,因此独立的发展中国家很少采用以传统农业为主导产业的发展战略。而采取第三产业开发型发展战略的国家,往往属于自然资源和劳动力资源比较贫乏,不具备发展大规模制造业的条件,但在地理位置、环境等方面存在有利条件的国家。它们通过重点发展金融、旅游、转口贸易等服务业部门,可以事半功倍地实现经济发展目标。绝大多数发展中国家都采取工业化发展战略,并多以资源利用为主,又可分为资源开发型战略和资源加工型战略。①

(二)基于工业发展战略模式的划分

1. 进口替代战略

进口替代战略也称内向型工业化发展战略,主要是指一国采取各种措施,限制某些外国工业品的进口,促进本国有关工业品的生产,逐渐在本国市场上以本国产品替代进口品,为本国工业发展创造有利条件,从而实现工业化。例如,在20世纪六七十年代,阿根

---

① 殷功利、汪艳主编:《世界经济概论》,中国科学技术大学出版社2016年版,第200—201页。

廷、墨西哥、土耳其、巴基斯坦、印度、乌拉圭、智利、秘鲁、多米尼加等国家都实行过这种战略。实施进口替代战略的国家一方面通过关税政策和进口配额的方式，限制各类商品的进口数量，以减少非必需品的进口，并保证国家扶植的工业企业能够得到进口的资本品和中间产品，降低它们的生产成本；另一方面通过给予税收、投资和销售等方面的优惠待遇，鼓励外国私人资本在本国设立合资或合作方式的企业，或通过来料和来件等加工贸易方式，提高本国的工业化水平。

2. 出口导向战略

出口导向战略又称外向型工业化发展战略，主要是指一国采取各种措施扩大出口，将本国产品置于国际竞争的环境中，通过扩大其有比较利益的产品的出口，改善本国资源的配置，从而实现国家贸易利益和本国经济的发展。

出口导向战略又包括初级产品出口导向和制成品出口导向两种发展战略。初级产品出口导向发展战略主要指具有初级产品生产比较优势的国家，通过向国外出口农产品、矿物原料等初级产品，提高人均国民收入，增加资本积累，扩大工业品消费市场，以此奠定工业化发展基础的战略。例如，在20世纪六七十年代，伊朗、南非、委内瑞拉、马来西亚、伊拉克、阿尔及利亚、厄瓜多尔、科特迪瓦等国家都实行过这种战略。制成品出口导向发展战略主要指一国（或地区）在具备了一定工业基础的条件下，大力促进工业制成品的出口，并实现出口结构的逐步升级，以此来推动工业化和经济发展的战略。例如，在20世纪六七十年代，韩国、以色列和新加坡等国家以及中国台湾、香港地区都实行过这种发展战略。

3. 混合型工业化战略

混合型工业化战略是指把内向型和外向型工业化战略相结合的战略。这种战略融合了出口导向战略和进口替代战略的要素，其保护措施属于中等保护水平，贸易政策既刺激了出口又消除了与进口替代相联系的反出口偏向，从而把有效的进口替代和适度的出口扩张结合起来。在20世纪六七十年代，巴西、哥伦比亚、菲律宾、泰国、埃及都实行过这种战略。

(三) 基于政府在经济发展中所起作用的划分

基于政府在经济发展中所起的作用不同，经济发展战略可分成政府集权控制、政府主导下的市场经济和市场经济为主三种类型。其区别主要体现在资源配置过程中是政府还是市场机制发挥主导作用。

发展中国家选择什么样的发展战略，取决于以下几方面条件：第一，一国或地区的经济发展环境，如人口规模、收入水平、资源禀赋；第二，贸易政策以及由所选择的政策所反映的政策体制（或制度环境）；第三，外部事件（如战争、旱灾等）和世界经济状况；第四，工业化和经济发展的阶段及水平，如出口导向战略的实施要以进口替代战略为先导。

相关案例　　　　发展中国家如何实现长期增长？

世界经济发展不平衡是客观现象，其解决需要一个长期过程。在不平衡的世界经济环境中，发展中国家要实现长期增长，就必须从创新能力、人力资本、市场规模与专业化分工、制度基础、国际经贸规则五个方面寻求突破。

经济增长的根本源泉是劳动生产率的提高，而科技创新是劳动生产率提高的直接原因。美、欧、日之所以成为当今世界的主要发达国家和地区，很重要的原因就在于其拥有较高的科技创新能力。发展中国家由于资源有限，要想在研发支出上达到发达国家和地区的水平并不现实，而应从本国实际出发，集中攻克本国产业链急需或者符合结构调整方向的技术难关。当然，除了自主研发，学习模仿和技术外溢等外源性技术进步也是发展中国家劳动生产率提高的重要源泉。

决定生产率水平高低的人的知识、技能积累和创造能力，也即人力资本，在很大程度上取决于人的受教育程度。根据世界银行统计，2012 年，美国、中国、印度的中学入学率分别为 94%、89%、71%。这组数字至少部分解释了这三个国家处于不同发展阶段的原因，同时也展示了它们未来发展的潜力。与发达国家相比，发展中国家研发人员和高技能人员的比例明显偏低，这导致发展中国家长期处于全球产业价值链的低端。通过普及中等教育、扩大高等教育规模、加强技术培训等来提高人力资本，是发展中国家必须下大力气解决的问题。

决定经济增长的劳动生产率提高，还与分工和专业化程度高度相关。即使没有技术进步，只要不同经济活动参与者提高其专业化水平，专门从事最能发挥其优势的生产活动，通过市场交换，便可以获得所谓的"得自贸易的收益"，实现无技术进步条件下的劳动生产率提高。有两个因素决定着分工与专业化水平的高低：一是市场规模大小，二是制度基础优劣。要扩大市场规模，除了大力促进生产要素流动、降低市场交易成本、创造国内统一市场，还要积极参与国际分工，使自身的优势最大化。我国三十多年的改革开放，就是通过扩大市场规模提升专业化分工水平的成功实践。印度近几年的快速增长，也与充分运用和大力拓展其国内外市场规模密切相关。

制度基础建设的根本要求，不外乎有效保护财产权利、使契约得到普遍尊重、落实自愿交易和公平竞争原则。其对经济增长的促进作用主要通过三大功能实现：一是为每个经济活动的参与者提供能形成稳定预期的市场环境，二是提供有效激励，三是降低交易成本。这三大功能构成了市场在资源配置中起决定性作用的前提条件。特别需要强调的是，产权得到保护、契约受到尊重不会自然实现。没有广义的国家权力，就没有普遍的产权与契约。建设高质量制度基础的关键，是有一个能强化市场功能、拓展市场规模的强大且高效的政府。

国际经贸规则大多是"非中性的"，同样的规则对不同国家往往意味着不同成本与收益。在必须深入参与全球分工的情况下，制定对自己更加有利的国际经贸规则便成为博弈的焦点。美国主导的 TPP（跨太平洋伙伴关系）和 TTIP（跨大西洋贸易与投资伙伴关系）谈判，其目的就是获得国际经济制度优势。金砖国家的合作，既是为了扩大互利共赢空间，也是为了对国际经贸规则的演进施加影响。当今世界多边经贸谈判受阻、诸边谈判兴旺的局面，不仅会阻碍全球统一市场的形成，更会分化进入不同经贸集团国家的增长绩效。实现世界经济平衡发展，必须构建世界经济新秩序，避免国际经贸规则碎片化，提升发展中国家的国际话语权。

资料来源：张宇燕，《发展中国家如何实现长期增长》，《人民日报》2015 年 7 月 12 日。

第四节 转型国家的经济改革与经济发展

一、转型国家概述

(一) 转型国家的定义

研究转型国家的经济改革和经济发展,离不开对转型国家概念的界定。其中,特别需要理解转型与转轨的区别和联系。丹麦学者米米·拉尔松(Mimi Larsson)对二者做了这样的区分:转轨被理解为一种直线的演进过程,它更强调政治和经济制度改革进程的结果,是一种向着已知和确定目标的改革;转型指改革的进程并非直线和可以预测的,而是一种向着崭新和未知目标的改革。[1]

经济转型有两种含义:一种是资源配置和经济发展方式的转变,包括发展模式、发展要素、发展路径等的转变。从国际经验看,不论是发达国家还是新兴工业化国家,无一不是在经济转型升级中实现持续快速发展的。另一种则特指中央计划经济国家发生的制度变迁,即从中央计划经济转向市场经济体制。转型国家从广义上主要指由传统的高度集中的计划经济向市场经济体制过渡的国家。例如20世纪90年代苏联解体后,欧洲和亚洲三十多个国家将高度集中的计划经济体制转向市场经济体制,特别是以俄罗斯和中东欧国家为代表的转型经济体。

转型国家在经济转型的过程中,一定会经历经济转轨的变化过程。经济转轨是一个经济制度重新设计发展的过程,为经济转型成功提供有力的制度保障。合理的经济制度安排是转型国家经济改革成功的关键,如果转型国家所制定的经济制度没有充分地考虑经济社会实际的发展问题,则市场自由化和私有化就无法带来预期的经济效益;同时,如果对实现新体制没有明确的规划,或者对新体制的运作一无所知,就无从谈起及时完好地实现转型。因此,转型国家的首要任务是成功完成制度的设计,在经济转轨良好运行的前提下,其经济转型才能朝着好的方向发展。

(二) 转型国家的经济特征

1989—1991年,苏联解体以及中东欧剧变产生了一批新的发展中国家。曾经是计划经济的国家面临的最根本任务就是向市场经济转变,因此这些国家被称为转型国家。这些转型国家在经济转轨过程中,逐渐形成以下经济特征:

1. 计划经济体制转向市场经济体制

从1990年起,转型国家开始实行计划经济体制转向市场经济体制的制度改革,尤其是俄罗斯提出了被称为"休克疗法"的激进改革计划,其基本方向是实现"完全的市场经济"。在市场经济所有制方面,转型国家逐渐实施国有资产私有化,逐步建立以私人经济为主体的多种所有成分并存的市场经济所有制,并陆续颁布了一系列的确保私有化改革的法规,以促进市场经济体制的转型。其中转型国家采取了由"小私有化"向"大私有化"发展的分步骤战略方针。首先从"小私有化"开始,建立包括私人经济在内的混合经济。所谓"小私

---

[1] 朱晓中主编:《曲折的历程·中东欧卷》,东方出版社2015年版,第20页。

有化",一是将原收归国有的部分私人财产归还原主,二是将部分国营商店、饮食服务业、中小企业及其未完工程项目和农场,通过拍卖、租赁等形式实行私有化。其次在完成"小私有化"的基础上,再通过建立股份制公司,吸收私人资本,实现大型国有企业私有化,改变经济结构,形成以民营为主体的多种经济成分并存的所有制结构。

2. 经济增长缓慢且波动变化较大

转型国家在经历了转轨阵痛之后,整体经济发展动力不足,经济增长缓慢,且存在较大的经济波动。表8-2的统计数据显示,转型国家在1991—1995年的改革初期,经济均处于负增长状态,特别是在1992年转型国家平均经济增长率为-15.14%,其中格鲁吉亚经济增长率达到-41%。1996—2007年,转型国家随着改革发展的逐步稳定,经济增长速度加快,在2007年平均经济增长率达到最高的9.64%。进入2008年,转型国家受全球金融危机的影响,整体经济经济增长明显不足,在2009年经济增长率仅为1.27%。在后金融危机时代的经济调整时期,转型国家并未恢复21世纪初期的较快经济增长,反而陷入新的经济发展瓶颈期。转型国家在经济转轨的过程中并未实现国家经济长期持续的增长,国家经济发展不均衡和市场经济制度不完善依然是转型国家面临的首要问题。

表8-2　1991—2016年经济转型国家平均经济增长率　　　　单位:%

年份	GDP 增长率	年份	GDP 增长率
1991	-8.48	2004	8.24
1992	-15.14	2005	8.47
1993	-7.73	2006	9.43
1994	-8.80	2007	9.64
1995	-2.07	2008	7.14
1996	1.87	2009	1.27
1997	1.80	2010	5.20
1998	3.41	2011	5.46
1999	3.90	2012	3.21
2000	6.16	2013	4.79
2001	5.60	2014	3.32
2002	5.78	2015	1.79
2003	7.44	2016	2.47

资料来源:根据世界银行统计数据计算整理所得。

二、俄罗斯经济改革与发展

(一)俄罗斯经济转型的背景

俄罗斯经济转型主要受苏联经济基础以及苏联时期政治经济改革的影响。苏联自20世纪20年代到1991年解体,形成了以生产资料国有制为基础,行政等级制、指令计划和生产目标以及集体化农业为重要组成部分的经济基础。苏联经济的核心任务就是国家计划生产任务。由于国家及政府负责配置贷款和资源,协调投入和产出,并制定价格,从而使以价格为基础的市场调节长期处于被动地位。

苏联经济体制在20世纪20年代到50年代期间给苏联带来经济的高速发展。但随着斯大林的逝世,1953年3月赫鲁晓夫开始在苏联实施"非斯大林化",试图对传统体制进行全面的改革,并在政治体制改革、经济体制改革和农业管理体制改革等许多方面进行了大胆的尝试和有益的探索。60年代之后,由于赫鲁晓夫缺乏足够的改革思想理论准备,以及没有对改革作出合理的总体设计,缺乏明确的目标,使苏联经济增长率持续下降,最终导致赫鲁晓夫改革的失败。1964年勃列日涅夫上台后,一方面推行"新经济体制",包括恢复部门管理为主、适当兼顾地区管理的体制,改进科学计划,加强经济核算等内容;另一方面改善和加强农业,重视农业生产手段现代化,发展农工综合体。勃列日涅夫的改革没有触及所有制问题的改革,没有动摇高度集中的经济管理体制,以及没有改变以优先发展军事工业为核心的重工业路线,因而改革并未取得实质性的进展。

1985年,为了使国家摆脱经济停滞的泥潭和危机蔓延的氛围,苏联共和党主席戈尔巴乔夫启动了对苏联政治体制和经济结构的根本性改革。在经济体制方面,戈尔巴乔夫的改革以企业为基本环节,以提高计划的效果和发挥商品货币关系的作用为基本方向,以建立"完善、有效、灵活的管理体制"为目标。在企业的经济地位问题上,企业将从单纯的计划执行者变成相对独立的、自负盈亏的经济实体;在计划与市场的关系上,取消指令性计划;在国家与企业的关系上,企业的经营活动脱离对上级行政部门的依附关系;在国家管理经济的方法上,由行政手段改为经济手段,运用各种经济杠杆调节经济利益关系。这一改革在初期取得了一定效果,1985—1987年,苏联经济的各项指标均有所改善,国民生产总值年均增长3.9%,改变了勃列日涅夫时期的经济停滞局面。但在推行经济体制改革的过程中,由于没有重视国民经济比例失调的问题,经济结构更加不合理,农业改革滞后,企业改革遇到困难,没能从根本上解决企业经营机制的转换问题,在1989年以后苏联陷入改革与发展的双重困境。1990年出现了苏联历史上经济的首次负增长,重要产品减产,商品奇缺,消费品市场紧张,财政状况恶化。1989年苏联的通货膨胀接近20%,导致人民生活水平下降。面对日益恶化的政治经济形势,苏联领导人认为,经济困难的原因主要是经济体制模式没有得到根本性的改变。在总结和吸取历次改革的经验和教训的基础上,决定从建立市场经济中寻求出路,并于1990年10月19日原则上通过了《稳定国民经济和向市场经济过渡的基本方针》,又称《总统纲领》。但是,由于苏联解体,上述纲领并未得到贯彻实施。

1991年8月19日,以副总统亚纳耶夫、总理帕夫洛夫、国防会议第一副主席巴克拉诺夫为首的八位领导人宣布成立国家紧急状态委员会,发表告苏联人民书,声称"国家面临致命的危险",由戈尔巴乔夫发起的改革已经"陷入死胡同",并宣布戈尔巴乔夫因健康原因不能履行总统职务,由以叶利钦为首的紧急状态委员会肩负起掌控祖国命运的责任。8月24日,戈尔巴乔夫宣布辞去苏共中央总书记职务,苏共中央"自行解散"。同日,乌克兰率先宣告独立,其他加盟共和国纷纷效仿,12月8日,俄罗斯、白罗斯和乌克兰3国领导人签订"独立国家联合体协议";12月21日,除格鲁吉亚外的11个国家签署了建立独立国家联合体(简称独联体)协议议定书,苏联宣布解体,由此独联体各国踏上了经济转型之路。

(二)俄罗斯经济转型历程

1. 叶利钦"休克疗法"

苏联解体后,俄罗斯在向市场经济过渡的经济转轨过程中,面临着两种不同的选择:激进方式和渐进方式。1991年年底,叶利钦总统任命盖达尔为主管经济的第一副总理,负责拟订和实施激进的经济改革方案,即"休克疗法"。所谓"休克疗法",本来是医学上的治疗方法,在经济学中指通过实施财政、货币紧缩政策,治理通货膨胀的一系列严厉经济措施。这里主要指从计划经济向市场经济转轨上采取一步到位的激进方式,以区别渐进式改革,旨在遏制通货膨胀,克服财政危机,使经济复苏。

叶利钦"休克疗法"经济改革内容主要包括以下几方面:

一是放开价格。1991年12月31日,俄罗斯发布放开价格的297号总统令,即从1992年1月2日起,俄罗斯境内所有企业组织和其他法人所生产的生产资料与消费品、技术产品、提供的劳务和工程,其价格与收费标准除特殊情况一律放开,采用自由市场价格,价格高低由市场供求自动调节,国家只对直接影响人民生活的食品、医药和能源确定最高限价和系数,并按计划分阶段放开这些商品的价格。

二是国有企业私有化。1992年6月11日通过了《私有化纲领》以及一系列法令法规,通过出售和处理国有企业和国有资产,在1992年内要把20%—50%的国家财产私有化,在1995年之前使70%左右的国有企业转型为私有企业,建立起以私有制为主体的所有制结构,培育出一个强大的有产者和企业家阶层,作为新政权的社会经济基础。在推动私有化的过程中,俄罗斯采取了小私有化、大私有化、发放私有化证券等措施。

三是实行紧缩的货币政策,控制财政赤字。其内容主要包括:增加收入,提高税收,如征收28%的增值税和32%的利润税来增加财政收入以平衡预算;控制财政开支,减少国家对企业的支持和补贴以及对价格的补贴,压缩军费开支和行政费开支;紧缩信贷,为抑制通货膨胀,政府严格控制贷款规模以及基建项目投资,直接控制货币发行,限制向商业银行贷款,提高贷款利率,争取实现财政收入和支出均占GDP的33.4%的无赤字预算。

四是实现外贸自由化。自1992年7月1日起,取消对外贸的各种限制,除了能源、原料和武器,其他商品的出口均不受限制。稳定卢布使其具有可兑换性,以提高外贸效率,实行双重兑换率(即日常业务方面采用统一的浮动兑换率;在资本流动方面,采用个别的固定兑换率),培育外汇市场,建立外汇稳定基金,改善国际收支状况。

俄罗斯的"休克疗法"的主要效果:一是通过放开价格、进口自由化、国内市场的开放以及货币的自由兑换,实现价格机制对资源配置的作用,但导致价格失控且通货膨胀率严重。通货膨胀率在1992年高达2510%,在1993年为840%;而卢布贬值也较为严重,卢布对美元的汇率1992年6月为112∶1,1994年为4000∶1。二是国有企业私有化改革,进一步加剧了社会的贫富差距,人民福利水平下降,失业人数达到劳动力总数的13%。三是紧缩的财政政策和货币政策,使企业产生较为严重的资金短缺和预算赤字问题,国家生产力急剧下降,1993年的生产力水平仅是1989年的61.2%。

2. 切尔诺·梅尔金经济改革

"休克疗法"的经济改革并没有实现俄罗斯经济的发展,反而导致俄罗斯经济产生更为灾难性的结果。1992年盖达尔政府原定的实现宏观经济稳定、减少财政赤字、降低通货膨胀率的目的落空,盖达尔被迫辞去代总理职务。叶利钦任命副总理切尔诺梅尔金为政府总理。

1993年切尔诺梅尔金上台后开始修订经济政策,重新推进改革阶段。他提出:第一,将稳定财政货币同稳定生产的目标结合起来,加强国家的宏观调控作用,执行过度强硬的财政政策以减少生产下跌的幅度;第二,调整私有化政策,重点放在提高经济效益、刺激投资增长和结构改革上,在不扩大1992年赤字规模的前提下,适度增加对农业、轻工业和能源生产的投资;第三,在价格政策方面,对尚未放开的几种重要产品价格坚持由国家根据总供求加以调控,加强国家对物价的监督;第四,稳定财政和加强卢布地位,确定独立自主的对外经济政策,改善投资环境,吸引外资流入。

所有这些政策调整和反危机举措,对缓解因实行"休克疗法"带来的副作用产生了一定的效果。根据俄罗斯国有财产部公布的统计数字,截至1998年1月1日,股份公司总共约有3.1万家,已实现私有化的企业总共有12.6785万家,占私有化初期国有企业总数的58.9%。1997年有3353家企业实现了私有化,比1996年少32%。到1997年通货膨胀率大幅下降,新的价格形成机制已初具雏形,除了极少数与国民经济和人民生活有密切关系的产品和劳务价格仍由政府控制,其余90%以上的价格已经放开,市场竞争已形成,秩序稳定。根据IMF公布的数据,1997年俄罗斯包含黄金的总储备为176.24亿美元;去除黄金的总储备为128.95亿美元,较1996年增加16.19亿美元。

3. 普京"渐进式"经济改革

1999年12月31日,叶利钦总统辞职,普京开始执政,这标志着俄罗斯一个新时期的开始。普京于2000年3月27日当选总统,开启了俄罗斯经济改革"激进"向"渐进"的转变。普京在宏观经济政策上,从根本上改变了"休克疗法"带来的长期的紧缩和抑制需求的政策,积极推行扩大需求的政策,降低所得税,刺激投资,加强税收征管,加强财政收入;在微观经济政策上,制定颁布各种法律法规,逐步完善市场经济秩序。普京在政治、经济、军事、外交等方面采取了一系列新的措施,使俄罗斯摆脱了转型以来经济持续下滑的局面,经济开始持续稳定的增长,人民生活水平有了改善,社会趋向稳定,"休克疗法"的后遗症也基本得到了"医治"。

"渐进式"经济改革的具体措施包括以下几方面:一是确立国家调控体系下的市场经济体制,强调国家对市场秩序的管理,为市场经济有效运转创造条件。二是通过降低和取消某些商品的出口关税来扩大出口以及适当提高进口关税来保护国内市场,实行进口替代和出口替代相结合的政策。三是颁布和完善一些有效的法律和政策。先后修改和颁布了《外国投资法》(1999年)、《产品分成协议法》(2000年)、《海关法》(2004年)、《矿产资源法》(2005年)、《经济特区法》(2005年)和《联邦采购法》(2008年)等一系列涉外法律法规;修改和通过了《股份公司法》(2001年)、《土地法典》(2001年)和第三部私有化法《国有资产和市政资产私有化法》(2001年)。第一次规定非农业土地(约占整个土地面积的2.7%)可以进入市场流通和买卖。四是加大引进外资的力度,改善投资环境。2006年俄罗斯政府通过修改相关法律,降低增值税、利润税和自然人收入税,同时俄罗斯中央银行取消了有关外汇业务储备金制度,取消了对外汇的所有限制,卢布成为完全自由兑换货币。五是加大对基础设施建设和科技的投资力度。为了加大国家对经济发展的扶持力度,建立了政府扶持投资项目的机制,为此俄罗斯政府建立了国家投资基金,主要用于推动全国大型投资项目的实施,如铁路、公路、电力工业建设等基础设施建设。加大对科技的投入,成立"政府科学创新政策委员会",着手建立科技创新体制,提高科技成果产业化水平,促进信息技术等"新经济"增长。

自2000年普京上台实施渐进式经济改革以来,俄罗斯经济得到了较好发展,经济改革成效显著。从表8-3的统计数据来看,俄罗斯在经历普京时期改革之后,在人均收入、通货膨胀率控制和就业率水平方面都得到了较好的发展,人民生活水平有了显著提高。截至2016年,俄罗斯人均收入达到约1.1万美元,已经进入中高等收入国家行列;在通货膨胀率方面,俄罗斯成功地遏制了高通货膨胀率,在2016年通货膨胀率下降为3.61%;就业率水平显著提高,在2016年达到59.72%。从经济发展来看,俄罗斯经济在2000—2008年,年平均增长率达到7%而且商品贸易总额不断增加;在2008年全球金融危机之后,俄罗斯经济在2009年出现短暂下降,在2010—2012年依然得到较好发展,在2012年俄罗斯商品贸易总额达到8 647亿美元;2013—2016年,随着欧盟对俄罗斯的经济制裁以及美国页岩石油天然气革命的成功,以天然气和石油为主要产业的俄罗斯经济遭到较大的冲击,致使俄罗斯经济增长衰退,商品贸易额也出现显著下降。由此可见,普京的经济改革虽然在一定程度上改善了俄罗斯的经济发展环境,但依然存在着产业结构单一的问题。

表8-3 2000—2016年俄罗斯主要经济指标

年份	GDP增长率（%）	人均收入（美元）	商品贸易总额（亿美元）	通货膨胀率（%）	就业率（%）
2000	10.00	6 310.34	1 502.24	37.70	54.21
2001	5.09	6 751.44	1 556.48	16.49	53.98
2002	4.74	7 071.92	1 682.67	15.49	55.17
2003	7.30	7 539.34	2 119.99	13.78	55.83
2004	7.18	8 180.09	2 805.89	20.28	56.62
2005	6.38	8 706.54	3 692.32	19.31	57.45
2006	8.15	9 398.82	4 678.32	15.17	57.69
2007	8.54	10 292.16	5 778.89	13.80	59.16
2008	5.25	10 762.86	7 634.67	17.96	59.34
2009	-7.82	9 898.38	4 951.91	1.99	57.96
2010	4.50	10 345.25	6 492.64	14.19	58.36
2011	4.26	10 776.87	8 458.42	23.64	59.27
2012	3.52	11 115.85	8 647.02	8.30	60.02
2013	1.28	11 191.45	8 631.05	4.77	59.95

(续表)

年份	GDP增长率（%）	人均收入（美元）	商品贸易总额（亿美元）	通货膨胀率（%）	就业率（%）
2014	0.73	11 112.46	8 046.84	10.71	60.17
2015	-2.83	10 852.26	5 344.17	8.15	59.95
2016	-0.22	10 821.61	4 732.31	3.61	59.72

资料来源：世界银行。

三、中东欧国家经济改革与发展

（一）中东欧国家经济转型的回顾①

东欧剧变后，建立何种经济体制被提上中东欧国家决策者的议事日程。因为经济体制转型必须首先解决经济体制向何处去的问题，所以政策制定者必须在头脑中有一个初步的蓝图即经济转型后经济体制具有何种特点，以使经济转型有目标地向这一终结状态推进，这就涉及经济转型的目标模式的选择问题。最终，中东欧国家纷纷将市场经济作为经济转型的目标模式。

受各国政治、经济、社会发展水平、历史文化传统等因素的影响，中东欧各国在经济转型方式的选择上各有不同。实行激进式转型的典型国家是波兰。波兰政府聘请萨克斯为政府经济顾问，并按照其建议，以"一步到位"的方式开始向市场经济转型，迅速实现价格自由化；以强硬的紧缩性财政政策和货币政策控制赤字，抑制通货膨胀，稳定宏观经济；迅速实现国有企业的私有化。匈牙利公开拒绝了萨克斯的"休克疗法"，始终坚持"渐进过渡"的原则，并且明确提出匈牙利的市场经济是一种"福利市场经济"，应以混合所有制为基础，主张所有制形式的多样化。

纵观中东欧的经济转型进程，可以将中东欧经济转型的特点归纳为以下几方面：首先，经济转型的初始条件相当不利。中东欧是在市场经济制度遭到摧毁的基础上进行经济转型的。其次，经济转型是全面转型的重要组成部分。中东欧的转型涉及政治、经济、社会和法律体系等诸多方面，经济转型面临的挑战要比正常情况下的经济改革大得多。再次，经济转型是以难以置信的速度进行的。中东欧国家用了不到10年的时间就奠定了市场经济制度的基础。最后，中东欧国家加入了经济全球化和欧洲一体化进程，而全球化和一体化也在塑造中东欧的经济体制上发挥了重要作用。

（二）中东欧国家经济转型的历程

中东欧国家经济转型大致经历了三个主要阶段②：

第一阶段是1990—1992年通过出售、拍卖等方式，对一般商业、外贸和小型生产企业进行改制的小私有化阶段，速度较快。这一时期，旧的生产关系和市场系统崩溃造成了生产急剧下滑。

---

① 刘文革主编：《世界经济概论》，高等教育出版社2016年版，第238—239页。
② 高晓川：《中东欧经济转轨再认识——以捷克为主要例证》，《探索与争鸣》2015年第5期，第88—91页。

第二阶段是 1993—1997 年以大型国有企业所有权改造为主的大私有化阶段,主要方式是把企业转制为股份公司后,把国有股份分配给民众或者出售给外国投资者;同时,通过剥离不良贷款,把国有金融机构改制为股份制商业银行,为引进战略投资者做准备。在这一阶段,由于政府逐步放松银根,新的市场和价格体系初步确立并发挥作用,企业生产出现好转,一些国家的经济在 1993—1994 年从谷底回升,进入复苏阶段。

第三阶段是 1998—2002 年向国外投资者出售战略性国有企业和商业银行的转型深化阶段。战略性国有企业或具有行业垄断地位的大型工业企业,主要分布在电信、能源、冶金、矿山和交通等领域,由于这些企业私有化的意义重大,政府更加看重国外战略投资者进入后对企业在资金、技术方面的投入和支持力度,因此私有化速度放慢;同时,通过引进外资银行完成了主要商业银行的私有化,标志着转型基本结束。

经过上述三个阶段,中东欧主要国家 90%的企业和金融机构完成了私有化改造,各国市场经济框架确立并趋于完善,转型的主要任务和目标基本实现。

(三)中东欧国家经济转型的特征

经济转型的三个主要阶段呈现了明显的经济下滑—复苏—增长的过程,其背后隐含着新旧生产关系转换与生产力的相互作用关系。在转型初期,受到经济互助委员会解散、生产要素配置体系崩溃以及基本面上政策紧缩的不利影响,旧的生产关系逐步解体,企业大面积减产或停产,工业生产大幅下降,微观经济一度急剧恶化。这一阶段,转型措施对生产力的破坏性最强,生产力的发展受到外力的极大冲击,转型中破坏性因素的作用大于建设性因素的作用,是转型的剧痛期。在第二阶段,随着新的市场和价格体系的初步形成,转型中破坏性因素的作用开始减弱,建设性因素的作用逐步增强,两种力量的作用逐渐趋于均衡,表现为经济下滑达到谷底后开始复苏。在第三阶段,市场机制发挥作用,转型中破坏性因素的作用衰减,建设性因素的作用占据上风,经济开始步入稳定增长周期。其中一个重要和积极的因素是,涌入的大量外资不仅提高了制造业的竞争力,而且也使这些国家在短期内建立起主要面向西欧市场的开放型贸易体系。在 20 世纪 90 年代中期后,匈牙利、捷克和波兰等国的人均外资额排在世界前列。中东欧经济转型中的这种阶段性特点,反映了生产关系的变化及其适应生产力发展的客观规律。虽然各国在私有化的战术选择上存在差异,但绝大多数转型国家的结果趋于一致。①

(四)中东欧国家经济转型的主要成就

1. 经济体制的转变

中东欧经济转型最大的成就是彻底摆脱了运行不良的无效率的中央计划经济体制,建立了市场经济体制。中东欧国家确立了以私有制经济为主体的混合所有制经济,一方面加快了国有企业私有化的步伐,另一方面为新生的私营部门创造自由发展的经济环境。到 1996 年私有化取得了重大进展,波兰、捷克、匈牙利、斯洛伐克和阿尔巴尼亚的私营部门占 GDP 的比例为 60%—75%,其他国家私营部门也占到了半壁江山。与发达国家和发展中国家的私有化速度相比,中东欧国家的私有化速度超出了人们的预期。2008 年,捷克、斯洛伐克和匈牙利的私营部门占 GDP 的比例为 80%,波兰、保加利亚和阿尔巴尼亚

---

① 朱晓中主编:《中东欧转型 20 年》,社会科学文献出版社 2013 年版,第 24 页。

私营部门占GDP的比例为75%,其他国家私营部门占GDP的比例也达到60%—70%(见表8-4)。

表8-4 私营部门占GDP的比例　　　　　　　　　　　　　　　　单位:%

国家	1989年	1996年	1999年	2004年	2008年
捷克	5	75	80	80	80
波兰	30	60	65	75	75
匈牙利	5	70	80	80	80
斯洛伐克	5	70	75	80	80
斯洛文尼亚	10	55	60	65	70
保加利亚	10	55	70	75	75
罗马尼亚	15	55	60	70	70
阿尔巴尼亚	5	75	75	75	75
塞尔维亚	—	—	—	—	60
克罗地亚	15	50	60	65	70
马其顿	15	50	55	65	70
波黑			35	50	60

资料来源:EBRD,2007,Life in Transition:A Survey of People's Experiences and Attitudes,http://www.ebrd.com/pubs/econo/lits.pdf.

2. 资源配置实现了市场化

中东欧国家经济转型的目标模式是市场经济,而市场经济是一种由价格调节社会生产和经济活动的自组织经济,价格则是一种资源配置机制。在市场经济中价格具有信息、激励和分配的功能。在东欧剧变前,价格并不是不存在,只是价格在资源配置中所起的作用微乎其微。一些东欧国家曾进行过价格改革,但是改革并未产生一个合理的价格体系。1990年之后,中东欧国家纷纷实行价格自由化,放开了绝大多数商品和劳务的价格。在其他配套措施的配合下,价格自由化取得了成效,价格的功能很快得到了恢复。中东欧的经验表明,价格自由化有助于恢复价格在资源配置中的主导作用,促进资源的合理配置,为经济运行提供适当的价格信号。

3. 市场经济的制度框架得以建立

中东欧国家建立了适应市场经济的法律体系,尤其是欧盟的中东欧新成员国在法律改革上取得了长足的进步,实现了司法独立,其法律体系与其他欧盟国家完全一致,具备了现代的法律制度。中东欧国家建立了适应市场经济的统计、会计和审计制度,建立了现代的税制、银行体系和股票交易所,市场经济的基础设施趋于完备。

4. 经济增长

中东欧国家在转型后经历了科尔奈所称的"转型性衰退",即国内经济增长率持续下降2—6年的时间,到2000年中东欧国家才实现了经济的普遍增长。因此,转型后的第一个10年中东欧国家的经济增长除阿尔巴尼亚外都比转型前10年差。在2000年之后,中东欧国家走上了持续的经济增长之路。由表8-5可见,2000—2009年中东欧国家平均的经济增长率大大超过了1989—1999年十年的经济增长水平,其中阿塞拜疆的年均经济增长率达到了15.91%。2010—2016年,中东欧国家年均经济增长率均处于下降趋势,其中乌克兰受俄乌关系恶化的影响,经济呈现负增长态势,但依然较1989—1999年经济增长率高。总的来看,中东欧经济转型改革在一定程度上解决了国家经济增长动力不足的问题,但作为新兴市场国家,在现代工业化体系建设以及市场经济制度完善等方面与欧洲发达国家依然存在较大的差距,同时中东欧国家本身的经济制度问题使其在面临外部环境的冲击时表现得较为脆弱。

表8-5 中东欧国家年均经济增长率 单位:%

国家	1989—1999年	2000—2009年	2010—2016年
阿尔巴尼亚	1.40	5.83	2.38
亚美尼亚	-3.36	8.67	3.46
阿塞拜疆	-5.93	15.91	1.85
保加利亚	-2.41	5.00	1.61
白罗斯	-1.61	7.25	1.62
格鲁吉亚	-8.85	5.90	4.78
马其顿王国	-1.42	3.13	2.58
罗马尼亚	-1.39	4.75	2.32
塞尔维亚	-0.03	5.19	0.75
乌克兰	-7.73	4.72	-0.59

资料来源:根据世界银行数据库整理所得。

相关案例　俄罗斯经济转型:尚未完成任务

俄罗斯经济转型虽然经历了25年时间,但重要的制度变迁并未完成。首先,微观上看,大企业私有化未完成,与之相适应的公司治理和企业重组进展缓慢,企业与政府存在或明或暗的关系,政府通过黄金股等方式可以有效干预企业决策,这使得作为市场活动主体的企业难以根据市场行情和企业利益最大化原则在投融资、技术更新、用工制度、日常管理等方面实施有效管理。俄罗斯大企业在国家经济生活中占据非常重要的地位,中小企业发展不足,影响有限,这就使得整个国家经济生活处于一种低效率运行的状态。

与大企业私有化相关的根本性制度——产权保护制度难以在现实生活中落地生根,"尤科斯事件"的后遗症至今未能治愈。

正是因为与私有化紧密联系的产权保护等基本制度难以奏效,俄罗斯经济发展中急需的大量资金问题难以解决,使得经济结构调整、技术改造和技术升级等问题长期难以解决,经济长期高度依赖油气等资源出口。国际行市看好时因为资源税性质的大量美元收入暂时缓解了问题的紧迫性,既得过,则且过。等到国际行市恶化,油气价格下降,叠加西方制裁时,问题就以突然恶化的方式出现。

从宏观层面看,一个市场正常运行所必要的制度条件(比如反垄断、保护竞争的制度,银行改革和利率自由化,证券市场制度,基础设施建设相关制度)不能达标,资源就很难根据市场来配置。因为市场的信息是失真的,激励机制是扭曲的,保障机制是无效的,经济主体对自身的利益和风险无法形成预期,它就不会贸然入场。民间没有积极性,政府只好下场。但政府激励是多元的,在某些条件下,非经济取向会优先于经济利益和经济效率,所以从总体上来说,政府参与或从事竞争性行业的经济活动,会降低整个经济体的运行效率,也就是单位资源的收益会相对低下,或单位收益的成本会相对高企。

反过来,俄罗斯的经济转型之所以历经25年之久依然没有完成,当然也与一般意义上的社会经济转型有关。单位时间里的变化慢,单位资源推动和实现的改变(变化)少,也就是实施、实现一定的变化所需资源多、时间长,体现在经济制度变迁上,就是单位时间内实现的转型成就少,单位资源能够实现的制度变迁结果(程度)在空间上与别的经济体相比就少(低),以至于25年过去,经济转型依然没有完成。

资料来源:张聪明,《俄罗斯经济转轨:尚未完成的任务》,《俄罗斯东欧中亚研究》2017年第5期,第65—76页。

📢 本章提要

1. 国家分类的基础主要由国家分类范围和分类标准两部分构成。国家分类的范围包括分布在全球的各个国家及地区以及非主权领土、地区及实体。众多国家依据不同的标准,可以划分为不同组别的国家类型,如依据人类发展指数可以划分为发达国家与发展中国家;依据人均收入水平的高低划分为低收入国家、中低收入国家、中高收入国家和高等收入国家。

2. 发达国家已经形成较为成熟的四种经济体制模式:以美国为代表的自由市场经济模式、以联邦德国为代表的社会市场经济模式、以日本为代表的政府主导型经济模式和以瑞典为代表的社会福利型市场经济模式。

3. 第二次世界大战后发展中国家为了发展经济,依据在不同时期的经济发展理论,分别采取了进口替代战略和出口导向战略。每一种经济思想和经济战略的实施对发展中国家的发展都起到了一定的积极作用,但同时也产生了消极的影响。

4. 经济转型是指从传统的以计划手段配置资源的计划经济向以市场手段配置资源的市场经济的转变,是一种经济制度和经济运行机制的变革。20世纪80年代末90年代初开始从中央计划经济向市场导向型经济过渡的主要经济体,也称为转轨经济体、转型国家或转轨国家。按照速度标准划分,可以把转型的方式分为激进式转型和渐进式转型。俄罗斯和中东欧国家所采取的激进式转型方式也被称为"休克疗法"。俄罗斯与中东欧国家激进式改革方案的基本内容可概括为稳定化、市场化、私有化和自由化。俄罗斯和中东欧国家最终都从传统的计划经济体制过渡到一种符合本国国情的混合型市场经济体制。

本章思考题

1. 影响国家分类的主要因素有哪些？
2. 试比较美、日、德等发达国家的经济体制模式有何异同。
3. 试述二元经济结构理论的基本观点。
4. 比较出口导向战略与进口替代战略有何不同？
5. 转型国家都有哪些经济特征？
6. 试述俄罗斯激进式改革的主要内容及其效果。
7. 中东欧国家经济转型的历程及主要特征。

 参考文献

[1] 刘文革.世界经济概论[M].北京:高等教育出版社,2016.

[2] 胡琨.德国社会市场经济模式及其战后经济政策变迁[J].领导科学论坛,2017(08):85—88.

[3] 庄起善.世界经济概论[M].上海:复旦大学出版社,2001.

[4] 闵冬潮.福利还是工作福利:北欧国家的实践[J].中国图书评论,2016(10):104—107.

[5] 殷功利,汪艳.世界经济概论[M].合肥:中国科学技术大学出版社,2016.

[6] 高晓川.中东欧经济转轨再认识——以捷克为主要例证[J].探索与争鸣,2015(05):88—91.

[7] 张聪明.俄罗斯经济转轨:尚未完成的任务[J].俄罗斯东欧中亚研究,2017(05):65—76.

[8] 隆国强.经济全球化的新特点新趋势[N].人民日报,2019-2-22.

[9] 张宇燕.发展中国家如何实现长期增长[N].人民日报,2015-7-12.

[10] 朱晓中.曲折的历程·中东欧卷[M].北京:东方出版社,2015.

[11] 朱晓中.中东欧转型20年[M].北京:社会科学文献出版社,2013.

21世纪经济与管理规划教材
国际经济与贸易系列

第九章

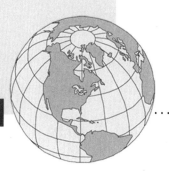

中国经济改革及与世界经济融合

【教学目的和要求】

通过本章的学习,学生应:

1. 了解经济全球化背景下发展中国家特别是中国的经济发展所面临的机遇,经济全球化对国家经济安全和其他方面提出的新的挑战以及"一带一路"倡议下中国经济的发展。

2. 深入思考和讨论如何在开放经济条件下更好地发展我国对外经济贸易,如何在经济全球化的大背景下促进中国经济持续、快速和健康发展,如何在"一带一路"倡议下重塑中国对外经贸合作的格局、构建以中国为核心的区域价值链分工体系、加快国内产业结构转型升级、促进区域经济协调发展等问题。

【教学重点与难点】

1. 理解经济全球化和开放经济条件下国家经济安全对于国家发展的重要意义。

2. 经济全球化背景下中国的发展战略。

3. "一带一路"倡议对中国经济发展的重大意义。

引导案例

歆慕而往,学有所用——"一带一路"的中东故事

"学问虽远在中国,亦当求之。"这是在中东许多地方流传一千多年的格言。古老格言也许源自丝路上古代阿拉伯商人对中国的美好口述,抑或是汲灵感于《中国印度见闻录》这类阿拉伯古代著作对中国的翔实笔录。学问,从那个时候起,就是许多中东人扬帆远航的歆慕所在。

跨越千年时空,现实呼应历史。"一带一路"倡议,让互学互鉴的潮流再一次沿着丝路足迹在中东地区蔚然成风。赴华求学,研究中国,学习汉语,是潮流更是时务;学有所获,学有所成,学以致用,是机遇更是理想。学问,在焕发青春的丝路上,又一次激荡起竞逐的千帆。

学语言,把握丝路的机遇

如今,中东各国公民到中国长期留学或接受短期培训早已司空见惯,而且涉及内容广泛而深入。例如,宁夏回族自治区自 2006 年举办"阿拉伯国家防沙治沙培训班"以来,已有来自阿拉伯国家的 240 多人参加培训,学习治沙防沙技术。

"一带一路"让人才交流变得更加通畅。2018 年 6 月刚刚卸任的约旦计划大臣法胡里说,2017 年,中国已成为约旦最大的人力资源培训提供国。据中国驻约旦大使馆介绍,2017 年中国共组织约方 305 人次赴华培训,同比增长约 23%。目前,2018 年度 39 个学历学位教育项目招生正在有序进行。

哈密达是一个在科威特出生和成长的伊朗籍女孩。2011 年 8 月,刚满 18 岁的她决定留学中国。她回忆说,当年的留学决定非常正确,因为在中国的求学生涯给她留下了人生中非常重要而且美好的成长体验。

2018 年 1 月,哈密达回到科威特的父母身边。让她惊喜的是,凭借中文优势,她回国不到 20 天就找到了工作。当时,哈密达通过微信发了一封求职简历,很多公司都对她有意向。她最终选择了华为公司,眼下是一名产品交付协调员,负责与当地经销商洽谈等协调和推广业务。

"一带一路"给越来越多中东人带去发展机遇的同时,也让越来越多人了解中国、认识中国、关注中国。哈密达说,她的工作让她有机会向当地人推介中国产品,介绍中国文化和理念,就像一名"民间大使",促进两国人民了解、合作与交融。

习技能,执着共同的梦想

《中国印度见闻录》记载,阿曼是古代中东商船前往中国的起点之一。

而今,沿着古老丝路的航迹,中国企业帮助阿曼打造新的起点。由宁夏万方投资管理有限公司投资兴建的中国—阿曼(杜库姆)产业园,占地约 12 平方公里,被认为是单一国家在阿曼投资建设的最大产业园,也是中国在阿拉伯国家投资建设的、旨在加强产能合作的最大产业园。

人才培养是对未来的投资。园区董事长沙彦聚说,产业园与阿曼政府合作,每年选拔

一批高中应届毕业生,由产业园出资到中国留学。产业园计划在未来8—10年内,为阿曼培养1 000名留学生。

传薪火,架设民心的桥梁

李彦升是中国史料明确记载的第一位"进士及第"的阿拉伯人。他在中唐时期随阿拉伯商船来到中国并定居下来,还给自己取了一个中国名字。他刻苦学习中国文化,拥有很高学识。由于才华出众,他经中国地方官员推荐参加科举考试,成功考取进士,并被皇帝亲自任命为翰林学士。

如今,伴随"一带一路"人文交流的脚步,越来越多的中国问题学者与专家出现在中东,他们传道授业,培养出更多的中文人才,为民心相通架设新的桥梁。

埃及苏伊士运河大学孔子学院院长哈桑·拉杰卜刚刚率领埃及各高校中文专业优秀学生完成在中国的夏令营活动返回国内。

拉杰卜1980年在家乡摘得高考状元。此前,拉杰卜的父亲曾带回家一些中文刊物,拉杰卜一下子就喜欢上那些方块字,加上对中国古老文化的兴趣,拉杰卜决定学习中文,尽管这个专业当时属于冷门。

拉杰卜由此成为埃及艾因夏姆斯大学第一届中文系学生。当时中文系只有3名教师,3名学生。由于成绩优秀,拉杰卜1982年被推荐到北京语言学院进修。大学毕业后,他又攻读研究生,回国后在艾因夏姆斯大学中文系任教。中文研究如今也是艾因夏姆斯大学最具实力的专业之一。

拉杰卜说,有一句话说得好,"语言跟着国旗走"。国家强大了,它的国际影响力就大了,它的语言自然就会受到国际社会的重视。伴随"一带一路"的深入,中文专业已经从"冷门"专业变身为"热门"专业。以苏伊士运河大学为例,该校外文专业每年招收300名学生,其中分数最高的30人入选中文系。埃及赴华留学和进修名额也逐年增加,2017年为86人。

苏丹喀土穆大学中文系主任哈桑相信,"一带一路"将使苏中关系和两国人民友谊更加牢固。人民的关系才是最重要的,也更能促进政府之间关系。苏中民间交流将会更多,关系将会更加紧密。

资料来源:邵杰等,新华网,www.xinhuanet.com/silkroad/2018-09/11/c_1123412332.htm,访问日期:2020年4月20日。

第一节 中国的经济成就与发展战略

1978年,十一届三中全会确立了我国以经济建设为中心、实行改革开放、发展国民经济、加快社会主义现代化建设的路线,并在经济战略思想方面有了重大转变,提出"在自力更生的基础上积极发展同世界各国平等互利的经济合作,努力采用世界先进技术和先进设备;社会主义现代化建设要利用两种资源——国内资源和国外资源;要打开两个市场——国内市场和国际市场;要学会两套本领——组织国内建设的本领和发展对外经济关系的本领"。改革开放后,我国经济发生了翻天覆地的变化。

一、改革开放以来中国经济取得的成就

(一)中国经济整体上快速发展

1. 总量上迅速扩张

1978—2017年,按当年价格计算,GDP从3 645.2亿元增长至824 828.4亿元,增长225倍;人均GDP从381元上升至59 660元,增长156倍。

2. 结构逐渐优化

第三产业所占比例日益上升。1978年3 678.7亿元的GDP中,第一、第二、第三产业分别为1 018.5亿元、1 755.1亿元和905.1亿元,分别占GDP总额的27.7%、47.7%和24.6%;在2017年831 381.2亿元的GDP中,第一、第二、第三产业分别为62 099.5亿元、331 580.5亿元和438 355.9亿元,分别占GDP总额的7.5%、39.9%和52.7%。

3. 居民消费有很大程度的改善

中国GDP构成素来以"高储蓄、高投资、低消费"而著称。但改革开放以来,中国居民消费水平已有很大提高。按当年价格计算,1978年,全国居民人均消费184元,其中农村居民138元,城镇居民405元;2017年,全国居民人均消费22 902元,其中,农村居民11 704元,城镇居民31 032元。

(二)对外贸易发展迅速

1950年,我国进出口总值仅为11.35亿美元。1978年,中国出口、进口、进出口总额分别只有97.5亿美元、108.9亿美元和206.4亿美元,进出口额世界排名第32位,在世界贸易格局中无足轻重。1992年,确立社会主义市场经济体制目标,之后近7年是我国对外贸易发展最快的时期。1992—1998年,我国对外贸易总值达18 177亿美元,比从中华人民共和国成立到1991年的总和还要多,年均增速15.1%,这个速度不仅高于同期我国国民经济的增长速度,而且比世界贸易的年均增长速度高出近8个百分点。我国的对外贸易在世界贸易中的地位大大提高。1998年,我国进出口总额排名世界第11位,其中出口排名世界第9位。截至1998年年底,我国外汇储备1 449亿美元,在世界居第2位。2008年,中国出口、进口、进出口总额已经分别达到14 285亿美元、11 331亿美元、25 616亿美元,蝉联世界货物贸易第三大国。2017年,我国出口22 635.22亿美元,进口18 409.82亿美元,进出口总额41 045.04亿美元,连续多年居全球第一。

1. 我国贸易伙伴遍及世界各地,对外贸易的国际市场走向全球

1978年,我国的对外贸易伙伴仅有几十个,而现在,我国的对外贸易几乎遍布世界每个角落,与传统市场的经济贸易关系稳步推进,与新开拓市场的经济贸易关系不断增强。

2. 贸易发展质量不断提升

我国对外贸易"优进优出"取得积极进展,出口从纺织、轻工等传统产业逐渐向装备制造业等资本、技术密集型产业转型升级。贸易便利化水平不断提升,国际市场和国内区域的布局、商品结构、经营主体和贸易方式不断优化。

3. 贸易结构持续优化升级

中华人民共和国成立之初我国的出口商品结构以农副产品为主,约占出口总额的

70%。随着我国工业生产的发展,工业制成品在出口商品构成中所占的比例不断上升。1978年,工业制成品出口占出口总额的45.2%,到1998年这一比例上升到88.7%,我国已实现由主要出口初级产品向主要出口制成品的历史性转变。同时,技术含量和附加值较高的机电产品出口迅速增长,1998年机电产品出口额达到665.4亿美元,占当年出口总额的比例达36.2%,连续4年超过纺织品,成为我国最大的出口商品类别。2009年工业制成品出口占出口总额的比例上升到94.7%,其中机械及运输设备出口额占当年出口总额的比例达49.1%,成为我国最大的出口商品类别。2017年,我国机电产品出口额为1.3万亿美元,同比增长9.3%,占出口总额的58.4%。国际市场多元化格局更加显著,我国与"一带一路"沿线经济体的进出口额持续增长。2017年,与"一带一路"沿线经济体的进出口额同比增长20.1%,高出同期进出口增速3.5个百分点。同时,我国国内对外贸易的区域结构布局更加均衡,伴随"一带一路"倡议的实施,我国中西部和东北三省进出口增速高于全国整体。2017年,中西部18省份外贸增速达到24.7%,超过全国增速8.1个百分点;东北三省外贸增速达到18.5%,超过全国增速1.9个百分点;东部10省份外贸增速为15.3%。①

4. 贸易新旧动能转换加速推进

目前,民营企业已逐渐成为我国对外贸易增长的重要推动力量,2017年前三个季度,我国民营企业出口占比高达46.8%。同时,随着"一带一路"国际合作的不断深入,我国和沿线经济体的对外承包工程快速增加,已然成为我国对外贸易发展的又一新增长极。

(三) 引进外资与对外投资并存

利用外资是我国对外开放基本国策的重要内容,是建设有中国特色社会主义经济的伟大实践之一。经过四十多年的发展,利用外资已成为我国国民经济乃至社会生活不可分割的重要组成部分。特别是1992年以来,我国吸纳外资的领域不断扩大,规模不断增加,水平不断提高,成就举世瞩目。1990年,我国实际利用外资金额仅为102.89亿美元;2017年,我国实际利用外资金额达到1 310.35亿美元。

在利用外资规模不断扩大的同时,我国利用外资的环境也不断改善,各项涉外法规日益健全,利用外资的质量有所提高、结构有所改善;资金和技术密集型项目明显增加,国家鼓励投资类项目增加较多,限制类项目减少,基础产业和基础设施项目成为外商投资的热点;中西部地区对外商的吸引力增强;大型跨国公司来华投资不断增多,世界前500家跨国公司中有近400家来华投资,大型项目继续增加,平均单项外商投资规模不断提高。

我国对外投资虽起步较晚,但近年来呈现逐步发展势头,对外直接投资规模不断上升。2017年,中国对外直接投资1 582.9亿美元,占全球比例连续两年超过一成,中国对外直接投资在全球国际直接投资中的影响力不断扩大;投资流量规模仅次于美国(3 422.7亿美元)和日本(1 604.5亿美元),位居全球第三。2017年年末,中国对外直接投资存量18 090.4亿美元,占全球国际直接投资存量的5.9%,分布在全球189个国家和地区;投资存量规模较上年年末增加4 516.5亿美元,在全球排名跃升至第二位,较上年前进四位。另外,中国对欧洲、非洲的投资快速增长,流向"一带一路"沿线经济体的投资增长三成。2017年,流向欧洲的投资184.6亿美元,同比增长72.7%;流向非洲的投资41亿美元,同比

---

① 国家信息中心:《2017年我国对外贸易发展分析及2018年展望》,http://www.sohu.com/a/207436950_475865。

增长70.8%;对"一带一路"沿线经济体的投资为201.7亿美元,同比增长31.5%,占同期中国对外直接投资流量的12.7%。①

(四)对外经济合作快速发展

改革开放以来,我国积极推动对外承包工程和劳务合作业务的开展,对外经济合作迅速发展,已成为我国对外经济贸易的重要组成部分。我国对外经济合作从1978年起步开始,经历了20世纪80年代中期的逐渐发展,在90年代进入了稳步发展阶段。

在起步阶段,我国共批准了29家从事对外工程承包和劳务合作业务的企业,我国的对外承包劳务开始走向国际舞台,但当时的市场主要集中于北非、西亚。经历艰难开拓,我国的对外经济合作取得了初步发展,4年里同45个国家和地区签订了承包劳务合同755项,总金额11.96亿美元。

20世纪80年代,我国的对外经济合作在国际承包劳务市场低迷、条件苛刻的困难条件下,仍取得了一定发展。对外经济合作队伍不断壮大,到1990年年底已达113家;对外经济合作的业务量也不断增加,1983—1990年共签订承包劳务合同138.64亿美元,在国际承包劳务市场上占有了一席之地;另外,其间我国对外工程承包和劳务合作的市场也逐步扩大。

90年代,从事对外经济合作业务的企业由流通领域的窗口型公司为主逐步转向生产领域的实体公司为主,企业的经营水平不断提高,在外承揽的业务规模不断扩大,档次不断提高,市场多元化战略初见成效,取得了良好的经济效益和社会效益。1998年,我国新签对外承包劳务合同金额已达117.7亿美元,完成营业额101.3亿美元,首次突破百亿美元大关。我国对外经济合作迎来了健康、稳定、快速发展的新时期。

(五)双多边经贸合作成就瞩目

我国按照平等互利的原则,与世界各国(地区)积极开展贸易往来和经济技术合作。目前,我国内地不仅与美、日、欧等国家和地区具有密切的经贸关系,与周边国家和广大亚、非、拉发展中国家的经贸关系也稳步推进,与我国港、澳、台地区的经贸关系不断增强,为国民经济和对外经济贸易发展创造了良好的国际环境。从1986年提出恢复GATT缔约方地位开始,我国一直致力于恢复GATT缔约方和加入WTO的谈判,历时15年,在坚持发展中国家地位和权利与义务平衡原则的前提下,积极推进我国加入WTO谈判的进程,并于2001年12月11日加入WTO;我国参与了乌拉圭回合谈判并签署了最后文件;我国积极参与亚太OECD会议和亚欧会议,为推进亚太地区贸易与投资自由化和亚太、亚欧地区经济技术合作发挥了重要作用。2013年,习近平主席提出的"一带一路"倡议开启了中国双多边经贸合作的新模式。

二、对外经济贸易是国民经济的重要组成部分

(一)提高了国家的综合国力

一个国家的综合国力需要从政治、经济、军事、科技水平等多方面进行衡量。从经济

---

① 《2017年度中国对外直接投资统计公报》。

角度分析,主要看该国的 GDP、主要产品的产量、同世界经济的交换量和国际收支能力等方面的指标。这些指标的变化与该国的对外经济贸易状况有着直接的关系。比如,一国对外经济贸易的规模大小和质量高低,不仅直接关系着该国同世界经济的交换量和国际收支能力,而且直接影响着 GDP 的规模和主要产品的产量。因此,发展对外经济贸易与提高综合国力密切相关。中华人民共和国成立以来,我国对外经济贸易的规模成倍扩大,与世界经济的交换量也成倍增加,有力地促进了我国综合国力的提高。特别是改革开放以来,对外经济贸易在提高我国综合国力方面发挥着重要作用。经过 40 年的对外改革开放,中国已成为世界第一贸易大国。

(二) 加快了开放型经济的形成

改革开放以前,我国国民经济长期处于封闭、半封闭状态。随着对外开放政策的实施,我国对外经济贸易迅速发展,在国民经济中的比重越来越大,使得我国国民经济摆脱了封闭、半封闭状态,逐步转向开放型经济。目前,我国的对外开放地域从经济特区、沿海开放城市,扩大到沿边、沿江地区和省会城市等内陆地区;开放领域从一般加工工业向基础产业、基础设施和高新技术产业扩展,向金融、保险、外贸、旅游、通信、商业零售、法律咨询和会计等服务行业延伸。同时,我国多次对进口关税率进行大幅下调。1992 年,我国的关税总水平高达 43.2%,其中工业品平均关税率为 42%,农产品平均关税率为 54%。此后为发展国内经济、扩大进口,我国大幅降低关税水平,2001 年关税总水平是 15.3%,其中工业品平均关税率为 14.7%,农产品平均关税率为 21.3%。加入 WTO 后,根据承诺,我国自 2002 年起实施减税,到 2005 年基本完成,2008 年全部结束。2011 年我国关税总水平为 9.8%,其中工业品平均关税率为 8.9%,农产品平均关税率为 15.2%。这一水平在发展中国家处于较低水平。2017 年,我国关税总水平降至 7.5%,并且我国通关便利化进程不断加快。2017 年,进出口环节监管证件从 86 种减至 48 种,公布各口岸收费清单,降低合规费用,集装箱进出口环节合规费用不断降低,沿海大港降低幅度更大。

(三) 促进了国民经济的持续稳定增长

现代市场经济理论认为,对外经济贸易对国民经济发展具有"助推器"的作用。有的经济学家还提出了对外经济贸易是国民经济发展的"引擎"的观点。我国经济的发展历程生动地证明了这一理论。根据国家统计局的分析,1997 年我国仅外贸出口对国民经济增长的拉动就约为 2 个百分点。对外经济贸易的扩大,不仅带动了国内生产,使国内众多产品通过出口在国际市场实现了价值,获得了比较利益,而且引进了国内经济建设需要的资金、技术、原材料和管理经验,创造了更多的就业机会,增加了国家税收和外汇收入,带动了相关产业的发展,从而在外延和内涵两个方面促进了国民经济的持续、稳定增长。

(四) 优化了国民经济结构

目前,我国经济发展已进入由规模扩张为主向质量效益为主转变的时期。调整和优化国民经济结构(包括产业结构、产品结构、企业组织结构等),成为中国经济发展最迫切的任务。面对科技、经济的全球化趋势,我国国民经济结构的调整和优化,不仅要立足于本国经济实际,而且要依托国际经济和国际市场,使调整和优化的方向符合国际分工发展的客观要求,以保持经济结构在国际上的相对先进性。我国对外经济贸易作为连接国内经济和国际经济的桥梁与纽带,对国民经济结构调整发挥了积极、能动的导向作用。对外经济贸易的迅速发展,国际商品市场发展变化最新信息的及时获取,为我国商品结构的调整起导向作用,进而促进我国产业结构的调整和优化。同时,还通过进口和引进国外先进适用的技术和设备,为国内产品升级换代和产业结构升级提供保证,增强我国产品和产业的国际竞争力,促进国民经济的市场化和经济结构的合理化。

（五）推动了价值最大化的实现

随着我国对外经济贸易从侧重商品的互通有无和调剂余缺逐步向参与国际分工、发挥比较优势、优化资源配置的转变,从侧重商品使用价值的交换向实现商品价值最大化的转变,我国已经把确保经济效益作为发展对外经济贸易的一项基本前提,从而使得我国在国际经济交换中不仅能实现或在一定程度上超过国内市场的平均价值,而且还可以实现或在一定程度上超过国际市场的平均价值,达到提高国民经济效益的目的。

（六）有利于世界和平与发展

从中华人民共和国成立起,中国人民就致力于与世界各国(地区)人民发展平等互利的经贸关系,经贸关系的发展促进了我国与许多国家特别是广大发展中国家建立良好的双边关系。冷战结束后,和平与发展是当今世界的主题,国与国之间的关系是以经济关系为主展开的,和平共处、共同发展成为国家关系的重要特征。我国对外经济贸易的迅速发展,不仅极大地促进了我国经济的发展,而且增进了同世界各国政治、经济和文化的交流与合作,这本身就是对世界和平与发展的贡献。同时,我国对外经济贸易的迅速发展,密切了我国同世界各国的经济关系,逐渐在经济上形成"你中有我,我中有你"相互交融的局面,从而有利于创造国际和平环境,为我国现代化建设赢得进一步发展的良好机遇。

三、改革开放以来的中国经济发展战略

改革开放以来,中国经济保持了持续快速发展的势头,并取得了巨大的成就,这与中国在不同时期采取的以比较优势为基础的经济发展战略密切相关。

（一）出口导向战略

一国采取各种措施扩大出口,发展出口工业,逐步用轻工业产品出口替代初级产品出口,用重化工业产品出口替代轻工业产品出口,以带动经济发展,实现工业化的政策,就是出口导向战略,又称出口替代工业化政策。出口导向战略以李嘉图的"比较优势理论"为依据。从实践来看,几乎所有国家和地区的经济发展都未曾脱离出口导向战略的实施。亚洲"四小龙"通过大力实施出口导向战略,在较短时期内实现了经济腾飞。中国在改革开放初期,采取一系列措施(如出口退税、出口信贷、汇率改革等)鼓励出口,出口导向战略成效显著:中国由贸易逆差国转变为顺差国,外汇储备快速增加,经济高速增长。

（二）贸易自由化战略

无论是以往的GATT,还是现在的WTO,都以贸易自由化为宗旨。贸易自由化是一国对外国商品和服务的进口所采取的限制逐步减少,为进口商品和服务提供贸易优惠待遇的过程,并且主张以市场为主导。改革开放以来,中国逐步走上了经济市场化和贸易自由化的道路,并取得了长足的进步。1995年5月,中国政府贸易主管部门的领导宣布,中国

将积极推进贸易自由化,建立一个具有中国特色的、能与世界通行的贸易制度相接轨的自由贸易制度。接着采取了一系列推进贸易自由化的措施,降低了4 997个税号商品的进口关税率(从35.9%降到23%),取消了176种商品的进口配额,削减配额商品约30%,并决定实现人民币在经常项目下的可自由兑换。

(三)扩大内需与稳定外需战略

2008年的金融危机导致外需严重不足,为了保持中国经济平稳较快地发展,防止经济波动过大,我国在调整需求结构的过程中,实施以稳定外需、扩大内需为主的战略,即先减少对外需的过度依赖,同时保持投资稳定增长,着力扩大消费需求。扩大内需是我国应对国际金融危机的政策选择,也是我国经济发展方式转变的路径之一及最终目标之一。同时,稳定外需一直是扩大内需的逻辑起点,只有外需稳定才能为经济转型、扩大内需提供资金支持。我国在人均收入水平偏低、需要资本积累的阶段,得益于世界市场的消费,也为世界诸多性价比颇高的商品生产作出了贡献。各国的发展经验表明,经济发展方式的转变,需要有稳定而强大的内需市场,同样也需要稳定而强大的外需市场。①

相关案例   **40年,中国经济创造奇迹**

从弱到强,中国跃居第二大经济体

从"楼上楼下、电灯电话"就是好日子,到几乎人人都有智能手机、家家配备优质家电;从靠劳动力成本低赚取微薄利润,到高铁、核电、飞机、轮船等高附加值的中国制造受到世界赞誉;从基本生产生活物资自给自足,到对外开放程度不断提高,优质中国商品供应世界,进口商品涌入中国……40年来,改革开放带给中国经济及人们生活的变化无处不在。

看速度,中国经济增速连续多年在全球名列前茅。2017年,中国GDP按不变价计算比1978年增长33.5倍,年均增长9.5%,这意味着平均每8年翻一番,远高于同期世界经济2.9%左右的年均增速。近年来,中国对世界经济增长的贡献率超过30%,成为世界经济增长的动力之源、稳定之锚。

看总量,中国从世界经济10名开外跃升至稳居全球第二大经济体。1978年,中国GDP只有3 679亿元,之后连续跨越,2017年首次站上80万亿元的历史新台阶,达到827 122亿元。1978年中国经济总量居世界第11位;2000年超过意大利,居世界第6位;2007年超过德国,居世界第3位;2010年超过日本,跃居第二位。

40年间,中国人均GDP不断提高,成功由低收入国家跨入中等偏上收入国家行列。2017年,中国人均GDP 59 660元,扣除价格因素,比1978年增长22.8倍,年均实际增长8.5%。中国人均国民总收入(GNI)由1978年的200美元提高到2016年的8 250美元,超过中等偏上收入国家平均水平,在世界银行公布的217个国家(地区)中排名上升至第95位。

中国敞开怀抱。1978—2017年,中国进出口总额从355亿元提高到27.8万亿元,增长

---

① 何代欣:《扩大内需与稳定外需同等重要》,http://finance.ce.cn/rolling/201202/22/t20120222_16831085.shtml,访问日期:2020年4月20日。

782 倍,年均增长 18.6%。1979—2017 年,中国累计吸引外商直接投资达 18 966 亿美元,是吸引外商直接投资最多的发展中国家。中国加入 WTO 以后,中国企业"走出去"步伐明显加快。2017 年,中国对外直接投资额(不含银行、证券、保险)为 1 201 亿美元,比 2003 年增长 41.1 倍,年均增长 30.6%。

发展有目共睹,成就有目共睹,变化有目共睹。改革开放以来的 40 年,是我国国民经济大踏步前进、经济总量连上新台阶的 40 年,是成功从低收入国家迈入中等偏上收入国家行列的 40 年,也是综合国力和国际影响力显著提升、实现历史性跨越的 40 年。

从单一失衡到百业兴旺,结构更优

改革开放 40 年,是经济结构不断调整优化的 40 年。

改革开放初期,中国的服务业作为"非生产部门",发展相对滞后,主要以批发零售、交通运输等传统服务业为主。随着经济发展和人民生活水平的提高,生产性服务和生活性服务需求快速增长,现代服务业蓬勃兴起,发展势头迅猛。服务业已成长为国民经济第一大产业,2017 年服务业对经济增长的贡献率达到 58.8%,比 1978 年提高 30.4 个百分点。

工业稳步迈向中高端。改革开放初期,中国工业以劳动密集型的一般加工制造为主,结构失衡。随着工业化的快速发展,工业逐步从结构简单到门类齐全,从劳动密集型工业主导向劳动、资本、技术密集型工业共同发展转变。目前,中国工业有 41 个大类、207 个中类、666 个小类。2017 年,高技术制造业和装备制造业增加值占规模以上工业增加值的比例分别为 12.7% 和 32.7%。2015—2017 年,新能源汽车和工业机器人产量年均分别增长 45.5% 和 53.6%。高铁、核电等重大装备竞争力居世界前列。根据联合国工业发展组织工业竞争力指数的最新结果,中国已经成为全球最具工业竞争力的五个国家之一。

农业基础地位更趋巩固。改革开放初期,中国农业发展以种植业为主,产品种类单一,发展不平衡。随着农业政策的不断优化调整,农业综合生产能力稳步提高,现代农业体系初步建立并进一步完善。在农、林、牧、渔业总产值中,农业占比已由 1978 年的 80% 下降至 2017 年的 53.1%,林、牧、渔业占比分别由 1978 年的 3.4%、15% 和 1.6% 提高至 2017 年的 4.6%、26.9% 和 10.6%。

未来,随着经济结构的进一步优化,有理由相信,中国经济发展将质量更高、更可持续。

从短缺到丰裕,中国供给有实力

凭票供应、进口才有,这是在物质并不充裕年代人们的经历。改革开放改写了历史。"40 年来,市场供求格局发生根本性改变,呈现供给充裕状态,各类商品品种丰富,数量充足。"国家统计局贸易外经司有关负责人这样表示。

供给充裕来自生产力的解放与发展。1978 年工业增加值仅有 1 622 亿元,2017 年接近 28 万亿元,按可比价计算,增长 53 倍,年均增长 10.8%。产量从小到大,品种从无到有。如今,空调、冰箱、彩电、洗衣机、微型计算机、平板电脑、智能手机等中国一大批家电、通信产品产量均居世界首位。

丰富的物质产品,使人民生活的基本需求得到极大满足。2017 年,限额以上单位粮油食品饮料烟酒、服装类商品零售额分别为 22 035 和 14 557 亿元,分别是 1978 年食品和服装类商品零售额的 34 倍和 52 倍,年均分别增长 9.4% 和 10.7%。反映消费品市场发展水平与规模的统计指标——社会消费品零售总额,由1978年的1 559亿元增加到2017年的366 262亿元,年均增长15.0%。

日渐充裕的不仅有商品,也有服务。随着人民生活水平的不断提高和市场供给端的长足进步,文化娱乐、休闲旅游、大众餐饮、教育培训、医疗卫生、健康养生等服务性消费成为新的消费热点。

党的十八大以来,以"供给"为着眼点的供给侧结构性改革不断推进,新兴产业快速崛起,传统产业优化升级,旅游、文化、体育、健康、养老、教育培训等关系国计民生的幸福产业加快孕育,中国供给让人畅想无限。

从温饱到小康,好日子在后头

改革开放40年最大的成就是什么?不是盖了多少高楼大厦,也不是修了多少大道桥梁,而是老百姓的生活更好了。

中国老百姓收入来源日趋多元化。工资性收入曾是城镇居民收入来源的绝对主体,而今,经营、财产逐渐成为城镇居民收入来源的重要组成部分。家庭联产承包责任制的实施、农村土地经营制度改革的不断深化以及现代农业的快速发展,使得农村居民收入来源也由改革开放初期单一的集体经营收入转为家庭经营、工资、转移收入并驾齐驱。

"民以食为天",人民生活水平的高低在"吃"上体现得最明显。食品支出比例,即恩格尔系数是衡量人民生活水平高低的重要指标。2017年,全国居民恩格尔系数为29.3%,比1978年的63.9%下降了34.6个百分点。改革开放初期,老百姓生活尚不宽裕时,无论是城镇居民还是农村居民,在外饮食的次数都较少。随着收入的提高和生活观念的转变,居民在外饮食消费比例明显上升。2017年城镇居民人均饮食服务支出1 538元,比1993年增长15.7倍;农村居民人均饮食服务支出为309元,比1985年增长65.9倍。

收入高了,生活更精彩。2017年全国旅游总花费约为4.6万亿元,是1994年的45倍,年均增长18%,中国已成为第一大出境游国家。2017年全国电影总票房为559亿元,比1991年增长超过22倍。

资料来源:《人民日报》海外版2018年12月17日,第07版。

第二节 世界经济变化中的中国经济

2008年国际金融危机的爆发推动了世界经济格局的变动,原有格局难以维系,世界经济进入深刻调整期:重建国际经济新秩序的呼声高涨,世界经济治理机制加快变革,科技创新孕育了新的产业突破,世界经济增长方式及结构深入调整,新兴市场国家整体实力上升,世界进入多极化深入发展阶段。在这样的形势下,作为最大的发展中国家,中国不可避免地要受到世界经济调整的影响,这其中有机遇更有挑战。中国要认真分析世界经济发展的中长期趋势,努力提高应对复杂局面的能力,准确把握世界经济治理机制进入变革期的特点,积极推进参与经济全球化的进程,努力增强自身参与构建国际经济新秩序的能力。

一、进一步提高对外开放水平

加快发展开放型经济,是不断完善开放型经济体系、全面提高开放型经济水平的迫切需要。近年来,我国对外开放的国内外环境和条件发生了深刻变化,对外开放进入由出口为主向进口和出口并重、由吸收外资为主向吸收外资和对外投资并重、由注重数量向注重质量转变的新阶段。目前,经济全球化深入发展,世界经济结构加快调整,全球经济深刻变革,这些为我国实行积极主动的开放战略、拓展新的开放领域和空间、完善更加适应发展开放型经济要求的体制机制、提高开放型经济水平和质量提供了良好的外部条件。

发展开放型经济要把优化外贸结构作为主攻方向。第一,优化外贸主体结构,大力扶持具有自主知识产权、自主出口品牌的大型外贸集团,积极培育"专精新特"的中小外贸企业;第二,优化外贸商品结构,实施科技兴贸战略,提高出口产品的技术含量、附加值和品牌竞争力,支持工程机械、汽车及零部件、轨道交通设备等机电产品以及电子信息、新材料、新能源和生物医药等高新技术产品出口;第三,优化贸易结构,加快发展服务贸易,扩大旅游、国际运输、建筑等传统服务贸易出口,大力支持软件、数据处理、技术服务、文化、中医药等有比较优势的服务出口;第四,优化外贸市场结构,巩固和扩大欧美、日韩等传统市场,大力拓展东盟、中东、南美、非洲等新兴市场。

加快发展开放型经济,要加快实施"走出去"战略,实施该战略最重要的是积极鼓励大中小企业集群"走出去",培育具有全球视野、立足全球市场、配置全球资源的本土跨国公司。此外,还要形成以境外工业园区等为平台的"走出去"新格局;健全"走出去"服务支持体系;建立"走出去"风险防范机制、境外突发事件应急处置机制等;引导对外投资合理布局和境外有序竞争;全面提升利用外资质量,促进我国优势产业与国外资本、技术、市场优势结合;加速吸引和集聚国内外先进要素等。

政策是重要的开放环境。加快发展开放型经济,需要建立健全的开放型政策体系。近年来,我国始终注重完善鼓励对外开放、扶持开放型经济发展的政策支持体系。在进一步加大财税、金融等支持力度的同时,要加强土地供应、人力资源等方面的保障;要特别注重健全和完善鼓励自主创新的政策体系,完善创新型企业试点工作机制,培育具有自主知识产权、知名品牌和持续创新能力的示范企业,大幅提升我国产业自主创新能力。最终形成既有战略性、前瞻性,又有针对性和可操作性,既符合国际要求,又体现中国特色的发展开放型经济的一系列政策举措。

二、加快转变经济发展方式

(一)经济结构调整是转变经济发展方式的战略重点

经过几十年的改革,我国国民经济结构发生了积极变化,但结构依然不合理,诸如国民经济需求结构过度依赖投资和出口,产业结构中第三产业发展相对滞后,产业内部高科技产业优势不足等问题仍然存在。对于这些问题的解决可以从以下方面着手:第一,调整需求结构。在过去较长时期内,我国出现了"两高一低"(即高投资率、高外贸依存度和低消费率)的格局,这种格局曾对我国经济发展起到重要作用,但从长期发展来看,这种格局不利于国民经济的持续发展。因此,要加速我国经济增长由依靠投资和出口向依靠消费、投资和出口协调发展的转变,就要在保持适度投资率和出口的同时,积极推动消费,提高居民收入水平,增强内生发展能力。第二,调整产业结构。我国的经济发展要由依靠第二产业带动向依靠第一、二、三产业协同带动转变。第三产业在GDP中的比例同经济发展程度成正比。大力发展第三产业应是我国经济结构调整的主要内容。可以从放宽服务业市场准入、促进和支持高技术服务业和文化产业发展、积极拓展新型服务领域、稳步发展传统服务业等方面促进我国第三产业的发展。第三,调整产业内部结构。我国的产业发展要实现由依靠增加物资消耗向依靠科技进步、管理创新和自主创新转变。通过推动企业重组、淘汰落后产能、压缩过剩生产能力、科学选择新兴战略性产业和鼓励新能源、新材料、新医药等产业的发展来调整产业内部结构,形成新的经济增长点;通过加快科技成果转化、加快科技体制改革、加快新型科技人才队伍建设,为加快经济发展方式转变提供强有力的科技支撑。

(二)社会事业发展和改善民生是转变经济发展方式的根本出发点

发展科技、教育和文化事业,全面提高人的素质,是转变经济发展方式、实现可持续发展的关键。面向时代发展的要求,要谋划教育的发展。第一,推进教育改革。树立先进教育理念,把教书和育人很好地统一起来,大力推进素质教育。积极探索适应各类学校的办学体制,赋予学校办学自主权。第二,努力促进教育公平。逐步解决义务教育资源配置不均衡问题。公共教育资源配置要向薄弱地区倾斜,推动地区之间的教育均衡发展。第三,办好职业教育,提高高等教育的质量,为经济社会发展培养大批各类人才。

保障就业是保障民生的头等大事。促进就业既是我国经济社会发展的需要,又是个人全面发展的需要。保障就业可以通过保持经济平稳较快发展,不断扩大就业规模,大力发展服务业、劳动和知识密集型产业、中小企业和非公有制经济,充分发挥劳动者自主就业、市场调节就业、政府促进就业,加强和改善就业公共服务,加大职业培训力度,提高劳动者整体素质,提高劳动者的就业能力等来实现。

目前,居民收入差距过大是我国面临的一个现实问题,在不断增加社会财富的同时如何合理地分配社会财富是亟待解决的问题。加快调整国民收入分配格局,提高居民收入在国民收入分配中的比例,提高劳动报酬在初次分配中的比重,加大税收对收入分配的调节作用,深化垄断行业收入分配制度改革,保障城乡低收入群体的基本生活和基本权益,加强扶贫力度等是解决收入差距过大问题的有效途径。

社会保障和医药卫生事业是基本而重大的民生问题。在以社会保险、社会救助、社会福利为基础,以基本养老、基本医疗、最低生活保障制度为重点,以慈善事业、商业保险为补充,完善社会保障体系的基础上,加快建立全国统一的社会保障服务体系,进一步深化医药卫生体制改革,完善基本医疗保障制度、基本医疗服务体系,实施国家基本药物制度,等等。

(三)资源节约型和环境友好型社会建设是转变经济发展方式的重要着力点

良好的生态环境是经济社会可持续发展的重要条件,是一个民族生存和发展的根本基础。加快建设资源节约型、环境友好型社会,能够加强应对全球气候变化的能力,有助于大力发展循环经济,加强生态保护和防灾减灾体系的建设,增强可持续发展能力。近年来,我国生态文明建设取得了一定成绩。以水资源利用为例,"十一五"以来,我国水资源利用效率进一步提高,按2005年可比价格计算,2009年全国万元GDP用水量比2005年下降31.2%,全国万元工业增加值用水量比2005年下降31.3%;农业灌溉水有效利用系数提高到0.49。看到成绩的同时,我们更应看到我国生态环境所面临的严峻形势:能源利用效率总体水平还不高。要积极建设资源节约型、环境友好型社会,就要加快推进节能减排,加快企业节能降耗技术改造,全面推行清洁生产和节能技术,抓紧淘汰落后生产能力;加快污染防治,积极推进重点流域区域环境治理及城镇污水垃圾处理等工作;加快建立资源节约型技术体系和生产体系,推动全社会形成节约能源资源和保护生态环境的生活方式和消费模式。与此同时,还要加快实施生态工程,继续推进天然林保护、退耕还林、水土流失治理等生态工程。

(四)改革开放是加快转变经济发展方式的强大动力

改革开放是发展中国特色社会主义和实现中华民族伟大复兴的必由之路,是社会主义制度的自我完善和发展,是我国经济社会发展的强大动力,是新时期中国最鲜明的特点。改革开放,使我们成功实现了从高度集中的计划经济体制到充满活力的社会主义市场经济体制、从封闭半封闭状态到全方位对外开放的历史性转变;使我们解放和发展了生产力,提高了综合国力,改善了人民生活,有力地推动了经济社会的大发展,我国由此取得了前所未有的大发展、大繁荣。

新时期,我们的发展面临着新的挑战,转变经济发展方式就是我国经济社会领域中的一场深刻变革,而深化改革开放是加快转变经济发展方式的根本途径。我国的经济发展方式存在着许多矛盾和问题,诸如生产要素市场不健全、地方政府过多干预经济活动等。这些矛盾和问题的形成有其历史根源,更有其体制根源,其中制度因素是经济发展方式转变的最大症结。坚持改革开放是破解这些矛盾和问题以及摆脱不合理的体制和机制的有效武器。要在深化改革中破解发展难题,在扩大开放中赢得发展机遇,以改革开放的新成效促进经济发展方式的大转变,为经济社会又好又快发展提供体制机制保障。实行以完善生产要素市场为重点的经济体制改革、以转变政府职能为核心的行政体制改革、以满足社会公共需求为导向的社会体制改革。完善商品和要素价格形成机制,特别是完善资源产品价格形成机制,使各项资源产品价格能反映市场供求状况和资源稀缺程度;同时,加快推进要素市场体制改革,着力发展完善资本、土地、自然资源以及人力、技术等要素市场,消除限制生产要素流动的各种因素,充分发挥市场机制在生产要素配置中的基础性作用。强化政府的社会管理和公共服务职能,推进政府从经济建设型政府向公共服务型政府转变,创造有利于经济发展方式转变的行政体制和制度环境,进一步推进政企分开、政事分开、政资分开,政府与中介组织和社会事务分开,在更大范围和更大程度上发挥市场配置资源的基础性作用,有效解决政府"越位""错位""缺位"问题。着力调整财政支出结构,把更多财政资源用于加强经济社会发展薄弱环节、用于改善民生和发展社会事业,把更多的人才、技术引向基层,切实增强基层的服务能力,建立有利于保障供给、改善服务、提高效率的长效机制。

三、重视国家经济安全

（一）国家经济安全的含义

任何一个国家的经济安全问题都不是孤立存在的,其具体内容是由国家自身所处的时代特征,以及这一时期社会经济发展任务所派生出来的,并随着国内外政治、经济和安全环境的变化而变化。现阶段,我国的国家经济安全反映着巨大的国家利益和宏伟目标,如维护国家主权和独立发展,维护和提高我国的国际地位及在世界经济中的地位。一个国家即便有着强大的军队和高技术的军事工业,如果不具备必要的经济条件,不能保持各民族利益的平衡,没有稳固的社会基础,那么仍就不足以维护国家经济安全。

所谓国家经济安全,是指在经济全球化的条件下,一国经济发展和经济利益等不受外来势力根本威胁的状态。其主要内容包括:一国经济在整体上主权独立、基础稳固、运行健康、增长稳定、发展持续;在国际经济生活中具有一定的自主性、防卫力和竞争力;不至于因某些问题的演化而使整个经济受到过大的打击和遭受过多的损失;能够避免或化解可能发生的局部性或全局性的危机。具体体现在国家经济发展所依赖的资源供给得到有效保障,经济的发展进程能够经受国际市场动荡的冲击等。因此,国家经济安全最基本的内容就是一国控制和支配关键性经济资源的方式、手段和途径,等等。

一国经济处于安全状态,实际上是一国经济处于动态的相对均衡状态。从动态的角度来说,当一国经济严重偏离均衡状态,并且其恢复均衡的能力受到极大的外部限制时,该国经济就处于不安全状态;而当一国经济能很快从偏离均衡状态达到新的均衡状态时,该国经济就处于安全状态。在各种风险因素的综合作用下,一国经济从安全状态到不安全状态的演化既可能是渐变式的,也可能是突变式的。国家经济安全的渐变式演化,是指在各种风险因素缓慢恶化的情况下,一国经济从安全状态到不安全状态的演化,是经过各种状态连续不断的变化逐渐实现的。而国家经济安全的突变式演化,是指一国经济从安全状态直接跳跃、恶化至不安全状态,中间没有经过连续的过渡状态。这种跳跃式突变,通常是某种风险因素突然恶化的结果,但也可能是在各种风险因素缓慢变化的情况下,各类问题和矛盾的能量积累到一定的临界值,导致整个经济突然从安全状态跳到了不安全状态。

（二）维护国家经济安全的重要意义

国家经济安全是一国国家利益得以实现的基本保障,无论对于发达国家或者发展中国家而言,国家经济安全都具有十分重要的意义。但是,随着近年来经济全球化的加速发展和深化,越来越多的发展中国家融入经济全球化的大潮。由于经济条件和其他一些因素的制约,与发达国家相比,发展中国家在参与经济全球化过程中有更多劣势,因此,经济全球化对发展中国家的经济安全提出了更多的挑战。

首先,经济全球化给发展中国家带来了更大的压力。经济全球化要求对于商品进口和资本流动所设壁垒的大幅降低和国内经济的许多改革,由于发展中国家市场经济的不完善、国内产业的相对落后以及经济和产业政策的不成熟性,对外开放令发展中国家更易受其他国家和世界经济的影响。对那些经济转型的发展中国家来说更是如此。一般来说,由于发展中国家的基础设施和人力资本落后,收入水平和生产效率低下,国内市场不完善,而且由廉价劳动力带来的成本优势在国际竞争中无法占据优势地位,因此参与经济全球化和迅速的对外开放往往令发展中国家更依附发达国家,拉大与发达国家的贫富差距。经济全球化令发展中国家面临更大的压力。

其次,经济全球化对发展中国家的发展战略提出了更多挑战。经济全球化对任何国家的影响都具有两面性。但是,发达国家的市场经济相对完善,竞争实力相对强劲,各种政策制度也相对完善,而且往往以主动姿态参与经济全球化和国际竞争,因此发达国家更容易规避经济全球化的负面影响,实现自身经济的良性发展。而就发展中国家而言,经济全球化往往令其在短期受到严重冲击而长期可能获益,但是其在长期获益的可能同样取决于自身经济在对外开放和经济全球化过程中发展的能力。只有利用开放机遇更好地发展自身的产业、增强自身经济的竞争实力,发展中国家才有可能以短期利益的损失换得长远利益的获取。但是,一方面,由于发展中国家在经济全球化进程中的地位相对被动,对外开放常令其无力应对廉价而优质的进口工业制成品,使本国产业失去国内市场份额甚至受到来自国外产业的威胁以致受到毁灭性打击;另一方面,由于发达国家的市场需要和自身经济的特点,发展中国家往往依靠不断对外输出原材料、资源密集型产品和廉价的劳动密集型产品来参与国际交换,因此,发展中国家在参与经济全球化过程中常常陷入两难地位:游离于经济全球化进程之外势必在长期会损害本国的经济发展,而参与经济全球化和加强对外开放更是对其长期发展战略的巨大挑战。

最后,经济全球化对发展中国家的经济安全和经济主权提出新的挑战。在经济全球化条件下,发展中国家特别是经济转型国家的政府全面从经济生活中退出,是经济发达国家的主张和要求,代表了发达国家的利益。发达国家在面对发展中国家或经济转型国家时,对它们的要求几乎都是放松管制。但是,大部分发展中国家维护本国经济利益的能力较低,面对不平等、非均衡的经济全球化浪潮,以及一些超国家的经济组织,可能需要让渡更多的经济主权来换取一定的经济利益,从而削弱了对本国经济的管理能力和对国家经济安全的有效监控。对发展中国家来说,如何在经济全球化的条件下使市场充分发挥配置资源的基础性作用,并通过建立良好的体制、政策、市场环境来维护本国经济安全,是其必须面对的重要课题。

（三）维护国家经济安全采取的措施

1. 成立国家经济安全咨询委员会

委员会由政府部门、研究机构、有关专家和行业协会商会及民间机构等各方面代表组成。国家经济安全咨询委员会每年对国家经济安全的立法与执法、利用外资情况进行安全与效益评价,重要评价结果要向两会报告。国家经济安全咨询委员会要定期评价其他国家的外资政策,提出应对措施;发布国家经济安全形势及重大案例的跟踪和评估报告。

2. 建立保护国家经济安全的法律体系

由于我国缺乏统一的《外国投资法》,无法有效建立外资并购或直接投资的审查机制,也无法对保护国家经济安全作出全局性的统筹安排,因此建议将现有的与外国投资有关的法律合并修订为《外国投资法》,对于外资并购的产业准入、审查机制等问题作出全面规定,以规范外资并购行为,提高吸引外资的质量。

3. 制定适应国家发展需要的全球化产业战略体系

适应我国发展需要的全球化产业战略体系至少应该包括：制定本土市场化企业全球竞争力的目标和措施；优化金融资源配置，提出旨在保持本土市场化企业全球竞争力的金融支持政策；从市场准入、公平交易条件、可持续发展等各种可能妨碍企业全球竞争力的因素入手，围绕提升本土市场化企业全球竞争力，改善制度和政策环境；在WTO框架下，改善税务和投资政策，鼓励具备全球竞争力的企业积极参与全球竞争。

4. 构筑以国有企业为骨干的国家经济安全产业基础，培育和发挥民营企业的全球竞争力

以国家经济安全为战略目标，必须发挥国有经济对国民经济的主导作用，但这种作用既不是对垄断行业的主导，也不是对非竞争行业的控制，而是参与并引领与国家经济安全有关的行业的充分竞争。开放一些所谓的非竞争领域，鼓励和培育民营企业共同参与竞争，促进国有企业和民营企业不断提高其全球竞争力。

5. 坚持对外开放的国家经济安全观

坚持在推进全球化的进程中维护国家经济安全和明确战略产业，并不是要排斥外资的正常进入和我国参与全球化的进程，更不是主张狭隘的民族本位主义。妖魔化外资更是维护落后的表现，绝不可取，应该在继续深化改革开放和推进全球化进程的前提下维护国家经济安全；同时，应当更多地扶植本土的全球化公司。大国经济发展必须有大批主导本土产业整合和提升的本土全球化公司群体的崛起，这不是简单依赖全球资本就可完成的。国家经济安全问题，除了政府，市场也应享有发言权。充分发挥现有行业协会商会在维护行业发展方面的积极与重要作用，积极培育中介组织，是吸纳市场智慧、发扬民主法治的重要举措，也是推动政府部门公正监管的有效形式。因此，市场的各个相关利益主体通过行业协会商会等各种途径积极参与制度安排和政策制定与执行，对于防止政府部门之间的歧见和利益冲突，提高决策的公正性和监管的透明度，是非常必要的。

相关案例　让全世界共享中国包容性增长的红利

在第十一届夏季达沃斯论坛开幕式上，国务院总理李克强提出，在世界经济低迷的大环境中，中国经济之所以能保持平稳发展，一个重要原因就是包容性不断增强。目前，一个以"包容性增长"为核心的"中国版"经济全球化方案正被提出，其目的就是要维护贸易自由化，推动经济全球化，让世界各国共享包容性增长。

包容性增长（inclusive growth）这个概念最早由亚洲开发银行在2007年的报告中首次提出，其基本要义是倡导社会和经济协调发展、可持续发展，力求让各个经济主体能够公平合理地分享经济增长带来的成果，其根本目的是让经济全球化和经济发展成果惠及所有的国家和地区。毋庸置疑，在经济全球化的过程中，由于资源禀赋、产业基础、发展模式、体制机制等方面的因素，世界各国之间的发展呈现明显的失衡现象，结构性失业、收入差距拉大、地区性贫困、应对气候变化不力、局部不稳定等问题无不影响着世界经济的稳定性和均衡性。

因此,包容性增长的提出正好契合了这一发展趋势和要求。正如李克强总理所强调的,一部分人受益多、另一部分人受益少,传统产业和就业受到冲击,资本回报和劳动力回报差距加大。解决好这些问题,既具有社会意义,也具有经济意义。增长包容性不够,会导致部分劳动力和资源闲置、阶层和区域分化,市场潜力难以充分发挥,社会分化凸显,经济增长难以持续。实现包容性增长,就是要增强社会公平性和发展普惠性,实现可持续增长。

中国正是包容性增长的积极倡导者和实践者。党的十八届五中全会提出的"创新、协调、绿色、开放、共享"五大发展理念,本身就蕴含了包容性增长的应有之义。在新的历史时期,中国顺应经济全球化和新工业革命大趋势,在发展战略上体现包容,在体制机制上保障包容,在政策举措上促进包容,逐步走出了一条具有中国特色的包容性增长之路。具体来讲,这条道路包括三个方面的内容:一是将就业置于发展优先位置,把就业作为衡量经济运行状况的关键指标;二是持续扩大全社会创业创新的参与度,厚植社会创业创新沃土,让人民群众普遍享有人生出彩的机会;三是不断提升基本民生保障水平,大力推进精准扶贫精准脱贫,建立起覆盖全民的基本养老、基本医疗和义务教育三张保障网。

著名经济学家阿玛蒂亚·森(Amartya Sen)曾提出,发展是人类提高自我选择能力、扩大选择活动范围、实现人的全面自由的过程。当前,世界经济复苏动力不足,结构性问题尚未根本解决,逆全球化倾向有所抬头,地缘政治风险有所上升,各种不确定性因素在增多,如何在"青山迷雾"中找到经济全球化的新坐标,推动包容性增长或包容性发展是不二选择,这种发展既是世界各国共享红利的过程,也是构建"人类命运共同体"的重要途径。

资料来源:周跃辉,《让全世界共享中国包容性增长的红利》,光明网,http://theory.gmw.cn/2017-06/30/content_24943017.htm,访问日期:2020年4月20日。

第三节 "一带一路"与中国经济展望

当今世界正发生复杂深刻的变化,国际金融危机的深层次影响继续显现,世界经济缓慢复苏、发展分化,国际投资贸易格局和多边投资贸易规则正酝酿着深刻调整,各国面临的发展问题依然严峻。在这样的世界背景下,中国国家主席习近平于2013年9月和10月先后提出共建"丝绸之路经济带"和"21世纪海上丝绸之路"("一带一路")的重大倡议。"一带一路"贯穿亚欧非大陆,一头是活跃的东亚经济圈,一头是发达的欧洲经济圈,中间广大腹地国家经济发展潜力巨大。其中,丝绸之路经济带重点畅通中国经中亚、俄罗斯至欧洲(波罗的海);中国经中亚、西亚至波斯湾、地中海;中国至东南亚、南亚、印度洋。而21世纪海上丝绸之路的重点方向是从中国沿海港口过南海到印度洋,延伸至欧洲;从中国沿海港口过南海到南太平洋。"一带一路"倡议旨在推动中国与沿线国家的政策沟通、道路联通、贸易畅通、货币流通和民心相通。在陆上,依托国际大通道,以沿线中心城市为支撑,以重点经贸产业园区为合作平台,共同打造新亚欧大陆桥、中蒙俄、中国—中亚—西亚、中国—中南半岛等国际经济合作走廊;在海上,以重点港口为节点,共同建设通畅、安全、高效的运输大通道。

一、"一带一路"倡议对中国的重大意义

(一)"一带一路"塑造中国对外经贸合作新格局

改革开放40年来,中国经济实现了与全球经济的深度融合,取得了跨越式的发展。2017年,进出口总额为41 045.04亿美元,连续多年居全球第一;中国吸引外商直接投资达到1 310亿美元,成为全球第二大外资流入国;中国对外直接投资净额达到1 231亿美元,连续三年位居世界第三。中国对外直接投资达到1 582.9亿美元,占全球对外直接投资的比例连续两年超过一成,截至2017年年末,中国对外直接投资存量为1.8万亿美元,排名升至全球第二位。

改革开放以来,中国凭借劳动力成本优势,成为全球的劳动密集型产品的生产和出口基地,因此,发达国家成为中国对外经贸合作的重点国家。2008年国际金融危机使得发达国家经济普遍低迷,整个国际市场需求持续疲弱,中国与发达国家的贸易空间越来越小。在这样的大背景下,"一带一路"倡议为中国对外经贸合作打造了一个新平台。"一带一路"沿线国家经济发展水平偏低,人口众多,对中国质优价廉商品的需求潜力巨大;同时,"一带一路"沿线国家拥有丰富的自然资源,而处在工业化快速发展阶段的中国对能源等需求非常大。因此,中国应加强与"一带一路"沿线国家间的经贸合作,这不仅能帮助"一带一路"沿线国家发展经济,还能使中国在保障能源供应多元化的基础上,培育新的经济贸易增长点,构建中国对外经贸合作新格局。

(二)"一带一路"构建以中国为核心的区域价值链分工体系①

长期以来,由于中国投资带动增长的模式以及中国城镇居民的消费转型,中国制造业自2010年起就面临严重的产能过剩问题。2012年中国工业有22个行业产能相对过剩,过剩率达80%以上,尤其是钢铁、水泥、电解铝、平板玻璃等行业。同时,劳动力成本的不断提升使得这些产业亟待通过"走出去"推进产能合作。借"一带一路"建设加速第四次产业转移浪潮、形成新型全球价值环流,将有可能成为中国及其他沿线发展中国家突破"低端锁定"困境、避免"高低挤压"竞争、提升国际分工地位的关键所在。由于"一带一路"沿线国家要素成本与比较优势各不相同,各自所处发展阶段也不尽相同,因此通过共建"一带一路"来重构经济地理、推进投资便利化进程、扩大中国与沿线国家在不同行业及特定行业上下游间的投资范围,将为中国与沿线国家进行国际产能合作与全新产业结构优化提供平台。基于此,中国可以顺应比较优势规律将部分低端、过剩产业(区段)和过剩产能通过国际产能合作的形式梯度转移到处于较低经济发展水平的沿线国家,实现自身产业结构优化调整的同时,构建以中国为核心的"一带一路"区域价值链分工体系,并整体嵌入现今全球价值链分工体系,形成双向"嵌套型"全球价值链分工新体系,实现从发达国家引领中国融入全球价值链向中国引领其他发展中国家融入全球价值链的转变。具有经济发展基础与技术积累优势的中国作为核心枢纽国将起到"承高起低"的关键作用,并将从当前低端的"外部依赖"型嵌入模式转变成中高端的"核心枢纽"型嵌入模式,这是新一轮全球化条件下中国寻求与世界经济"再平衡"的绝佳机遇,也是实现中国及沿线国家在全球

---

① 黄先海、余骁:《以"一带一路"建设重塑全球价值链》,《经济学家》2017年第3期,第32—39页。

价值链分工中地位提升的必由之路。

(三)"一带一路"促进中国区域经济协调发展

长期以来,由于资源禀赋、地理位置的差异,中国经济发展并不均衡,呈现"东部沿海领先、中西部欠发达"的局面。横贯中国东中西部、联通国际国内的"一带一路"倡议,给中国经济均衡发展提供了契机。首先,"一带一路"倡议将有助于提升东部地区的开放程度,使东部区域优势在产业结构调整中发挥出积极的作用。在"一带一路"发展中,随着中国与东盟的经贸往来加强、中国—东盟自由贸易区的建立以及国际信任的增强,东部经济的拉动引擎将获得新的动力。其次,中部地区经济将得到壮大。中部地区的发展是"一带一路"建设的重要组成部分,区域发展潜力较大,"一带一路"实施后,中部经济发展也将面向世界,承接各区域的产业转移和产业互动,建立全新的中部经济发展产业链。再次,随着"一带一路"发挥作用,西部地区的开放程度将进一步增强。在"一带一路"建设中,西部地区将承担"丝绸之路经济带"的重要责任,与"一带一路"沿线国家的合作将更加密切,多种深层次的合作将促进西部基础设施和经济的协同发展,使西部区域经济的薄弱局面得到改善。最后,"一带一路"建设可为东北部地区的经济复苏创造机会。中国东北部地区的产业调整比较缓慢,经济结构对区域经济发展制约性强。"一带一路"建设将使东北地区与俄罗斯通过新丝绸之路经济带和欧亚铁路实现区域性的对接,使东北部区域经济得到新的发展。[1]

(四)"一带一路"加快中国产业结构转型升级[2]

"一带一路"建设的一个重要方面是国际产能合作,这对于促进中国产业结构转型升级、发展创新型经济具有重要意义。过去三十多年来,中国承接了大量发达国家的低端产业,随着近年来中国劳动力成本的不断提高以及中国不断向产业链顶端迈进,部分低端产业需要转移到要素成本更低的发展中国家。"一带一路"建设有助于消化中国国内较具优势的过剩产能,促进国内产业结构转型升级。目前,中国钢铁、水泥等传统产业积累了庞大的过剩产能,而国内的基础设施建设正趋于饱和,如何消化过剩产能就成了一个棘手的问题。与此同时,"一带一路"沿线国家自然资源比较丰裕,拥有丰富的劳动力资源,但其国内产业发展较为落后,基础设施水平较为低下,存在着巨大的基础设施建设缺口,当地政府发展经济的愿望强烈,对能够带动当地就业的产业投资非常欢迎,适合承接中国转移的制造业产能。中国目前一些产能过剩但具有市场竞争力的劳动、资源密集型等优势产能,正是"一带一路"沿线国家需要发展的产业。因此,中国可依托"一带一路"建设,实现与沿线国家的产能互补,解决中国的产能过剩和"一带一路"沿线国家的产业发展不足问题。

二、"一带一路"倡议下中国经济展望

(一)"一带一路"建设成效显著

"一带一路"倡议提出五年来成效显著。2013—2018年,我国同沿线国家的贸易总额

---

[1] 孙绪、刘竞爽:《搭"一带一路"快车,促进区域经济协调发展》,《人民论坛》2017年第21期,第98—99页。
[2] 王永中:《"一带一路"建设与中国开放型经济的转型发展》,《学海》2016年第1期,第1—11页。

超过5万亿美元,年均增长1.1%,其中,2018年上半年,我国与沿线国家的货物贸易进出口额达6 050.2亿美元,增长18.8%;中国对沿线国家的直接投资超过700亿美元,年均增长7.2%,在沿线国家新签对外承包工程合同额超过5 000亿美元,年均增长19.2%;中国企业在沿线国家建设境外经贸合作区共82个,累计投资289亿美元,入区企业3 995家,上缴东道国税费累计20.1亿美元,为当地创造就业24.4万个就业岗位;与13个沿线国家签署或升级了5个自贸协定,与欧亚经济联盟签署经贸合作协定,与俄罗斯完成欧亚经济伙伴关系协定的联合科研;推动蒙内铁路竣工通车,亚吉铁路开通运营,中泰铁路、匈塞铁路等开工建设,巴基斯坦瓜达尔港恢复运营,稳步推进中老铁路和中巴经济走廊项目交通基础设施建设等项目①;在7个沿线国家建立了人民币清算安排。已有11家中资银行在27个沿线国家设立了71家一级机构,与100多个国家和国际组织签署了共建"一带一路"合作文件,共建"一带一路"倡议及其核心理念被纳入联合国、二十国集团、APEC、上海合作组织等重要国际机制成果文件。②

(二)"一带一路"倡议下中国经济持续发展面临的挑战

"一带一路"在塑造中国对外经贸合作新格局、构建以中国为核心的区域价值链分工体系、促进中国区域经济协调发展、加快中国产业结构转型升级等方面发挥着重要作用,但我们也应该看到,中国经济持续发展仍面临着诸多挑战。

1. 与沿线国家的关系需待进一步改善

"一带一路"沿线国家和地区自然资源丰富,地缘战略地位突出,已成为世界大国力量的聚集地。例如,美、欧、日等国家和地区相继提出关于"丝绸之路"的发展规划和策略,而俄罗斯一直致力于推行欧亚经济一体化。并且,"一带一路"沿线国家的经济发展水平参差不齐,文化宗教信仰差异较大,利益诉求多样化。因此,部分沿线国家对"一带一路"倡议仍存有不同程度的担忧和质疑。甚至部分沿线国家内部依然存在"中国威胁论",拒绝中国参与其国内的民生建设,从而加大了中国与"一带一路"沿线国家深度经贸合作的难度。

2. 内部步调不够统一

"一带一路"成功的关键在于实现"五通",而在国内,则要实现"中央与地方"以及"地区之间"的联通。不同地区只有发挥自己的优势,相互配合,才能共同将蛋糕做大、做好。然而,当前却存在一些问题。首先,不同行政区域都有自己的地方利益,如果一些地区地方保护主义色彩过于浓厚,或者是不同地区抢占"一带一路"红利,那么就会使"互联互通"的效果大打折扣。此外,现有的官员绩效评价体系存在不合理之处,"一带一路"是大工程,需要长期的投资,一些项目在短时间内很难取得效果,而官员的任期是有时间限制的,一些官员难免会有"肥了他人田"的担忧。其次,"一带一路"倡议规模宏大,面临的挑战巨大,一些地区仍然处于"观望"阶段。因此,"一带一路"在国内实施面临的最大挑战就是

---

① 钱克明:《"一带一路"经贸合作取得五方面显著成效》,人民网·国际频道。
② 《"一带一路"倡议五年来成效显著》,http://tv.people.com.cn/n1/2018/0828/c413792-30255896.html,访问日期:2020年4月20日。

"互联互通"。①

3. 沿线国家的基础设施建设能否顺利完成

由于沿线国家大多为发展中国家,普遍存在着经济发展缓慢、劳动力素质及水平低、人口稀少、市场有限、基础设施建设落后等现象,因此我国无法确定能否顺利完成沿线国家的基础设施建设。再加上基础设施建设本身就是一项长期投资,由于沿线国家政治问题较多、法律体制不完善等,我国在前期投资后回报期可能被无限延长。

4. 国内企业参与能力不足

伴随"一带一路"倡议的实施,越来越多的国内企业"走出去"。但诸如环境保护、生产流程管理、质量控制等极大地阻碍了企业的跨国整合,且"一带一路"沿线国家经济发展水平、社会制度、宗教信仰等不尽相同,也大大增加了我国企业参与其中的风险和不确定性。国内企业参与"一带一路"主要面临三个挑战:一是应对国际市场的灵活多变的能力有待提高,国外全新的社会、经济、政治、文化环境对企业的技术条件、管理手段、整合能力都会提出更高的要求,简单采用国内通行方法可能"水土不服";二是缺乏共同的价值基础,如在官方愿景中,明确将"绿色丝绸之路"作为重要目标,指出企业在开展对沿线国家的基础设施建设过程中应重视生态保护,然而由于长期受粗放型经济发展模式的影响,我国企业在环保方面意识薄弱,因此易受到对象国的抵制和制裁;三是企业同政府间的对接力度需加强,在"一带一路"推行过程中,政府的政策应当为企业"走出去"提供便利、发挥保驾护航的作用,但在实际操作过程中,有的企业对政策研究不够细致。②

相关案例　"一带一路"五年间:开创发展繁荣的美好未来

在东非国家吉布提,如今许多人经常乘坐舒适便捷的"中国制造"亚吉铁路列车;在俄罗斯,商家和顾客逐渐熟悉并喜欢上了来自中国的移动支付服务;在老挝,琅勃拉邦象龙村的村民在中国专家指导下发展特色旅游,迎接来自全球各地的游客;在中国,消费者正以更实惠的价格购买中欧班列运来的法国奶酪、德国啤酒……这一幅幅生动画面,都紧连着一个关键词——"一带一路"。

时间指针拨回5年前。2013年9月,在瓜果飘香的中亚国家哈萨克斯坦,习近平主席提出共建"丝绸之路经济带"重大倡议;同年10月,在椰风送爽的东南亚国家印度尼西亚,习近平主席提出共建"21世纪海上丝绸之路"重大倡议。自此,一条相遇相知、共同发展之路铺展开来,各国携手走向幸福安宁、和谐美好的远方。

壮丽画卷,描绘美好未来的发展蓝图

走进塞内加尔考拉克区久姆比村,在中国企业打井施工现场附近,欢快的场景令人难忘:用上新水井的村民们,开心地以水桶底部做鼓,踩着鼓点载歌载舞。这是一首中塞友

---

① 高科:《"一带一路"倡议面临的挑战与应对策略》,www.cssn.cn/zzx/gjzzx_zzx/201604/t20160426_2983797.shtml,访问日期:2020年4月25日。

② 赵春明、文磊:《"一带一路"倡议下发展开放型经济的挑战与对策》,《中国特色社会主义研究》2016年第2期,第40—44页。

谊曲,也是一首幸福生活曲。塞内加尔是第一个同中国签署"一带一路"合作文件的西非国家,该国人民真切感受到"一带一路"建设带来的变化。

从亚洲、欧洲到非洲、美洲,五年来,"一带一路"倡议朋友圈持续扩容,全球100多个国家与国际组织积极支持、踊跃参与。

2017年5月,习近平主席在北京"一带一路"国际合作高峰论坛上擘画了建设"一带一路"的美好前景,指明建设"一带一路"的方向和路径。

伟大事业在伟大实践中不断推进。五年来,"一带一路"建设从理念转化为行动,从愿景转变为现实,步履铿锵,成果丰硕。这五年,各方政策沟通不断深化,实现了"1+1>2"的良效;这五年,各方设施联通不断加强,支撑"道路通,百业兴"的复合型基础设施网络正在形成;这五年,各方贸易畅通不断提升,贸易和投资便利化水平再上新台阶;这五年,各方资金融通不断扩大,彼此之间的金融合作网络层次清晰、初具规模;这五年,各方民心相通不断促进,频繁的往来交流让各国人民的心越来越近。

时间不会辜负实干者。五年来的实践证明,"一带一路"宏伟构想顺应时代潮流、适应发展规律、符合各国人民利益,向世界展现了中国作为负责任大国的胸怀与担当,给"一带一路"建设参与国家带来新的发展机遇,谱写了各国携手构建命运共同体的新华章。

恢宏交响,奏响互利共赢的崭新乐章

"中国建设者用900天造就了火车900秒穿行大山的奇迹,当地居民再也不用翻山越岭或者绕行他国了。"乌兹别克斯坦安集延车站站长阿赫曼·萨马多夫说。中乌"一带一路"合作项目——"安格连—帕普"铁路卡姆奇克隧道的建成,填补了乌兹别克斯坦铁路隧道的空白,也创造了世界隧道建设史上的一项新纪录。

五年来,"一带一路"如同一条纽带将各国紧密连接在一起,合奏着互补互助互利的雄浑交响曲。

扎实推进,项目建设多点开花——逢山开路、遇水架桥,"四位一体"的互联互通硕果累累。

在陆地,被誉为"一带一路""钢铁驼队"的中欧班列累计开行达10 000列,非洲第一条跨国电气化铁路、东南亚第一条高速铁路都是"中国造",中缅油气管道、中亚天然气管道、中俄天然气管道促进能源互通。

在海上,中国参与希腊比雷埃夫斯港、斯里兰卡汉班托塔港、巴基斯坦瓜达尔港等34个国家42个港口的建设经营,海运服务覆盖面越来越广。

在空中,中国已与45个"一带一路"倡议参与国家实现直航,每周约有5 100个航班,中资企业参与投资合作成立航空公司,还帮助培训航空专业人才。

在网上,中国—缅甸、中国—巴基斯坦、中国—吉尔吉斯斯坦、中国—俄罗斯跨境光缆信息通道等一批标志性合作项目取得明显进展,通信技术应用领域的标准体系、检验检疫、认证认可对接互认,中国与土耳其、波兰、沙特阿拉伯签订信息互联互通谅解备忘录,促成互联网领域深度合作。

旅游合作、文化交流、增进民心相通的项目层出不穷。目前,47个与中国实现了学历学位互认的国家和地区中,"一带一路"倡议参与国占了一半以上。"一带一路"倡议在文化艺术学术领域广泛传播,滋养民心,成为各国合作的隐形桥梁、精神纽带。

聚焦民生，百姓真正得到实惠

中国与文莱合作的大摩拉岛石油化工项目，给文莱提供近千个工作岗位，还为当地开展联合教学、培养化工人才，加入中国企业成为当地大学生引以为荣的就业选择。

中国车企在南非设厂，当地雇员接受中国企业的专业培训，成长为熟练技工，也圆了安居梦，"一家7口住进了离工厂不远的宽敞大房子里，这都是因为中国企业啊！"中国一汽约翰内斯堡工厂的员工帕特里克·姆布伊说。

中巴经济走廊电力项目实施后，电力严重短缺的巴基斯坦千家万户亮起了灯光。在埃塞俄比亚首都亚的斯亚贝巴，中国企业承建的城市轻轨运营至22点，商场、餐馆因此推迟了打烊时间，全城居民的夜生活愈加多姿多彩；中方不仅带来轻轨，也带来先进的培训体系，已有近千名当地学员获得城市轻轨相关专业的上岗资格证。

蒙内铁路在建期间，就为肯尼亚提供了4万多个就业岗位，当地员工占比超过90%，现在仍有1 500多名当地人直接参与铁路运营。

加强沟通，政策支持更加给力

"一带一路"倡议实现战略对接、优势互补。"一带一路"要走得更顺畅，离不开倡议参与国家的政策支持。五年来，倡议参与国家努力拓展政策沟通的领域和渠道，不断强化"一带一路"倡议的政策保障。

首届"一带一路"国际合作高峰论坛发布圆桌峰会联合公报，达成270多项成果。截至目前，高峰论坛成果中的绝大部分已完成或可转为常态化工作。

五年来，中国已与100多个国家和国际组织签署了共建"一带一路"合作文件，共建"一带一路"及其核心理念被纳入联合国、二十国集团、APEC、上海合作组织等重要国际机制成果文件。政策沟通，在国际社会营造了共建"一带一路"的良好氛围。

正是得益于各方政策支持，"一带一路"兼顾各方利益和诉求，汇聚各方智慧和创意，发挥各方优势和潜能，形成新的合作优势。

增强互信，各方共识不断累积

五年来，"一带一路"逐步从"概念股"走向"绩优股"，在互联互通的基础上，在共商、共建、共享的原则下，在一连串丰硕喜人的成果面前，认同更广，共识更深，联结更牢。"一带一路"倡议不仅仅为我国改革开放和持续发展提供了新动力，也为世界经济复苏、各国合作发展和全球治理变革贡献了中国方案。

中非人民是休戚与共的命运共同体，也是合作共赢的利益共同体，中非关系在"一带一路"蓝图下迈向更高水平。

"一带一路"倡议将改善建设参与国的基础设施和投资环境，帮助这些国家贫困群体尽快脱贫，并通过区域经济一体化促进地区发展与繁荣。巴西里约天主教大学教授洛佩斯告诉记者，经济上的繁荣有利于消除极端主义和恐怖主义的温床，"一带一路"倡议将为世界和平作出新贡献。

"一带一路"展示的中国担当赢得更多尊重

德国杜伊斯堡—埃森大学东亚研究院教授李远认为，共建"一带一路"倡议的提出，意味着中国参与经济全球化进程迈入新阶段，世界期望中国进一步参与国际治理体系的改革和完善。

非洲新闻电视台报道称，中国发挥着全球经济"稳定器"的作用。越来越多的国家在分享共建"一带一路"红利时感受到,该倡议有助于释放更多的经济合作潜力,推动世界经济朝着更加均衡、包容和可持续的方向行进。

"只要路走对了,就不怕遥远。"五年来,一步一个脚印,一点一滴努力,"一带一路"倡议枝繁叶茂、开花结果。站在新的历史起点,坚持相向而行,携手共进,"一带一路"倡议承载世界各国发展繁荣的共同梦想,为人类社会的美好明天带来新的生机和希望。

资料来源:许志峰、王珂、赵展慧、暨佩娟,《人民日报》2018年08月27日,第09版。

本章提要

1. 改革开放以来,中国经济取得了长足的发展。在世界经济格局不断调整的进程中,中国加快转变经济发展方式,不断提升对外开放水平,使国内经济保持稳定、健康和可持续发展。

2. "一带一路"倡议旨在推动中国与沿线国家的政策沟通、道路联通、贸易畅通、货币流通和民心相通。在陆上,依托国际大通道,以沿线中心城市为支撑,以重点经贸产业园区为合作平台,共同打造新亚欧大陆桥、中蒙俄、中国—中亚—西亚、中国—中南半岛等国际经济合作走廊;在海上,以重点港口为节点,共同建设通畅、安全、高效的运输大通道。

3. "一带一路"倡议的实施对于中国重塑对外经贸合作的格局、构建以中国为核心的区域价值链分工体系、促进区域经济协调发展、加快中国产业结构转型升级等具有重大意义,并取得了显著成效。

本章思考题

1. "一带一路"倡议对中国的重大意义是什么?
2. 在开放经济条件下中国及其他发展中国家针对国家经济安全问题应当采取什么对策?
3. 如何加快我国经济发展方式的转变?

参考文献

[1] 林毅夫.解读中国经济[M].北京:北京大学出版社,2012.

[2] 〔美〕巴里·诺顿.中国经济:转型与增长[M].安佳,译.上海:上海人民出版社,2010.

[3] 陈志武.陈志武说中国经济[M].杭州:浙江人民出版社,2012.

[4] 林重庚、斯宾塞.中国经济中长期发展和转型[M].余江,等,译.北京:中信出版社,2011.

[5] 〔英〕麦迪森.中国经济的长期表现[M].伍晓鹰,马德斌,译.上海:上海人民出版社,2011.

[6] 周跃辉.四十年,中国经济创造奇迹[N].人民日报海外版.2018年12月17日第07版.

[7] 孙绪,刘竞爽.搭"一带一路"快车,促进区域经济协调发展[J].人民论坛,2017(21):98—99.

[8] 王永中."一带一路"建设与中国开放型经济的转型发展[J].学海,2016(1):1—11.

[9] 赵春明,文磊."一带一路"倡议下发展开放型经济的挑战与对策[J].中国特色社会主义研究,2016(2):40—44.

[10] 吉蕾蕾."十三五"以来全国用水总量基本保持平稳　我国水资源利用效率持续提高[N].经济日报,2019-03-23.

[11] 黄先海,余骁.以"一带一路"建设重塑全球价值链[J].经济学家,2017(3):32—39.

21世纪经济与管理规划教材
国际经济与贸易系列

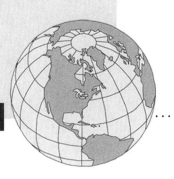

第十章

世界经济可持续发展

【教学目的和要求】

通过本章的学习,学生应:

1. 掌握世界人力资源、世界农业资源、世界能源资源等的主要分布和发展情况。

2. 了解世界经济发展对环境的影响,掌握世界经济可持续发展的途径。

【教学重点与难点】

1. 世界经济可持续发展的重要意义。
2. 世界经济可持续发展的具体措施。

引导案例

全球气候变暖：我们缺一个激励行动的故事

每年，各国领导人都要在一个选定的城市（如里约热内卢、东京、约翰内斯堡、哥本哈根等）聚首，商谈全球气候变暖的现状。每次总会诞生一些严肃的声明，但是关于缓解全球气候变暖的行动却寥寥无几。显然，关于全球气候变暖的那些声明、文件并没有触动每个个体以及他们的政府，所以更不要指望采取实质性的措施。但是，现实却是如此急迫与难以忽视：地球的大气层犹如一张保护网，笼罩着我们。来自太阳的能量能穿透这张保护网，从而使我们赖以生存的地球不那么冰冷刺骨。这张大网也能减缓热能辐射的速度。

作为人类的我们有一个共同的孩子：地球。年复一年，笼罩在我们孩子周边的这张大网却变得越来越厚重。即便加了近20升的汽油跑50公里的短途，也会向大气层排放100磅的二氧化碳。

通过这些无意识的行为，美国家庭平均每周要排放1 800磅的二氧化碳。如果算上全球所有的家庭，不难理解，为什么近年来我们的地球所遭遇的气候变暖现象会越来越严重。

我们或多或少都了解过联合国政府间气候变化专门委员会（IPCC）所做的报告。我们尊重来自"科学家"的结论。科学家通常用统一、富有激情的论调为我们讲述气候变暖的现状。但是，那些冷冰冰的专业术语往往会淡化所传递出的信息。我依旧记得二十多年前，与一位著名的宇航员比邻而坐。但是，我不知道该怎么与宇航员聊天，于是就提到了气候变暖的话题。他告诉我："我们还不能得出这样的结论：由于人类活动导致全球气候变暖。"

从科学的语境来说，这一结论没有错。但是，就制定公共政策的目的而言，考虑到人类活动与气候变暖这一现象的高度相关性，如此谨慎显得有些不太明智。

气候变暖的相关经济代价，已像任何经济问题那样，变得众所周知。缓解气候变暖的最好方法（当然也需考虑相应的成本）便是开征统一的二氧化碳排放税。征税的额度会不断上升，直到排放量下降到合理的程度。同样最优的政策还包括呼吁对补助的研究以及探索降低排放量的新方式。

但是，气候变暖已是一个全球性问题，二氧化碳排放随处可见，因此，征税与补助也应在全球范围内落实。每个国家必须将此视为自己的义务。我们还需打造一个全球联盟，在这个联盟中，每个国家都不能落下。我们必须告诉自己，要齐心协力，要众志成城，无论别人怎么做，我们都要努力付出。为什么？因为，地球是我们美丽的孩子。

如今在我们面前已有两个难以忽视的真相：一个是全球变暖现象本身，另一个则是我们尚缺乏动听的故事使我们齐心去对抗全球变暖。

资料来源：乔治·阿克洛夫，潘寅茹译，《第一财经日报》2017年07月27日。

第一节 世界人口与人力资源

一、世界人口的增长

人口的增长取决于人口的自然增长率的上升,但更主要地取决于社会生产力的发展。自17世纪起,伴随着资本主义生产方式的确立,世界生产力得到迅猛发展,从而使世界人口进入不断增长的新时期。世界人口的发展可分为三个阶段。[①]

(一)17世纪工业革命前,世界人口增长缓慢

人类大约在300万年前从动物界中分离出来,形成最初的世界人口,到公元前100万年世界人口为1万—2万人,公元前10万年即旧石器时代后期为300万人,到中石器时代达到1 000万人,新石器时代为5 000万人。公元前500年,世界人口首次突破1亿人;到公元元年世界人口为2.3亿人。公元元年至1650年人口年增长率为0.06%—0.3%,这一期间世界人口增长呈缓慢上升势头。由于生产力低下,生活条件和卫生条件很差,世界各国的人口出生率和死亡率都很高。公元1000年时世界人口达到3.4亿人,到1650年达到5亿人左右。

(二)工业革命至第二次世界大战,世界人口增长速度明显加快

自17世纪50年代起,世界逐步进入产业革命时代,欧美各国确立资本主义方式,生产力水平快速提高,人口数量剧增。从年增长率看,1650—1750年为0.3%,1750—1800年为0.44%,1800—1900年为0.6%,1900—1930年为0.8%。1750年世界人口为7.28亿人,1800年为9.06亿人,1850年为11.7亿人,1900年为16亿人左右。在1650—1900年的250年间,世界人口增长了两倍多。1930年,世界人口达到20.7亿人。由于工业化国家经济的迅速发展、生产产品的增加、医疗卫生条件的进步,人口非正常死亡显著减少。工业化国家人口出现高出生率和低死亡率,进入人口高增长率的阶段,如1850—1900年工业化国家人口出生率为38‰,死亡率为29‰,增长率为9‰。而同一时期,广大殖民地国家仍处于高死亡率和高出生率的阶段,人口增长率低于工业化国家。

(三)第二次世界大战后世界人口迅猛增长

第二次世界大战后,由于科技革命进一步发展,世界经济大幅增长,特别是发展中国家由于医疗保健事业的长足进步,人口死亡率大大下降,因此,全球人口增长速度更为迅猛。发展中国家人口出生率高,但死亡率却大大降低,进入低死亡率和高增长率阶段,而与此同时,发达国家则出现低死亡率和低增长率的状况。由于发展中国家人口基数大,全世界人口增长速度较之以前更为惊人,1950—1987年年均增长18.9‰,世界人口由24.9亿人增至50亿人,翻了一番。1995年,世界人口为58亿人;1999年,世界人口为60亿;2017年,世界人口约为75.3亿人。[②] 据有关资料预计,到2050年,世界人口将达到82亿

[①] 张幼文、金芳:《世界经济学》,立信会计出版社2005年版,第278页。
[②] 世界银行数据库。

人。1950年,世界人口超过5000万人的国家有8个,其中超过1亿人的国家有4个;2017年超过1亿人的国家有13个,按人口总量多少依次是中国(13.86亿人)、印度(13.39亿人)、美国(3.26亿人)、印度尼西亚(2.64亿人)、巴西(2.09亿人)、巴基斯坦(1.97亿人)、尼日利亚(1.91亿人)、孟加拉国(1.65亿人)、俄罗斯(1.44亿人)、墨西哥(1.29亿人)、日本(1.27亿人)、埃塞俄比亚(1.05亿人)、菲律宾(1.05亿人)。

人口过快增长对世界经济发展产生了重要的影响。第一,地球资源消耗加快,并造成生态失衡和环境污染。1900年世界平均每天只消耗几千桶石油,2017年上升为约9 826万桶。[①] 同期人类的金属消耗也从每年的2000万吨上升到目前的10亿吨。第二,南北经济差距加大。第三,发展中国家人口的过快增长不利于世界的和平与稳定,产生了一系列移民潮、难民潮及偷渡潮等。

二、世界人口的老龄化问题

根据联合国人口基金会的统计,发达国家的人口年均增长率在2000—2005年仅为0.2%,在2005—2010年为0.4%,有些发达国家的人口已经出现负增长,如德国同期的人口年均增长率为-0.05%。

从整个世界来看,生育水平的降低使少年儿童在总人口中的比例不断降低,相对提高了老年人口在总人口中的比例;同时,死亡率的下降导致平均预期寿命延长,也使老年人口数量逐年增加,人口老龄化成为世界性趋势。发达国家的老龄化现象比发展中国家要严重得多。根据欧共体的统计资料,欧洲人口出生率从1960年的1.8%下降到1985年的1.3%,而死亡率变化不大,只从1960年的1.08%下降到1985年的1%;从20世纪60年代中期起,西欧和北欧一些国家的出生率下降速度超过死亡率的下降速度。70年代,死亡率高于出生率的国家有英国、联邦德国、奥地利和卢森堡。在欧洲的27个国家中,26个属于老年人口型国家;北美的美国、加拿大也都是老年人口型国家;日本也属于老年人口型国家;近年来,大洋洲的澳大利亚和新西兰也都跨入老年人口型国家的行列。预计到2025年,世界60岁以上老年人口占总人口的比例将达到13.67%。人口老龄化带来许多社会经济问题,包括劳动力年龄结构老化、劳动力短缺以及社会保障负担加重等。表10-1列示了各地区65岁以上人口占该地区总人口的比例。

表10-1 各地区65岁以上人口占该地区总人口的比例　　　　单位:%

年份	欧洲	北美洲	大洋洲	亚洲	拉丁美洲和加勒比地区	近东和北非	撒哈拉以南非洲
2000	14.0	13.0	10.0	5.0	5.0	4.0	3.0
2010	23.7	19.6	16.4	9.9	10.6	7.5	5.9

资料来源:美国人口普查局,转引自联合国人口基金会《2011年世界人口状况报告》。

---

① 2018《BP世界能源统计年鉴》。

相关案例 　　人口老龄化对全球经济发展的影响

在全球范围,人口老龄化已成为难以逆转的大趋势。联合国的数据显示,2017年,全世界60岁及以上人口的占比为13%,并以每年约3%的速度增长。其中,欧洲60岁及以上人口的占比最高,为25%,2050年将达到35%;亚洲60岁及以上人口的占比将从目前的12%增长到2050年的24%;北美地区的这一比例将从目前的22%增加至2050年的28%;即使拥有最年轻人口分布的非洲,60岁及以上人口的占比也将从目前的5%上升至2050年的9%。老龄化趋势将贯穿整个21世纪,目前65岁及以上人口占全球总人口的8.5%,预计到2050年,这一比例将达到17%,2100年则上升至38%。

人口老龄化是许多国家在今后很长一段时期内面临的巨大挑战,因为人口年龄结构的这种变化会深刻影响经济社会发展的方方面面。第一,人口老龄化会使劳动力供给短缺,而劳动力资源是经济增长的基础条件,劳动人口不足会直接制约经济增长。第二,随着人口老龄化的加剧,相关的社会保障支出会大幅上升,将加大政府的财政负担。为避免公共债务风险,政府或者压缩其他支出,或者增加税收,这又将制约经济增长。第三,人口老龄化会带来储蓄率的下降,进而对资本形成产生不利影响。此外,人口老龄化还会通过改变消费行为、产业结构、劳动生产率、创新能力、金融资产结构等对经济增长产生影响。当然,影响并不都是负面的,有些是正面的,或者两者兼而有之。例如,劳动人口既是生产年龄人口,也是消费能力最旺盛的人口,劳动人口数量减少不利于消费,但是老年人对医疗护理、康复保健、老年用品及养老服务等方面的消费需求不断增加,为发展老龄产业提供了巨大的空间。

资料来源:孟艳,《中国财经报》2017年09月30日。

三、世界人口的素质

人口数量的增长和人口素质的提高是人口发展不可或缺的两个方面。第二次世界大战后,提高人口素质已经得到越来越多国家的重视。人口素质主要体现在人口的身体素质和科学文化素质两个方面。[①]

(一)世界人口身体素质状况

目前,世界各国(地区)公认的衡量人口身体素质的主要标志是婴儿死亡率和平均预期寿命。从这两个指标来看,现在世界人口的身体素质与过去相比有了显著提高。但是,不同类型国家和地区因社会经济状况及医疗卫生事业水平的不同而存在着比较明显的差别。从婴儿死亡率来看,每1 000例活产婴儿死亡数,19世纪全世界是200例,1965年降到91例,1980年降到80例,1998年降到54例。每1 000例活产儿童5岁以下的死亡率,1990年是95例,2002年降至81例。2002年,每1 000例活产儿童5岁以下死亡率最低的国家是瑞典(3例),其后依次是丹麦、挪威、新加坡(均为4例),日本、奥地利、捷克、芬

---

① 池元吉主编:《世界经济概论》,高等教育出版社2006年版,第105—106页。

兰、荷兰、德国、希腊、韩国、斯洛文尼亚(均为5例),澳大利亚、比利时、法国、爱尔兰、以色列、意大利、新西兰、葡萄牙、西班牙、瑞士(均为6例),英国、加拿大(均为7例),美国(8例);而每1 000例活产婴儿死亡率最高的国家是塞拉利昂(169例),其后依次是莫桑比克(134例)、马拉维(134例)、安哥拉(124例)、卢旺达(123例)、尼日尔、几内亚和布隆迪(118例)、马里(117例)、赞比亚(114例)。2017年每1 000例活产婴儿死亡数最多的国家是中非共和国(88例),其后依次是塞拉利昂(82例)、索马里(80例)、乍得(73例)、刚果(70例)、莱索托(67例);2017年每1000例活产婴儿死亡数最少的国家是爱尔兰、斯洛文尼亚、日本、芬兰、圣马力诺、卢森堡、爱沙尼亚、挪威、塞浦路斯、新加坡(均为2例);2017年每1 000例活产婴儿死亡数的世界平均值为29.4例,中国为8例。从出生时平均预期寿命来看,1980年全世界男性和女性分别是61岁和65岁,2002年分别为65岁和69岁。2017年世界从出生时平均预期寿命最长的是中国香港,男性为81岁,女性为87岁;而平均预期寿命最短的是塞拉利昂,男性为51岁,女性为52岁。①

(二)世界人口科学文化素质状况

人口的受教育程度是人口科学文化素质的最主要标志。衡量人口受教育程度的指标较多,如成年文盲率、人口的中小学教育程度和高等教育程度、科学家和工程技术人员占总人口的比例等,其中成年文盲率是基础指标。2015年成年文盲率最高的国家是乍得,男性和女性成年文盲率分别是91.4%和86.1%;其次为马里,男性和女性成年文盲率分别是84.7%和77.8%;之后是莫桑比克,男性和女性成年文盲率分别是29.24%和56.94%。②

第二次世界大战后,世界人口科学文化素质不断提高,但不同类型国家的差距仍然很大。如今,发达国家的成年文盲率已经基本为零,而发展中国家的成年文盲率仍然比较高。随着科学技术的迅猛发展,人口的科学文化素质对生产力发展水平、产业结构的影响越来越大。人口科学文化素质较高的国家,资金、技术、知识密集型产业所占比例较大,而劳动、资源密集型产业所占比例较小。同时,生产力的发展、产业结构的优化,对劳动力素质提出了更高的要求。越来越多的国家认识到,控制人口数量,提高人口素质,是发展经济、增强国力的重要条件。因此,世界各国都非常重视发展教育,加大教育经费的投入。发达国家教育经费逐年增加,教育经费增加速度往往比经济增长速度还快;发展中国家的教育经费增加速度也很快,但由于人口大量增加,人均教育经费远远低于发达国家水平,从而影响了教育的发展以及国民科学文化素质的提高。

四、人力资源与人口

(一)人力资源与人口的关系

人力资源与人口这两个概念既存在着紧密联系,又有所区别。人力资源仅指人口中那些已经成年并且具有和保持着正常劳动能力的人。③ 人力资源可以按职业分工、受教育程度和能力水平等划分为不同层次的劳动者群体。这些多层次的劳动者群体又伴随着社

---

① 世界银行数据库。
② 联合国教科文组织官网。
③ 池元吉主编:《世界经济概论》,高等教育出版社2006年版,第97页。

会经济、科学技术及教育事业的发展而不断发生变化。人力资源具有与其他以物的形式存在的经济资源同样的一些特点,如具有使用价值,即有用性、稀缺性和可选择性等。然而,人力资源作为一种以人的形式存在的特殊的经济资源,又具有许多自身的特点:其一,作为人力资源实体的劳动者是具有思想性和主观能动性的人。劳动者不仅能够认识世界,而且能够改造世界。劳动者运用劳动手段,作用于劳动对象,引发和控制社会生产过程,使社会经济活动按照人类自己的意愿发展。其二,劳动者既是生产者,也是消费者。他们在生产的同时,还必须不断地进行生活消费,不仅如此,还要为丧失劳动能力的老人和尚不具备劳动能力的未成年人提供必需的生活消费。其三,人力资源具有可再生性和可塑性。人类不仅能够不断地繁衍后代,而且可以通过各种教育手段,培养和造就出符合社会需求的劳动者。

通常来看,世界各国特别是发展中国家日益膨胀的人口为人力资源提供了取之不尽的源泉。但是,人口规模庞大并不等于人力资源充沛。在人类已经步入信息化、知识化社会的今天,素质低下的人口不仅不能成为社会经济发展的动力,反而会成为社会经济发展的障碍和负担。目前,世界各国的基本情况是,低素质劳动者供过于求,而高素质劳动者却比较缺乏,供不应求。此种现象在经济比较落后而人口出生率又很高的发展中国家尤为突出。因此,从全世界尤其是发展中国家来看,要想实现人力资源的供求平衡,充分发挥人力资源作为核心资源的作用,就要降低人口出生率,由追求人力资源总量的增长转向致力于人口素质的提高,调整和优化人力资源的内部结构。

(二)人力资源的重要性及其结构变化

人力资源是一切资源中最核心、最宝贵的资源。有了人力资源,各种自然资源才能够成为经济资源,才能够进入生产过程而成为生产要素。也正是因为有了人力资源,各种经济资源才能够得到深层次的开发和利用,从而发挥出更大的效用。人类在与自然界的长期斗争中,不断总结经验,体力和智能逐渐得到增强,形成能够推动整个经济和社会发展的劳动者的能力,即人力资源。人口不断增长,为社会源源不断地提供劳动力;科学技术和教育的不断进步,使人口的素质和人力资源的素质不断得到提高。

在世界经济发展的历史长河中,人力资源的结构发生了巨大变化。而引起这一变化的重要原因是产业结构的变化。当世界各国的产业结构以农业和手工业为主体时,农民、渔民、牧民及手工业者就成为人力资源的主体,因为这些体力型的简单劳动者就能够满足劳动密集型产业的需求;而当世界各主要国家完成工业革命、机器大工业出现之后,对劳动者的智能和使用劳动工具的技术要求大大提高,需要大量掌握一定文化科学知识和劳动技能的技术工人和管理者。这种资金和技术密集型产业的出现与发展,促使体力型简单劳动者向体力加智力的复杂劳动者转变;而战后高科技产业(包括电子计算机、航天、原子能及生物工程等)的大发展,又促使人力资源的结构实现了新的飞跃,简单的体力型劳动者(主要是农民)的数量大幅减少,复杂的智力型劳动者大幅增加。在技术密集型和知识密集型产业的发展过程中,高技能的智力型劳动者已成为人力资源中最富有创造力的核心和生力军。如果说人是生产力中最重要的要素,那么人的智力就是人力资源中最重要的要素。因为人的智力状况、文化水平和技术水平及熟练程度,对现代化生产的发展和生产力的组织管理具有决定性的意义。

智力开发必须依靠教育,通过各级各类的正规教育和业余培训,国民的科学文化技术水平不断提高。教育和人才乃"立国之本",已经得到世界上大多数国家的认同。由于各国经济发展的不平衡,对国民教育的资金投入力度不同,人口众多的发展中国家并没有成为人力资源最丰富的地方,这些国家高层次人才稀缺,一般的劳动力大量过剩,而且高层次人才又因没有足够的施展才华的条件而造成人力资源的浪费。这种人力资源结构的失衡严重地制约着发展中国家的经济发展。

第二节　世界土地与农业资源

一、世界土地资源及其总体结构

土地是人类赖以生存和发展的最基本的物质基础,是从事一切社会实践的基地和进行物质生产过程不可或缺的生产资料,是人类生态系统物质的供应者和能量的调节者。正如英国古典政治经济学代表人物威廉·配第(William Petty,1623—1687)所说:劳动是财富之父,土地是财富之母。

（一）土地的利用方式

土地的利用方式有很多,大致可以分为耕地、牧场、森林及其他用地等。其中,与农业生产关系密切的是前三类。由于各洲的地形、气候等自然因素的差异以及人口数量、经济发展水平等的不同,土地利用方式有很大差异:非洲由于气候干旱及生产力水平较低,土地中仅有很少一部分即5.5%用作耕地,牧场和森林所占比例也不高;亚洲因受青藏高原及中亚、西亚干旱或半干旱大陆性气候的影响,耕地在土地总面积中所占的比例仅为18.6%;欧洲由于地势相对低平,气候温暖湿润,适合农业生产的耕地在土地总面积中所占的比例达63%左右;南美洲森林占土地总面积的比例高达50.5%;大洋洲牧场占土地总面积的50.7%;北美洲及中美洲的土地利用状况与世界平均水平较为接近。

（二）世界耕地的分布情况

从各地区、各种类型国家的耕地面积占该地区(国家)土地总面积的比例来看,比例最高的是欧洲,耕地占其土地总面积的63.4%;亚洲次之,占其土地总面积的18.6%;第三位是北美和中美洲,占其土地总面积的12.2%。发展中国家的耕地面积占其土地总面积的9.5%,发达国家的耕地面积占其土地总面积的11.7%。这一比例从一个侧面反映了该地区的农业发展状况、土地利用情况和可以开发利用的土地情况。比例较高,说明该地区农业较为发达,国土面积中可开发为耕地的部分较多,该地区较适宜进行农业生产。

（三）世界耕地面积的增长情况

根据联合国粮农组织及其他有关国际组织提供的数据进行估算,1966—1995年,世界耕地面积扩大了8 157.5万公顷,年均增长0.22%。但是,耕地面积的增减情况在时间和地区上是不均衡的。随着时间的推移,耕地面积的增长幅度在缩小。

1986—1995年,发达国家的耕地面积呈负增长,而发展中国家的耕地面积增幅在逐渐减缓;从各洲的增长情况来看,非洲和南美洲的增幅在减少,亚洲的增幅在加大,特别是亚洲的一些发展中国家增幅较大,北美和中美洲出现负增长,欧洲增长较快。

从不同类型国家的情况来看，发展中国家由于农业技术、机械化程度还比较低，人口数量较多，需要通过扩大耕地面积来提高粮食总产量；而发达国家采用集约化农作方式，农业技术水平及机械化程度普遍较高，平均单位农业劳动力的粮食产量比发展中国家高出许多，并且一般人口较少，因此粮食总需求量不高，无须扩大耕地面积。一些产粮大国，如美国、法国、澳大利亚等，还不得不采取休耕、轮作等方式限制粮食产量的增加，因而耕地面积在这些国家不可能继续扩大，但具有一定的增加耕地面积的潜力。

二、世界粮食生产与分布

（一）世界粮食产量的变动情况

从整个世界来看，自第二次世界大战结束至 20 世纪 80 年代末，随着科技革命成果在农业中的应用，农业机械化、良种化、化学化和工厂化的推进，世界农产品单位面积产量和总产量都有很大增长。全球谷物产量已从 1946 年的 5.33 亿吨增加到 1990 年的 19.55 亿吨。其间虽然个别年份有所波动，但总的来看呈上升趋势。但是，进入 20 世纪 90 年代以后，在全球主要粮产区大面积自然灾害等的影响下，世界粮食生产一直停滞不前甚至倒退，1995 年的产量未能达到 1990 年的水平。由此可见，世界粮食产量并未随世界人口的不断增长而同步增长，从而使世界人均谷物占有量由 1985 年的 381 公斤下降到 1995 年的 333 公斤，并使世界粮食库存不断下降，价格接连上涨。为了缓解此种局面，从 1996 年开始，欧盟与美国纷纷调整农业政策，通过放松对农业生产的管制、削减土地休耕面积等，来增加粮食产量。2004 年，世界谷物产量达到 22.52 亿吨，这一数字至 2017 年增至 26.58 亿吨（见表 10-2）。

表 10-2　世界谷物产量变动情况　　　　　　　单位：亿吨

年份	谷物产量	年份	谷物产量
1955	8.21	2000	20.60
1960	9.63	2003	20.79
1965	10.26	2004	22.52
1970	12.14	2010	22.49
1975	13.78	2012	22.94
1980	15.65	2014	25.73
1985	18.31	2015	25.41
1990	19.55	2016	26.13
1995	19.02	2017	26.58

资料来源：联合国粮农组织数据库。

（二）世界粮食生产分布状况

粮食作物是世界农作物中种植最普遍的作物。而粮食作物又以谷物为主，其他薯类和豆类所占比例较小。因此，人们通常用谷物产量和贸易量代替世界粮食产量和贸易量。从各大洲看，世界粮食生产主要分布在亚洲、北美洲和欧洲，这三大洲的粮食种植面积约占世界种植总面积的80%,产量占世界总产量的90%左右。

世界谷物以小麦、水稻和玉米为主。它们是粮食作物中的大宗产品,是人类日常消费最多的农产品,在世界农业生产中占据非常重要的地位。2017年世界谷物产量为26.58亿吨,其中小麦为7.59亿吨,玉米为10.94亿吨,水稻为7.70亿吨。

1. 小麦

小麦居农作物之首,播种面积最大,分布范围最广,除南极外的世界各地都有种植。2017年,全球小麦产量占全球粮食总产量的28.6%。小麦产地主要分布在北纬27—57度和南纬25—40度的温带、海拔在200米以下的平原河谷地带和海拔在200—1 500米地势较为平坦的高原山地。主要分布地区有中国的华北平原和东北平原、北美中部的小麦带、独联体各国温带草原区的黑土带、澳大利亚和印度的亚热带与热带草原区等。2017年,中国、印度、俄罗斯、美国和法国这世界五大小麦生产国的小麦产量分别为13 433.4万吨、9 851万吨、8 586.3万吨、4 737.1万吨和3 692.5万吨,分别占世界小麦总产量(7.59亿吨)的17.7%、13.0%、11.3%、6.2%和5.2%。

2. 水稻

水稻在农作物中的播种面积仅次于小麦,是小麦播种面积的2/3,2017年全球水稻产量占全球粮食总产量的29.0%。水稻为热带和亚热带作物,其产地主要分布在亚洲东部和南部季风气候地带,特别是该气候带的大江、大河三角洲、冲积平原和沿海平原,如中国、印度、东南亚各国,其次是墨西哥湾沿岸、密西西比河下游地区以及拉丁美洲部分地区、非洲和地中海地区等。2017年,中国、印度、印度尼西亚和孟加拉国这四大稻谷生产国的稻谷产量分别为21 267.6万吨、16 850万吨、8 138.2万吨和4 898万吨,分别占世界稻谷总产量(7.70亿吨)的27.6%、21.9%、10.6%和6.4%。

3. 玉米

玉米是第三大农作物,用途以饲料为主。随着饲料需求的增加,玉米生产增长迅猛。2017年全球玉米产量占全球粮食总产量的41.2%。玉米对气候的要求不是很高,适应性较强,分布范围很广,除大洋洲,世界各大洲的夏季高温多雨地区多有种植。玉米的主要产地是北美洲、中国及欧洲。美国素有"世界玉米王国"之称。2017年,美国、中国、巴西、阿根廷和印度这五大玉米生产国的玉米产量分别为37 096万吨、25 907.1万吨、9 772.2万吨、4 947.6万吨和2 872万吨,分别占世界玉米总产量(10.94亿吨)的33.9%、23.7%、8.9%、4.5%和2.6%。[①]

三、世界林、牧、副、渔业生产与分布

(一) 世界森林资源的生产与分布

森林对人类社会的生存与发展发挥着至关重要的作用。按照生态平衡的自然法则,地球不能没有森林。人类生活的大气环境中,60%的氧气来自森林,森林是地球的"肺叶"。全球森林每年可以吸收1 600亿吨二氧化碳气体。森林是生命的宝库,是陆地上面积最大、分布最广、组成结构最复杂、物质资源最丰富的生态系统;它也是自然界功能最完

---

① 联合国粮农组织数据库。

善的资源库、生物基因库,水、碳、养分及能源储存调节库,对改善生态环境、维护生态平衡具有不可替代的作用。另外,森林作为陆地生态系统的主体,对养护水源、保持水土、减少旱涝灾害具有不可或缺的作用。

森林可分为郁闭林、疏林地和灌木林地。据联合国粮农组织2015年的统计,世界森林面积约为39.99亿公顷,森林覆盖率为30.6%。① 大约有13%的森林分布在温带,52%分布在热带。

世界森林分布极不均匀,绝大部分集中在北半球,主要是人烟稀少的高纬度寒温带地区和热带地区。在北半球居住着全球75%的人口,集中了95%以上的针叶林、90%的温带阔叶林和90%以上的工业用材林。南半球森林较少。世界上有四大主要森林分布地区:一是亚马孙河流域热带原始森林区,这是世界上最大的未开发的热带林区,其面积约有270万平方公里,占世界木材蓄积量的45%;二是刚果河流域热带原始林区,面积仅次于亚马孙河流域热带原始森林区;三是亚欧大陆北部寒温带针叶林区,这是世界上最大的寒温带针叶林区;四是北美洲北部寒温带针叶林区。

(二) 世界畜牧业生产分布与贸易

畜牧业是人类与自然界进行物质交换的重要生产部门,是农业的重要组成部分。发展畜牧业,不仅可以改变人们的食物构成,提高生活水平,而且能够促进整个农业、轻工业的发展、扩大出口等。

第二次世界大战后,随着世界粮食产量的增长、居民生活水平的提高,畜牧业产品的产量也相应得到同步增长。由于发达国家的粮食供应远远超过其对粮食直接消费的需求,因而有着充裕的土地用来发展畜牧业所需要的饲料粮及牧草的生产。因此,从世界主要畜牧业产品产量来看,除少数几个土地面积较大的发展中国家(如中国、印度、巴西、阿根廷),畜牧业产品主要集中在北美、西欧、东欧等地区。畜牧业产品产量的大小,在一定程度上决定了一个国家或地区的食物消费水平,进而决定了该国家或地区居民的营养水平。2004年,世界肉类的主要生产国为中国、美国、巴西、德国、法国等;牛奶的主要生产国为印度、美国、俄罗斯、巴基斯坦、德国等;蛋类的主要生产国为中国、美国、日本、俄罗斯、墨西哥等。

20世纪90年代以来,随着世界畜牧业产品产量的增加,其贸易量也不断增长,发达国家为净出口国,发展中国家为净进口国。在畜产品的出口国中,荷兰、澳大利亚、中国是肉、蛋、奶、羊毛4种主要畜产品中3种以上出口的国家。美国、法国有2—3种畜产品出口;在畜产品的进口国中,日本、意大利是上述4种主要畜产品全部进口的国家。德国、俄罗斯是肉类的主要进口国。

(三) 世界主要经济作物的生产分布和贸易

经济作物是指除粮食以外的重要农作物,在世界农产品贸易总额中所占的比例远远高于粮食作物。除棉花、甜菜、大豆,世界经济作物的生产与输出国主要是发展中国家。

经济作物的种类繁多。在此仅介绍棉花、大豆和茶叶这三种主要经济作物的生产分布和贸易情况。

---

① 联合国粮农组织《2015年世界森林状况》。

1. 棉花

棉花是纺织工业的主要原料,并在医疗、化工、国防工业等方面有重要用途。棉花是亚热带作物,主要产于北纬20—40度的地区。世界棉花生产主要集中在四个地区:一是亚洲中部、东部和东南部地区,这里的棉花产量占世界棉花总产量的一半;二是北美洲南部地区,其棉花产量占世界棉花总产量的1/4左右;三是非洲东北部地区,其长绒棉的产量占世界长绒棉总产量的80%;四是拉丁美洲地区。1970年,全球棉花产量为1 173万吨,2018年为2 660万吨。2018年,世界籽棉产量最多的四个国家是印度、中国、美国和巴基斯坦,四国产量之和占世界籽棉总产量的69.8%。2018年世界棉花出口量为850.4万吨,其中美国棉花出口量约为326.6万吨,为全球最大棉花出口国。此外,美国、澳大利亚、巴西、印度、非洲法郎区、中亚五国等国也是棉花的主要出口国。棉花的主要进口国有孟加拉、中国、土耳其、印尼、巴基斯坦等。

2. 大豆

大豆是重要的油料作物之一,同时又是营养丰富的粮食作物。自20世纪70年代以来,世界大豆产量不断增长,由1970年的4 654.3万吨增加到2004年的9 144.3万吨。世界上有50多个国家种植大豆,但播种面积广、产量大的只有少数几个国家。2018年世界大豆产量为34 470万吨,美国的大豆产量占世界总产量的34.6%,巴西占33.5%,阿根廷占15.4%。此外,生产大豆较多的国家还有印度、巴拉圭、乌拉圭、加拿大、玻利维亚、印度尼西亚等。大豆在国际市场上一直是畅销的农产品之一。世界大豆的主要出口国是巴西、美国、阿根廷,三个国家的大豆出口量占世界大豆出口量的80%以上;进口国家和地区主要是中国、欧盟、墨西哥、日本、印度尼西亚、韩国和泰国。

3. 茶叶

茶是世界上最主要的饮料之一。茶是亚热带常绿植物,分布比较广泛,其范围在北纬42度以南至南纬33度以北广大低纬度地区,有40多个国家种植。主要产茶国有中国、印度、肯尼亚、斯里兰卡和土耳其等。2017年,全球共产茶叶581.2万吨,上述五国的茶叶产量占世界茶叶总产量的84.9%。中国是世界上生产茶叶最多的国家(见表10-3)。巴基斯坦、俄罗斯、美国、英国、埃及是重要的茶叶进口国。世界上人均茶叶消费量最多的国家当属英国,其人均年消费茶叶在2公斤以上。

表10-3 2017年主要出口国茶叶产量、出口量　　　　　　单位:万吨

	中国	印度	肯尼亚	斯里兰卡
产量	260.90	132.20	44.00	30.80
出口量	35.53	24.70	41.57	27.82

资料来源:新茶网。

(四) 世界渔业的发展与分布

随着世界人口的不断增长和耕地面积的日趋减少,发展渔业对满足人类日益增长的食物需要具有重要意义。从水产品出口国家来看,目前,中国、泰国、印度尼西亚、印度、厄瓜多尔等国控制了全球虾类出口;泰国、科特迪瓦、菲律宾等国控制了金枪鱼的出口;摩洛哥、泰国、毛里塔尼亚、越南等国控制了海洋软体动物的出口;秘鲁、智利等国的鱼粉出口

居世界垄断地位。在发达国家中,美国、挪威、丹麦、加拿大等是水产品的主要出口国;从水产品进口国家来看,日本是世界上水产品进口量最大的国家,其每年进口的水产品大致相当于世界水产品贸易量的 1/3;此外,法国、意大利、德国、西班牙、英国等欧洲国家和美国每年也大量进口水产品。

第三节 世界能源资源

能源是人类生存发展及一切经济活动的重要物质基础,是实现工业现代化的前提条件。能源工业的兴起和发展,对社会经济的发展、科学技术的进步和人类生活水平的提高都有着巨大的推动作用。历史上三次科技革命的产生与发展都依赖于能源技术的重大突破。世界经济发展史表明,各国经济的增长都与能源的生产数量和利用状况密切相关。在当今世界,能源不仅是重要的燃料动力资源,而且是重要的原材料和战略物资。

根据能源产生方式的不同,可将能源分为一次能源和二次能源;根据能源能否被再利用,可将能源分为可再生资源和不可再生资源;根据能源消耗后是否会造成环境污染,可将能源分为污染型能源和清洁型能源。一次能源中有可再生的水力资源和不可再生的煤炭、石油、天然气资源。其中,石油、煤炭和天然气是当今世界一次能源的三大支柱,构成了全球能源结构的基本框架。另外,一次能源还包括核能、太阳能、风能、地热能、海洋能、生物能等多种新能源;二次能源包括电力、煤气、汽油、柴油、焦炭、洁净煤、激光和沼气等。

一、能源工业生产布局和消费结构

(一) 能源工业的生产布局

随着科学技术的进步,人类在能源利用方面经历了薪炭时代、煤炭时代和石油时代等几次重大的发展变化,并正从传统的矿物燃料向核能、太阳能等新能源发展。

能源工业自产业革命以来一直保持了高速增长,特别是 20 世纪 50 年代以来,世界能源工业进入了新的发展时期。其特点主要有以下四个:第一,能源生产总量不断提高。1950—1994 年,能源生产总量由 25.19 亿吨标准煤增加到 118.93 亿吨标准煤,增长 3.7 倍,年均增长 3.6%。第二,能源生产结构发生了重大变化,传统的煤炭工业受到石油、天然气工业的排挤,生产长期停滞不前,近年开始有所回升,但其增长速度远不及石油和天然气快。同期,水电、核电得到较大发展,在能源生产中的地位日益上升。第三,世界能源生产分布很不平衡。其中,美国能源产量最多,中国、俄罗斯、沙特阿拉伯、印度、加拿大、英国、伊朗、印度尼西亚、墨西哥、挪威、澳大利亚等国的能源产量也比较多。第四,各国能源生产结构差别很大。由于世界各国能源资源的差异,能源的生产结构差别很大。其中,有以美国、苏联及其解体后的俄罗斯为代表的能源工业全面发展的国家;有以石油、天然气生产为主的中东、非洲和南美洲部分国家;有以煤炭生产为主的中国、德国和东欧部分国家;有英国等一些石油、天然气、煤炭生产都具有相当规模的国家;有以水电、核电生产为主的瑞典、瑞士、巴西、法国等。

(二) 能源工业的消费结构

第二次世界大战后,随着世界经济的快速发展,世界能源的消费量也在快速增长,一次能源消费量由1950年的25亿吨标准石油增加到2003年的97亿吨标准石油,增加了2.88倍。同时,世界一次能源的消费结构也发生了重大变化。20世纪50年代到70年代,世界一次能源的消费中,石油、天然气的消费增长最快,其占能源消费总量的比例由1950年的27.4%上升到1975年的66.6%;同期,煤炭的消费比例由60.9%下降到30.4%。20世纪70年代爆发的两次石油危机,致使石油价格飙升。为此,各国都积极采取对策,尽量节约使用石油资源。90年代以来,全世界石油消费比例略有下降,但从总体上看,世界各主要国家的能源消费结构仍以石油为主。

2017年,全世界的能源消费量大约为135.11亿吨(换算成石油),消费量最多的国家依次是中国、美国、印度、俄罗斯、日本、加拿大、德国。从能源构成来看,全世界使用最多的能源是石油,其后依次是天然气、煤炭、水力和核能;俄罗斯和中国对石油的依存度比较低,但俄罗斯对天然气、中国和印度对煤炭的依存度较高。

二、主要能源工业部门的生产布局与贸易

(一)煤炭工业

第二次世界大战后,煤炭在世界能源消费结构中的比例逐渐下降,但它仍为世界的重要能源,产量一直保持着增长势头。世界煤炭总产量1950年仅为17.77亿吨,2004年为27.3亿吨,2017年达77.3亿吨。

1. 煤炭资源的分布

煤炭是世界储量最丰富的矿物能源。2017年年底,已探明的世界煤炭可采储量为10 350亿吨。几乎各国都有煤炭矿藏,但分布极不平衡,煤炭品位和开发难易程度也不尽相同。从各地区来看,在世界煤炭总储量中,北半球占绝对优势,达80%以上,尤其是北纬30—70度是世界最为丰富的储煤带。从各国来看,2017年,美国煤炭储量占世界的24.2%,俄罗斯占15.5%,澳大利亚占14.0%,中国占13.4%,印度占9.4%。此外,德国、南非、乌克兰、哈萨克斯坦等国煤炭资源也比较丰富。从煤炭质量来看,南非、印度、中国、澳大利亚的优质煤比例较高,而美国、欧洲产煤国的优质煤所占比例大都在50%以下。

2. 煤炭工业布局的特点

煤炭生产的地点及其规模首先取决于煤炭矿床的地点、储量、煤质等;此外,还受现代化科学技术在开采、运输、综合利用方面的应用程度等多种因素的影响。2017年,在全球煤炭产量中,中国占45.6%,美国占9.1%。其他产煤较多的国家有印度、澳大利亚、印尼、俄罗斯、南非、德国、波兰等。

3. 煤炭的消费与贸易

在煤炭的消费结构中,工业用煤占世界煤炭消费量的80%—90%,特别集中在发电和炼焦方面。中国、印度是世界上最大的煤炭消费国。2017年,这两个国家煤炭消费量分别占全世界煤炭消费量的59.6%和11.4%。当今世界仍有很多国家的能源消费结构以煤炭为主,如南非、中国、波兰、印度、澳大利亚等。

煤炭大多就近生产就近消费,世界上煤炭产区多与消费区吻合,因而煤炭的世界贸易量仅占其产量的很小一部分。尽管如此,煤炭仍是国际市场上的大宗散货商品,而且贸易量的增长快于产量的增长。世界煤炭贸易量占世界煤炭产量的比例由1950年的3.51%上

升到 1990 年的 8.32%，1998 年上升到 11.5%，2009 年达到 45%，2017 年又下降到 36%。

20 世纪 80 年代以来，在煤炭出口国中，澳大利亚代替美国成为世界最大的出口国。1998 年，澳大利亚煤炭出口量达 1.67 亿吨，之后依次是美国、南非、印度尼西亚、加拿大、中国、哥伦比亚、波兰、俄罗斯等（这九国的煤炭出口量之和占世界煤炭出口总量的 95%）；进口煤炭的主要国家和地区是日本（日本煤炭进口量占世界煤炭出口量的 25%）、韩国、中国台湾、德国、荷兰、英国、意大利、加拿大、法国等。2017 年，印度尼西亚和澳大利亚是世界上最大的两个煤炭出口国，占比分别为 28.5% 和 27.6%。2017 年，澳大利亚经历了炼焦煤出口的大幅下滑，导致印度尼西亚煤炭出口量超过澳大利亚 1 160 万吨；超过四分之一（28.9%）的印度尼西亚煤炭出口到了中国。

（二）石油和天然气工业

石油和天然气具有发热量高、清洁、便于储存和运输、用途广泛等特点，并且是化学工业的主要原料和重要的战略物资。石油被人们称为"能源之王"。人类自 1857 年开始对石油进行工业开采，至今已有 160 多年。自 20 世纪 50 年代以来，随着世界各国工业、农业、交通运输、国防和科技的迅速发展，各国对石油、天然气的需求不断增加，原油和天然气产量持续上升。

1. 石油、天然气资源分布

世界石油、天然气资源十分丰富，已探明的储量持续稳定增长。石油资源主要分布在北纬 24—42 度，约占世界石油总量的 56%；天然气主要分布在北纬 24—42 度和 66—72 度，约占世界天然气总量的 70%。从各地区来看，中东地区和墨西哥—加勒比海地区是两个突出的油气区，占世界探明油气储量的 2/3 以上。从国家来看，俄罗斯、伊朗、卡塔尔、土库曼斯坦、美国储量最多，合计占比为 64%；从历史数据来看，中东地区天然气储备相对稳定，美国受益于页岩气革命储量增长明显。

2. 石油、天然气工业布局

从各地区来看，20 世纪六七十年代，中东地区采油业崛起，并迅速在世界采油业中占据重要地位。1965 年，世界石油产量为每天 3 180 万桶，2013 年为每天 8 681 万桶。70 年代上半期，OPEC 石油产量占世界总产量的一半多，到 1985 年下降到 30% 以下，到 2003 年又上升到 39.7%；不包括苏联的所有非 OPEC 产油国（美国、墨西哥、加拿大、英国、挪威、中国、马来西亚等）的石油产量，由 1965 年的每天 1 256 万桶上升到 2013 年的 4 998 万桶。2017 年 OPEC 国家石油产量为每天 3 944 万桶，比上年下降 16.5 万桶，主要是由于沙特阿拉伯、科威特、委内瑞拉等国原油产量下降。在非 OPEC 国家中，供应增长主要来自美国、加拿大、巴西，而北海原油产量则继续下降。

据美国《油气杂志》（OGJ）估算，2018 年全球石油产量为 46.8 亿吨，同比增长 2.0%。OPEC 遵守减产协议，继 2017 年减产 1.5% 之后，2018 年继续减产 1.2% 至 19.3 亿吨。美国石油产量继 2017 年增长 4.2% 后大幅飙涨，2018 年预计增长 16.3% 至 7.6 亿吨，成为世界第一大产油国。沙特产量上涨 1.2%，达到 6.1 亿吨。俄罗斯 2018 年石油产量将达到 5.8 亿吨，较 2017 年增长 1.7%。中国 2018 年石油产量继续回落，降幅达 1.7%，产量跌至 1.89 亿吨，世界排名从第 6 位退居第 7 位。

2017 年，美国和俄罗斯是最大的天然气生产国，分别占世界天然气总产量的 20.0% 和

17.3%,其他天然气主要生产国依次是伊朗、加拿大、挪威、沙特阿拉伯、阿尔及利亚、马来西亚、印度尼西亚、土库曼斯坦、乌兹别克斯坦、埃及、英国和荷兰。

3. 石油贸易

世界原油生产主要集中在资源储存地,但油品生产集中于消费地,因而,世界石油流通量巨大,是世界最大宗的贸易商品。20世纪20—40年代,东半球国家的石油供应大部分依赖西半球的美国、墨西哥和委内瑞拉。第二次世界大战后,世界石油贸易发生了巨大变化,主要是中东地区石油产量剧增,并大量流向西欧和日本,苏联也以大量原油供应东欧各国,而西半球的美国自1948年起由石油出口国变为净进口国,委内瑞拉和墨西哥的原油大量供应美国。60年代以后,世界石油贸易的重心转向中东,该地区石油出口量曾占世界石油出口总量的60%。70年代以后,非洲成为世界第二大原油出口区,此后,东南亚、英国、挪威都相继出口原油,由此形成了以西亚为中心的世界多极化石油出口格局。20世纪70年代,世界石油贸易量稳定在15亿—18亿吨;70年代末80年代初,因第二次石油危机引发的第二次石油提价,导致世界石油市场萎缩,贸易量下跌,1982年跌至11亿吨以下。1998年,世界原油贸易量为14.8亿吨,油品贸易量为4.1亿吨。2017年世界石油贸易量为6 759万桶/日,其中,原油贸易量为8 772万桶/日,油品贸易量为4 746万桶/日,石油贸易流向具体如表10-4所示。

表10-4　全球石油贸易流向　　　　　单位:万桶/日

地区	2015年	2016年	2017年
Panel A:进口			
美国	945	1 006	1 008
欧洲	1 388	1 382	1 406
中国	833	921	1 024
印度	438	491	495
日本	433	418	414
世界其他地区	2 211	2 262	2 412
世界总计	**6 248**	**6 480**	**6 759**
Panel B:出口			
美国	452	487	554
加拿大	384	389	420
墨西哥	132	138	128
中南美洲	411	414	399
欧洲	297	297	328
俄罗斯	831	835	861
其他独联体国家	201	185	197
沙特阿拉伯	797	852	824
中东(除沙特阿拉伯)	1 354	1 495	1 568
北非	170	170	216

(续表)

地区	2015年	2016年	2017
南非	488	440	447
亚太地区(除日本)	678	730	764
世界其他地区	53	48	53
世界总计	**6 248**	**6 480**	**6 759**

资料来源:《BP世界能源统计年鉴》(2018)。

从出口贸易来看,中东仍是世界最大的石油出口地,2017年石油出口占世界石油出口总量的23.2%。欧洲、中国、美国分别以20.8%、15.2%、14.9%的占比成为最大的进口地区(国家)。2017年北非的出口量增长最为迅速,达到27.1%,而墨西哥则降低最快,为7.2%。

(三) 电力工业

电力是当代世界最重要的二次能源。2017年,世界发电总量达25.6万亿千瓦时。其中,中国为6.5万亿千瓦时,美国为4.3万亿千瓦时,欧盟为3.2万亿千瓦时,日本为1.02万亿千瓦时,印度为1.5万亿千瓦时。

目前,世界各国都非常注意立足于本国的能源资源状况来发展电力工业:挪威、巴西、新西兰、瑞典、加拿大等水力资源丰富的国家均注意优先发展水电,水电在这些国家的电力构成中占比最大;煤炭资源丰富的国家,如独联体各国、美国、中国、印度、德国等,煤电一般都占这些国家总发电量的一半以上;油、气资源丰富的国家,如墨西哥、中东各国等,发电燃料主要是石油和天然气;只有少数能源资源缺乏的国家,如日本,主要依赖进口石油发展电力工业。

1. 火力发电

火力发电是目前世界上应用最广泛的一种发电方式,占世界总发电量的70%左右。世界火力发电所用的能源主要是煤炭、石油和天然气等。火力发电生产分布极不平衡,发电能源分布状况与电力生产分布状况极不相称。盛产石油的中东各国,电力工业却十分落后;日本能源十分缺乏,发电量却居世界第三位。

2. 水力发电

当今世界水电发展主要有如下几大趋势:第一,水电站建设规模越来越大。随着各国电力需求量的增加、水电站建设及超高压远距离输电技术水平的提高,水电站规模越来越大。装机容量100万千瓦以上的大型常规水电站,1950年全世界仅有2座,而目前已建和在建的已达90多座,其中,200万千瓦以上的有10余座。第二,注重发挥综合利用效益。修建具有一定库容的水电站,不仅能够提供电力,而且一般都具有防洪、灌溉、航运、供水、养殖和旅游等综合利用效益。第三,近年来,许多国家纷纷修建抽水蓄能电站。它被认为是在较长时间内储蓄大量电能的最经济、可靠的手段。世界上装机容量在100万千瓦以上的已建和在建的抽水蓄能电站已有20多座。第四,重新评价小水电站。小水电站一度因生产成本高、发电量小而不受重视。但近年来,人们开始认识到小水电站在经济不发达和偏僻地区对农业生产和居民生活具有重要作用,因此,小水电站重新得到人们的重视。第五,寻求新的水电形式。一些国家为了满足不断增长的电力需求,正根据本国的资源条件寻求新的水力发电形式。例如,挪威和日本已建造利用海洋波能发电的小型波能发电站;加拿大、美国等在酝酿开发潮汐资源发电。2017年,全世界水力发电量占全球总发电量的16.4%。水力发电量较多的国家有中国、加拿大、巴西、美国、俄罗斯、挪威等。

3. 核能发电

核电工业是新兴的电力工业部门。世界上最初开发出达到实用规模的核电是在1956年。在此后的40多年时间里,核电以其价格日益下降、供应稳定的特点,受到许多国家的重视。世界核电的发展节省了大量的煤炭、石油和天然气等矿物性能源。特别是那些矿物性能源和水力资源匮乏的国家,在发展能源工业方面都把发展核电作为一项重要国策。2017年,全世界核能发电量占总发电量的10%。核电是最清洁的能源,但其装置还不尽完善,不少高科技国家也曾发生过核泄漏事故,如1979年3月28日美国三哩岛以及1986年4月26日苏联(现为乌克兰)切尔诺贝利核电站发生的核泄漏事故等。2004年8月9日日本美滨核电站发生了蒸汽泄漏事故。

相关案例　　　　　　清洁能源,为创新驱动发展"赋能"

世界经济的每一次重大转型,都与能源变革息息相关。进入21世纪以来,以风力和太阳能发电为主的新能源发展势头强劲,以化石能源为主的能源开发利用方式面临挑战,一场历史性的能源变革正在全球范围内孕育。

随着全球应对气候变化及能源变革行动的不断推进,清洁能源已成为全世界绿色经济发展的重点领域。相关研究表明,90%以上的清洁能源必须转化为电才能得以应用。因此,电能是清洁能源利用效率最高的形式。

青海具有得天独厚的资源禀赋,是国家重要的战略资源接续地。在国家创新驱动战略和省委省政府生态保护优先战略的指引下,青海的经济结构正发生着可喜变化,初步走出了一条具有青海特色的绿色发展道路。尤其是2017年、2018年"青洽会"期间,青海在全国率先进行了"绿电7日"和"绿电9日"实践,为告别化石能源迈出了开创性的步伐。

当今现代科技全面、系统、深入的发展正在将人类文明推进到生态文明的新时代。能源正在由化石资源为主转向以太阳能、风能和水能为主,分布式能源概念将重构能源基础设施,电动汽车将取代燃油汽车;在这个生态文明新时代,拥有良好的生态环境系统、能够生产绿色有机的生态产品、能实现绿色可持续发展的区域,将成为具有巨大竞争力的区域。因此在新的时代,青海许多特有条件开始凸显自身独特的经济比较优势。

清洁能源是人类利用能源的发展方向。实践证明,在经济社会发展进入新常态的今天,尽快实现由过去单纯依靠大规模投资、大规模资源低效率消耗并造成大规模环境破坏维持增长,转为主要依靠科技创新等创新驱动发展,已成为改变发展方式的重要方向和途径。相信,通过发挥具有自身比较优势的新技术、新产业、新业态,让它们为创新驱动发展"赋能",青海一定会闯出一条经济落后、生态脆弱的少数民族地区依靠科技创新实现绿色可持续发展的新路径。

资料来源:马新,《青海日报》2019年1月16日。

第四节　环境问题与经济发展

一、主要的环境问题

世界环境问题是人—地相互作用而产生的一种负向表现,按其表现方式和成因机制可划分为三类。一是由全球各个圈层,特别是大气圈、水圈相互作用而产生的影响整个地球表层的环境问题,如国际地圈生物圈计划(International Geosphere-Biosphere Programme, IGBP)所强调的"全球变化"。这类环境问题不仅影响面广,而且在时间上几乎同步,成因上互为因果。二是各个区域普遍存在的环境问题,如土地退化、森林滥伐等。它们的累积效应足以影响全球环境。三是由个别地区、个别事件产生的环境问题,其影响经多级反馈作用逐级放大,最终影响整个世界,如厄尔尼诺现象、火山爆发和特大地震等。

(一)温室效应及其影响

学术界早已明白大气中的某些气体能有效地吸收太阳能,促使地球表层气温升高,并称之为"温室效应"。目前这些气体(主要是二氧化碳、甲烷和氯氟化碳)正以地球表层超常的速度排放。人们普遍认为,地球表层已不能抵消其影响,温室效应超过了使大气变冷的自然过程。

温室气体使气温升高的速度目前并不太清楚。一般的估计是,近百年来,全球平均地面气温已经升高了 $0.3—0.6$℃,但各个时段、各个地区上升值不一样。按政府间气候变化专门委员会(International Panel on Climate Change, IPCC)的报告,北半球陆地平均气温上升值 1917—1938 年超过 0.9℃,此后至 1974 年下降了 0.6℃。20 世纪 80 年代以来,全球平均地面气温持续升高,1988 年、1990 年、1991 年为近百年来全球平均气温最暖的 3 年。倘若人们对温室气体排放不加节制,未来全球平均地面气温将可能以每 10 年 0.3℃的速度升高,在 21 世纪当温室气体含量比工业化开始时增加一倍的时候,全球平均气温将升高 $1.5—4.5$℃,这就超过了一万年来地球平均气温的正常变化幅度。

理论上认为,空气中二氧化碳的积累对人体健康并没有直接影响,但由此产生的温室效应促使气温上升过快,从而产生的一系列环境变化可能超过人类所能接受的范围,造成许多难以预料的后果。因此,加强对气候变暖所产生的全球或区域环境响应的研究成为关键。

全球变暖对降水的影响极其复杂,已有的各种数值模拟或其他方法所给出的结果差异很大甚至相反。对降水影响的估计不同,必然导致对将来水资源状况的认识各异。较权威的三维大气环流模式(GCMs)的结论反映二氧化碳增高将使中纬度降水减少,导致中纬度土壤温度降低 20%,因夏季高温时间长而趋于干旱,低纬度地区则降水增加。这是一个具有重要经济意义的成果,因为中纬度地区(包括北美中西部,中国内蒙古、华北、东北一部分,中亚等地)目前的旱化趋势已经相当明显,倘若将来的降水进一步减少,无疑是雪上加霜。由于气温上升,一些地区容易出现极端性的天气现象,干旱洪涝、季节性风暴等灾害将有所增加,森林火灾及病虫害将频繁发生。

全球气温变暖对海平面的影响最引人注目。Titus 根据全球各地区验潮站资料分析,20 世纪以来全球平均海平面大约上升了 $10—15$ 厘米,上升速率为 $0.10—0.15$ 厘米/年。

由于全球近海低地平原是世界经济的精华所在,海平面上升引起海水入侵,必将给这些地区带来灾难性的后果。

(二) 森林滥伐

森林滥伐是世界各地都存在的普遍现象,在今后相当长的一段时间内难以根本改善。历史上地球的森林总面积曾达 76 亿公顷,19 世纪减少到 55 亿公顷,1980 年减少到 43.2 亿公顷。如果毁灭性的砍伐不加制止,那么全世界的森林很快就将丧失殆尽。

森林滥伐在不同地区、不同时期表现得特别明显,所造成的影响也特别严重。全世界热带雨林的 40% 已经被毁。热带雨林是世界上动植物种类最丰富、组成结构最复杂的生态系统。热带雨林若被破坏,则将对全球环境造成极为恶劣的影响。非洲撒哈拉地区是全球著名的干旱带,生态结构十分脆弱,当地的毁林与造林之比为 29∶1,作为生态系统主体的森林被破坏,使整个撒哈拉地区的生态环境加速恶化。包括阿拉斯加以南的北美最大的温带针叶林正在迅速消失,其速度甚至比南美的热带雨林消失得还要快,严重威胁着当地一些特有的鸟类、两栖类和珍花异草的生存。

森林破坏不仅造成巨大的直接损失,而且还能产生严重的环境恶果。它首先可使自然灾害在更大范围内更加频繁地发生。在大江大河的中上游地区,森林被砍伐,使陡峭坡地上没有保护的表土加速侵蚀,水库淤塞,昂贵的水力发电站工程的使用年限大大缩短,如中国的三门峡水电站;同时,它将引起下游地区的洪水泛滥。近年来,孟加拉国、印度、苏丹、泰国以及中国相继发生严重的水灾,给灾区人民的生命财产及经济建设造成严重的损失。

森林锐减也能引起干旱或导致干旱加剧。干旱化目前严重限制着许多国家和地区的经济发展。它造成粮食减产,威胁着千百万人民的生命。非洲大陆的森林目前已减少一半,使长达十几年的持续干旱更加严重。干旱使 20 多个国家出现饥荒,夺去了上百万人的生命,成千上万的人背井离乡,1.5 亿人的日常生活受到威胁。

(三) 酸雨

酸雨是和大气沉降物相联系的复杂现象的通俗称法。事实上酸性物质不仅附在雨、雪、雾、露之中而降落,它们也可以干粒子或气体的形式降落,因而科学的名称叫"酸沉降"。

酸雨早在 19 世纪中叶就在英国发生过。20 世纪 50 年代后期,酸雨在比利时、荷兰和卢森堡被觉察,后来在德国、法国和斯堪的纳维亚南部也相继出现,因而联合国于 1972 年在第一届人类环境会议上首次将酸雨作为国际性问题提出。

酸雨造成的危害范围有扩大的趋势。酸雨最早在北欧地区危害较大,之后由北欧扩张到中欧、东欧,现在扩大到发展中国家如印度、东南亚国家、巴西和中国。很多人口众多的第三世界国家(如中国、印度、巴西等)工业化计划的实施依赖的是大大增加燃煤量,走现在工业发达国家在 20 世纪初所走过的路,这必将加重酸雨危害的程度。

二、能源需求对环境的影响

目前,世界对能源的需求严重依赖不可再生能源,包括矿物燃料和核能源,以及可再生能源,例如太阳能、水能、风能和地热能等。① 矿物燃料从有机物质中生成,能直接燃烧产生热能。核能源产生于有放射性的同位素,大多数商业性核能是通过铀在反应堆中生成的。可再生能源如太阳能、水能、风能和蒸气通过不同的方法产生,用来驱动抽水机和发电机。

能源转换的每一步都对物质环境有一定的影响,包括从开发到提取、处理和利用的每个阶段。从美国的阿巴拉契亚山脉到西伯利亚西部等世界上的煤矿产地,煤矿开采都造成植被和表层土壤的流失,导致土壤侵蚀和水污染,也带来酸雨和有毒排放。煤矿开采还诱发矿工的癌症和肺部疾病。煤炭燃烧带来了大量对环境有害的气体(如二氧化碳和二氧化硫)的排放。

家庭取暖时燃烧的石油以及内燃机使用的汽油产品将有害的化学物质送入地球大气层,引起大气污染和相关的健康问题。石油在生产和运输过程中发生溢出,造成对水源和生态系统的严重污染。航行于世界各地的油船造成的石油外溢对海鸟和哺乳类动物产生了直接的环境危害。的确,由于石油作为能源被广泛使用,海洋正在遭受严重的污染。

天然气是碳氢化合类能源中毒性最低的,因为它的转换相对清洁。现在天然气是近1/4 的世界商业能源,被认为是 21 世纪增长最快的能源。天然气的储存仍在不断地被发掘,俄罗斯拥有其中的大部分,约占世界天然气储量的 1/3。尽管天然气被认为是比石油和煤更好的替代能源,但它的生产和使用过程也并非对环境没有危害:天然气转换设备有很大的爆炸风险;天然气运输系统中的泄漏和损耗也是大气层恶化的一个原因。

在 20 世纪中期,民用核能作为一种比矿物燃料更清洁的能源被广泛推广。核能被看作解决发达国家急剧增长的能源需求的一种办法,特别是人们认为世界各地的铀储量足够维持几个世纪的使用。尽管核战争是一种普遍的威胁,并且在核能发展的早期就已受到诸多批评,然而面对世界经济系统不断扩张的能源需求,民用核能的"原子时代"被普遍认为是解决这一问题的令人振奋的技术方法。直到核电站发生严重的事故(比如英国温德斯格尔事故与美国三里岛事故),那些关心核能的科学家和民众的呼吁才得到重视。这些呼吁用无可争辩的事实指出了核能源生产中令人质疑的方面,例如核反应堆的安全和核废料的处理问题。1986 年切尔诺贝利核反应堆的突发事件验证了这些问题。自这些事件发生后,许多发达国家减少或停止了它们对于核能的依赖。例如,瑞典在 2010 年前有50%的电力来自核能发电,之后停止了对核能的依赖。

由于矿物燃料所带来的明显的环境污染,水力发电曾一度被视作可行的替代能源。毫不夸张地说,整个 20 世纪在全世界范围内兴起的建坝热潮提高了能源的整体利用率、质量和可靠性。发达国家利用水力能源支持城市扩张,而发展中国家利用水力资源发展经济(还包括水力灌溉、水路和饮用),然而遗憾的是,水坝建设同样对环境有着深远的负面影响。这些影响中最显著的是对下游水流、水蒸发、沉积层、矿物质和土壤湿度、航道、河岸侵蚀、水生物群和水植物群的改变,以及对人类健康的改变。此外,大坝的建造过程极大地改变了周围的地形,这常常引起严重的后果。例如,为建造大坝而清除的树林常常

---

① 白远编著:《当代世界经济(第二版)》,中国人民大学出版社 2016 年版,第 126 页。

导致大面积的洪水。解决此类问题的方法还很难确定,因而许多人认为应当在清楚地认识到建坝对社会和环境的综合成本之后再开始新的大坝工程。

相关案例　重塑能源生产消费体系：绿色能源时代的必然选择

目前,我国的新能源装备制造技术和能力已达到较高水平,光伏、风电、储能等领域的规模发展和技术创新大幅降低了新能源成本,进一步提高了新能源市场竞争力。统计显示,如今我国有超过1/4的电力供应来自清洁能源发电,清洁能源在电力装机中占比已超过1/3。

然而,不可回避的是,作为世界第一能源生产和消费大国,我国面临的能源转型压力仍十分巨大。与发达国家普遍进入油气时代、部分发达国家开始步入可再生能源时代相比,煤炭仍然在我国能源消费总量和增量中占主导地位,这是造成我国大范围雾霾污染、生态环境恶化的主要根源。如果继续这种传统能源发展方式,一旦我们达到发达国家人均能耗水平,无论从资源保障、生态环境来看,还是从能源安全、经济代价来看,我国的能源生产都将难以支撑。可以说,重塑能源生产消费体系,已成为我国经济社会可持续发展的迫切内在要求。

通过广泛借鉴国际领先的发展理念、先进技术、商业模式和制度经验,我国完全有条件、有能力实现能源生产消费体系的根本性变革,到2050年在支撑经济增长6倍左右的前提下,一次能源需求仅比2010年略有增长,二氧化硫、氮氧化物等主要污染物大幅削减到改革开放前水平,实现天蓝、地绿、山青、水秀、宜居、乐业的"美丽中国"发展目标。"道法自然、天人合一",我国古代先哲提出的朴素生态文明理念在全世界产生了深远影响,是中华文化对人类文明的重要贡献。在新的历史时期和发展阶段,重塑能源生产消费体系,探索生态文明发展道路,不仅对从根本上解决我国全面实现现代化面临的能源环境问题具有重要意义,也将为全球应对气候变化、推动人类文明进步作出更大贡献。

资料来源：戴彦德,《解放军报》2017年8月17日。

三、土地使用的改变对环境的影响

人类活动对环境所产生的巨大影响之一要属地球森林植被的减少和改变,因为人类为了开辟耕地和居住地,几千年来不断地对其进行砍伐。人类砍伐森林不仅为了满足人口增长所需要的住所,也为了利用森林中蕴含的巨大资源。世界上的森林覆盖面积已经减少了800万平方公里,占农业社会以前森林资源总量的1/4,森林的不断消失和毁坏被称为森林退化,而目前世界上的雨林退化正以惊人的速度发展。据联合国粮农组织估计,全球的雨林正在以每秒钟0.40公顷(约1英亩)的速度被破坏。今天,雨林的覆盖面积不到土地表面的7%,仅为几千年前雨林面积的一半。然而,雨林的破坏不仅仅在于树木的减少——这种可再生资源的消耗速度远大于其再生的速度,还在于其他极具药用价值的生物成分的减少。雨林的破坏还造成森林自身二氧化碳循环体系的不稳定,这将对全球气候产生深远的影响。

耕地是另一种土地使用的重要形式。在过去的 300 年间,全球用作耕地的土地面积已经扩张了 450%。1700 年,全球的耕地储备相当于整个阿根廷的面积。如今它大致相当于整个南美大陆的面积。发展中国家耕地扩张的原因部分是人口的增长和全球消费需求的增长;部分原因在于农业的全球化,一些产品的生产从发达国家转移到了发展中国家。发达国家耕地面积减少的部分原因在于全球化的结果,部分原因在于通过使用更多的化肥、杀虫剂、农耕机械和农作物新品种等提高了耕地的集约化利用。事实证明杀虫剂对生态系统造成了严重的危害。杀虫剂不仅提高了害虫对化学药品的免疫力,而且还能杀死和损害较大动物尤其是鸟类的基因。农药应用引发的一种基因损害表现为,鸟蛋的壳厚度不够,因而无法保护蛋的完整和其中的胚胎,这种损伤贯穿于小鸟孵化的整个过程。较薄的蛋壳过早地裂开,使胚胎尚未发育成熟就暴露于外界。

当今农业生产者面临的最紧迫问题是土壤退化和水土流失,这些变化正在以高于自然侵蚀上千倍的速度发生。世界范围内的表层土壤流失是一个严峻的问题,因为表层土壤是固定而且无法替代的资源,地球平均每 100—500 年才能生成 10 毫米厚的表层土壤。在一些发展中国家,由于管理不善而造成的土壤侵蚀已经导致荒漠化,即表层土壤和植被永久性大面积地流失。农业除了造成土壤退化和水土流失,还由于过度抽取地下水以及排放受到除莠剂、杀虫剂和农药污染的农用水而对水的质量和数量产生影响。

人类对草地的影响基本上有两种形式。一种是清除草地后用作其他用途,大多数情况下是作为居住地;另一种是被用于生产目的,或作为牧场或放牧,两种用途都是为了饲养牲畜。随着世界范围内对牛肉需求的上升,草地的使用率也在上升。大面积的过度放牧使草地这种资源也面临严重的退化问题。最严重的情况是过度放牧导致荒漠化,其中最典型的例子就是 20 世纪 70 年代以来非洲萨赫勒地区草原的荒漠化。然而,撒哈拉沙漠边缘的草场退化并不仅仅是牧人们不加考虑的过度放牧行为所造成的。严重的干旱、土地退化、不断的饥荒以及应对灾难的传统体系的崩溃共同形成对脆弱资源的巨大压力,导致草地覆盖面的减少和极端的土壤退化。

全球化的压力,特别是工业化所带来的矿物燃料的燃烧、森林资源的破坏、河道上大坝的修建、土地利用格局的大规模变化等都给环境造成了相当程度的破坏。任何事情都逃不脱全球化的影响,尤其是环境。

第五节 世界经济可持续发展的途径

一、世界经济可持续发展的意义

可持续发展包含许多挑战。如何在一个人口日益稠密,对粮食、饮用水、住房、卫生、能源、保健服务和经济安全等需求日增的世界,改善我们的生活,保护我们的自然资源?各国必须重新检查它们的消费和生产形态,致力于负责任的、对环境无害的经济增长方式,携手努力,扩展跨境合作,分享专门知识、技术和资源。为了我们地球及人民兴旺发达,我们能够也必须进行这些改革。①

---

① 周苏欣:《世界经济可持续发展问题的思考》,《中国高新技术企业》2008 年第 18 期,第 2 页。

过去五十年见证了许多人取得了前所未有的经济利益。但是,由于有种种顽固的贫困和发展问题,再加上一些经济体和社会急速发展所产生的副作用,世界上的人力资源和自然资源承受了极大的压力。例如,过去五十年来人口增加了140%,现已有超过60亿人居住在地球上,到2050年,预计地球上的人口将增至90亿人。世界上1/5的人必须靠每日不到1美元维持生计。大约11亿人无法取得安全饮水,因污染饮水和供水不足而起的病占发展中国家所有疾病的10%。发展中国家的婴儿死亡率比工业化世界高10倍。1996年,全世界4 630种哺乳动物类中的25%,9 675种鸟类中的11%,面临极大的灭绝危险。在世界各大鱼类中,50%已达到最大捕捞量,25%受到过度捕捞。毁林进程仍在持续,每年估计要毁掉1 460万公顷,不过,由于森林自然演替和建立林场,已经增加了520万公顷的森林面积。南美洲和非洲的净毁林率最高。发达国家人民使用更多的能源,其人均使用量几乎为发展中国家的10倍。石油占运输业能源消耗量的95%,发达国家运输石油量每年增加1.5%,发展中国家每年增加3.6%。二氧化碳排放量被公认为气候变化的一项主要原因,预计在1997—2020年这一排放量将增加75%。

人类是整个地球生态复杂系统的一部分,地球环境不仅为人类社会生产提供自然资源,而且为人类提供生命支持服务,是满足人类需要的基础。人类对地球环境的长期掠夺式的开发和利用,致使部分自然资源接近耗竭,导致环境污染和生态破坏,已经严重威胁到人类的生存和发展。1992年联合国环境与发展大会以后,世界各国和地区几乎都把协调环境和发展的关系,实现可持续发展,作为重要议程和战略。然而,联合国环境规划署2002年在巴黎发表的全球环境综合报告表明,十年以来全球环境状况仍在恶化,经济的发展对商品、服务需求的增长,正在抵消环境改善的努力。环境退化所导致的自然灾害,对世界造成了6 080亿美元的损失,这相当于此前40年中损失的总和。因此,进一步促进经济发展和环境保护的良性互动,避免和克服两者之间的恶性互动,是人类赖以永续生存和发展的必由之路。

长期以来我们在追求经济快速增长时,往往自觉或者不自觉地选择了非均衡发展战略。这种战略是以牺牲生态环境、就业、职工权益和公共卫生等领域的发展为代价的,或者说是要这些公共领域的发展为经济让路。如何让社会得到均衡、持续的发展?世界经济发展宣言活动对这一经济问题进行了诠释:人与自然和谐共存,实现人口、资源、环境的良性循环,走出"增长等于发展"的误区,为经济的稳定发展提供良好的环境,保持世界经济的可持续发展。

二、世界经济可持续发展的具体措施

实现世界经济可持续发展,是一个具有现实意义和长远意义的重大课题,既关乎世界各国当前的发展进程,也关乎全人类的发展未来。我们应该在以下几方面作出努力:

(一)构建资源节约型的经济发展模式,努力发展循环经济

人类发展的历史经验表明,发展绝不能以浪费资源、破坏环境为代价,否则,将使人们付出沉重代价,最终也会危及发展本身。发展要坚持走科技含量高、经济效益好、资源消耗低、环境污染少、人力资源得到充分发挥的道路。要注重优化经济结构,转变经济增长方式,大力抓好资源的节约和综合利用,提倡绿色生产方式、生活方式、消费方式,实现自

然生态系统和社会经济系统的良性循环。要在资源开采、加工、运输、消费等环节建立全过程和全面节约的管理制度,构建资源节约型国民经济体系和资源节约型社会。良好的生态环境是实现社会生产力持续发展和提高人们生存质量的重要基础。要尊重自然规律,根据自然的承载能力和承受能力规划经济社会发展,同时要积极开展生态环境保护和建设,降低污染物排放,加强对废弃物的再次利用,加快治理环境污染和促进生态修复,保护生物多样性,坚决禁止各种掠夺自然、破坏自然的做法。

(二) 支持和推动发展中国家更好地发展

发展是解决发展中国家各种问题的根本之策,也是解决全球各种问题的基础条件。要推进合作共赢、实现可持续发展,首先要积极推进发展中国家的发展,发达国家应该承担起自己的责任和义务,帮助发展中国家加快发展步伐,尽快缩小日益拉大的南北发展差距。这是实现合作共赢的必然要求,也是实现可持续发展的必然要求。发达国家应切实减免发展中国家的债务,增加对它们的不附加条件的官方援助;应帮助发展中国家加强人才资源开发,增强科技发展能力,挖掘市场潜力,使发展中国家形成自我发展的能力;应转移信息技术,帮助发展中国家和地区从以资源为基础的传统经济向以知识、生产、传播和应用为基础的知识经济转变;应在平等的基础上推进南北对话,同时广泛开展南南合作,加强多种形式的经济技术合作,减少经济全球化可能给发展中国家带来的风险,推动实现共同发展繁荣的目标。

(三) 发展清洁生产与绿色技术

根据联合国环境署的定义,清洁生产是指综合预防的环境策略持续地应用于生产过程和产品中,以减少人类与环境的风险性。对过程控制而言,清洁生产包括节约原材料和能源、淘汰有毒原材料,并在全部排放物和废弃物离开生产过程之前就减少它们的数量和毒性。对产品整个生命周期过程的控制而言,清洁生产要求生产系统的运转对生态系统的消极影响很小,甚至有利于恢复和重建生态平衡,从而使生产既可以保证人们追求高生活标准的愿望,又能够提高环境质量。清洁生产至少应该包括三方面的内容:一是清洁的能源,即通过技术改进和完善,有效利用常规能源,尽可能利用可再生能源,积极开发新能源;二是清洁的生产过程,即通过改良工艺过程,改进生产管理,提高生产效率,少用或尽量不用有害及有毒原材料,并回收未被充分利用的物资;三是清洁的产品,即提高产品质量,保证产品无毒、无害,保护消费者健康及生态环境的安全,并考虑到易于用后回收和循环利用。

清洁生产需要绿色技术的支持。绿色技术是指能减少环境污染,减少原材料、自然资源和能源使用的技术。它又被称为清洁生产技术、低废无废技术。这些技术主要包括:生物工程与信息技术,以核能、风能和太阳能等可再生能源为主的新能源技术等;各种物质回收与综合利用技术,包括废水、废气、固体废弃物无害化处理和回收技术;各种节能降耗技术。当前,世界各国为了各自的可持续发展,纷纷实施清洁生产和绿色技术开发计划,如美国、日本、加拿大、丹麦、芬兰等国就相继实施了"生态标志"计划。

同时,可持续发展问题的解决也有待于世界范围内普遍存在的贫困问题的顺利解决。贫困的形成有国际、国内、社会、经济以及自然等多方面的原因。其中,资源的不合理开发利用和生态环境的恶化是造成贫困的重要原因之一。消除贫困是发展中国家实现可持续发展模式中面临的严重挑战之一,也是世界各国政府应该承担的共同责任,以免形成"贫困—人口增长—资源与环境破坏—贫困加剧"的恶性循环。

阅读资料

一个来自德国农民的绿色能源故事

故事来自遥远的德国北部小镇,一家祖辈四代农民在20世纪90年代开始了绿色能源示范,成为德国能源转型的先锋,开发并运营了本地多座风电场、储能电站、光伏和生物质能电站,成功为全村提供了100%的绿色能源,并帮助全村村民增加了收入。这些项目不仅获得了博世集团的示范项目经济资助,还引起了众多世界级投资银行的关注。这是一个叫Jan Martin Hansen的德国农民开发风能的故事。事实上,正是因为有成千上万个农民Hansen的参与,德国的能源转型才能走在世界前列。

车行至德国北部,人们会被大片风电场吸引,欧美著名制造商的风机矗立于此,从旧型KW级风机到新型3.6MW大型陆上风机一应俱全。但是在20世纪90年代前这里却是另一番景象:大量的玉米农田,农民年复一年在这里耕种,但因为农产品单一、生产低效,农民常常过着青黄不接的日子。大量农民急切希望能增加收入,改变现状。直到有一天,在一个只有700个居民、名为Braderup的小村子里,一个普通农民想到了一个不一样的点子。

去过德国北部的人都知道,当地一年四季风吹不断。在德国北部人民眼中,风是大自然的馈赠。在德国,农产品多为玉米,风能是一个隐藏的宝库。有一天,以种玉米为生的Hansen突发奇想:"如果把风能利用起来会怎样?"

"当我把这个想法告诉其他村民时,大家都说:你疯了吗?"Hansen穿着一身普通的卡其色棉衣,带着一个鸭舌帽,因为上了年纪身体有点肥胖,在一望无垠的草地上边走边回忆着。Braderup是一个远北地区的小村庄,在北海和波罗的海之间,风能资源丰富,当地居民已经习惯了疾风,但没有人想过要把这些风能利用起来。

Hansen只是个农民,没有技术、没有经验、没有资金,最多有一些机械常识。90年代,他与一个来自丹麦的电力工程师合伙并从初装学起,后来陆续吸引了当地200多个村民加入,在村民们集体出资的帮助下取得进一步发展,之后还获得了银行贷款。

最初建起第一台KW级风机时,虽然风非常不稳定,但电网还可以适应并传送清洁电力。随着2005年8台西门子2.3MW级SWT-2.3-101型风机的投产,当地电网常常因传输线路老旧导致超负荷。当时电能因不能储存,给人们带来诸多困扰。

于是Hansen想到:"能不能给风机装一个储能设备?"这样,在风速快、发电多时,可将多余电能储存起来,当风速低、发电少时,又能将储存的电能尽快释放出来,形成电网友好型发电系统。

那么,当地电网该如何发展以消纳100%的新能源呢?当地并不是负荷中心(德国的鲁尔区与南部地区是该国负荷中心),富裕的清洁电力怎样外送?大比例新能源并网下的电力交易怎样实现?至少可以得出一个结论,储能是大规模新能源发展的必然选择!而这些问题的答案要从德国的能源转型说起。

储能开启能源转型新阶段

德国的能源转型起始于20世纪80年代的反核浪潮,2000年新能源法案颁布之后得到进一步发展,最终在2010年前后,新能源成本因大量生产制造而大幅降低,产业发展随之爆发。由于大量新能源投产,很多区域配电网公司既要消纳这些新能源,又要保障供电可靠性,还要有极具竞争力的销售价格,然而因新能源并网而引起的电网频率扰动和输电线路阻塞问题,还无法通过技术手段完全解决(线路规划建设周期长、调频成本高、新能源可控性差)。这使得风电储能有了发展机会。

正是看到这一机会,Hansen开发了参与风电消纳的储能示范项目,并吸引了德国诸多知名投资银行的关注。最终博世集团作为项目投资方,占股50%参与其中。2014年7月11日,第一个社区联合风电项目Braderup-Tinningstedt正式投产运营。

截至目前,该风电储能项目已经安装了250KW/1000KWh储能,由中国大连融科储能技术发展有限公司提供了全钒液流电池电站和2MW/2MWh的锂电池电站,并已平稳运行了两年。Hansen希望在未来储能成本急剧下降时能再次站在能源转型的前沿,将村民集资的所有风电场都装上储能设备,并将其建设成为世界级储能设备的实验基地与新能源的教育基地。

储能助力中国能源转型

在我国东北、西北、华北地区,这样的变革也在发生,众多国内知名储能制造商已经联手新能源发电运营商开展了一些示范项目,如大连融科在沈阳法库卧牛石风电场地区建设的5MW/10MWh风电场配套储能设施,实现了跟踪计划发电、平滑风电功率输出等功能,进而提升了风力发电接入电网的能力。此外,该配套设施还在风电并网运行中发挥作用,确保电网的总体运行更为安全可靠。这是迄今为止我国最大功率和最大容量的全钒液流电池储能系统。除此之外,大连融科公司还将在大连建设200MW/800MWh的液流电池储能电站,作为国家级储能示范项目,旨在助力解决辽宁电网调峰和新能源并网造成的频率波动问题。

在德国Braderup地区农民Hansen的案例中,德国从技术、经济甚至政策层面建立了一套有助于新能源消纳的解决方案,可以供国内光伏扶贫、大比例新能源消纳、主动配电网示范园区参考:从管理角度,提高新能源并网管理功能。根据德国法律相关条款的规定,2009年开始德国新能源发展已经进入第三阶段,要求新能源实现自动化并网。这种自动化并网方案经历了由经验值到理论值的探索,比如德国最近推出的5%原则,即以新能源年发电量的5%为限峰代价换来配电网消纳新能源容量一倍的扩大,此举将大大降低配电网投资。目前德国联邦议会已经批准了此原则,近期该原则也将会被写入德国《能源经济法》中。从规划角度,就地解决新能源并网后的电压问题,加装储能设备就是一个可行方案。从新技术的角度,提倡智能化的主动配电网,以可预测的配电网了解其在未来24小时或48小时内的传输瓶颈,并借助智能市场的方案,提高负荷的灵活性和负荷追踪的经济性。

正是通过上述手段,德国Braderup地区的新能源消纳水平、供电可靠性和过网费用的竞争力都得到了有效提升。Hansen 在上述风电和储能项目之后又开发了光伏、生物质能项目,目前基本达到了全村100%的新能源供给。从20世纪90年代开始 Hansen 带领村民开发的众多风电场,现如今俨然成了村民们的"提款机"。Hansen 是一个朴素又兼具理性和商业思维的人。他努力给后代创造健康、绿色的生活环境,并利用身边的资源创造价值,是一个能源转型的时代先锋。同时,我们应该看到新能源消纳问题不只是中国有,德国的能源转型同样困难重重,但是越来越多储能技术瓶颈的突破,让农民参与新能源发电并脱离贫困不再是梦想。Hansen 先生的努力,更是一个热情的新时代先锋的朴素生活态度。

资料来源:范征,《一个来自德国农民的绿色能源故事》,《中国能源报》2016年12月5日。

本章提要

1. 人类是生态系统的一部分,地球环境不仅为人类社会生产提供自然资源,还为人类提供生命支持服务,是满足人类需要的基础。

2. 长期以来,我们在追求经济快速增长的同时,往往自觉或不自觉地对地球环境进行长期掠夺式的开发和利用,致使部分自然资源接近耗竭,导致生态破坏和环境污染,反过来威胁到人类自身的生存和发展。

3. 面对人口日益稠密,对粮食、饮用水、住房、卫生、能源和经济安全需求日增的世界,人类应走出"增长等于发展"的思想误区,努力构建资源节约型经济发展模式,发展清洁生产与绿色技术,同时支持和推动发展中国家的健康快速发展,从而实现整体、绿色、均衡、可持续发展。

本章思考题

1. 人口老龄化给各有关国家带来哪些社会经济问题?
2. 人力资源是一切资源中最核心、最宝贵的资源。那么,对于发展中国家的经济发展来说,是否应该鼓励提高出生率以追求人力资源总量的增加?
3. 实现全球经济可持续发展有哪些途径?

参考文献

[1] 殷功利,汪艳.世界经济概论[M].合肥:中国科学技术大学出版社,2016.
[2] 白远.当代世界经济[M].北京:中国人民大学出版社,2016.
[3] 池元吉.世界经济概论[M].北京:高等教育出版社,2006.
[4] 张幼文,金芳.世界经济学[M].常熟:立信会计出版社,2005.
[5] 张永安.世界经济概论[M].上海:上海人民出版社,2005.

［6］周苏欣.世界经济可持续发展问题的思考［J］.中国高新技术企业,2008(18):2.

［7］乔治·阿克洛夫.全球气候变暖:我们缺一个激励行动的故事［N］.潘寅茹,译.第一财经日报,2017-07-27.

［8］孟艳.人口老龄化对全球经济发展的影响［N］.中国财经报,2017-09-30.

［9］马新.清洁能源,为创新驱动发展"赋能"［N］.青海日报,2019-01-16.

［10］戴彦德.重塑能源生产消费体系:绿色能源时代的必然选择［N］.解放军报,2017-08-17.

第十一章

当代世界经济热点问题

【教学目的和要求】

通过本章的学习,学生应:

1. 了解"逆全球化"产生的根源,掌握中国应对"逆全球化"的策略。
2. 了解北极区域合作机制的演变过程,掌握冰上丝绸之路的含义及重要意义。

【教学重点与难点】

1. 欧元区发展存在的问题和发展的前景。
2. "一带一路"倡议与亚太区域经济合作的发展与融合。

引导案例

什么是"多速欧洲"?

"多速欧洲"是在欧债危机、难民危机、英国"脱欧"、恐怖主义威胁、多国极右翼势力和民粹主义势头上升等一系列严峻挑战的背景下,欧盟应对成员国经济社会发展差异和不同利益诉求的一种政策选择。2017年3月1日,欧盟委员会主席容克在欧洲议会全会上提出2025年"27国欧盟"的五种设想后,"多速欧洲"(Multi-speed Europe)一度成为热门的争议话题。法国、德国、意大利和西班牙四国一致支持"多速欧洲"设想,但波兰、匈牙利、捷克、斯洛伐克等成员国则明确表示反对,担心自己会被排除在一些关键政策之外,认为一旦实施,将成为导致欧盟解体的最大隐患。在2017年10月召开的欧盟峰会上,法国总统马克龙提出的欧盟改革规划内容再次引发中东欧国家对"多速欧洲"的担忧。

"多速欧洲"并不是一个新概念,它早已存在于欧洲一体化的制度安排与发展实践中。申根区、欧元区就是"多速欧洲"的典型例子。"多速欧洲"模式在欧盟其他领域也得到体现,如英国在1992年《马约》签署后,没有参与到欧盟社会政策领域,直到1997年《阿姆斯特丹条约》签署时,才完全加入欧盟的社会政策。欧盟的不断扩大使之成为一个规模巨大而又日益多样化的区域,不同的国情和发展水平导致成员国对欧洲一体化有不同的态度和利益诉求。"多速欧洲"是针对成员国的不同目标提供不同的解决方案,而成员国可根据自身的情况选择参与。2016年9月16日,欧盟27国领导人举行峰会,商讨英国脱欧公投后欧盟的前景,但在难民、反恐、防卫和经济问题的"路线图"上仍难达成一致,因此"多速欧洲"成为未来欧洲一体化发展的一大可选路径,即有意愿的国家可在防务、货币、税收等领域加速推进一体化,而其他国家可以选择不参与或在以后参与。

虽然"多速欧洲"的实践早已开始,但以前更多的是个案,现在则是作为欧洲一体化发展的基本模式被正式地提出来。申根区、欧元区在11个中东欧国家加入欧盟之前就已存在,中东欧国家没有选择。由于中东欧国家的经济实力和发展水平都低于欧盟的平均水平,2004年5月欧盟的第一次"东扩"就引发了"核心欧洲"和"多速欧洲"的讨论。申根区和欧元区是"多速欧洲"概念最重要的实践,但却让欧盟内部的关系变得复杂,如英国既没有加入申根区,也没有加入欧元区;丹麦加入了申根区,但未加入欧元区;爱尔兰加入了欧元区,却不是申根区国家。在13个新成员国中,有9个加入了申根区,7个加入了欧元区,保加利亚、罗马尼亚和克罗地亚既未加入申根区,也未加入欧元区。如果今后有更多的领域推进"多速"发展模式,无疑会让欧盟内部的关系变得更加复杂,形成更多的小圈子。

"多速欧洲"的设想有其合理性,可能是目前欧洲一体化最现实的选择。按照欧盟官方的解释,"多速欧洲"是一个术语,用于描述一种差异性一体化的设想,即一些有能力并且愿意向前推进的欧盟国家继续追求共同的目标,其他国家随后将跟进。但问题是:其他国家什么时候才跟进?如果长时间未能跟进,对欧洲一体化进程会产生怎样的影响?

美国著名军事家马汉曾说过：一支舰队越大，找到一个适当的方式保持其匀速前进就显得越发重要，因为此时对于敌人来说它的威力不在于无畏舰、巡洋舰或者扫雷舰，而在于这支舰队的整体。如何在通过"多速欧洲"模式推进欧洲一体化的同时，努力缩小成员国之间的经济社会发展差距，促进新老成员国之间的融合与团结，避免出现"核心国更紧密、边缘小国更被边缘化"的局面，是欧盟必须高度重视的。作为一个前所未有的制度创新，欧洲一体化发展的动力机制和发展思路需要从实践中不断地探索。

资料来源：王雅梅，《什么是"多速欧洲"？》，《学习时报》2018年8月27日。

第一节 欧盟与欧元区前景展望

一、欧盟与欧元区发展现状

欧盟于1993年正式成立以来，已经成为一体化程度最高的区域性经济组织。自英国于2020年1月31日正式脱欧后，目前欧盟成员国共有27个。欧洲经济一体化在经历了煤钢同盟、欧洲共同体、欧盟等阶段之后，部分国家达成了放弃本国货币发行权，共同使用欧元的协议。欧元的使用最终将欧盟各国用货币捆绑在一起形成欧元区，从而加深了欧洲一体化进程。2019年，作为一种具有法定货币地位的超国家性质货币，欧元是仅次于美元的全球第二大流通货币与储备货币，在国际支付中的份额约为36%，在国际储备货币中的份额约为20%，在国际市场中起着非常重要的作用。欧洲中央银行具有制定货币政策的权力，欧元区国家实施统一的货币政策。

欧债危机后欧元区出现短暂的经济增长乏力，欧盟通过采用一系列的经济刺激政策，使得欧盟国家经济持续增长、欧元区债务持续改善，国际贸易规模持续扩大，尤其是欧元区内部的贸易量随着欧元区经济的持续复苏不断增加，欧元区经济增速已逐渐趋近欧盟整体水平。根据世界银行的数据，欧盟2017年GDP为17.278万亿美元，其中为欧盟GDP贡献较大的成员国依次为德国、英国、法国；经济增速较大的国家大部分为中东欧国家，这也是欧盟经济较为活跃的新生力量。欧盟经济复苏呈现全面性和整体性。欧债危机后，欧盟成员国的债务水平备受关注，成员国均在削减财政赤字，截至2017年第二季度，欧盟、欧元区的债务水平分别控制在83.4%和89.1%，欧元区债务在持续改善，财政赤字初步得以控制，但是欧盟与欧元区的政府债务削减力度依然有待加强。在对外贸易方面，2017年欧盟对外贸易量也在增加，尤其是欧盟内部贸易份额在逐年上升，欧盟内部贸易份额是指欧盟各成员国之间的贸易值占贸易总值的比例，用以衡量内部贸易比重。欧债危机后，欧盟在加大成员国之间贸易的同时，与非欧盟区域之间的贸易量越来越低。在对外直接投资方面，基于欧债造成的欧盟与欧元区内的财政收入减少，欧盟的对外直接投资逐年降低，欧盟参与国际投资的活动也在减少。在利用外商投资方面，欧盟利用外商直接投资的比例却在逐年增加。在劳动力市场方面，欧盟成员国内的劳动力市场有所改善，但部分成员国的失业率仍然很高。用工弹性的劳动力市场改革释放了大量工作岗位，但是由于劳动力成本增长过快，造成劳动力市场的参与率仍然较低，因此居民的可支配收入虽然有所增加，但是可支配收入的平均水平仍然不高，由此可能减弱欧盟成员国的经济竞争力。

二、欧盟与欧元区发展存在的问题

(一) 欧盟与欧元区的运行机制存在缺陷

欧元区正式运行以来,一直存在着财政制度与货币制度不能协调统一的机制缺陷。欧元区内部虽然建立了欧洲中央银行,货币政策实现了统一,但各成员国却各自拥有相对独立的财政政策,这种统一货币政策与分散财政政策之间存在的不可调和的矛盾,使得各国的宏观调控能力大幅减弱。尤其是欧洲中央银行在制定货币政策时是从整个欧元区考虑的,缺乏灵活性和实效性,面对危机时反应迟滞,严重抑制了债务危机爆发国的经济政策宏观调控能力,致使危机不断蔓延。

根据市场有效分配原则,货币制度主要服务于外部目标,即保持低通货膨胀率和欧元货币币值的稳定;财政制度主要服务于内部目标,解决各国的失业问题和保持经济稳定增长。作为全球区域经济合作和货币统一最成功的案例,欧元区自建立以来一直保持着稳定良好的发展态势,但这一趋势随着美国次贷危机、欧债危机、英国脱欧等事件发生转变。为应对激变的国际外部环境,欧洲中央银行需要调整统一的货币政策,但利率等政策的调整需要以协调、均衡各国的利益为前提,这使得欧元区货币政策的提出总比全球其他各国慢半拍,从而效用大减。而在各国内部,由于缺乏有效的监督制约机制,各国纷纷实施宽松的财政政策来刺激经济发展,从而积累了大量的负债。许多欧元区国家违反了公共债务占 GDP 比例不得超过 60% 的协定要求,在没有相应处罚措施的条件下,进一步加强了欧元区各国的预算赤字冲动,进而增加了债务违约风险。此外,退出机制的匮乏也被指是欧元区运行机制的主要弱点,因为这导致了问题谈判协调过程的过高成本。

(二) 欧盟内部成员国经济发展失衡

欧盟经济的持续复苏有助于改善欧盟的宏观经济失衡,但是欧盟内的经济失衡压力仍然很大。欧盟由不同的国家构成,各国经济发展水平差距较大,既有德国这种世界经济强国,也有希腊这种受债务危机影响严重的经济弱国。经济弱国主要以劳动密集型产业为主,结构较为单一,经济增长缺乏动力,抵御外部风险的能力较差。而经济强国占领了高端市场,扩大了产业竞争力,获得的利益较多。与此同时,经济弱国的资本和劳动力等生产要素逐渐向经济强国转移,进一步弱化了经济弱国的竞争力,并使得这些国家一直处于产业链低端,经济增长长期持续之力。因此,欧元区成员国内部存在着持续性的国际收支失衡,而且作为顺差国的欧元区国家缺乏有效的调整方法。比如,德国有着显著的经常账户顺差,2017 年德国经常账户顺差占 GDP 的 7.8%①,而南欧国家普遍面临显著的经常账户逆差。目前欧元区内部缺乏纠正成员国经常账户失衡的机制,对德国这样的顺差国而言尤其缺少约束机制。持续的经常账户失衡,既意味着资源错配,也会加剧逆差国的债务负担,极易再度引发债务危机。

(三) 英国脱欧决定对欧盟发展的影响

2016 年 6 月,英国公投脱欧,并于 2017 年 3 月 29 日向欧盟递交了脱欧申请,启动《欧

---

① 数据来自德国经济研究所。

洲联盟条约》规定的退出程序。2020年1月31日,英国正式脱离欧盟,结束了47年的欧盟成员国身份。英国是欧盟成员国内人口第三大的国家,按照世界银行2018年的数据,其人口数约占欧盟总人口的13%,英国脱欧将会削弱欧盟的全球影响力。从经济发展的角度来看,英国作为欧盟内部第二大经济体,英国经济增量是欧盟经济的重要构成部分,英国脱欧,欧盟会失去英国的经济带动作用,影响欧盟的整体经济增长。在全球的经济与贸易领域方面,英国脱欧将会影响双方的经贸关系,减少享受欧盟内自由贸易带来的关税等各方面的优惠政策,增加贸易成本,降低英国与欧盟成员间的贸易量,减少欧盟的财政收入,使得欧盟面临财政短缺,同时也将影响欧盟未来在各领域发展的资金投入。欧盟作为世界上综合实力较强的经济体,其科技创新能力较强,英国也是在科技创新能力上具有比较优势,而且技术人力资本充裕,英国脱欧势必会影响欧盟的科技创新能力和未来的经济增长水平。

三、欧盟与欧元区前景展望

在经历欧债危机、英国脱欧等事件后,关于欧洲一体化的未来发展引起了社会各界的关注。欧盟与欧元区前景如何?在《罗马条约》签署60周年即将到来之际,欧盟委员会主席容克于2017年3月1日在欧洲议会就《欧盟的未来白皮书》发表讲话,阐述了英国脱欧后,欧盟未来可能面临的五种发展前景,包括维持现状、仅是单一市场、成员国依意愿联合行动、管得较少但更有效率、一起做更多的事。第一种是维持现状,意味着欧盟将继续关注自身的积极改革议程,包括建立健全内部市场、数字单一市场、能源联盟、资本市场联盟和防务联盟等;第二种即仅是单一市场,意味着欧盟27个成员国未来可能无法在更多的政策领域形成共识,逐渐重新关注单一市场;第三种即成员国依意愿联合行动,意味着"多速欧洲",即在不同领域合作的成员国将继续推行一体化形成多个小联盟;第四种即管得较少但更有效率,意味着欧盟27国在减少关注领域的同时,集中精力处理优先领域的问题;第五种即一起做更多的事,意味着成员国愿意分享权力、资源和决策权,以更快的速度作出决定,并迅速执行,因此欧盟的领导权也得到确认,使得欧盟在所有的领域比以前走得更远。这五种道路,容克没有明确支持哪一个,但明确反对倒退到单一市场,也就是说欧盟不能退化为一个自由贸易区。对于欧盟未来的发展走向,2017年3月召开的罗马峰会发布了《罗马宣言》,宣称在前所未有的挑战面前,欧盟将打造一个安全、繁荣、充满竞争力、可持续、对社会负责的欧盟,愿意并有能力在全球事务和塑造全球化进程中发挥关键作用。27个成员国坚信欧洲的未来掌握在自己手中,将会推动欧盟不同层面的合作与互动。

自2017年起,随着欧盟经济的全面企稳复苏,欧元区经济快速增长,尤其是中东欧成员经济增速较快。当前欧盟与欧元区前景主要有三个可能发展方向,一是未来欧元区的扩张速度将会放缓,有可能出现欧元区成员国扩张停滞甚至缩减。二是欧元区国家进行内部运行机制整合和内部资源整合。当前,在欧元区成员国财政赤字和债务控制有所缓解的情况下,欧元区成员国通过加强预算控制,避免系统性风险发生,同时创建有共同货币、统一财政机制的财政联盟,促进各种要素在欧元区成员国内的自由流动,增加就业机会,降低失业率,促进欧元区成员国的经济增长。三是由于欧元区国家内部改革充满不确定性,未来发展必然会伴随着阵痛,欧元区的一些利益受损国家可能不愿意共同承担风险,有可能选择放弃欧元,退出欧元区。目前来看,"多速欧洲"是欧盟当前面对发展现状和问题所作出的选择,即根据成员国的经济发展特点和意愿,在部分领域组成若干个小联盟进行合作,各成员国参与一体化的程度不同,速度不一致,但是一体化的本质不变,通过先行联盟的发展逐步扩展到整个欧元区及欧盟。

第二节 "逆全球化"及对世界经济的影响

相关案例 "美国优先"挡不住新型经济全球化进程

如今,已持续数月的中美经贸摩擦,越来越成为举世瞩目的焦点。美方施压的内容之广、力度之强,前所未有。事态发展不仅给中国等国家和人民造成伤害,同时也越来越明显地伤及美国经济,祸害美国企业,特别是中低收入人群。正是因为如此,美国一些政要和各界人士,同世界众多国家和人民谴责美方一意孤行之举,呼吁美国政府顺应和平发展、互利共赢、开放融通、变革创新的时代潮流,改变"美国优先"的霸权政策,同中方和国际社会一起,重新走上顺民意、得民心的发展繁荣之路。

从"美国优先"出发推行的"民粹主义"和贸易保护主义政策,以及"反全球化""逆全球化"政策,得不到世界各国人民的赞同,相反受到普遍谴责和抵制。所谓"美国优先",就是在对外关系上,一切只是为了实现"美国利益",不惜强制执行美国自己的贸易规则和政策。近两年来,美国陆续启动的政策包括:强令美国企业家回国投资办厂,工作岗位就给美国人;对外来商品运用"惩罚性关税"进行抵制,要求"美国人就买美国货";单方面随意推翻共同形成的国际协议,重新进行更有利于美国一方的谈判;沿邻国国境线建围墙,堵住外来者"抢"美国人的工作;挥舞"汇率操纵国"大棒,企图遏制他国货币挑战美元霸权地位,等等。

"美国优先"只会加深美国孤立,解决不了美国自身发展面临的问题,遏制不了中国实现民族振兴目标的前进步伐,更改变不了世界多极化格局,阻挡不了国际社会合力构建人类命运共同体和发展新型经济全球化的世界进程。

尤其是中国坚持改革、扩大开放,在中国特色社会主义道路上稳健前行,面对内外风险和挑战表现不凡,对全球经济稳定发展继续作出很大贡献,向世界鲜明地展示中国共产党的执政力和社会主义制度的优越性,中国在全球的影响力、吸引力空前扩大和加强。可以说,世界经济发展的重心与活力,正在势不可挡地继续东移。

中国明确倡导国际社会共同构建人类命运共同体,呼吁携手合力建设一个持久和平、普遍安全、共同繁荣、开放包容、清洁美丽的友好世界。中国这样发声,也照此践行,表明了社会主义中国坚持同世界各国、国际组织和机构一起推进这个伟大进程的决心,履行着以中国信心、中国力量为基础的中国贡献的承诺。

资料来源:《"美国优先"挡不住新型经济全球化进程(新征程新篇章)》(节选),人民网—人民日报海外版,2018年10月9日,http://world.people.com.cn/n1/2018/1009/c1002-30330072.html,访问日期:2020年5月6日。

近年来,"逆全球化"的风潮正在兴起,从欧洲到美国,从英国脱欧到特朗普当选美国总统,一次又一次的"黑天鹅"事件不断冲击着当代经济的全球化惯性。作为"逆全球化"的最主要表现,此起彼伏的贸易保护主义也正在越来越多的国家蔓延。全球贸易增速持续下滑,除了与世界经济增速放缓有关,还与贸易保护主义抬头有较大关联。当然,从某种程度上说,贸易保护主义抬头同样也源自低迷的全球经济形势。在全球贸易保护主义又处于新的上升周期背景下,中国自然无例外地继续成为最主要的目标区域。长年以来,中国一直都是全球遭受反倾销和反补贴最多的国家,2018年1—11月,中国产品共遭遇来自28个国家和地区发起的101起贸易救济调查。其中,反倾销57起,反补贴29起,涉案金额总计324亿美元。与上年同期相比,案件的数量和金额分别增长了38%和108%。^①而就在特朗普2017年访华前夕,美国商务部仍借助铝箔反倾销案件调查将中国继续视为"非市场经济国家",从而得以继续在对华反倾销调查中使用实已非法的"替代国"做法。根据WTO的相关规定,WTO成员对中国反倾销的"替代国"做法须于2016年12月11日终止,但从目前形势来看,欧、美、日等发达国家和地区恐难履行承诺。因此,在全球各国共同面临低迷的外部经济环境下,更多的贸易保护使得我国出口贸易在所遭受的负面外部因素方面雪上加霜。

一、"逆全球化"风潮的根源解析

(一)全球关系层面:经济新旧动能转换与利益重配

本质上,当前发达国家掀起的所谓"逆全球化"风潮是对当下全球经济秩序的不满,是对以中国为代表的新兴国家在快速融入全球经济秩序后致使发达国家的利益相对缩减的不满。中国自2001年加入WTO这一由美国主导的全球经济秩序后,开始进入新世纪的经济快速发展阶段,并以空前的广度和深度融入全球经济活动。特别是金融危机后,以中国为代表的新兴经济体成为全球经济增长的新动能,相比而言,欧美等发达经济体在影响力上的旧动能则在逐渐衰减。经济全球化新旧动能转换引致经济体利益分配失衡,进而引发发达国家的利益调整是当下"逆全球化"风潮的根本原因。在此背景下,中国成为美国主导的原有经济秩序下的最大赢家,美国不愿让中国等新兴经济体继续"搭便车",继而开始提出秩序调整诉求。以美国为代表的诸多发达国家共同拒绝中国本应在加入WTO 15年后自动获得的市场经济地位就是最直接体现,从奥巴马的TPP构建到特朗普的"美国优先"皆是如此。领导全球治理,在获得巨大利益的同时,也需要付出极大代价,只不过如今在发达经济体看来,这种代价的性价比已丧失殆尽。

(二)战略关系层面:国际公共品的供给收益锐减

在对外经济战略布局方面,毋庸置疑,当前全球经济秩序是美国在第二次世界大战后主导构建的,尤其自20世纪80年代跨国公司强势发展以来,美国主力推动了经济全球化的极速扩张。因此,以美国为核心的国际经济秩序是当下世界各国对外经济发展的主要

---

① 数据来自2018年12月13日商务部新闻发言人高峰在新闻发布会上的发言。环球网,《商务部:这四国2018年对中国发起贸易救济调查最多》,http://world.huanqiu.com/exclusive/2018-12/13796461.html? agt = 152,访问日期:2020年5月20日。

环境，各国均从融入这一国际市场环境中获得了收益，当然，美国获得的收益更多。进入21世纪以来，尤其在金融危机发展的背景下，经济全球化给美国等发达国家带来的收益逐渐消退，取而代之的是内部愈加扩大的贫富差距和社会分化问题。前文已经提到，特朗普的出现正是美国国内问题激化的结果。要解决这些内部问题，作为世界经济秩序核心的美国，无论内政还是外交政策，本质上都是采用提供国际公共品的方式来影响自己，影响世界。只不过美国长期以来提供的正向国际公共品更多，如在货币政策制定方面，当然首先考虑的仍是美国利益，但也兼顾国际经济环境。但现在，伴随国际公共品给美国带来的供给收益的持续减退，在国内问题逐渐显露的情况下，以特朗普为转折点，越来越多的负向国际公共品正被美国推出以影响世界。税改法案的通过以及当下贸易摩擦的频频爆发就是最典型的行为，也是当下美国孤立主义和极端自私性的主要表现。

（三）国家关系层面：新老大国交替的"修昔底德陷阱"危机

随着中国在经济、政治、军事等全维度的发展，对西方国家而言，中国崛起已经成为自冷战结束以来最大的地缘政治事件，尤其在美国近年愈发吹捧中国大国地位并采取成体系遏制战略的影响下，新老大国交替而非共存的"修昔底德陷阱"已经成为新时期中美两国之间越来越难以跨越的关系危机。特别是在经济发展层面，面对美国制造业的发展减速，特朗普自竞选期间开始，便一直坚持以恢复就业、制造业回归、扩大基建投资等为基础的美国经济复苏计划。基于国家经济利益制定发展规划理应是任何一届政府的主要职责，但将国家经济利益的所谓流失全部归咎于外部经济的负面影响显然有失偏颇。前美联储主席伯南克就曾提出，在美国中产阶级制造业的工作岗位流失这一问题上，技术进步才是最重要的一个因素。就产品而言，美国产出的份额并没有下滑非常大，但问题是制造业的效率越来越高，因此特朗普强调的制造业回归并不现实，而将推动"美国再次伟大"的政策侧重于对外经济孤立则更没有治本。遗憾的是，特朗普政府仍坚持以中国严重损害美国的知识产权利益为由，借贸易政策工具，计划对中国刚刚起步的制造业发展进行全面遏制，无视中美两国合作的巨大空间，更有失大国风范。以中国为代表的快速崛起的新兴发展中国家，已然对以美国为代表的老牌资本主义国家产生了所谓的"地位威胁"，新老大国交替的"修昔底德陷阱"已是摆在经济全球化面前的事实，也是各国未来需要解决的核心问题。

二、"逆全球化"风潮对中国发展的影响

（一）竞合关系将成为未来中国与发达国家间关系发展的常态模式

伴随我国整体对外经济影响力与国际地位的显著提升，中国与以美国为代表的西方发达国家关系正进入一个新的再平衡阶段。例如，双边关系方面，中国崛起造成的双方力量对比变化，地缘政治秩序需要再平衡。经济方面，我国产业结构在常年接受发达国家产业转移影响下的转型升级效应已经显现，中国与西方发达国家在产业结构上的重叠趋势愈加明显，未来双方之间的产业竞争将成为主旋律，而特朗普上台后主打的制造业回流政策正加速这一趋势，美国尤其担心我国国家层面重点扶持的高端制造业会严重挑战美国核心产业的竞争地位。多边关系方面，"一带一路"倡议正快速提升中国在区域秩序协调管理方面的影响力，这在特朗普上台后的"退出主义"映衬下更加明显。总而言之，竞争超

越合作正成为当下中国与发达国家关系的主要标签,竞争性因素第一次摆在合作关系前面,竞合关系成为发达国家需要面对的对外经济发展新形势和新问题。正是考虑到这一核心问题的重要性,再加上美国国内激化的经济民族主义矛盾与美国优先诉求,特朗普在竞选期间便对中国冠以"汇率操纵国""贸易逆差国""征收高关税惩罚政策"等标签引发全球关注,但他又在上任伊始邀请习近平主席赴美会面,并共同开展两国经贸谈判的"百日计划",创下了美国总统与中国开展合作速度之最。而后,特朗普又在频繁针对中国开展"301"调查和不承认中国市场经济地位的背景下高调访华并与中国开展合作,但在2018年再次一反常态掀起中美贸易风波。可以看出,针对中美两国之间的竞争与合作关系,特朗普仍在不断探索,试图寻找新的平衡点,以达到既缓解国内矛盾又不失去两国合作福利的目的。

近两年,以发达国家为主要群体的"逆全球化"风潮渐起,特朗普政府"退出主义"中的多数内容均是以贸易保护为核心。根据IMF的预测,虽然全球经济增长势头在2017年出现了明显恢复迹象,并在过去六年来首次上调了2018年全球经济增长预期,但全球经济发展的基础仍不稳固,阻碍因素较多,"逆全球化"趋势并没有得到有效遏制。英国经济政策研究中心2017年发布的《全球贸易预警》报告显示,自2008年金融危机发生至今,二十国集团中除欧盟的全球19个最主要国家,共发生了2 300项左右的贸易促进措施,而贸易限制措施则多达7 000项,这其中又以美国发动次数最多,达1 200项,占比约为18%。在全球贸易保护主义处于新的上升周期的背景下,中国自然无例外地继续成为最主要的目标区域。伴随发达国家在经济全球化中竞争力的相对弱化,竞合关系将会更可能成为发达国家与我国发展关系的主基调,未来中国与发达国家之间的关系处理亦将更加复杂化。

(二)中国制造业面临产业链高端回流与低端流失的双重挤压

我国外贸增速除了受到低迷的全球经济环境影响,自金融危机发生至今的制造业生产格局变化引致的贸易格局改变也是深层次原因。这种变化主要体现在,一方面,基于经济复苏的迫切需求,为增加就业,发达国家纷纷提出重振工业的发展规划。美国的"再工业化"计划即是奥巴马政府自上台就确立的重大国家战略,自2009年以来一直在推动制造业回归,如今伴随有"美国优先"标签的特朗普上台,这一趋势更加明显。作为老牌工业强国的德国也提出所谓的"工业4.0"战略,进一步巩固、升级德国在全球制造工程行业中的领导地位。欧盟在2012年提出的"新工业革命"计划本质上也是立足"再工业化"以重振欧洲经济,且并不是简单地在现有产业结构上提升制造业比例,而是尝试引领新兴产业的发展潮流。这些主要发达国家和地区的不同版本的"再工业化"计划,使得制造业产业链的中高端甚至是少数低端部分开始回流至发达经济体,一定程度上损耗了发展中国家在制造业上的优势积累。

另一方面,由于较东南亚区域在生产要素成本方面的相对上升,我国正逐渐失去对跨国公司投资的吸引力。根据亚洲鞋业协会的调查数据,自2008年金融危机至今,受制造业成本上升的影响,我国向东南亚国家流失的订单占比已达30%。如今在中美贸易摩擦的背景下,为避免贸易争端带来的损害,中国制造业中的出口主力(即大部分的贴牌生产企业和设计代工企业)或将生产力转移至成本更低的东南亚地区,甚至因减税获利直接回到美国国内设厂,这都会加速我国逐渐显现的"去制造业"趋势。高低端产业部门流失的共同作用,使我国在高端产品和低端传统优势产品的生产方面同时遭受挤压,也使中国制造业面临的国际生产格局空前严峻。

（三）新一轮全球产业技术革命风潮中的价值链分工压力

当前,世界经济发展正处于产业革命和技术革命的酝酿期,美国凭借依然领先全球的技术研发基础、金融服务和技术产业化优势,极有可能再次占据全球科技革命发展的制高点,尤其在特朗普一系列组合政策的"美国利益"刺激作用下,或将继续维持美国产业技术发展的世界领先地位。但这是以牺牲他国经济发展利益为代价的,将严重侵蚀以中国为代表的发展中国家自第二次世界大战后逐步积累的全球价值链分工地位。中国较美国在硬件制造方面的价值链分工优势将会逐渐丧失,这自然会对中国在全球产业技术革命大潮中的经济转型发展形成更大挑战。

三、"逆全球化"风潮下中国的发展策略

（一）不盲目追求全球领导者地位,强调全球共同治理观

自"一带一路"倡议提出以来,中国的国际经济影响力显著提升。从 2014 年的 APEC 北京峰会,到 2016 年的二十国集团杭州峰会,再到 2017 年的"一带一路"国际合作高峰论坛,有媒体评论,这是中国从对接全球化到推动全球化的最直接体现。确实,以"一带一路"倡议为例,中国作为倡议国引起全球高度关注,这在中国近代史上尚属首次,理应感到振奋和自豪,但更重要的是要在喷涌的大国思潮中回归理性。从曾经的英国到如今的美国,可以看出推动甚至引领全球化,不仅仅是需要规模庞大的经济体量或市场规模,更需要全球领先的科技水平与知识创新能力,还有全球产业的宏观转移与跨国公司的微观引领,而我国在这些层面与美国相比仍有较大差距,更何况特朗普政府代表的美国如今正在尝试重塑全球经济的利益分配,并没有放弃对全球经济的领导权。因此,在全球利益格局重配的"全球化钟摆期",中国应紧抓发展机遇,借助"一带一路"倡议,以国家利益为核心,继续推进经济改革,为他国提供经验借鉴,以稳健的大国心态继续提升国际影响力和话语权,推动与美国等世界大国共同参与全球治理,强调共商、共建、共享的全球治理观,这才是作为当今最大发展中国家对全球经济发展应有的贡献,中国对外经济在未来相当长的一段时期内仍需继续坚持韬光养晦的核心发展逻辑。

（二）实现"一带一路"平台在国家发展与全球治理上的有效平衡

受发达国家民粹主义浪潮、欧美政局动荡、恐怖主义事件频发等因素的影响,全球地缘政治呈复杂关系演变态势,仍处深度调整期的世界经济复苏进程风险加剧,全球治理再次陷入赤字格局。正如习近平主席在"一带一路"国际合作高峰论坛开幕式上的主旨演讲中所提到的:"从现实维度看,我们正处在一个挑战频发的世界。世界经济增长需要新动力,发展需要更加普惠平衡,贫富差距鸿沟有待弥合。地区热点持续动荡,恐怖主义蔓延肆虐。和平赤字、发展赤字、治理赤字,是摆在全人类面前的严峻挑战。"面对全球治理赤字的复杂局面,"一带一路"合作平台的实施无疑将起到明显的积极改善作用。需要明确的是,全球治理需要全球参与,非单个国家力所能及,"一带一路"在全球治理功能上的核心原则在于共建,是众多国家共同参与、共同筹资、共同推动的合作治理平台,这也是在当

前发达国家旧有地缘政治治理失灵的背景下"一带一路"在全球关系管理上的价值所在。但正如前文所说,作为"一带一路"倡议的发起国,我国尚不具备引领全球治理的能力,但"一带一路"平台是我国进一步参与全球治理的最好机遇。另外,我国提出"一带一路"倡议当然以国家经济发展为最核心目标,因此将"一带一路"定位于国家对外经济合作和人文交流的平台具有重要意义,国内外舆论中近期不断出现的"全球重大战略平台"等过度解读应予以遏制。从这一角度来说,在"一带一路"实现良好开局的背景下,我国下一步应重点做好该平台在国家发展与全球治理功能上的协调与平衡工作,毕竟国家发展是根本,全球治理也是实现国家外部发展的主要途径。

(三) 坚持战略定力与开放型对外经济政策,构建全面开放新格局

在特朗普政府国内新的经济政策中,热度最大的当属大幅减税法案,将对美国企业的投资回笼和外资的引入形成足够的诱惑力,对类似中国的以往热门投资目的国更可能形成资源虹吸效应。因此对中国而言,需要提高警惕,颁布制定更全面的应对措施以缓解可能形成的严重冲击。当然,这并不是说中国也要步当下欧美国家所谓"逆全球化"的后尘,而是要在特朗普政府一系列反常规政策的颁布实施下,在维护国家核心利益的基础上,对外继续承担与我国当前国际地位相匹配的国际责任,如积极推动"一带一路""区域全面经济伙伴关系"、亚洲基础设施投资银行等的正常运转等。伴随国家经济实力的质变型绝对增长,中国在国际上的影响力和地位亦得到显著提升,面对美国制定的长达半个多世纪的全球经济秩序,中国正在从以前的"排斥"到"学习",再到"适应",并演变至如今的"主动影响"。虽然当前国际经济秩序在大国权力的赋予、利益分配和监督等方面存在诸多不足,引发中国对现有秩序的不满,但总体来看中国仍是现有秩序的受益者。前文已分析到,中国并不具备挑战现有秩序的能力,因此在这种背景下,面对美国对外经济发展的新特点与特朗普新政,中国对外经济发展应坚持战略定力,坚持国内供给侧结构性改革的动力,坚持以国家利益为核心的开放型对外经济政策。正如十九大报告所提出的,"中国开放的大门不会关闭,只会越开越大。要以'一带一路'建设为重点,坚持引进来和走出去并重,遵循共商共建共享原则,加强创新能力开放合作……创新对外投资方式,促进国际产能合作,形成面向全球的贸易、投融资、生产、服务网络,加快培育国际经济合作和竞争新优势",推动形成全面开放新格局。

第三节 "一带一路"倡议与亚太区域经济合作

一、"一带一路"倡议

2013年,习近平主席在访问哈萨克斯坦和印度尼西亚时,分别提出了建设"丝绸之路经济带"和"21世纪海上丝绸之路"的倡议。2015年3月28日,国家发改委、外交部、商务部三部委经国务院授权,联合发布《推动共建丝绸之路经济带和21世纪海上丝绸之路的愿景与行动》,从时代背景、共建原则、框架思路、合作重点、合作机制等方面阐述了"一带一路"倡议的主张与内涵,提出了共建"一带一路"的方向和任务。

中国提出"一带一路"倡议,秉持包容性发展的理念,强调推动全球化更加包容和平衡的发展,通过实施"一带一路"倡议,与世界各国共同发展和进步。"一带一路"倡议致力于

编织一个连接中国、中亚、东南亚、南亚、非洲、欧洲的开放式网络,该网络不是正式的联盟,也不具有规则导向的国际制度性质,而是一个覆盖全球65%的人口、世界1/3的GDP以及世界1/4的贸易规模的互联互通共同体。①②

二、亚太区域经济合作

作为世界上几乎囊括所有政治制度和经济形态的地理区域,亚太地区范围内的国家在政治制度、经济发展水平等方面的复杂差异程度是世界独一无二的,正因如此,与欧洲、美洲、非洲等相比,亚太地区的区域经济合作一直处于一种非制度性合作的不稳定状态,综合发展水平较为落后。亚太区域经济一体化进程缓慢,甚至近年来亚太区域经济合作出现了不稳定和停滞状态。

(一)亚太区域经济合作的特点

1. 亚太区域经济合作的无序性

过去亚太区域一体化以美国为主导,其"亚洲再平衡战略"企图把中国排除在外,亚太区域一体化进程因不能满足各方需求而困难重重。例如,中日韩自由贸易区和东盟"10+3"的进程阻力重重,区域全面经济伙伴关系谈判一波三折,美国退出跨太平洋伙伴关系协定后又抛出"印太战略",整个亚太区域经济合作进程不断出现干扰因素甚至中断。此外,亚太区域贸易协定和投资协定数量的不断增加,导致多边贸易体制的碎片化,这种碎片化又致使协定之间互相掣肘、低效无序,特别是边界内纷繁复杂的规则阻碍了资源配置。因此,亚太区域经济合作体系出现了一定的无序性。③

2. 亚太区域经济合作的失衡性

传统上,亚太区域经济合作呈现为一系列的失衡。一是区域贸易协定的数量与质量失衡。亚洲的区域贸易协定数量全球最多,但亚洲一直缺少统一的区域经济一体化组织。二是大国与小国的失衡。由于大国之间的矛盾,区域经济合作的主导权很大程度上掌握在小国(或小国集团)手中。区域全面经济伙伴关系协定就是一个典型的例子。三是域内国家影响力与域外国家影响力的失衡。从亚洲金融危机开始,作为域外国家,美国一直主导着亚洲区域经济合作的发展进程和方向。④

(二)亚太区域经济合作的相关机制

亚太区域经济合作的多边贸易体制呈现碎片化、无序化状态,在此仅列出涉及亚太区域经济合作的具有一定影响力的部分机制。

1. 以美国为主导的"印太战略"

2017年11月初,美国总统特朗普在访问亚洲时,高调宣示"印太战略"将成为美国新政府的亚太战略。随后美国以"印太战略"为新支点,力促构建美、日、印、澳四国"基建朋

---

① 王栋、曹德军:《"一带一路"倡议与全球治理》,《再全球化:理解中国与世界互动的新视角》,2018年1月,皮书数据库。
② 本部分可参见第九章第三节"一带一路"与中国经济展望,此处简略。
③ 刘翔峰:《"一带一路"倡议下的亚太区域经济合作》,《亚太经济》2018年第2期,第5—10+149页。
④ 李向阳主编:《亚太地区发展报告(2017):特朗普政府的亚洲政策及其影响》,社会科学文献出版社2017年版。

友圈",联手共推印太地区基础设施建设投资新方案。美国提出"印太战略"旨在填补其退出跨太平洋伙伴关系协定后出现的"权力真空",便于美国继续从该地区获取经济利益,形成一个与"一带一路"等地区倡议直接竞争的工具。在特朗普政府看来,印太地区基础设施建设资金需求非常大,而来自美国及其伙伴国富余的私有资金可满足此需求。根据美国的设想,印太基础设施建设投资方案将以日印"亚非增长走廊"等计划为基础,吸引澳大利亚等国参与,加大对地区内具有战略地位国家的基础设施投资,初步形成南亚次大陆"公路网"及印太"港口链"。美国希望向印太地区国家提供除"一带一路"倡议之外的选择,不仅帮助印太地区推动高质量基础设施建设,还将与该地区国家搭建战略能源伙伴框架。①

2. 以中国为主导的"一带一路"倡议

中国倡导的"一带一路"得到了越来越多国家的认同。就其范围来说,"一带一路"并不限于亚洲国家,但它的起点和主体都是亚洲国家,比如在目前推动的六大经济走廊中有五个面向亚洲国家。作为一种新型的区域经济合作机制,"一带一路"有别于现有的区域贸易协定。如果说现有的区域贸易协定都属于规则导向型的,那么"一带一路"则属于发展导向型的,即它并不寻求首先构建一整套复杂的规则体系,而是依照能否促进共同发展的目标确定灵活多样的合作机制。具体来说,"一带一路"可以界定为:以古丝绸之路为纽带,以互联互通为基础,以多元化合作机制与义利观为特征,以实现命运共同体为目标的新型区域经济合作机制。上述定位一方面适应了亚洲政治、经济、社会、文化、宗教发展的多样性,另一方面顺应了绝大多数发展中国家期望发展的共同诉求。由于"一带一路"的发展导向型特征,它与规则导向型的现有区域经济一体化组织并非相互替代的关系,而有可能做到并行不悖,相互补充。在这种意义上,"一带一路"是中国向亚太地区提供的一项制度性公共产品。②

3. 以亚太国家为主导的区域经济合作机制

(1)全面与进步跨太平洋伙伴关系协定(Comprehensive Progressive Trans-Pacific Partnership,CPTPP)。2017年1月,美国总统特朗普上任后签署行政令,正式宣布美国退出跨太平洋伙伴关系协定(TPP)。日本政府开始主张即使美国缺席也要推动TPP的新方案。2017年11月,日本与越南共同宣布除美国的11国就继续推进跨太平洋伙伴关系协定正式达成一致,11国将签署新的自由贸易协定,新名称为CPTPP。2018年3月8日,日本、加拿大、澳大利亚、智利、新西兰、新加坡、文莱、马来西亚、越南、墨西哥和秘鲁11国代表在智利首都圣地亚哥签署CPTPP。

然而,与TPP相比,CPTPP的发展道路并不平坦。首先,规模小,标准低。CPTPP的人口占世界人口的比例下降近1/3,贸易额也由TPP时的25.7%下降到现在的14.9%。由于美国退出,TPP 11国对2015年签署的协议进行了重新协商,使得规则的制定和生效条件都大打折扣。其次,成员国内部矛盾依然难调。美国退出后由日本承担了主导CPTPP的重担,而日本在国内经济复苏乏力、国际竞争力下滑的情况下,能否发挥11国的协调和

---

① 印太战略能否撼动"一带一路"? 华语智库,2018年8月11日。
② 刘翔峰:《"一带一路"倡议下的亚太区域经济合作》,《亚太经济》2018第2期,第5—10+149页。

引领作用值得商榷。①

（2）区域全面经济伙伴关系协定（Regional Comprehensive Economic Partnership，RECP）。RECP涉及东南亚国家联盟10个成员国（文莱、印度尼西亚、柬埔寨、老挝、缅甸、马来西亚、菲律宾、新加坡、泰国和越南）以及6个位于亚洲和大洋洲的非东盟国家（澳大利亚、中国、日本、韩国、新西兰和印度）。RECP包含了世界上人口最多的两个国家（中国和印度），以及世界第二大经济体和第三大经济体（中国和日本）。在RECP中，东盟成员国的GDP达到2.6万亿美元，人口数达到6.22亿；而非东盟成员国的GDP达到19万亿美元，人口数达到28亿人。

关于RECP的谈判包括几个组成部分：消除成员国之间的商品关税和非关税贸易壁垒；消除成员国之间服务贸易可能存在的限制和歧视性措施；促进成员国之间的投资流动；经济技术合作；实施知识产权保护；促进竞争；建立争端解决机制。②

三、"一带一路"倡议与亚太区域经济合作的特征比较

经过40年改革，中国的对外开放战略更加注重统筹国际国内两个大局，通过对外开放促进国内发展。无论参与亚太区域经济合作还是主导"一带一路"建设都是以开放促进发展，从目前看"一带一路"倡议和亚太区域经济合作各有特点，"一带一路"以基础设施重大项目建设为重点，亚太区域经济合作则更多地以自由贸易区为合作起点。"一带一路"构想的是一个以中国为主轴的生产和消费的大网络，亚太区域经济合作主要是以中国和美国为两端的生产网络和消费网络。中国是"一带一路"倡议的提出者和主导者，在亚太区域经济合作中则是主要参与者。

（一）"一带一路"倡议和亚太区域经济合作构建不同的贸易网络

亚太区域经济合作主要靠两个轮子驱动，即贸易和投资的自由化便利化，由此形成了亚太区域的生产和消费网络。由于亚太区域国家经济发展水平参差不齐，互补性强，其合作潜力远未释放，因此合作前景广阔。在这个网络里，中国过去通过利用外来投资承接发达国家的制造业转移，发挥加工贸易优势，贸易成为经济增长的主要推动力；亚太其他发展中国家也在积极吸收发达国家直接投资的过程中，迅速地融入亚太生产网络。各国结成利益共同体，充分利用地缘优势，推动亚太区域全产业链深度合作，形成优势互补的产业网络，利益交汇性不断增强。

中国的"一带一路"倡议，通过对沿线区域大量投资形成多条产业链，希望最终形成生产和消费的综合网络，并主导生产和消费网络。因此，"一带一路"倡议在转移产业的同时，将形成周边国家的最终消费品市场，将经济实力转化为地区影响力，打造亚洲内陆的生产网络和消费网络。这样，既能照顾到沿线国家的可持续发展，有意识地形成周边国家的最终消费品市场，也可以更多地消化我国工业化进程中日益增长的工业生产能力。可见"一带一路"网络与亚太区域经济合作网络是相互依托、相互补充的，既有重合又有不

---

① 孙玥：《TPP到CPTPP：背景、影响及中国的对策》，《商业文化》2017年第11期，第29—33页。
② Caesar B.Cororaton，"Potential Effects of the Regional Comprehensive Economic Partnership on the Philippine Economy"//王灵桂主编，《中国：自信坚定地走近世界舞台中央》，社会科学文献出版社2017年版。

同,能够共同推进,共同发展。

(二)"一带一路"倡议和亚太区域经济合作构建各自的合作模式

1."一带一路"是带状合作

"一带一路"通过六条走廊推进区域共同发展,契合我国对外开放和结构转型的需要。"一带"是陆上合作通道,以我国西部为源头,通过中亚和西亚,终点为欧洲。我国中西部地域辽阔,占国土面积的 2/3,通过开发振兴,与东部一起承担着"走出去"的使命,这使我国对外开放的地理格局出现了重大变化。"一带一路"倡议的关键工程是中蒙俄、新亚欧大陆桥、中国—中亚—西亚、中国—中南半岛、中巴、孟中印缅等六大经济走廊,这是陆上丝绸之路经济带的重要载体。"一路"为 21 世纪海上丝绸之路,包含海上合作的两条通道,从中国沿海港口过南海到印度洋,延伸至欧洲;从中国沿海港口过南海到南太平洋。"一路"的终点也是欧洲,建设海上丝绸之路将促使中国与东南亚、南亚、中亚、非洲、阿拉伯、拉丁美洲国家的经济关系升级,对推动亚太区域一体化具有积极作用。

2.亚太区域经济合作是圈状结构

亚太区域经济合作与"一带一路"不同,以自贸协定为主,是层层推进的圈状结构。亚太区域经济合作的多层次、多方位的自由贸易区建设一直在进行中。20 世纪 90 年代初,东盟推进区内自由贸易区建设(AFTA),逐步发展成由 10 个成员国组成的、人口数亿的一个开放市场。中国加入后,这一市场由线性转变为网络连接,发展成"10+1"的区域性生产网络。1989 年亚太经济合作组织(APEC)成立是亚太经济合作的重要里程碑,美国 2006 年提出亚太自由贸易区(FTAAP)谈判,2009 年提出跨太平洋伙伴关系协定(TPP)谈判。中国于 2004 年推动构建东亚自由贸易区(EAFTA),日本 2006 年牵头开展东亚紧密经济伙伴关系(CEPEA,10+6)的可行性研究,2011 年实质性推动了区域全面经济伙伴关系(RCEP)的谈判并进行了多轮谈判。APEC 成员 2014 年就推进亚太自由贸易区协议(FTAAP)进程达成基本共识,提交集体战略性研究报告,但具体推动仍有很多未定因素。

四、"一带一路"倡议与亚太区域经济合作的发展与融合

亚太区域经济合作是以海洋和太平洋作为连接区域,由于各国贸易以海上贸易为主,海上运输成为各国运输商品的重要通道,因而形成了围绕贸易的产品分工格局和合作格局。这与"一带一路"倡议以亚洲内陆为主的合作明显不同。恰恰是因此,亚太区域经济合作成为"一带一路"倡议的补充,中国形成海陆共济的开放格局。因为起始点不同和历史原因,中国成为亚太区域经济合作的重要参与者,也成为"一带一路"的倡导者和推动者。"一带一路"倡议和亚太区域经济合作是我国实施对外开放的两个主要抓手,并行不悖,互为补充。实际上,"一带一路"倡议将为亚太区域经济合作奠定坚实的基础,并提供一种有效的方案选择。

(一)"一带一路"倡议推动亚太区域治理建设

"一带一路"建设是一项庞大而系统的全球经济治理工程,它的实施将重构欧亚大市场,"一带"建设涉及欧亚大陆的区域经济合作,"一路"建设涉及中国与海洋国家的贸易与投资网络的构造。"一带一路"建设突破了亚太区域经济合作中传统的贸易自由化和便利化的框架,除了自由贸易区协定,重点加强与现有自贸组织或经贸潜力较大的国家进行磋

商谈判,谈判的内容也在向环境、投资、政府采购和电子商务等新规则、新领域拓展。

亚太区域各国持续博弈,新的区域治理结构雏形正在形成,中国通过"一带一路"倡议,积极推动亚太区域治理向包容、共享和联通的方向发展,目前基础设施、贸易投资和金融等都有了一系列合作举措。其中,基础设施领域的互联互通因各方诉求基本一致,推进相对顺利;以自由贸易区协定为目标的贸易和投资的互联互通,相关国家也积极支持;但金融及资金的互联互通难度较大,还没有实质性突破。亚太地区是中国与周边各国经济利益交汇集中的重要区域,从本地区的互联互通做起,既有利于推进中国的对外开放,也有利于促进亚太区域经济开放和融合,实现亚太经济的一体化。

(二)"一带一路"倡议将分层引导亚太区域经济合作

从实践看,传统的自由贸易区建设一体化模式并不适用于内部发展水平差异较大、地缘上又较分散的亚洲,而互联互通模式是亚洲一体化的一条出路,它将"一带一路"倡议转化为促进亚洲一体化的战略,进而促进亚洲经济的共同发展。

"一带一路"倡议可通过对外投资和贸易来建造三层产业链。通过投资基础设施建设,借助沿线节点城市的枢纽优势和当地资源优势,强化产业优势,打造贸易优势,形成区域内新的国际分工格局。第一层是制造业产业链,包括以中巴经济走廊、孟中印缅经济走廊为中心的东亚、东南亚制造业产业链,以及西亚、中东欧、南欧的制造业产业链;第二层是中国连接俄罗斯和中亚五国的能源产业链;第三层是中国和欧洲发达国家构成的技术贸易和以金融合作为主的服务贸易产业链。

具体实施可以分三步走:第一步,促进中西部的持续性开放,促进与亚洲内陆合作;第二步,形成整个亚洲区域合作;第三步,推进经济全球化。通过与"一带一路"相关国家签订不同层次、不同内容的双边贸易投资协定或货币互换协议等方式,加强双边经贸、投资和金融合作,巩固互惠互利基础,以双边关系带动构建多边生产和消费网络。而双边关系正好可以作为多边网络的一个个节点,避开现有亚太区域一体化机制和规则的长期胶着状态,将合作条件成熟的国家依次置于多边网络之中。

(三)"一带一路"倡议将重塑亚洲经济结构

"一带一路"倡议是一项综合性的区域合作框架,主要包括:建设交通运输通道为互联互通打下坚实基础,设立亚洲基础设施投资银行和丝路基金为其提供足够的资金支持;建立孟中印缅经济走廊、中巴经济走廊、中国东盟自由贸易区等多种国际组织,建立各种合作与协商机制;降低或消除贸易壁垒,实现货物贸易自由流通,促进贸易合作。通过基础设施投资实现互联互通,通过本币结算实现区域货币流通。

中国正在加快构建周边自由贸易区,在各国之间消除非关税壁垒、加强技术转移,使本区域贸易环境进一步透明化,以推动亚洲区域的经济建设。中国为打造亚洲金融平台、积极推动人民币国际化,不断促进本区域的金融与货币合作进程。例如,主导设立亚洲基础设施投资银行、金砖国家开发银行以及上海合作组织开发银行,使之成为推动"一带一路"建设的重要平台。中国方案在"一带一路"建设中已经成为亚太区域经济合作的实际推动力量,"一带一路"将重新整合亚洲经济带,改变亚洲内陆国在全球化中被边缘化的现状,使之形成新的地缘优势。通过区域内部的产品、原材料和投资市场的相互对接,形成新的闭环系统与合作平台,形成新的功能互补与发展合作。"一带一路"倡议是对环大洋经济圈模式的补充与拓展,甚至对于刚刚出现的"印太战略"产生的负面效应也有一定程度的抵消,这对于未来的亚洲经济结构重塑具有深远意义。

(四)"一带一路"倡议有助于实现亚太命运共同体

"一带一路"倡议对于亚太经济一体化的实现路径也是一种新尝试。由于国际金融危机仍有余波,世界经济艰难复苏,亚太地区的"集体无安全感"还在加剧,全球都面临着和平与发展问题,经济发展和安全备受关注。从现实来看,"一带一路"倡议在一定程度上可以满足沿线国家的经济结构改变和升级的需求,可能成为中国处理与周边国家(地区)和世界关系及发展国际区域合作的新范式。从理论上看,"一带一路"其实是一体化理论的延伸,其内涵比经济共同体更为丰富,是对经济一体化中的经济共同体理论的丰富和发展,最终追求的是构建地区性的命运共同体。亚太各国在政治、经济、宗教、民族和社会发展方面差别很大,因而亚太区域的经济一体化就更加艰难。亚太地区历史和现状都很复杂,各国忧虑重重,谈判过程中阻碍较大。由于国家众多、区域广阔,在该地区构造一个高标准、大范围的自由贸易区,对某些发展中国家来说,规则和标准都过高,亚太经济合作甚至不时出现暂时停滞。"一带一路"倡议恰好另辟蹊径,强调从经济伙伴关系开始,从基础设施建设等共同的实际需求出发。"一带一路"倡议不是一个自由贸易区的谈判倡议,无须为共同合作设立特定的合作时间表和规则,只是从两国合作开始,渐进达成多国合作共识。另外,"一带一路"倡议不排斥任何正在进行的亚太经济一体化的尝试路径。

"一带一路"倡议的宗旨是构建人类命运共同体,其丰富的内涵为未来整合亚太各种区域经济协定提供了空间,有利于形成亚太区域国家的归属感和同一性,驱动亚太各国建立良好关系。"一带一路"既是我国全面开放的重要平台,也是推进经济全球化的重要平台,将为区域经济一体化建设带来新的动力,为亚太经济一体化现有途径的整合提供一种新可能。亚太地区经过数十年的合作积累,奠定了经济一体化的基础,在世界多极化、经济全球化的发展进程中,亚太区域也形成了彼此共生的局面。在未来,亚太区域国家应该形成共识,携手并进、共同发展。①

阅读资料

美国的"印太战略"

在2017年年底出台的《美国国家安全战略》中,对美国"印太战略"的目标表述为:"自由和开放的印太地区为所有人提供了繁荣和安全。美国将加强与印太地区盟国和其他伙伴的关系,构建一个完全的网络和结构,以制止任何的侵略行为,维持稳定,保证自由使用公域。"这一目标的内在逻辑矛盾在于美国是唯一有实力威胁印太地区自由和开放的国家,但美国首先将自己排除在外,认为自身并无这样的意愿。因此,任何威胁到美国或与美国实力接近的国家都是"自由开放印太"的威胁,都需要通过盟国网络来进行遏制。但其所谓的盟国网络以及美国的例外恰恰使印太地区既不自由也不开放,在原本自由开放的印太地区中制造敌对和排他。在这种自相矛盾的目标指引下,美国在印太地区进行了

---

① 刘翔峰:《"一带一路"倡议下的亚太区域经济合作》,《亚太经济》2018年第2期,第5—10+149页。

一系列的布局,而这些布局的出发点几乎都是现实主义色彩的增加军备、联盟和遏制。

1. 划分敌友

美国"印太战略"的指导原则就是所谓的"有原则的现实主义",因此其政策出台的第一步就是划分敌友。

在印太地区,美国要维持"自由开放的印太",它认为中国和朝鲜是两个主要威胁。此处最根本性的逆转就是美国对华定位的变化。此前,美国将中美关系定位为竞争与合作并存,在有些领域可能是非零和博弈,在有些领域是零和博弈;当前,美国已经将中国定位为主要竞争对手/威胁。中国的崛起是自19世纪末20世纪初美国成为世界大国以来全球权力格局最大的调整。如果将2015年和2017年《美国国家安全战略》中关于中国的定位进行对比,就可以看出美国的对华定位已经发生转变。在2015年的《美国国家安全战略》中,"美国欢迎稳定、和平、繁荣的中国崛起。美国寻求与中国建立建设性伙伴关系,这有利于两国人民,有利于促进亚洲和世界的安全与繁荣……尽管中美之间存在竞争,但美国不认为两国的冲突不可避免。与此同时,美国将管理竞争,要求中国遵守国际规则"。2017年的《美国国家安全战略》明确将中国定位为竞争者、挑战者、竞争对手,原有的合作被遏制和敌视所取代。

美国在印太地区的主要盟国包括韩国、日本、澳大利亚、新西兰、菲律宾、泰国。越南、印度尼西亚、马来西亚、新加坡是美国的安全和经济伙伴。印度是美国全球战略合作伙伴,"美国欢迎印度崛起成为全球性领导国家、美国欢迎印度成为其更密切的战略和防务合作伙伴,美国将加强美、日、澳、印四国合作"。

2. 增加在印太的军力部署

美国在印太地区的军事投入是直接反映其"印太战略"指向的标志。美国在印太的军事和防务安排包括对现有军事部署进行评估、增加用于印太地区的专项军费、增加在印太地区的军事部署。

第一,对美国在印太的现有军事部署进行评估。美国国会先后于2012年和2016年通过专门法案,要求国防部邀请独立第三方对美国在亚太的军事部署进行评估。尽管评估报告针对的是亚太地区,但美国国防部官方网站在对"聚焦印太"的专题报道中,将亚太的国防战略评估直接替换为"美国在印太的国防战略"评估,说明美国国防部已经将该评估报告自动认定为适用于亚太地区。

第二,增加用于印太地区的专项军费。2017年1月,美国参议院军事委员会主席约翰·麦肯恩提出了用于支持美军在亚太地区及其亚太地区盟国的75亿美元的军事支出。该笔资金预计每年额外增加15亿美元,连续支持5年,一直到2022年。资金将用于增加美军在亚太地区的军火储备、建设新的军事基础设施、提高亚太盟国的能力。特朗普2017年1月就任美国总统并未改变该计划的执行,对于"逢奥巴马必反"的特朗普而言,这显得颇为不同寻常。2017年3月,美国国防部正式通过该计划。麦肯恩指出,特朗普政府采纳并支持该项目的主要原因是"中国的挑战及维持美国在亚太地区安全承诺的可行性"。该计划的主要目的是应对来自中国和朝鲜的威胁。

第三,增加在印太地区的军事部署。印太地区属于美国太平洋司令部的辖区范围。美国太平洋司令部覆盖了全球52%的地区,需要应对来自中国和朝鲜的威胁。2014年年初,美国国防部将原属于美军中央司令部管辖的巴基斯坦和阿富汗划入美军太平洋司令部管辖范围。目前,美国的空军、海军、陆军、海军陆战队、特种部队、导弹力量、卫星、情报、监听、防止核扩散等都增加了在印太地区的部署。美国现有11个航母战斗群,其中5个战斗群的母港在印太地区。美国空军增加了太平洋司令部的空军轮值数量并承诺将最新式的空军军备首先应用于太平洋司令部。2012年美国陆军第一军由中央司令部调拨到太平洋司令部,增加了太平洋司令部的陆军数量。此外,美国还提高了太平洋司令部的地位。2013年,文森特·布鲁克斯被任命为太平洋司令部陆军司令,是自越南战争结束以来首位四星上将担任此职务。2016年,其继任者罗伯特·布朗也为四星上将。

3. 双边、多边结盟/伙伴计划

为维持美国在印太地区的绝对主导地位,特别是军事主导地位,美国除了增加自身在印太地区的军事投入,还与其盟国建立了多个双边、多边的盟国网络关系。

在双边层面,美日、美澳的军事同盟对于美国的"印太战略"尤其重要。驻日美军的总人数约有10万人,是美国海外驻军最多的国家。在三边层面,现已建立的对话机制就包括美印日三边对话、日美澳三边对话、日印澳三边对话、美日韩三边对话等。美印日三边对话于2011年12月在华盛顿启动,并分别于2012年4月、10月和2013年5月在东京、新德里和华盛顿举行第二次、第三次和第四次对话,三边合作走向机制化。日美澳三边对话自2012年启动以来也进行了多次。日印澳三边对话于2015年诞生,印太海上安全是其首要议题。

此外,美国还发起了一系列其他的多边海上倡议与合作。全球海上伙伴关系(Global Maritime Partnership,GMP)具有灵活性,是对美国现存的联盟和伙伴关系的补充。美国希望通过联合盟友、伙伴和非政府国际组织,培植并加强印太地区海上伙伴关系,以应对共同的安全威胁和就可能的危机作出快速反应。

4. 四国同盟

在美国的"印太战略"中,美日印澳四国同盟受到的关注较多。从美国的角度看,四国同盟、四边合作只是其在印太双边和多边盟国网络中的一部分,受制于印度的"暧昧"态度,四边合作发展成为四国同盟的可能性并不大。2017年11月,时隔10年之后,四国对话重启,对话会由日本主持,主题是"自由开放的印太"。从会后四国各自发表的新闻稿来看,四国在印太的自由、开放、航行自由、海上安全等议题上达成共识,但其合作目前还只是停留在较为宽泛的议题上。

5. 美国版的互联互通

美国的"印太战略"也包含经济的维度。整合盟国的力量、提出"一带一路"的替代计划是"印太战略"的重要内容,只是目前尚未成型,但其最主要的特点是对中国当前"一带一路"倡议中存在的一些弱点进行丑化和泛化。2018年1月,美国国务院负责南亚和中亚事务的助理国务卿帮办丹尼尔·罗森布拉姆在孟加拉国发表的演讲中,对此有专门的阐释。经济上的互联互通是美国"印太战略"的主要目标之一,而互联互通的关键是基础设施。"基础设施的建设必须符合国际标准和规范,必须具有财务上的可持续性,必须保证所在国的主权完整,防止出现掠夺性的经济。"美国主要依托其资助的若干项目对基础设施的"可持续性"进行评估,这包括美国商务部支持的商业法律发展项目(the Commercial

Law Development Program),美国援助署支持的贸易便利化项目(Trade Facilitate Project)、贸易促进授权法(Trade Promotion Authority),以及美国国务院支持的对基础设施的性价比进行评估的项目等。这些项目的主要功能就是对中国在海外的基础设施建设模式进行批评,最终使这些项目搁置或无法落地。

资料来源:皮书数据库,《美国"印太战略"的内涵、困境与中国的应对》,《印度洋地区发展报告(2018)》,2018年6月。

第四节 北极区域合作机制与"冰上丝绸之路"

一、北极区域合作机制

(一)北极区域合作机制的演变与发展

北极区域合作机制是北极区域合作制度的组成部分之一,具体指北极区域合作的原则、规范、规则和决策程序。北极区域合作机制的演变和发展经历了三个阶段。[①]

第一阶段:起步阶段(20世纪初至20世纪80年代)。在这一阶段,北极区域开始尝试建立局部合作机制。1920年,英、美等18国签署了《斯瓦尔巴条约》,该条约建立了一种公平制度,以保证斯瓦尔巴群岛及其水域的开发与和平利用。此外,北极区域还签署了一系列北极动物保护的条约以及有关北极航行的规则——《芬兰—瑞典冰级规则》。此时,北极区域国际合作参与主体较为分散,北极区域合作机制处于起步阶段。

第二阶段:初步形成阶段(20世纪90年代至20世纪末)。为了进一步保护北极地区的环境,促进北极地区在经济、社会和福利方面的持续发展,1991年,北极八国[②]签署了《北极环境保护战略》(AEPS),该战略提出北极地区的环境问题需要各成员国广泛的合作,共同采取措施控制污染。1996年9月,北极八国在加拿大渥太华签署《渥太华宣言》,北极理事会正式成立。北极理事会的成立提升了北极治理的机制化程度,已逐渐成为具有引领作用的区域性治理机制,在协调促进北极地区环境保护与治理中起着不可替代的作用。

第三阶段:深入发展阶段(21世纪初至今)。进入21世纪,北极地区面临着气候变化所带来的新问题和新挑战,使得北极区域合作机制向着法治化方向深入发展。2011年以来,北极理事会连续颁布多部拥有法律约束力的政策文件,为北极地区的航运、污染治理和科学合作提供了法律保障。

随着北极理事会的不断完善和发展,设立了永久观察员[③]和正式观察员[④],并积极由政

[①] 夏立平、谢茜:《北极区域合作机制与"冰上丝绸之路"》,《同济大学学报(社会科学版)》2018年第4期,第48—59+124页。

[②] 北极八国包括美国、加拿大、俄罗斯、挪威、瑞典、丹麦、芬兰、冰岛。

[③] 永久观察员包括:六个非北极国家,分别为英国、法国、德国、西班牙、荷兰和波兰;七个国际组织,分别为北极议会人、世界自然保护联盟、国际红十字会、北欧理事会、北方论丛、联合国环境规划署、联合国开发计划署;三个非政府组织,分别为世界驯鹿人协会、北极大学和世界自然基金会北极规划小组。

[④] 正式观察员包括中国、印度、意大利、日本、韩国和新加坡。

府间论坛不断向地区性国际组织转型,以北极理事会为核心的北极区域合作机制逐步形成。中国于2013年5月,成为北极理事会正式观察员。

(二)北极区域合作机制对"冰上丝绸之路"的促进作用

近年来,全球气温上升使得北极航道在夏季部分时间也可以通行。从中国大陆沿海港口经过北极航道前往欧洲各港口,会使航程及时间大大缩短,这为中国打造"冰上丝绸之路"带来了前所未有的机遇。北极区域合作机制的不断完善,对"冰上丝绸之路"的建设起着重要的促进作用。

(1)北极理事会颁布的一系列法律文件,对中国参与防治北极区域污染、促进"冰上丝绸之路"建设具有一定的保障作用。

(2)北极理事会组织结构的不断完善,有助于中国更多地参与北极区域的治理与发展,提升中国的话语权,为共建"冰上丝绸之路"发挥促进作用。

(3)2014年北极经济理事会的成立,旨在加强北极地区的经济合作,为北极地区的贸易投资提供便利,这有助于"冰上丝绸之路"在经济合作方面的发展。

(4)北极区域合作机制,为中国参与"冰上丝绸之路"的有关科学合作提供一定的便利。

(5)北极区域合作机制,为中国参与北极航运治理、共建"冰上丝绸之路"具有重要的意义。

二、冰上丝绸之路

(一)"冰上丝绸之路"的概念

"冰"指的是北冰洋,而"冰上"指的就是通过北冰洋向欧洲开辟的北极航道。所谓北极航道,一般是对三条航道的统称,包括东北航道、西北航道和穿极航道。近年来,国际社会一直关注北极航道,由于气候的变化,北极冰盖的融化速度加快,部分水域在夏季已具备通航条件。目前,俄罗斯邀请与中国合作共建的是北极东北航道,这条航道西起冰岛,途经巴伦支海,向东沿欧亚大陆北岸海域,经白令海峡连接大西洋与太平洋[1],是连接东北亚与西欧最短的海上航线。东北航道比传统海运线路节省1/3左右的航程,这条航道的开通有助于促进东亚和中国东北地区及沿海区域的发展。

广义上,"冰上丝绸之路"可以泛指与北极地区相关国家的经济合作;狭义上,"冰上丝绸之路"就是穿越北极圈,连接北美、东亚和西欧三大经济中心的海上运输通道[2]。

(二)"冰上丝绸之路"的发展历程

2012年8月,中国极地科考船"雪龙"号首次成功穿越北极东北航道;2013年8月,中国远洋运输(集团)公司"永盛"号货轮从大连港出发,经东北航道到达荷兰鹿特丹港,后经苏伊士运河返航,这是中国商船在北极航道的首航;2015年7月,"永盛"号货轮再次从大连港出发,经东北航道往返德国汉堡港。截至2016年,"永盛"号货轮已经完成了三次东

---

[1] 杨鲁慧、赵一衡:《"一带一路"背景下共建"冰上丝绸之路"的战略意义》,《理论视野》2018年第3期,第75—80页。
[2] 张婷婷、陈晓晨:《中俄共建"冰上丝绸之路"支点港口研究》,《当代世界》2018年第3期,第60—65页。

北航道的商业航行。"雪龙"号极地科考船与"永盛"号货轮的成功穿越,拉开了中俄东北航道合作的帷幕。此后,中俄高层就开发利用东北航道达成了诸多共识,中俄东北航道合作得到进一步的推进和发展。①

2015 年 12 月,中俄总理在第二十次定期会晤联合公报中,提出要"加强北方海航道开发利用合作,开展北极航运研究";2016 年 11 月,中俄总理在第二十一次定期会晤联合公报中,提出要"对联合开发北方海航道运输潜力的前景进行研究";2017 年 5 月,在"一带一路"国际合作高峰论坛上,普京明确指出,在欧亚经济联盟和"一带一路"倡议框架内提出的基础设施建设项目,通过与北方航道的结合,可以为欧亚地区打造一个新的交通格局。②

2017 年 6 月,国家发改委和国家海洋局联合发布《"一带一路"建设海上合作设想》,作为"一带一路"国际合作高峰论坛的重要成果之一,该设想提出了包括"积极推动共建经北冰洋连接欧洲的蓝色经济通道"在内的三条蓝色经济通道,标志着"冰上丝绸之路"被正式纳入"一带一路"倡议总体布局。③

2017 年 7 月 4 日,中俄双方签署并发表了《关于进一步深化全面战略协作伙伴关系的联合声明》,宣布两国将继续开展"一带一路"建设与欧亚经济联盟的对接,开展北极航道合作,共同打造"冰上丝绸之路"。"冰上丝绸之路"这一概念被正式提出。

2018 年 1 月,国务院新闻办公室正式发布《中国的北极政策》白皮书,其中提出"中国发起共建'丝绸之路经济带'和'21 世纪海上丝绸之路'('一带一路')重要合作倡议,与各方共建'冰上丝绸之路',为促进北极地区互联互通和经济社会可持续发展带来合作机遇",引起世界各国的广泛关注,也为中国参与北极航道开发和海洋合作指明了方向。④

(三)"冰上丝绸之路"的重要意义

第一,"冰上丝绸之路"作为蓝色经济通道已被纳入"一带一路"的总体布局,成为连接欧洲、亚洲及北美洲之间的最短航道,被誉为"国际海运新命脉"。"冰上丝绸之路",将推动北极国家和近北极国家在海上运输、极地开发和北极治理等领域的全方位合作以实现互利共赢,逐步构建一条"冰上经济走廊",并极大地拓展"21 世纪海上丝绸之路"的地缘空间,创新"一带一路"合作模式与合作理念。⑤

第二,打造"冰上丝绸之路"对中俄两国均有重要意义,这不仅是对共建"一带一路"的重要补充,也会给双方带来好的经济效益,降低航运成本、提高运输效率,规避安全风险、提升航运安全。一旦北极航线正式开通,中国将成为俄罗斯在该航线上的最大客户,中国

---

① 汪巍:《中国与俄罗斯共同打造"冰上丝绸之路"的背景与前程》,《经济师》2018 年第 4 期,第 86—87 页。
② 俄罗斯驻华大使.俄中高层频繁接触,无讨论"禁区",环球网,http://world.huanqiu.com/artide/qCaKmK3SUy,访问日期:2020 年 5 月 6 日。
③ 《"一带一路"建设海上合作设想》,新华网,http://www.xinhuanet.com/politics/2017-06/20/c_1121176798.htm,访问日期:2020 年 5 月 6 日。
④ 赵隆:《共建"冰上丝绸之路"的背景、制约因素与可行路径》,《俄罗斯东欧中亚研究》2018 年第 2 期,第 106—120+158 页。
⑤ 王志民、陈远航:《中俄打造"冰上丝绸之路"的机遇与挑战》,《东北亚论坛》2018 年第 2 期,第 17—33+127 页。

在北极航线充足的货运量及对能源的巨大需求,将成为中俄务实合作的新亮点;同时,也将进一步扩大中俄与该沿线国家在文化、经贸、旅游等方面的交流与合作。[1]

第三,"冰上丝绸之路"与"一带一路"的对接,可将世界上最大的两个经济区——东亚经济区和西欧经济区,以及中间资源丰富的俄罗斯连接起来,从而有力地推动相关国家经济的可持续发展。[2] 这将真正实现"一带一路"贯通并环绕亚欧大陆,连接东亚经济圈至西欧经济圈,联通大洋洲、北美洲、非洲等地区,辐射并影响到全世界。

第四,共建"冰上丝绸之路"对我国东北振兴、港口建设、产业发展具有积极的带动作用。"冰上丝绸之路"为我国东北地区加强与欧洲联系提供了一条安全的短距离航线,对全面振兴东北起到了极大的促进作用。北极航线联结中欧两大贸易区域,我国北方港口,如营口港、葫芦岛港、锦州港等环渤海湾港口群的货运量将会大大增加,从而带动地方港口群建设。同时,中俄共建"冰上丝绸之路",还会进一步促进我国能源产业、造船业、金融业、道路交通等产业的发展。

本章提要

1. 欧债危机之后,欧盟经济体通过采用一系列的经济刺激政策,使得欧盟国家经济逐渐复苏,欧元区债务持续改善,国际贸易规模不断扩大。但是,针对欧盟与欧元区内部运行存在的缺陷、欧盟成员国经济发展失衡等问题,以及英国脱欧事件,欧盟面临着未来欧元区的扩张速度将会放缓或部分国家退出欧元区的情况。

2. 近年来,伴随英国脱欧、特朗普当选美国总统等一系列"黑天鹅"事件的出现,发达国家在全球掀起了所谓的"逆全球化"浪潮。本章从全球关系、战略关系和国家关系三个层面,解析发达国家频频扰动全球经贸秩序的本质原因,探究其对我国经济发展造成的影响,并结合愈加复杂的国际竞争格局,提出我国的策略选择。

3. 中国作为"一带一路"的倡导者和推动者,也是亚太区域经济合作的重要参与者。"一带一路"以基础设施重大项目建设为重点,亚太区域经济合作则以自由贸易区为合作起点。亚太区域经济合作以海洋和太平洋作为连接区域,成为各国运输商品的重要海上通道,这与"一带一路"在亚洲以内陆为主的合作模式互为补充,为我国打造海陆共济的开放格局提供行之有效的助益。"一带一路"倡议也将为亚太区域经济合作奠定坚实的基础,并提供一种有效的方案选择。

4. 广义上,"冰上丝绸之路"可以泛指与北极地区相关国家的经济合作;狭义上,"冰上丝绸之路"就是穿越北极圈,连接北美、东亚和西欧三大经济中心的海上运输通道。"冰上丝绸之路"与"一带一路"的对接,将真正实现"一带一路"贯通并环绕亚欧大陆,连接东亚经济圈至西欧经济圈,联通大洋洲、北美洲、非洲等地区,辐射并影响到全世界。

---

[1] 《中国驻俄大使:打造"冰上丝绸之路"对中俄均有重要意义》,中国新闻网,http://www.chinanews.com/gj/2017/11-15/8376615.shtml,访问日期:2020年5月6日。

[2] 周超:《中俄奏响北极合作新篇章》,《中国海洋报》2017年7月11日。

本章思考题

1. 欧盟委员会主席容克于 2017 年 3 月 1 日在欧洲议会就《欧盟的未来白皮书》发表讲话,阐述了英国脱离欧盟后,欧盟未来可能面临的五种发展前景是什么?
2. 当前中美贸易摩擦的根源是什么?
3. 如何看待"一带一路"对于亚太地区经济社会发展的影响?
4. "冰上丝绸之路"的概念及其重要意义是什么?

 参考文献

[1] 张敏.欧盟的绿色经济:发展路径与前景展望[J].人民论坛·学术前沿,2017(04):79—84.

[2] 陈晓爽.简析欧盟治理模式的特点[J].科教文汇(中旬刊),2016(08):190—192.

[3] 秦爱华.欧盟经济增长困境分析与前景展望[J].人民论坛,2015(26):8—10.

[4] 凌胜利,李粲.中东欧三国加入欧元区进程及其前景展望[J].欧亚经济,2014(03):99—108.

[5] 郭振家.美国的介入和亚洲一体化——基于欧盟创立及发展历程的反思[J].太平洋学报,2014,22(02):42—51.

[6] 周茂荣,祝佳.欧盟新能源政策:动因分析与前景展望[J].世界经济研究,2007(12):67—70+88.

[7] 董琴."逆全球化"及其新发展对国际经贸的影响与中国策略研究[J].经济学家,2018(12):91—98.

[8] 蒋瑛,周俊.习近平新时代对外开放思想与逆全球化挑战的应对[J].经济学家,2018(09):5—11.

[9] 冯宗宪."逆全球化"挑战与新全球化的机遇[J].国际贸易问题,2018(01):7.

[10] 邓富华,姜玉梅,王译影.后危机时代中美贸易摩擦的历史借鉴与政策因应[J].国际贸易,2018(09):24—30.

[11] 朱翠萍."印太":概念阐释、实施的局限性与战略走势[J].印度洋经济体研究,2018(05):1—16+138.

[12] 葛成,沈铭辉.美印视角下的"印太战略":政策限度及中国的应对[J].云南社会科学,2018(05):43—51+186.

[13] 张蕴岭.转变中的亚太区域关系与机制[J].社会科学文摘,2018(08):40—42.

[14] 刘晨阳,王晓燕."后茂物"时代的 APEC 进程与"一带一路"建设[J].亚太经济,2018(04):5—11+149.

[15] 刘翔峰."一带一路"倡议下的亚太区域经济合作[J].亚太经济,2018(02):5—10+149.

[16] 严安林,张建."一带一路"倡议对亚太秩序与两岸关系的影响[J].台湾研究,2017(04):19—28.

[17] 陈淑梅,高敬云.后TPP时代全球价值链的重构与区域一体化的深化[J].世界经济与政治论坛,2017(04):124—144.

[18] 夏立平,谢茜.北极区域合作机制与"冰上丝绸之路"[J].同济大学学报(社会科学版),2018(04):48—59+124.

[19] 杨鲁慧,赵一衡."一带一路"背景下共建"冰上丝绸之路"的战略意义[J].理论视野,2018(03):75—80.

[20] 赵隆.共建"冰上丝绸之路"的背景、制约因素与可行路径[J].俄罗斯东欧中亚研究,2018(02):106—120+158.

[21] 王志民,陈远航.中俄打造"冰上丝绸之路"的机遇与挑战[J].东北亚论坛,2018(02):17—33+127.

教辅申请说明

北京大学出版社本着"教材优先、学术为本"的出版宗旨,竭诚为广大高等院校师生服务。为更有针对性地提供服务,请您按照以下步骤通过**微信**提交教辅申请,我们会在1~2个工作日内将配套教辅资料发送到您的邮箱。

◎ 扫描下方二维码,或直接微信搜索公众号"北京大学经管书苑",进行关注;

◎ 点击菜单栏"在线申请"—"教辅申请",出现如右下界面:

◎ 将表格上的信息填写准确、完整后,点击提交;

◎ 信息核对无误后,教辅资源会及时发送给您;如果填写有问题,工作人员会同您联系。

温馨提示:如果您不使用微信,则可以通过以下联系方式(任选其一),将您的姓名、院校、邮箱及教材使用信息反馈给我们,工作人员会同您进一步联系。

联系方式:

北京大学出版社经济与管理图书事业部

通信地址:北京市海淀区成府路205号,100871

电子邮箱:em@pup.cn

电　　话:010-62767312 / 62757146

微　　信:北京大学经管书苑(pupembook)

网　　址:www.pup.cn